Súmula, Jurisprudência e Precedente

— DA DISTINÇÃO À SUPERAÇÃO —

Dados Internacionais de Catalogação na Publicação (CIP)

J62s Jobim, Marco Félix.

Súmula, jurisprudência e precedente : da distinção à superação / Marco Félix Jobim, Zulmar Duarte de Oliveira Júnior. 5. ed. rev. e atual. – Porto Alegre: Livraria do Advogado, 2024.

228 p. ; 23 cm.

Inclui bibliografia.

ISBN 978-85-9590-106-3

1. Direito processual - Brasil. 2. Brasil. Código de Processo Civil (2015). 3. Súmulas (Direito). 4. Jurisprudência. 5. Precedentes judiciais. I. Oliveira Júnior, Zulmar Duarte de. II. Título.

CDU 347.9(81)

Índice para catálogo sistemático:

1. Direito processual : Brasil 347.9(81)

(Bibliotecária responsável: Sabrina Leal Araujo – CRB 8/10213)

Marco Félix Jobim
Zulmar Duarte de Oliveira Júnior

Súmula, Jurisprudência e Precedente

— DA DISTINÇÃO À SUPERAÇÃO —

5ª EDIÇÃO
revista e atualizada

livraria DO ADVOGADO editora

Porto Alegre, 2024

Capa, projeto gráfico e diagramação
Livraria do Advogado Editora

Revisão
Rosane Marques Borba

Imagem da capa
Foto montagem da fachada do STF

Direitos desta edição reservados por
Comércio de Livros dos Advogados Ltda.
Livraria do Advogado Editora
Rua Riachuelo, 1334 s/104
90010-273 Porto Alegre RS
Fone: (51) 3225-3311
livraria@doadvogado.com.br
www.livrariadoadvogado.com.br

Impresso no Brasil / Printed in Brazil

Agradecimentos

Não existe trabalho acadêmico sério realizado de forma solitária. A solidão da escrita só é possível pela compreensão de todos aqueles que a entendem e, por isso, a deixam ser uma realidade na vida do escritor. Por isso, muito obrigado a todos e todas que, direta ou indiretamente, auxiliaram para que pudesse ter tempo de pensar, refletir e escrever.

Marco Félix Jobim

Fazendo encômio aos agradecimentos de Jobim, estendemos sua trama. O ato de escrever, embora na sua execução seja solitário, é fruto do viver anterior. E, certamente, o que se apresenta como escrito é colorido pela vida e pelo compartilhar desta com algumas pessoas, que especialmente predicamos como amigos. Amigos que contribuíram direta ou indiretamente para o resultado que se apresenta. Agradecemos então aos amigos do "Lado B" (Aguirre, Bento, Dellore, Gajardoni, Maffeis, Marcelo Machado, Montans, Nacle, Rodovalho, Rodrigo Freire, Roque e Simardi), de escritório e da academia.

Zulmar Duarte de Oliveira Júnior

A Gabriel, Pedro e Betânia, fontes inesgotáveis de inspiração.

Marco Félix Jobim

Aos meus pais, Zulmar e Maria, que são meus precedentes sempre presentes e vinculantes; à minha esposa, Mariana, e especialmente aos nossos filhos, Antonio, Helena e Maria, que certamente nos superarão.

Zulmar Duarte de Oliveira Júnior

Um livro é uma ponta de fio, que diz:
Aqui parei; toma a ponta e continua, leitor.

Monteiro Lobato

Nota previa à 5ª edição

É com imenso prazer que anunciamos a publicação da 5ª edição de nossa obra "Súmula, Jurisprudência e Precedente – Da Distinção à Superação", pela Livraria do Advogado Editora. Essa edição não apenas incorpora melhorias formais, fruto do valioso *feedback* de nossos leitores, mas também aprofunda o entendimento do sistema de precedentes judiciais no Brasil, levando em consideração novas decisões importantes do Supremo Tribunal Federal (STF) e da Suprema Corte dos Estados Unidos (SCOTUS). Em particular, destacamos a decisão da SCOTUS sobre a aplicação retroativa de nova interpretação e a decisão do STF que declarou a constitucionalidade dos dispositivos que permitem a modulação de suas decisões. Além disso, é uma honra observar que nosso trabalho vem sendo referenciado em diversas publicações recentes, incluindo livros e artigos acadêmicos.

Estamos profundamente agradecidos pela oportunidade de contribuir para o diálogo enriquecedor encontrado nas obras "*Ratio Decidendi*: Quando uma Questão é Idêntica, Semelhante ou Distinta?", de Daniel Mitidiero; "Precedentes e Unidade do Direito no Superior Tribunal de Justiça: Da Decisão do Caso ao Precedente, do Amplo Acesso ao Tribunal à Relevância da Questão Federal", de Kalil Sauaia Boahid Mello Almeida; e "Eficácia Normativa das Teses Jurídicas Fixadas nos Precedentes Judiciais", de José Roberto Mello Porto. Nosso agradecimento se estende também a todos os colegas, amigos, críticos e leitores que, direta ou indiretamente, enriqueceram esta edição com suas ideias e críticas.

Embora o fervor inicial em torno dos escritos pós-CPC/2015 tenha arrefecido nos últimos meses, o debate sobre precedentes judiciais e padrões decisórios vinculantes permanece como um dos temas mais desafiadores e discutidos na doutrina e nos tribunais brasileiros. A Recomendação 134 do CNJ, detalhada na edição anterior, continua a orientar juízes e juízas na busca por uma padronização mais eficaz na aplicação dessas decisões.

Com a atualização que incorpora as recentes decisões do SCOTUS e do STF, esperamos que o conceito de *ratio decidendi* seja ainda mais explorado e debatido no Brasil, conforme destacado na obra de Daniel Mitidiero.

Renovamos nosso mais sincero agradecimento a todos que contribuíram para o sucesso desta edição.

Muito obrigado!

*Marco e Zulma*r.

Nota prévias

Da 4ª edição

Retormanos, a cada edição, mais gratos com o acolhimento de nossas ideias expostas na obra. Sempre que o texto pode ser revisitado pelos autores e corrigido, ou acrescentado algo pelo diálogo desenvolvido a partir das edições anteriores, um nível alto de satisfação invade nosso dia a dia.

Continuamos a mapear esses pontos de debates em referências de colegas nos seus escritos e de julgamentos dos tribunais. Conseguimos identificar, mais uma vez, e sempre salientando não ser possível o descobrimento de todos, passagens de citação de nossa obra nas seguintes fontes: *Processo civil*, de Daniel Mitidiero;[1] *Código de Processo Civil comentado*, de Antônio Pereira Gaio Júnior e Cleyson de Moraes Mello[2]; *Superação do precedente e modulação de efeitos*, de Ravi Peixoto[3]; *Precedentes judicias e raciocínio jurídico*: aplicação, analogia e distinção, de Guilherme Thofehrn Lessa;[4] *Das razões de decidir aos padrões decisórios*: a sincronia entre a fundamentação das decisões e os padrões decisórios vinculantes de Guilherme Antunes da Cunha;[5] *A influência dos fatos na formação de precedentes*: a incontrovérsia e os fatos que independem de prova como hipótese de superação da súmula 07 – STJ, de Rafael Caselli Pereira.[6]

Ainda, a presente edição já traz a lume a superação do então superprecedente Roe v. Wade pelo recente julgado na Suprema Corte dos Estados Unidos *Dobbs vs. Jackson Women's Health Organization*, tudo a colocar em pauta a questão da estabilidade do direito *versus* a necessidade de sua adaptação aos contextos vivenciados e maiorias episódicas que se forma na ambiência das cortes supremas.

---

[1] MITIDIERO, Daniel. *Processo civil*. São Paulo: Thomson Reuters Brasil, 2021.

[2] GAIO JÚNIOR, Antônio Pereira; MELLO, Cleyson de Moraes. Código de Processo Civil comentado: Lei nº 13.105/2015 aualizada pela Lei nº 14.195/2021. 3. ed. Rio de Janeiro: Freitas Bastos, 2022.

[3] PEIXOTO, Ravi. *Superação do precedente e modulação de efeitos*. 5. ed. Salvador: Juspodivm, 2022.

[4] LESSA, Guilherme Thofehrn. ***Precedentes judicias e raciocínio jurídico***: aplicação, analogia e distinção. São Paulo: Thomson Reuters Brasil, 2022.

[5] CUNHA, Guilherme Antunes da. *Das razões de decidir aos padrões decisórios*: a sincronia entre a fundamentação das decisões e os padrões decisórios vinculantes. Londrina, PR: Thoth, 2021

[6] PEREIRA, Rafael Caselli. *A influência dos fatos na formação de precedentes*: a incontrovérsia e os fatos que independem de prova como hipótese de superação da súmula 07 – STJ. Londrina, PR: Thoth, 2022.

No plano nacional, a resolução do CNJ – Conselho Nacional de Justiça –[7] publicada nos últimos meses faz refletir, ainda mais, sobre o fortalecimento do sistema de precedentes no Brasil que encontra, agora, um norte de aplicação, sem força normativa, aos juízes brasileiros. Da mesma forma, a prática jurisprudencial, como se verá oportunamente, passou a exigir o diálogo com os precedentes, ainda que contrários, como um dever processual da parte (*candor toward the Court – duty to disclose adverse authority*), bem como a sancionar a postulação contra precedente vinculante como litigância de má-fé.

Finalmente, fica sempre o convite para a leitura, reflexão e discussão dos capítulos referentes à natureza jurídica dos precedentes, súmulas e jurisprudência como fonte primária, ou não, do direito, divergência essa apontada desde a primeira edição entre os autores e que demonstra um rico debate acadêmico que deve ser levado em conta na doutrina, principalmente quando duas posições colidem em penas que escrevem em conjunto.

No mais, só temos a, novamente, agradecer a acolhida.

Nosso muito obrigado!

Da 3ª edição

Mais uma vez voltamos, agora com a 3ª edição, revista e ampliada da obra *Súmula, Jurisprudência e Precedente: da distinção à superação*, publicada pela prestigiada Livraria do Advogado. A 2ª edição encontrou, novamente, no público leitor, boa aceitação, esgotando-se em pouco mais de 6 meses de seu lançamento, o que fez com que a renovada edição contasse com novos trabalhos publicados nesse meio-tempo que estão citados ao longo do texto. Algumas questões de grafia foram corrigidas e, de fundo, apenas uma referência de que Brown *v.* Board of Education de 1955 havia superado o precedente Plessy *v.* Fergunson de 1896, quando o caso Brown é de 1954, sendo o do ano posterior (Brown II) um segundo julgamento sobre o mesmo caso para implementação da decisão do ano anterior.[8]

Também é de ser salientado que a obra encontrou na doutrina citações de outros colegas, os quais agradecemos de coração pela honra do diálogo. Por óbvio que o mapeamento de todas elas é tarefa hercúlea, mas, aquelas que passaram pelas nossas mãos são aqui lembradas e agradecidas, como *Superação para a frente e modulação de efeitos: precedente*

---

[7] CONSELHO NACIONAL DE JUSTIÇA. Disponível em: <https://atos.cnj.jus.br/atos/detalhar/4740>. Acesso 01 dez. 2022.

[8] Para uma visão mais completa, ver: JOBIM, Marco Félix. *Medidas estruturantes na jurisdição constitucional*: da Suprema Corte estadunidense ao Supremo Tribunal Federal. 2. ed. Porto Alegre: Livraria do Advogado, 2021.

e controle de constitucionalidade no direito brasileiro, e *Precedentes: da persuasão à vinculação*, ambos de Daniel Mitidiero;[9] *Ação rescisória e precedentes*, de Juliana Carolina Frutuoso Bizarria;[10] *Identificação dos precedentes judiciais*, de Ruy Alves Henriques Filho;[11] *Precedentes judiciais e colegialidade*,[12] de Gilberto Andreassa Junior; *Precedentes no processo brasileiro*, de Humberto Theodoro Júnior e Érico Andrade;[13] *Processo constitucional e democracia*, de Luiz Guilherme Marinoni.[14]

Também é de ser ressaltado que a obra já ganhou citação no Superior Tribunal de Justiça, nos autos do AgInt no Agravo em Recurso Especial n. 1.481.810-SP, o que eleva, ainda mais, a estima por primar numa nova edição contemplando todo esse diálogo já ocorrido em face da publicação.

Por fim, não esgotando os agradecimentos, pois o escrutínio de todas as citações não se mostra possível, tendo em vista a imensidão de estudiosos do tema, devemos um agradecimento especial à Secretaria de Altos Estudos, Pesquisa e Gestão da Informação do Supremo Tribunal Federal que indicou a obra como recomendação bibliográfica no tema de precedentes qualificados (Bibliografia, Legislação e Jurisprudência Temática).

Nosso muito obrigado a todos!

Da 2ª edição

O Ano de 2020 foi entristecido pela pandemia causada pelo Coronavírus (COVID – 19 – SARS-CoV-2), causando mortes, solidão, quarentenas intermináveis sob o ponto de vista físico e psicológico, desemprego, depressão, abalo econômico mundial, enfim, a lista seria de difícil finalização. Teremos que avaliar qual será a agenda pós-crise[15] e como trataremos os precedentes criados durante o confinamento e até mesmo por

---

[9] MITIDIERO, Daniel. *Superação para frente e modulação de efeitos*: precedente e controle de constitucionalidade no direito brasileiro. São Paulo: Revista dos Tribunais, 2021; MITIDIERO, Daniel. *Precedentes*: da persuasão à vinculação. 4. ed. São Paulo: Revista dos Tribunais, 2021.

[10] BIZZARIA, Juliana Carolina Frutuoso. *Ação rescisória e precedentes*. São Paulo: Revista dos Tribunais, 2021.

[11] HENRIQUES FILHO, Ruy Alves. *Identificação dos precedentes judiciais*: criacionismo judicial, precedentes em espécie, força vinculante, dificuldades em sua aplicação e revisão. Londrina, PR: Thoth, 2021.

[12] ANDREASSA JUNIOR, Gilberto. *Precedentes judiciais e colegiaidade*: a reforma no procedimento deliberativo dos tribunais como pressuposto para uma efetiva aplicação dos institutos. Londrina, PR: Thoth, 2021.

[13] ANDRADE, Érico; THEODORO JÚNIOR, Humberto. *Precedentes no processo brasileiro*. Rio de Janeiro: Forense, 2021.

[14] MARINONI, Luiz Guilherme. *Processo constitucional e democracia*. São Paulo: Thomsom Reuters Brasil, 2021.

[15] Sobre algumas reflexões, ver: BARROSO, Luís Roberto. *Sem data venia*: um olhar sobre o Brasil e o mundo. Rio de Janeiro: História Real, 2020.

algum tempo após ele ter terminado. Teremos que analisar, de igual forma, uma agenda global, pois estamos todos nisso, como lembra Michael J. Sandel[16] ao falar sobre o assunto, mesmo que *an passant*. O que acontece em Wuhan, num mercado de frutos do mar, pode ter consequências globais, como é o caso da pandemia do Coronavírus.

De outro lado, vimos florescer, de igual forma, o que de melhor pode existir na pessoa humana que, em que pesem as diferenças culturais entre os povos, de mãos dadas tentou lutar, bravamente, contra a disseminação da doença. É somente por meio da informação e da cooperação,[17] como lembra Yuval Noah Harari,[18] que o combate ao vírus será eficiente. Essa talvez seja a grande lição deixada por um ano tão atípico.

Durante os meses que foram duríssimos, algumas notícias acabaram por alegrar, mesmo que de forma pontual, o dia a dia das pessoas. São informações que não preenchem o vazio deixado pelo abraço, pelo beijo, pelo contato, mas diminuem a sensação de não os ter como anteriormente. Em nosso caso, uma delas foi o esgotamento da primeira edição da obra *Súmula, Jurisprudência e Precedente*: da distinção à superação. Uma segunda notícia em que a felicidade se faz presente é terem sido as ideias do livro alvo de resenha na *Revista de Processo* (Repro[19]) pela caneta da

---

[16] SANDEL, Michael J. *A tirania do mérito*: o que aconteceu com o bem comum? Tradução de Bhuvi Libanio. Rio de Janeiro: Civilização Brasileira, 2020.

[17] Aliás, cooperação que passa a ser vista de forma diferente a partir da visão anunciada por Joshua Greene, neurocientista da Universidade de Harvard. Para tanto, recomenda-se: GREENE, Joshua. *Tribos morais*: a tragédia da moralidade do senso comum. Tradução de Alessandra Bonrruquer. Rio de Janeiro: Record, 2018.

[18] HARARI, Yuval Noah. *Notas sobre a pandemia*: e breves reflexões para o mundo pós-coronavírus. Tradução: Odorico Leal. São Paulo: Companhia das Letras, 2020.

[19] Assim está posta a resenha: "Em boa hora, publica a Livraria do Advogado Editora, excelente trabalho feito a quatro mãos e a 'dois cérebros', como dizem os autores". "Muito interessante o método inovador: os autores elaboraram capítulos em que, muitas vezes, demonstram abertamente que há divergências de pensamento entre eles, o que, sem dúvida, enriquece a obra". "Marco Felix Jobim e Zulmar Duarte tratam de tema de imensa relevância nos dias de hoje. Lidam com elementos oriundos do Poder Judiciário e sua importância na construção do direito. Abordam com coragem a força normativa da jurisprudência, das súmulas e dos precedentes". "Não se furtam a refletir, ora conjuntamente, ora separadamente, sobre as origens - abordando o modo como funciona a criação e a aplicação do direito no *common law* e no *civil law*". "Digna de nota a profundidade e a riqueza da pesquisa realizada na jurisprudência e na doutrina inglesa e americana". "Preocupam-se fundamentalmente com dois fenômenos: a distinção e a superação. Analisam outros institutos que não são idênticos, mas são próximos aos antes mencionados: o *overriding* a e *transformation*". "Não ficaram, portanto, adstritos somente aos precedentes judiciais, o que tornou o livro mais próximo do processo civil que até o presente momento existia no Brasil". "O ponto alto do trabalho destes talentosos processualistas talvez seja a análise de casos concretos, em que já se fizeram distinções e superações. De fato, toda a teoria desenvolvida pelos autores, distinguindo técnicas que oxigenam o direito, encontra eco nos exemplos/casos práticos com que trabalham, facilitando a compreensão do leitor dos intricados fenômenos envolvidos nos temas tratados". "Trata-se, sem dúvida, de um presente oportuno e de bom gosto dado a toda comunidade jurídica: pelo viés pragmático que apresenta, destina-se a advogados, juízes, promotores; e aos estudiosos, pela riqueza da pesquisa em que o livro se baseia, e pela originalidade do método utilizado e das reflexões desenvolvidas pelos autores".

Prof[a]. Teresa Arruda Alvim, o que foi um presente aos escritores e um momento do qual a gratidão se perpetuará no tempo.

Por essa razão, deixamos aqui nosso agradecimento ao público leitor e à Livraria do Advogado Editora pelo excepcional trabalho realizado de *marketing* e distribuição do estudo.

Para essa segunda edição, corrigimos alguns eventuais equívocos[20] que haviam ficado na edição anterior e adicionamos algumas obras, antigas e novas, para complementação do estudo.

Aproveitem!!!

Da 1ª edição

Apesar de a escrita, em muitas ocasiões, ser um ato solitário, não foi o que ocorreu durante o redigir desta obra. Ao invés de duas mãos, quatro estiveram juntas ao longo dos capítulos que sedimentam o resultado final do texto produzido, e essa a razão da existência de uma nota prévia.

Dois escritores têm, obviamente, em algumas questões, pensamentos diferentes, diversos, contrapostos. Eventualmente, um pode convencer o outro de algum ponto de vista seu, mas sendo dois espíritos diferentes, duas culturas diversas, isso pode não ocorrer. Diante disso, em que pese prevalecer a convergência entre os autores, há, e restarão evidenciados na leitura, alguns poucos pontos de discordância.

O mais saliente deles diz respeito ao que cada um entende sobre a qualificação do precedente como fonte de direito na ordem jurídica brasileira. Em que pese o precedente em si não ser o objeto do estudo, mas algumas técnicas que envolvem seu emprego, há alguns conceitos sobre o tema que estão presentes no livro. Por isso, fica o leitor alertado desde já sobre ser saudável conferir nas notas de rodapé alguma ressalva de pensamento.

Em nossa visão, a discordância eventualmente exposta, longe de quebrar a unidade do texto, serve como forma de ampliar o debate, aguçar o sentido crítico do leitor, bem como estimular os autores a repensar os seus pontos de vista.

Oxalá sirva a fomentar mais obras produzidas a quatro mãos, mas com dois cérebros diferentes!

---

[20] O principal deles foi uma parte do texto que foi cortado, tendo o caso MacPherson *v.* Buick Motor Company ficado com o capítulo de Batson *v.* Kentucky , o que agora fica corrigido.

Sumário

Introdução

Parece um pouco mais que evidente o fato de a lei não conseguir prever todas as situações da vida quando elaborada, tendo sido tal pensamento parte de uma ilusão fruto da grande era das codificações.[1] Se um dia prosperou esse pensamento, hoje não pode mais ser assim expressado. A sociedade caminha num ritmo, e o direito noutro, estando em passos diferentes, como lembra François Ost.[2] A legislação, então, é paulatinamente interpretada para se manter atualizada, tendo o Poder Judiciário um papel fundamental na continuidade da edificação do Direito, assim como de sua unidade, pensamento ainda não aceito pacificamente, pois como observa Luís Roberto Barroso,[3] apenas veio o Judiciário a entrar na arena política, desvinculando-se do governo, após a 2ª Guerra Mundial. Como lembra John P. Dawson,[4] há no juiz uma responsabilidade de auxiliar na criação do direito,[5] pois é também ele agente político e, assim, inserido, em parte, no compartilhamento do poder de governar. Nos sistemas ou família de *common law*, tal afirmativa é confirmada pela utilização da técnica dos precedentes judiciais e nos de *civil law*, em especial o brasileiro, há também essa mesma confirmação

---

[1] Sobre o tema da codificação, ver: ANDRADE, Fábio Siebeneichler de. *Da codificação: crônica de um conceito*. Porto Alegre: Livraria do Advogado, 1997.

[2] OST, François. *O tempo do direito*. Tradução Maria Fernanda Oliveira. Lisboa: Instituto Piaget, 1999.

[3] BARROSO, Luís Roberto. *Revolução tecnológica, crise da democraia e Constituição*: direito e políticas públicas num mundo em transformação. Belo Horizonte: Fórum, 2021. p. 78. Escreve: "A ascenção institucional do Poder Judiciário é um fenômeno mundial, que tem seu marco no 2º pós-guerra. Juízes e tribunais deixam de integrar uma espécie de departamento técnico especializado do governo e se transformam efetivamente em um poder político, que disputa espaço com os outros dois".

[4] DAWSON, John P. As funções do juiz. In: *Aspectos do direito americano*. Harold J. Berman (org.). Trad. Janine Yvone Ramos Péres e Arlete Pastor Centurion. Rio de Janeiro: Forense, 1963. Nome no original: *Talks on American Law*. p. 22. Aduz: "As pessoas que visitam os Estados Unidos estranham que grande parte de nosso Direito esteja contido nos relatórios e nas decisões judiciais. A nós, porém, isto não causa nenhuma espécie; parece-nos muito lógico que os juízes colaborem na criação da lei, criando-a à medida que a aplicam. Ao julgarem os mais variados litígios que lhes chegam às mãos, acreditamos que os juízes em todos os sistemas de lei adaptam as doutrinas às novas situações que lhes apresentam, dando-lhes novo sentido. Em nosso sistema, o Gôverno baseia-se no fundamento de que o poder de governar deve ser dividido entre diferentes grupos que se fiscalizam e se equilibram entre si. Num regime democrático como este, torna-se natural e até mesmo aconselhável que os juízes compartilhem do poder de governar, obedecendo a normas e regulamentos no exercício de suas funções".

[5] Para melhor conhecimento do tema, ver: TEIXEIRA, Sálvio de Figueiredo. *A criação e realização do direito na decisão judicial*. Rio de Janeiro: Forense, 2003.

pelo sistema de jurisprudência e súmulas, vinculantes ou não, que são ou deveriam ser utilizadas como fonte de direito.[6] Contudo, a partir de 18 de março de 2016,[7] com o advento do CPC/2015,[8] outra realidade legal se junta a essas outras, qual seja, a dos precedentes judiciais,[9] fenômeno não tão novo na doutrina como é da crença de alguns.[10]

Aqui uma breve e necessária nota; não se está afirmando que: ***i)*** o sistema de precedentes ainda não existia ou; ***ii)*** que o CPC descreve um sistema de precedentes de *common law*. Longe dessas duas discussões![11] Apenas se está constatando que na nova legislação processual civil brasileira há referência expressa à palavra *precedente* que, em conjunto com outras que serão nessa obra estudadas, forma algo que deve ser mais bem refletido para a construção de uma unidade ou uniformidade no Direito brasileiro. Reconhecem-se, desde já, doutrinas que apontam justificativas múltiplas[12] para a existência do sistema de precedentes, assim como para seus perigos, o que não é o escopo o trabalho.

---

[6] A questão da utilização da fonte é no sentido de ser primária e secundária, uma das discordâncias entre os autores que, em capítulo específico, restará debatida.

[7] A data foi definida conforme orientação do STJ. Disponível em: Vigência CPC/2015. <https://www.conjur.com.br/2016-mar-02/cpc-entrara-vigor-dia-18-marco-define-stj>. Acesso 22 maio 2020.

[8] MELO, Gabriela Fonseca de. *Precedente judicial:* formação e aplicação. Curitiba: Juruá, 2022. p. 52.

[9] SANTOS, Welber Queiroz dos. *Ação rescisória por violação a precedente.* São Paulo: Revista dos Tribunais, 2021. p. 143. Escreve: "O CPC estabelece em seu art. 927 um rol de pronunciamentos judiciais compostos por precedentes e enunciados de súmula que merecem ser analisados individualmente. Trata-se de um sistema de precedentes formados e estruturados a partir de procedimentos próprios com a finalidade de estabelecer padrões decisórios para serem aplicados a casos semelhantes, presentes e futuros".

[10] Evidentemente que há obras mais antigas tratando sobre o tema, mas o alerta feito por Sílvio Nazareno Costa, em 2002, já demonstrava o caminho a se seguir. Ver: COSTA, Sílvio Nazareno. *Súmulas vinculantes e reforma do judiciário.* Rio de Janeiro: Forense, 2002. p. 318. Já alertava: "O crescimento da autoridade do precedente jurisprudencial no sistema jurídico brasileiro situa-se como contraponto dentro desse campo. Conquanto não exerça, entre nós, um papel com relevo político à altura de sua missão, o Judiciário vem, a despeito de tudo, ganhando respeitabilidade institucional. A própria legislação vem crescentemente reconhecendo ao precedente judicial uma eficácia antes não gozada, estendendo seus efeitos para bem além dos limites processuais".

[11] Sistema de precedentes judiciais será, então, a forma como os autores irão se referir ao modelo hoje existente, sem prejuízo de conhecerem outros possíveis nomes já anunciados pela doutrina como: Precedentes tropicalizados (OLIVEIRA, José do Carmo Veiga de. A força do efeito vinculante no novo CPC: mercado, economia, globalização, sistema judiciário, direitos fundamentais e as inconstitucionalidades do novo CPC. 2. ed. Belo Horizonte: D'Plácido, 2017); Precedentes à brasileira (ROSSI, Júlio César. *Precedentes à brasileira*: a jurisprudência vinculante no CPC e no novo CPC. São Paulo: Atlas, 2015); WAMBIER, Teresa Arruda Alvim (coord.). *Direito jurisprudencial.* São Paulo: Revista dos Tribunais, 2012); Padrões decisórios vinculantes (CUNHA, Guilherme Antunes da. *Das razões de decidir aos padrões decisórios*: a sincronia entre a fundamentação das decisões e os padrões decisórios vinculantes. Londrina, PR: Thoth, 2021); Sistema de decisões vinculantes (SEIXAS, Bernardo Silva de. *O sistema de decisões vinculantes no Brasil*: elementos para uma interpretação precedencial. Rio de Janeiro: Lumen Juris, 2023).

[12] Como: ANDREASSA JUNIOR, Gilberto. *Precedentes judiciais e colegialidade*: a reforma no procedimento deliberativo dos tribunais como pressuposto para uma efetiva aplicação dos institutos. Londrina, PR: Thoth, 2021. Entre as páginas 96-104, o autor anuncia agumas delas: segurança jurídica, uniformidade, igualdade, eficiência, dentre outras.

Pesquisar os precedentes emanados dos demais sistemas jurídicos, aqui nessa obra, em especial aqueles provindos dos Estados Unidos da América, em que pese ser também o pilar do sistema jurídico inglês – que não deixará de ser alvo de reflexões, como advertem Gary Slapper e David Kelly[13] –, remete o estudioso à leitura de casos que perpassam os rumos da história e se projetam como guia de orientação a balizar o Direito em sociedade. Isso, por si só, auxiliaria nas condutas daqueles que, conhecendo o vigente ordenamento jurídico posto,[14] tomassem suas decisões, sancionando, somente, em tese, aquelas contrárias a ele. Para que isso seja, então, possível, deve haver confiabilidade, cognocisbilidade e calculabilidade[15] no Direito, características intrínsecas à segurança jurídica[16] num Estado Democrático de Direito. Ainda, nas palavras de Humberto Ávila,[17] só se exerce a liberdade, característica ligada à própria dignidade da pessoa humana,[18] quando o

---

[13] SLAPPER, Gary; KELLY, David. *O sistema jurídico inglês*. Trad. Marcílio Moreira de Castro. Rio de Janeiro: Forense, 2011. p. 92-93. Escrevem: "A teoria do precedente vinculante, conhecida por stare decisis, é o pilar do sistema jurídico inglês. Esta teoria significa que, dentro da estrutura hierárquica da Justiça inglesa, a decisão do tribunal superior vinculará os órgãos judiciais inferiores. Em termos gerais, isto significa que, ao julgarem seus processos, os juízes verificam se um caso similar já foi submetido à Justiça anteriormente. Se o precedente foi fixado por um órgão judicial de mesma ou maior hierarquia, então o juiz deverá seguir a regra estabelecida no processo anterior. Quando o precedente provier de um órgão judicial inferior, o julgador poderá dele divergir, mas mesmo assim certamente o levará em consideração".

[14] Sobre o tema, consultar: GRAU, Eros Roberto. *Direito posto e direito pressuposto*. 9. ed. São Paulo: Malheiros, 2104.

[15] ÁVILA, Humberto. *Teoria da segurança jurídica*. 4. ed. São Paulo: Malheiros, 2016, p. 278.

[16] Numa linha semelhante, ler: WELSCH, Gisele Mazzoni. *Legitimação democrática do Poder Judiciário no novo CPC*. São Paulo: Revista dos Tribunais, 2016. p. 31. Escreve: "Havendo a observância dos precedentes, confere-se credibilidade ao Judiciário, representada pela confiança legítima que os jurisdicionados passam a ter nas decisões emitidas, já que os casos idênicos passam a ser tratados da mesma maniera e recebem a mesma decisão", e finaliza: "A segurança jurídica e a certeza do Direito são valores de alto grau na escala axiológica; portanto, é preciso que a exigência do maior progresso do direito seja harmonizada com a necessidade da segurança jurídica, a qual consiste em condição de desenvolvimento e aperfeiçoamento da sociedade".

[17] ÁVILA, Humberto. *Constituição, liberdade e interpretação*. São Paulo: Malheiros, 2019. p. 12. Escreve o tributarista: "Em decorrência das considerações anteriores acerca da dignidade humana, vê-se que só existe liberdade quando o indivíduo detém o poder de determinar qual projeto de vida pretende construir, quais atos deseja praticar, entre aqueles que sabe poder praticar, e quais consequências quer e aceita suportar. Mas, para poder determinar quais atos deseja praticar e quais consequências quer e aceita suportar, é indispensável que ele esteja consciente e bem-informado a respeito das alternativas de ação de que dispõe e que possa determinar minimamente que consequências cada uma delas irá futuramente desencadear. Ter liberdade implica, portanto, saber sobre o que decidir, querer conscientemente decidir em determinado sentido e arcar responsavelmente com as consequências dessa decisão".

[18] Nessa linha, indispensável a leitura da obra: CAMBI, Eduardo; OLIVEIRA, Lucas Paulo Orlando de. *O direito a favor da esperança*: o uso de precedentes judiciais para a efetivação da dignidade da pessoa humana. Belo Horizonte: D'Plácido, 2017. p. 229. Concluem os autores: "A potencialização desse fluxo transformados e promotor da dignidade em relação à jurisprudeência, que além da segurança jurídica, implicam na preservação da sintonia com os fundamentos e objetivos previstos na Constituição Federal, de modo a servir de resistência contra a humilhação e ferramenta a serviço da dignidade e, por isso, de outro mundo possível".

indivíduo tem a possibilidade de saber as consequências sobre seu ato, somente podendo fazê-lo a partir do conhecimento prévio do Direito que lhe rege em sociedade.[19] Aliás, não é demais referir que não há necessidade de um sistema vinculante de decisões judiciais quando se constrói uma respeitabilidade por meio da segurança jurídica ao que é decidido nas Cortes de determinado ordenamento jurídico, desimportanto se é uma família de *civil* ou *common law*, como lembra Gisele Mazzoni[20] ao fazer estudo comparado entre Brasil e Alemanha. Pedro Freitas, em interessante estudo sobre a tutela jurisdional e precedentes, defende que aplicação dos precedentes é determinada pelas atribuições da relevância,[21] aceitabilidade,[22] controlabilidade,[23] universalidade[24] e justiça.[25]

---

[19] É uma das conclusões que se pode tirar da leitura de: EHLKE, Andréa. *Precedentes*: constitucionalidade, ação rescisória por afronta de precedentes vinculantes, vinculação do juízo arbitral aos precedentes, modulação dos precedentes. Rio de Janeiro: Lumen Juris, 2021. p. 376. Escreve: "Desta forma, conclui-se neste trabalho que o novo sistema de precedentes brasileiros é um instrumento comprometido com a segurança, com a liberdade e com a igualdade que visa assegurar a segurança jurídica dos jurisdicionados".

[20] WELSH, Gisele Mazzoni. *Precedentes judiciais e unidade do direito*: análise comparada Brasil-Alemanha. Londrina, PR: Thoth, 2021. Conclui a autora em seu relatório de pós-doutorado feito na Universidade de Heidelberg – Alemanha, sob supervisão de Christoph Kern: "Conforme foi exposto ao longo do livro, o sistema jurídico alemão, embora não adote o modelo de vinculação a precedentes judiciais como técnica de julgamento, apresenta como diretrizes a preocupação com a uniformização da jurisprudência (*Sicherung einer einheitlichen Rechtsprechung*) e a preservação da segurança jurídica (*Rechtssicherheit*), as quais consistem em requisitos para a admissão de recursos (*Zulassungsberufung* - §511 (4) ZPO e *Zulassungsrevision* - § 543 (2) ZPO) e, portanto, orientam a atuação do BGH (*Bundesgerichtsof*) como corte que exerce destaca função prospectiva".

[21] FREITAS, Pedro. *Tutela jurisdicional mediante precedente judicial*. São Paulo: Tirant lo Blanch, 2021. p. 195. Define o conteúdo da palavra assim: "a. relevância, na medida em que os arguumentos explicitados devem ser aqueles de maior valor e importância perante o ordenamento jurídico e, ainda, e devem se apresentar necessários, essenciais e indispensáveis à outorga de sentido ao direito, o que desautoriza a escolha de fundamentos supérfluos, imprecisos ou de menor valor".

[22] Idem. Define o conteúdo da palavra assim: "b. aceitabilidade, de modo a demonstrar a relevância e a legitimidade das escolhas semânticas realizadas, convencendo as partes envolvidas no caso concreto e, especialmente, a comunidade jurídica quanto à interpretação realizada sobre o direito, que passarão a admitir as decisções proferidas pelos Tribunais".

[23] Idem. p. 195. Define o conteúdo da palavra assim: "c. controlabilidade, permitindo que as partes e a própria comunidade jurídica possam verifcar se os argumentos utilizados pelos Tribunais são suficientemente adequados e, nessa medida, possam fiscalizar a atividade jurisdiocional de adscrição de sentido aos textos normativos, impedidndo a adoção de particularismo e de subjetivismos".

[24] Idem. p. 195. Define o conteúdo da palavra assim: "d. universalidade, jpa que não se atêm às particularidades e às subjetividades dos casos concretos, mas, ao contrário, são dispostas em formato estritamente objetivo, capaz de torná-las generalizáveis e, pois, aplicáveis às situações futuras que compartilharem das mesmas categorias fáticas e jurídicas, obstando que os argumentos empregados pelos Tribunais fiquem circunscritos à situações individuais e irrepetíveis".

[25] Idem. p. 195. Define o conteúdo da palavra assim: "e. justiça, tendo em vista que a tutela jurisdicional prestada pelos Tribunais não pode se desvincular do valor do justo, motivo pelo qual os argumentos apresentados devem se destinar à efetivar a justiça, ou seja, de proteger, da maneira mais adequada e específica possível, os direitos, a partir de margens aceitáveis, razoáveis e proporcionais".

São conhecidos casos julgados nos Estados Unidos como Miranda *v.* Arizona,[26] Gideon *v.* Wainwright,[27] Roe *v.* Wade,[28] Plessy *v.* Ferguson,[29] Engel *v.* Vitale,[30] Regents of the University of California *v.* Bakke,[31] United States *v.* Nixon,[32] Brown *v.* Board of Education,[33] Marbury *v.* Madison,[34] Dred Scott *v.* Sandford,[35] McCulloch *v.* Maryland,[36] Furman *v.* Geórgia[37] e Lochner *v.* New York,[38] para ficar somente em alguns deles,[39] que devem remeter o leitor a lembranças ligadas aos nomes envolvidos, em que pese a referência ao nome não se ligue à história da vida das partes, como lembra Peter Irons,[40] em tom crítico.

Os casos julgados pela Suprema Corte dos Estados Unidos têm tamanha tradição que, como lembra José Reinaldo de Lima Lopes,[41] eles

---

[26] METER, Larry A. Van. *Miranda v. Arizona*: the rights of the accused. New York: Chelsea House, 2007.

[27] PRENTZAS, G. S. *Gideon v. Wainwright*: the right to free legal counsel. New York: Chelsea House, 2007.

[28] HITCHCOCK, Susan Tyler. *Roe v. Wade*: protecting a woman's right to choose. New York: Chelsea House, 2007.

[29] MCNEESE, Tim. *Plessy v. Ferguson*: separate but equal. New York: Chelsea House, 2007.

[30] MOUNTJOY, Shane. *Engel v. Vitale*: school prayer and the establishment clause. New York: Chelsea House, 2007.

[31] MCNEESE, Tim. *Regents of the university of California v. Bakke*: american education and affirmative action. New York: Chelsea House, 2007.

[32] METER, Larry A. Van. *United States v. Nixon*: the question of executive privilege. New York: Chelsea House, 2007.

[33] MCNEESE, Tim. *Brown v. Board of Education*: integrating america's schools. New York: Chelsea House, 2007.

[34] MOUNTJOY, Shane. *Marbury v. Madison*: establishing Supreme Court power. New York: Chelsea House, 2007.

[35] MCNEESE, Tim. *Dred Scott v. Sandford*: the pursuit of freedom. New York: Chelsea House, 2007.

[36] CROMPTON, Samuel Willard. *McCulloch v. Maryland*: implies powers of the federal government. New York: Chelsea House, 2007.

[37] ROENSCH, Greg. *Furman v. Georgia*: cruel and unusual punishment. New York: Chelsea House, 2007.

[38] COCHRAN III, Augusto Bonner. *Lochner v. Nova Iorque*: o caso dos padeiros que trabalhavam demais. Curitiba: Juruá, 2021.

[39] Um guia mais completo de casos julgados (alguns formaram precedentes, outros não), pode ser visto na recente publicação: BECKER, Rodrigo Frantz (coord.). *Suprema Corte dos Estados Unidos*: casos históricos. São Paulo: Almedina, 2022.

[40] IRONS, Peter. *El coraje de sus convincciones*: dieciseis norteamericanos que lucharon pela llegar a la Corte Suprema. Buenos Aires: Abeledo-Perrot. 1994.

[41] LOPES, José Reinaldo de Lima (org.). *O Supremo Tribunal de Justiça do Império*. São Paulo: Saraiva, 2010. p. 11. Já na introdução refere o historiador: "Qualquer iniciante no estudo do direito sabe em que consiste um livro de direito constitucional nos Estados Unidos da América: uma sucessão de temas de caráter jurídico-constitucional examinados a partir das decisões da Suprema Corte. Os temas, que vão desde a separação de poderes ao federalismo e à carta de direitos, com todos os respectivos desdobramentos e sub-temas, são apresentados como uma sucessão de discussões e de mudanças de posicionamento da Corte a seu respeito. Os cursos são, portanto, inerentemente histórico-hermenêuticos. Visto que os Estados Unidos descendem da tradição inglesa, o hábito (e mesmo a necessidade) de manter os registros das decisões de seu tribunal supremo foi mantida desde sempre".

acabam por ditar a própria forma como se estuda o direito constitucional estadunidense. Ora, se é tão forte assim o caso julgado, representado no precedente gerado, como deixar de aplicá-lo frente a outro caso em que sua aplicação foi reivindicada? Esse o tema principal da obra que se pretende levar ao nosso leitor, demonstrando que, muito pelo contrário do que se pensa, há um sistema dinâmico no aparelhamento dos precedentes judiciais,[42] a partir das técnicas escolhidas para dar vida ao presente estudo. Porém, nem sempre foi assim, tendo em vista que, durante a formação do seu Direito, para se desapegar um pouco da tradição inglesa, a Suprema Corte revia muitos de seus casos, como alerta Harold J. Berman.[43]

Por isso, a escolha do tema não poderia ser mais atual. As polêmicas que envolvem as inúmeras discussões acerca da aplicação dos provimentos judiciais vinculantes[44] ou padrões decisórios como já defendido,[45] em especial os precedentes judiciais têm, cada dia mais, crescido e, com elas, acirrados ânimos entram na pauta do dia da doutrina especializada na matéria, anunciando uma já latente divergência entre aqueles que se dedicam a pensar o tema.[46] A insegurança, exatamente o contrário do que uma teoria de vinculação das decisões judiciais deveria pregar, começa a tomar conta igualmente do mundo doutrinário, o que repercute no Poder Judiciário, que deveria encontrar na doutrina alguma luz guia, ou crítica. Não se desconhece por óbvio que exista di-

---

[42] SILVA, Ana Lourdes Coutinho. *Motivação das decisões judiciais*. São Paulo: Atlas, 2012. p. 199. Como defende a autora: "Na doutrina do stare decisis, ao contrário do que se possa pensar em razão da força obrigatória dos precedentes, o caráter dinâmico do Direito consegue ser respeitado por meio da utilização do distinguishing ou do overruling, técnicas de 'consciente adaptação a novos contextos', utilizada pelo julgador do sistema de *common law*".

[43] BERMAN, Harold J. O fundamento histórico do direito americano. In: *Aspectos do direito americano*. Harold J. Berman (org.). Tradução de Janine Yvone Ramos Péres e Arlete Pastor Centurion. Rio de Janeiro: Forense, 1963. Nome no original: *Talks on American Law*. p. 19/20. Escreve: "O Direito Americano, desde o início do século XIX até hoje, sempre apresentou um maior grau de flexibilidade nas decisões judiciais do que o Direito Inglês de nossos dias. Aceitando a doutrina inglesa dos casos antecedentes, pela qual a Côrte é obrigada a seguir as decisões judiciais, nos casos análogos, as Côrtes Americanas forem sempre mais inspiradas e demonstraram um maior espírito de criação, interpretando novamente casos já julgados, em lugar de procurarem adaptar a lei às condições que cercavam o caso que iria ser julgado. Não aceitaram, porém, as Côrtes de Justiça Americanas a doutrina inglesa de que a Côrte Suprema nunca deve rejeitar seus próprios julgamentos anteriores; a Côrte Suprema dos Estados Unidos, assim como as Côrtes Supremas dos Estados da União, já tiveram ocasião de declarar que uma de suas decisões fora reestudada e julgada errada e que não deveria ser acatada dessa data em diante".

[44] Sobre vinculação dos precedentes, não se pode deixar de ler: ZANETI JR., Hermes. *O valor vinculante dos precedentes*: teoria dos precedentes normativos formalmente vinculantes. 3. ed. Salvador: Juspodivm, 2017.

[45] Como já defendido em tese de doutoramento, tendo versão comercial já publicada. Ver: CÂMARA, Alexandre Freitas. *Levando os padrões decisórios a sério*: formação e aplicação de precedentes e enunciados de súmula. São Paulo: Atlas, 2018.

[46] Expressões até como a tropicalização do sistema de precedentes podem ser encontradas na doutrina como aponta: LIMA, Paulo Bernardo Lindoso. *Decodificando o precedente judicial a partir de Niklas Luhmann*. São Paulo: Tirant Lo Blanch, 2021. p. 146.

vergência sobre sua vinculação, ou não, como anunciado já por Eduardo Bittar.[47] Havendo gritante dissonância no que se produz na doutrina, o ciclo, que deveria ser virtuoso, acaba por colapsar frente às divergentes posições, que ocasionam, de igual forma, insegurança no órgão que, por último, interpreta as disposições legais. Uma coisa parece ser certa, qual seja, a justiça civil do Século XXI precisa concentrar-se em julgar adequadamente casos importantes, sendo essa uma função das cortes supremas como aponta Alan Uzelac.[48]

O quadro acresce a preocupação de que o Poder Judiciário não dê conta para uma de suas tarefas primordiais: a de dar unidade ao direito, eliminando ou diminuindo a loteria judiciária.[49] Isso passa, inevitavelmente, por um realinhamento da justiça civil[50] brasileira e das funções dos órgãos jurisdicionais.[51] Obviamente que um sistema jurídico coeso,

---

[47] BITTAR, Eduardo C. B. *Introdução ao estudo do Direito*: humanismo, democracia e justiça. 2. ed. São Paulo: Saraiva Educação, 2019. p. 293. Escreve: "A doutrina não é reconhecida como fonte, em caso de falta da lei, no texto do art. 4º da LINDB. A falta desta explicação legal leva a muitas dúvidas, nos debates científicos, a respeito do valor vinculante desta modalidade de fonte jurídica. É controversa a admissão da doutrina como fonte de Direito para um grande número de autores. No entanto, a doutrina como fonte de Direito traz enorme e significativa influência sobre a prática do Direito, considerando-se a peculiaridade da Ciência do Direito, que é teórico-prática. Assim, a doutrina jurídica contribui para a renovação do Direito, por meio dos estudos em empreende, das descobertas que divulga, das interpretações que desenvolve, através da palavra-avaliada que comunica e instrui para o bom uso do Direito. Nesta medida, seria estranho não lhe conferir valor de fonte do Direito, na medida em que corresponde a uma parte importante do que se conhece como Direito".

[48] UZELAC, Alan. Supreme couts in the 21st century:should organization follow tha function? In: SARLET, Ingo W.; JOBIM, Marco F. *Precedentes*. Florianópolis, SC: Tirant lo Blanch, 2018. p. 25. (págs, 9-25). Escreve: "*A true challenge for the supreme courts in the 21st century, both organizational and functional, will be to maintain effective work, concentring on really importante cases, buta t the same time not sacrificing public confidence in the justice system and their own public image of transparency and accessibility*".

[49] UCHÔA, Sheila Monteiro. *Juízo de adequação aos precedentes*: vinculação e possibilidade de recusa. Rio de Janeiro: Lumen Juris, 2020. p. 103. Escreve: "Aspira-se a que os jurisdicionados sejam tratados de maneira isonômica, sem diferenciação, baseada unicamente no entendimento pessoal do julgador. Busca-se, com isso, eliminar o sentimento de 'loteria judiciária', fenômeno que estimula a propositura de demandas frívolas, multiplica injustiça e contribui para o descrédito e a deslegitimação do Poder Judiciário".

[50] A expressão *justiça civil* tem encontrado abertura em alguns trabalhos já realizados, sendo citado como maneira fomentar o debate sobre a nomenclatura. Ver: CADIET, Loïc. *Perspectivas sobre o sistema da justiça civil francesa*: seis lições brasileiras. Tradução de Daniel Mitidiero, Bibiana Gava Toscano de Oliveira, Luciana Robles de Almeida e Rodrigo Lomando. São Paulo: Revista dos Tribunais, 2017; TARUFFO, Michele; MITIDIERO, Daniel. *A justiça civil* – da Itália ao Brasil, dos setecentos a hoje. São Paulo: Revista dos Tribunais, 2018.

[51] O alerta está bastante claro em: MARINONI, Luiz Guilherme; MITIDIERO, Daniel. *Recurso extraordinário e recurso especial*: do *jus litigatoris* ao *jus constitucionis*. São Paulo: Revista dos Tribunais, 2019. s/n. Escrevem: "As mudanças ocorridas nos Novecentos com o advento do constitucionalismo (isto é, das relações entre a Constituição e a lei) e dos debates sobre o significado da interpretação dos dispositivos constitucionais e legais (isto é, das relações entre o legislador e o Judiciário) fizeram não só que se reconhecesse a necessidade de um novo desenho para a Justiça Civil (com o reconhecimento de diferentes papéis que são exercidos pelos juízes de primeiro grau, pelas Cortes de Justiça e pelas Cortes Supremas), mas também que se reconhecesse a eficácia vinculante dos precedentes oriundos da interpretação de casos pelas Cortes Supremas. É claro que tudo isso só poderia acarretar um impacto profundo na maneira como o recurso extraordinário e o recurso especial devem ser compreendidos entre nós".

a partir também do auxílio do Poder Judiciário, passa por um alto preço de democratização[52] do processo. O respeito ao devido processo legal ou de direito é algo inegociável;[53] nesse caminho, salvo sua relativização por vontade não viciada das partes e, inserido nele, dar um tratamento ao contraditório efetivo[54] que realmente sirva de alicerce, sustentação ao direito que será vinculante por meio do provimento decisório. Isto parece ser uma passagem ainda a ser desvelada e concretizada. Fato é que não se pode mais conviver com desigualdades *interprocesso* e *intraprocesso* como elucida Juraci Mourão Lopes Filho.[55]

Fugindo um pouco das discussões mais de fundo sobre a existência de uma teoria de precedentes ao Brasil, o estudo direciona sua atenção para duas técnicas positivadas pelo legislador de 2015: a da *distinção* e a da *superação*, o que parece ser uma das preocupações mais relevantes da doutrina estadunidense, como relembra Luiz Guilherme Marinoni.[56] Tal despreocupação sobre a existência de precedentes se justifica na medida em que a distinção não é feita somente em relação a essa técnica, mas também sobre o enunciado de súmula e a jurisprudência firmada, como previsto no art. 489, § 1º, VI,[57] CPC/2015, ao trabalhar com a fundamen-

---

[52] Sobre o tema, recomenda-se: NUNES, Dierle José Coelho. *Processo jurisdicional democrático*: uma análise crítica das reformas processuais. Curitiba: Juruá, 2008.

[53] Mesmo com a abertura à negociação processual inserida no artigo 190, CPC/2015, é o dispositivo bastante claro para dar o direito a negociações sobre o procedimento, não ao processo. "Art. 190. Versando o processo sobre direitos que admitam autocomposição, é lícito às partes plenamente capazes estipular mudanças no procedimento para ajustá-lo às especificidades da causa e convencionar sobre os seus ônus, poderes, faculdades e deveres processuais, antes ou durante o processo. Parágrafo único. De ofício ou a requerimento, o juiz controlará a validade das convenções previstas neste artigo, recusando-lhes aplicação somente nos casos de nulidade ou de inserção abusiva em contrato de adesão ou em que alguma parte se encontre em manifesta situação de vulnerabilidade".

[54] DUTRA, Victor Barbosa. *Precedentes vinculantes*: contraditório e técnicas repetitivas. Belo Horizonte: D'Plácido, 2018. Recomenda-se uma leitura na obra que, ao fim e ao cabo, acaba servindo de base para a afirmação realizada. Ainda sobre o tema: NEVES, Daniel Amorim Assumpção. Contraditório efetivo. In: *Processo civil contemporâneo*: homenagem aos 80 anos do professor Humberto Theodoro Júnior. Paulo Henrique dos Santos Lucon; Juliana Cordeiro de Faria; Edgard Audomar Marx Neto; Ester Camila Gomes Norato Rezende (Orgs.). Rio de Janeiro: Forense, 2018. p. 33-49.

[55] LOPES FILHO, Juraci Mourão. O novo Código de Processo Civil e a sistematização em rede dos precedentes judiciais. In: *Precedentes*. Fredie Didier Jr., Leonardo Carneiro da Cunha; Jaldemiro Rodrigues de Ataíde Jr.; Lucas Buril de Macêdo (coords.). Salvador: Juspodivm, 2015. p. 147. Escreve: "Os precedentes judiais emergem do novo Código de Processo Civil como instrumentos para solucionar problemas complexos do Direito, como a busca de uniformidade na solução de casos, racionalização do trabalho jurisdicional e isonomia de tratamento das partes não somente intra-processo (paridade de armas), mas especialmente inter-processo (casos iguais devem ser decididos igualmente)".

[56] MARINONI, Luiz Guilherme (Org.). *A força dos precedentes*: estudos dos cursos de mestrado e doutorado em Direito Processual Civil da UFPR. Salvador: Juspodivm, 2012. p. 9-10. Escreve: "Os precedentes que interpretam leis ou os precedentes da Suprema Corte americana evidenciam, por si, a razão de ser do *stare decisis*. Lembre-se que, considerando o valor segurança, a doutrina americana demonstra grande preocupação em relação ao *overruling* e ao *distinguishing* e com a força do *stare decisis* diante do controle difuso da constitucionalidade".

[57] Art. 489. São elementos essenciais da sentença: § 1º Não se considera fundamentada qualquer decisão judicial, seja ela interlocutória, sentença ou acórdão, que: (...) VI – deixar de seguir enunciado de súmula, jurisprudência ou precedente invocado pela parte, sem demonstrar a existência de distinção no caso em julgamento ou a superação do entendimento.

tação analítica ou racional das decisões judiciais.[58] Por isso, o Brasil, tendo suas características culturais, políticas, sociais e jurídicas próprias, importa em ter um sistema de precedentes um pouco diferente daquelas outras nações que os adotam segundo seus próprios predicados, como bem pontuam Humberto Theodoro Júnior e Érico Andrade.[59]

Certamente, junto às duas técnicas escolhidas, outras poderiam e outras serão, ao longo do texto, lembradas, como a *overriding*[60] ou *modifiyng*,[61] a *transformation*,[62] a *technique of sinaling*,[63] a *reversal*,[64] o *drawing of inconsistent distinctions*,[65] *a widening*, *a narrowing*[66] e a *analogy*,[67] para

---

[58] Sobre o tema, recomenda-se: ALVIM, Teresa Arruda. *A fundamentação das sentenças e dos acórdãos*. Curitiba, PR: Direito Contemporâneo, 2023.

[59] ANDRADE, Érico; THEODORO JÚNIOR, Humberto. *Precedentes no processo brasileiro*. Rio de Janeiro: Forense, 2021. p. 157. Escrevem: "O uso maciço da jusrisprudência e dos precedentes nos sistemas de *civil law* não implica, por si só, em equiparação com o sistema de *common law*, pois sempre serão preservadas características próprias marcantes em cada ordenamento, cristalizadas em suas respectivas evoluções históricas no que tange à atuação dos tribunais no âmbito do controle judicial ao interpretar e aplicar as normas".

[60] PORTES, Maira. Instrumentos para revogação de precedentes no sistema de *common law*. In: *A força dos precedentes*: estudos dos cursos de mestrado e doutorado em Direito Processual Civil da UFPR. 2. ed. Luiz Guilherme Marinoni (Org.). Salvador: Juspodivm, 2012. p. 199. Aduz: "O *overriding* consiste no ato da corte em restringir o âmbito de aplicação de determinada doutrina em decorrência de uma nova regra surgida após o estabelecimento da doutrina no precedente, tratando-se de uma espécie de revogação parcial".

[61] PEREIRA, Bernardo Augusto da Costa. *Os precedentes judiciais e a razoável duração do processo*: uma análise da teoria do direito como integridade de Ronald Dworkin. Rio de Janeiro: Lumen Juris, 2017. p. 104. Sobre ambos os nomes, escreve: "Através do *overriding*, também conhecido como *modifiyng* fora dos Estados Unidos da América, é possível limitar a incidência do precedente, vez que não mais se aplica em sua totalidade ao caso".

[62] PORTES, Maira. Instrumentos para revogação de precedentes no sistema de *common law*. In: *A força dos precedentes*: estudos dos cursos de mestrado e doutorado em Direito Processual Civil da UFPR. 2. ed. Luiz Guilherme Marinoni (Org.). Salvador: Juspodivm, 2012. p. 199. Defende: "A *transformation* ocorre quando a corte, sem anunciar, revoga uma doutrina pré-estabelecida em decorrência de uma doutrina anterior a ela, formulada em julgamento anterior".

[63] ATAÍDE JÚNIOR, Jaldemiro Rodrigues. *Precedentes vinculantes e irretroatividade do direito no sistema processual brasileiro*: os precedentes dos tribunais superiores e sua eficácia temporal. Curitiba: Juruá, 2012. p. 92. Aduz: "Através de tal técnica, visa-se informar à sociedade que o precedente, que até então orientava sua pauta de conduta, está na iminência de ser revogado, de forma que os jurisdicionados não devem mais planejar seu agir com base no mesmo, e, os que assim o fizerem, não poderão alegar afronta às justas expectativas normativas".

[64] SILVA, Ana Lourdes Coutinho. *Motivação das decisões judiciais*. São Paulo: Atlas, 2012. Ensina: "Finalmente, o *reversal* funciona como um recurso dentro do mesmo processo, onde a reforma de uma decisão de uma Corte *a quo* é feita por uma Corte *ad quem*. Distingue-se do *overrruling*, porque, neste, há a revogação do precedente".

[65] PORTES, Maira. Instrumentos para revogação de precedentes no sistema de *common law*. In: *A força dos precedentes*: estudos dos cursos de mestrado e doutorado em Direito Processual Civil da UFPR. 2. ed. Luiz Guilherme Marinoni (Org.). Salvador: Juspodivm, 2012. p. 200. Escreve: "Outra técnica de revogação é a *drawing of inconsistent distinctions*, que consiste em identificar no precedente as distinções que nao condizem com a regra de direito formulada, considerando-se as condições sociais observáveis à época da formulação".

[66] MATIAS, Arthur José Jacon. *Precedentes*: fundamentos, elementos e aplicação. Leme (SP): JH Mizuno, 2019. Sobre ambas técnicas expõe: "Pela ampliação (*widening*) ou pela redução (*narrowing*) do alcance do precedente se torna possível aos juízes dar novos sentidos ao texto, até mesmo para ampliar

ficar somente nessas. Esse primeiro quadro de técnicas, destinadas a não aplicação de precedentes, é totalmente desencontrada na doutrina brasileira atualmente, podendo, em determinado autor, nos depararmos com algumas delas, em outro não, ou até mesmo serem encontradas com nomenclaturas diferenciadas, ou, ainda, serem inseridas no bojo de técnicas processuais diferentes. A título de complementação, confirmando o que foi acabado de ser referido, Yuri Guerzet Teixeira[68] anuncia fazer parte das técnicas de não aplicação de precedente, o *judicial departure*, que, em sua opinião, seria o gênero do qual as demais técnicas citadas seriam as espécies.

Haveria, ainda em caráter introdutório, uma segunda onda de conceitos, até mesmo relacionados a questões ainda mais complexas, como aquelas relacionadas ao conhecimento interno da decisão, que sem serem dominadas, poderá se estar falando no próprio fracasso da implementação de uma possível teoria dos precedentes judiciais, como defende Bernardo Augusto da Costa Pereira.[69] Essa onda passa pela identificação de *ratio decidendi*,[70] *holding*[71] ou o *obiter dictum*,[72] que até mesmo poderão

---

ou reduzir o alcance do precedente, a depender das circunstâncias e dos padrões de identificação que forem estabelecidos entre os casos".

[67] OLIVEIRA, Rafael Carvalho Rezende. *Precedentes no direito administrativo*. Rio de Janeiro: Forense, 2018. p. 50. Escreve: "Na aplicação dos precedentes, os juízes exercem analogias (*analogy*) entre casos, verificando semelhanças e distinções na comparação entre o precedente e o caso atual a ser julgado. O raciocínio jurídico na aplicação dos precedentes é essencialmente análogo (*case-by-case reasoning*) e a partir de exemplos (*reasoning by examples*)".

[68] TEIXEIRA, Yuri Guerzet. *Precedentes judiciais*: entre normas e decisões. Curitiba: Juruá, 2015. p. 103. Escreve: "*Judicial departure* é o gênero de técnicas que permitem a não aplicação de um precedente judicial".

[69] PEREIRA, Bernardo Augusto da Costa. *Os precedentes judiciais e a razoável duração do processo*: uma análise da teoria do direito como integridade de Ronald Dworkin. Rio de Janeiro: Lumen Juris, 2017. p. 101. Em capítulo sobre *ratio decidendi* (ou *holding*) e *obter dicta*, defende: "Manejar os precedentes judiciais sem ter conhecimento dos termos, ora tratador, culminará no fracasso".

[70] Sobre o conceito, ver: MARINONI, Luiz Guilherme. *O STJ enquanto corte de precedentes*: recompreensão do sistema processual da corte suprema. São Paulo: Revista dos Tribunais, 2013. p. 195. Escreve: "Diante das decisões do STJ, a *ratio decidendi* é a atribuição de sentido ao texto legal ou à questão jurídica, sentido esse que – embora suficiente para chegar à solução do recurso – constitui o resultado que o texto legal ou a questão jurídica especificadamente exige para se resolver o recurso conforma as razões justificadoras da definição de sentido".

[71] VIANA, Aurélio; NUNES, Dierle. *Precedentes*: a mutação no ônus argumentativo. Rio de Janeiro: Forense, 2018. p. 375. Nomenclatura mais aceita nos Estados Unidos, como explicam os autores: "De modo sintético, como premissa da explicação, pode-se considerar a *ratio decidendi* (ou *holding*, nos Estados Unidos) os fundamentos jurídicos que foram imprescindíveis para a solução da demanda (fundamentos determinantes)". Na mesma linha: SEPÚLVEDA JÚNIOR, Sérgio Bento de. *Precedentes e segurança jurídica no novo Código de Processo Civil brasileiro*. 2. ed. São Paulo: Tirant lo Blanch, 2020. p. 19. Escreve: "A *ratio decidendi* que é usada na Inglaterra e *holding* utilizado nos Estados Unidos da América, que implicam a razão de decidir ou os fundamentos determinantes, são essências a fim de que se possa saber o que vincula ou não no precedente, e deve ser feito de forma clara pelas Cortes Supremas, o STJ e o STF".

[72] GUIMARÃES, Larissa. Controle difuso de constitucionalidade e o respeito aos precedentes do STF. In: *A força dos precedentes*: estudos dos cursos de mestrado e doutorado em Direito Processual Civil da UFPR. 2. ed. Luiz Guilherme Marinoni (Org.). Salvador: Juspodivm, 2012. p. 331. Afirma:

estar espelhadas em alguns pensamentos que irão ser apresentados ao longo da obra, mas que extrapola os limites do estudo proposto, qual seja, de realmente ser uma ferramenta útil à teoria e à prática, com base em técnicas realmente positivadas na nova legislação processual brasileira.

Por fim, teríamos uma terceira onda de conceitos, ligados a realmente saber o que seria um precedente judicial e a doutrina do *stare decisis et quieta nom movere*,[73] tanto em sua vertente de *metadoctrine* como de *doctrine*, como refere Colin Starger,[74] o que, na teoria, daria sustentação às demais considerações envolvendo o presente estudo, tendo, como vantagens, a sua consistência,[75] a certeza,[76] a eficiência[77] e ao mesmo

---

"A *contrario sensu*, *obiter dicta* seriam os pronunciamentos judiciais excluídos da porção vinculante da decisão e, portanto, desprovidos de autoridade. Todavia, tal definição se revela simplista, visto que certos pronunciamentos podem apresentar força a despeito de não constituírem a *ratio*, o que dependerá, por exemplo, da posição hierárquica do tribunal que os proferiu e da atenção que os magistrados a eles dispensaram".

[73] RAMIRES, Maurício. *Crítica à aplicação de precedentes no direito brasileiro*. Porto Alegre: Livraria do Advogado, 2010. p. 65. Sobre o tema, discorre: "A expressão *stare decisis* é uma redução da frase latina '*stare decisis et non quieta movere*', que se pode traduzir por 'ficar como foi decidido e não mexer no que está quieto'. A palavra *doctrine*, por sua vez, e mais bem transcrita neste contexto por 'regra', de modo que a *doctrine of stare decisis* representa a regra segundo a qual as coisas devem ficar como foram decididas pelos juízes e pelas Cortes do passado". Sobre o significado em tradução livre: TOMELIN, Georghio. *O Estado jurislador*. Belo Horizonte: Fórum, 2018. p. 160-161. Escreve: "A máxima *stare decisis et quieta non mevere* poderia ser traduzida (*rectius*: interpretada) pelo dever de 'ficar aderido ao que se vem decidindo e de não modificar o que está parado'. Esta máxima reflete bem a essência de um sistema jurisprudencial, que tem como meta a busca pela estabilidade". Vide ainda SOUZA, Leonardo Fernandes de; CASTILHO, Rodrigo Brunieri. *Incidente de resolução de demandas repetitivas IRDR*: de sua vinculação para eficácia das decisões judiciais. Curitiba: Juruá, 2021. p. 120.

[74] STARGER, Colin. The dialectic of stare decisis doctrine. In: *Precedent in the United States Supreme Court*. Christopher J. Peters (Editor). Baltimore: Springer, 2013. p. 19-20. Escreve: "*In the United States Supreme Court, the concept of stare decisis operates as both metadoctrine and doctrine. On the one hand, stare decisis functions as a generally applicable presumption in favor of adherence to precedent. This presumption is metadoctrinal because it provides a generic argument against overruling that applies independently of the substantive context of any given case. On the other hand, when the Court considers overruling a particularly controversial precedent, it usually weighs the constraining force of stare decisis by invoking factors and tests announced in its own prior case Law. In other words, the Court has precedent about when to follow its precedent. This 'precedent about precedent' seems doctrinal in the conventional sense – it is the Court's doctrine of stare decisis*".

[75] SLAPPER, Gary; KELLY, David. *O sistema jurídico inglês*. Tradução Marcílio Moreira de Castro. Rio de Janeiro: Forense, 2011. p. 111. Sobre a consistência: "Casos similares são decididos de forma similar e aparentemente não ficam sujeitos aos caprichos do juiz individual que esteja decidindo o processo em questão. Este aspecto da justiça formal é importante para justificar as decisões tomadas em processos específicos".

[76] Idem. Sobre a certeza: "Isso decorre do item anterior e é seu pressuposto. Os advogados e seus clientes podem prever o resultado de uma questão jurídica específica com base nas decisões judiciais anteriores. Também, assim que tal regra jurídica for estabelecida para o caso, as pessoas poderão orientar seu comportamento com base em tal regra, relativamente seguros de que a regra não será modificada posteriormente por um juiz".

[77] Idem. Sobre eficiência: "Isto se refere ao fato de que se economiza o tempo do Judiciário, advogados e seus clientes porque os casos não precisarão ser ajuizados novamente. Em relação a litigantes potenciais, eles economizam custas judiciais porque poderão pedir a seus advogados que lhes infor-

tempo a flexibilização,[78] como lembram Gary Slapper e David Kelly. Note-se que todas estão interligadas para a compreensão do conjunto.

No Brasil, o tema ganha contornos estratosféricos na doutrina, encontrando-se posições contrárias[79] que passam pelos assuntos como de sua (in)constitucionalidade, tanto na sua formação e na sua aplicação como em teses que discutem a viabilidade de penalização, mediante argumentação e comtraditório, como refere Paulo Ricardo Stipsky.[80] Tal fato não poderia deixar de ser diferente, uma vez que o brasileiro, cada vez mais, facilitado pelos meios físicos e digitais de publicação, pensa e escreve, garantindo, com referidas publicações, uma importante parcela democrática doutrinária na construção dos instrumentos judiciais e legislativos que anunciam o direito que permeará a sociedade.

A obra não tentará abordar a enormidade de temas complexos já anunciados, aliás nasceu de artigo publicado entre os autores[81] sobre parte do tema aqui escrito, mas, tendo como meta ser prática ao profissional do Direito, apresentará duas de suas mais importantes técnicas[82]

---

mem sobre como o caso concreto será provavelmente solucionado à luz de casos pretéritos envolvendo questões iguais ou similares".

[78] Idem. Sobre a flexibilização: "Isto se refere ao fato de que vários mecanismos pelos quais os juízes podem manipular o *common law* lhes confere a oportunidade para desenvolverem o Direito em áreas específicas sem esperar que o Parlamento promulgue uma lei. Na prática, a flexibilidade é atingida por meio da possibilidade de decisões anteriores serem revogadas ou distinguidas, ou da possibilidade de um juiz posterior entender ou modificar o âmbito efetivo de um precedente".

[79] STRECK, Lenio Luiz. *Precedentes judiciais e hermenêutica*: o sentido da vinculação no CPC/2015. Salvador: Juspodivm, 2018. p. 9. Já na introdução o autor apresenta parte das críticas: "Este livro trata de uma questão urgente para o direito brasileiro: a suposta criação de um 'sistema brasileiro de precedentes', ou 'sistema de criação de teses judiciais', chegando a se falar até de *stare decisis* como coroamento de um *Common Law* a brasileira. Discordo amplamente dos commonlistas/precedentalistas brasileiros, tendo me dedicado aqui a caracterizar essa doutrina, explicitando nossas discordâncias e trocando argumentos sobre a melhor maneira de se compreender a vinculação jurisprudencial no Direito brasileiro, sobretudo a partir da aprovação do CPC/2015". Numa linha bastante semelhante, ver: CINTRA, Matheus. *A nulidade da decisão judicial cível proferida com base em precedentes não vinculantes*. Belo Horizonte, MG: Casa do Direito, 2020.

[80] STIPSKY, Paulo Ricardo. *Precedentes judiciais e litigância de má-fé*: a nova dimensão da responsabilidade das partes na lide de acordo com o modelo constitucional de processo. São Paulo: Dialética, 2021. p. 234. Conclui assim o autor: "Por fim, por esse mesmo motivo, sendo certo que em vista da possibilidade de reconhecimeto da hipótese de má-fé em razão da existência de precedente judicial sobre o tema e comprovada a malícia do litigante nesse sentido, é razoável que, também em ra~zao do dever de boa-fé (art. 5º, CPC/2015) e do dever de coopreação (art. 6º, CPC/2015), o magistrado possa intimar a parte para se manifestar de forma específica sobre esse ponto, evitando que seja prolatada a chamada decisão surpresa (10, CPC/2015)".

[81] JOBIM, Marco Félix; OLIVEIRA JÚNIOR, Zulmar Duarte de. Ultrapassando o precedente: *anticipatory overruling*. In: *Revista de Processo* – Repro. Ano 43. n. 285. Novembro de 2018. São Paulo: Revista dos Tribunais, 2018. p. 341-362.

[82] Note-se que, como aponta Délio Mota de Oliveira Júnior, são elas – distinção e superação –, as ferramentas ou técnicas que irão assegurar discussões inseridas no bojo do caso para, ou diferenciar ou demonstrar que está o precedente ultrapassado. Diante dessa afirmação, defende-se como a obra que agora vem ao público é eivada de importância teórica e prática. Ler: OLIVEIRA JÚNIOR, Délio Mota de. Teoria brasileira dos precedentes judiciais e o argumento novo, não considerado na formação da tese jurídica. In: *Processo Civil contemporâneo*: homenagem aos 80 anos do professor Humberto The-

– *distinção e superação* –, para que possam, por meio delas, o Código de Processo Civil brasileiro render os frutos desejados pelo legislador, por parte da doutrina e, acima de tudo, ao jurisdicionado, figura central na discussão sobre a efetividade, eficácia e eficiência do Poder Judiciário.

Se é certo que, como expõe José Rogério Cruz e Tucci,[83] apresentando sua nova edição de obra específica sobre o tema, que advogados e juízes são peças fundamentais na construção da interpretação e aplicação do direito, o que pode acabar em *overrruling*, parece justo ser dito que também o são quando fornecem condições para aplicação da técnica da *distinguishing*, o que demonstra, mais do que nunca, a atualidade e importância da presente obra.

O texto apresentado foi pensado em seis capítulos, iniciando com alguns aspectos introdutórios da *civil law* e da *common law*, passando para as decisões que necessitam de distinção e superação (jurisprudência e súmula num capítulo só e precedente em capítulo apartado), passando para o tema da distinção, seguindo o capítulo da superação e, por fim, o procedimento para superação do precedente. Embora tratada a obra como uma sequência lógica, não haverá, por parte do leitor, dificuldade de compreensão pela leitura por capítulos.

---

odoro Júnior. Paulo Henrique dos Santos Lucon; Juliana Cordeiro de Faria; Edgard Audomar Marx Neto; Ester Camila Gomes Norato Rezende (Orgs.). Rio de Janeiro: Forense, 2018. p. 731.

83 TUCCI, José Rogério Cruz e. *Precedente judicial como fonte do direito*. 2. ed. Rio de Janeiro: GZ, 2021. p. XI-XII. Inicia: "E, assim, nesse contexto, vem sobrelevado o fundamental papel do advogado na construção dos precedentes judiciais. Longe de construir obra exclusiva do órgão jurisdicional, assevera Galgano, à luz da experiência prática do direito, que a produção e constante evolução da jurisprudência é fruto do esforço conjunto dos juízes e advogados", e continua: "A estes, de um modo geral, cabe a criação e o aprimoramento das teses jurídicas que são diuturnamente submetidas à apreciação daqueles. Ato contínuo, a orientação adotada pelas cortes de justiça presta-se, a seu turno, a subsidiar os arrazoados dos defensores dos interesses em jogo, que passam a invocar os posicionamentos pretorianos já consolidados, a assim por diante", e finaliza: "Desse modo, tanto nos países de *common law* quanto de *civil law*, estabelece-se um diálogo perene entre os operadores do direito, na consecução de um fim perseguido por todos, vale dizer, a interpretação e aplicação do direito ao caso concreto".

1. Introdução aos sistemas jurídicos de *civil law* e *common law*

Como não poderia deixar de ser, inicialmente, optou-se por elaborar um capítulo introduzindo conceitos históricos de como se dá o funcionamento tanto na família de *civil law*, assim como de *common law*, embora, já em pleno Século XXI, às alusões a suas diferenciações mais parecem molduras antigas em telas novas, cada vez tendo menos razão de ser, como alerta Estêvão Mallet.[84] Nas palavras de Marcelo Elias Naschenweng,[85] o precedente tem lugar em qualquer família do direito ocidental, pois tanto no *civil law* como no *common law* há espaço para o alojamento da intersubjetividade, animando seu modo de atuação. Já para Frederick Schauer,[86] em introdução inédita de seu clássico para o leitor brasileiro, alude que embora o direito seja provincial, há matérias que atravessam fronteiras. Não se pode no tema compartilhar da atitude míope que "pula de pedra em pedra, mas recusa-se a olhar para o grande rio em que as pedras estão colocadas".[87]

Tal escolha não é gratuita, mas faz parte de como os autores pensaram naquele que lerá a obra em sua sequência, o que geralmente está

[84] PRITSCH, Cesar Zucatti; JUNQUEIRA, Fernanda Antunes Marques; HIGA, Flávio da Costa; MARANHÃO, Ney. *Precedentes no processo do trabalho*: teoria geral e aspectos controvertidos. São Paulo: Revista dos Tribunais, 2020. p. 5. No prefácio anuncia: "Nos dias de hoje, porém, a distinção anunciada tema cada vez menos razão de ser. Há uma progressiva imbricação dos modelos, fazendo com que percam nitidez e desapareçam os contornos antes postos".

[85] NASCHENWENG, Marcelo Elias. *Hermenêutica do precedente*: o cuidado da coerência e da integridade. Belo Horizonte: Dialética, 2020. p. 343. "Mesmo divisados os sistemas do *civil law* e common law, verifica-se que o intersubjetivo se aloja em ambos os sistemas e anima ambos os modos de atuação. Daí porque os precedentes, como mecanismo que serve para este fim, têm lugar em qualquer família do direito ocidental".

[86] SCHAUER, Frederick. *Pensando como um advogado*. Tradução de Rafael Gomiero Pitta. Londrina, PR: Thoth, 2021. s/n Título original: Thinking like a lawyer. Escreve: "Em seu sentido mais restrito, o direito é provincial. O direito da Argentina não é o direito do – ou no – Brasil. O que é obrigatório no direito dos EUA, não se torna obrigatório no direito do Canadá. Apesar de ser provincial ou local nesse sentido, em outros sentidos o direito não se restringe às fronteiras dos países. Evidentemente, é claro, o direito internacional, em suas formas mais variadas, atravessa as fronteiras nacionais. Pode ser que exista, como ocorre com a margem de apreciação nas regras da Convençao Europeia de Direito Humanos, uma variação nacional ou regional na forma como o direito internacional é aplicado, mas a ideia básica do direito internacional é que seus comandos não se restringem a países específicos".

[87] ELY, John Hart. *Democracia e desconfiança*: uma teoria do controle judicial de constitucionalidade. São Paulo: Martins Fontes, 2016. p. 134.

mais ligado àqueles estudantes que ainda estão conhecendo e desvelando o assunto proposto, quer por uma primeira leitura, quer em razão de já estar avançando no tema. Por isso, iniciar demonstrando, mesmo que *en passant*, como a questão é posta em cada família jurídica, faz com que o estudioso cresça na medida em que os autores vão adentrando no núcleo do trabalho.

Ainda, tal fato não descarta a possibilidade de o pesquisador mais avançado de também ler o texto desse modo, mas geralmente quem está pesquisando, para já além de conhecer a matéria, mais para escrever sobre ela, criticando, concordando ou meramente referindo, já pode passar diretamente aos capítulos temáticos, sem prejuízo daquilo que eventualmente domina e sem prejuízo de qualquer incompreensão do texto.

Antes de ir adiante, deve-se anunciar ao leitor que o termo "*law*" pode ter distintos significados, o que precisa ser nesse momento compreendido para uma continuidade fluida do texto. Conforme R. C. Van Caenegem,[88] pode *law* significar tanto *direito* como *lei*, sendo que, para o presente livro, utilizaremos mais como se estivéssemos falando de *direito*.

1.1. Um pouco do funcionamento da *civil law*

É corrente na comunidade jurídica que existem pelo menos dois grandes modelos jurídicos difundidos pelo mundo ocidental: o *civil law* e o *common law*;[89] o primeiro de tradição romano-germânica, enquanto

[88] CAENEGEM, R. C. van. Juízes, legisladores e professores: capítulos de história jurídica europeia: palestras Goodhart 1984-1985. Tradução de Luís Carlos Borges. Rio de Janeiro: Elsevier, 2010. p. 2. Escreve: "Para o jurista da Europa continental que atravesse o Canal da Mancha, as surpresas começam logo de início, com a própria palavra '*law*' [Direito, lei]. Ele logo descobre o irritante fato de que esta única palavra inglesa pode significar duas coisas muito diferentes. Ela pode ser usada para um conjunto inteiro de regras jurídicas, baseadas na legislação, nos julgamentos ou na jurisprudência (como na expressão '*the law of the land*' [o direito da terra] ou '*the law says*' [o Direito diz], para o caso em que ele usa os termos das *Recht*, *le droit*, *il diritto* ou *el derecho*. Ela também pode ser usada para um ato editado pelo legislador (como na expressão '*parliament passed a law*' [o parlamento aprovou uma lei] caso em que o jurista continental usa *Gesetz*, *loi*, *legge* ou *ley*. Contudo, ao pensar sobre esta terminologia confusa e perceber, satisfeito, que sua língua dispõe de duas palavras distintas para esses dois conceitos distintos, o jurista continental, com toda justiça, terá de admitir que a *fons et origo* de seu próprio Direito, a sabedoria jurídica dos romanos, não estava livre da mesma confusão: na expressão nemo censetur legem ignorare, *lex* claramente significa *le droit*, mas as leges dos imperadores são claramente *des lois*. Ele também terá de admitir que os povos continentais usam a mesma palavra para os direitos objetivo e subjetivo (*le droit* em contraposição a *mon droit*), ao passo que os ingleses usam '*law*' para um e '*right*' para o outro".

[89] "O *common law* ou a *common law*: questão controvertida, preferindo-se o *common law* por remeter ao direito. (GILISSEN, John. *Introdução histórica ao direito*. Tradução: A. M. Botelho Hespanha e L. M. Macaísta Malheiros. 3. ed. Lisboa: Fundação Calouste Gulbenkian, 2001. p. 208 (nota de rodapé 71). Não se pode confundir ainda o *common law* com o direito comum (*ius comune*), que designa propriamente a realidade de aplicação no século XVI do direito elaborado a partir do direito romano miscigenado pelas leis e costumes de cada país. Basicamente, o *common law* enquanto sistema jurídico é elaborado na Inglaterra a partir do século XII pelas decisões das jurisdições reais. A expressão é utilizada para designar direito comum da Inglaterra (*comune ley*), por oposição aos costumes locais

o segundo remonta à tradição anglo-saxônica. Em suma, o modelo *civil law*, adotado aqui no Brasil, é baseado no primado da legislação como fonte primária do direito, emanada que seja do Poder Legislativo, competente para outorga do direito *ex novo*. Nesse sistema, por força histórica, o juiz idealmente assumiria postura passiva e inanimada frente à legislação.[90]

A conformação desse modelo, calcado no respeito às leis,[91] tem reflexo até no controle exercido sobre as decisões judiciais, pois os recursos objetivam impedir que o magistrado macule o imperativo da lei. Ao juiz cabe concretizar, transformando em comando o mandado abstrato proveniente do legislador para os vários casos que lhe sejam submetidos à apreciação.

Em virtude de tal perspectiva, os tribunais são formatados principalmente para controlar a observância pelo magistrado do ordenamento jurídico, resguardando-se a unidade do direito no espaço e tempo.

Os órgãos jurisdicionais são estruturados de forma piramidal, com instâncias estratificadas e superpostas, em que na base são distribuídos diversos órgãos, ampliando o alcance do serviço judicial, e no topo se concentram as atividades jurisdicionais em órgãos unificadores (por exemplo, o Supremo Tribunal Federal e os Tribunais Superiores).[92]

(p. 207). BLACKSTONE esclarece: "*The municipal law of England, or the rule of civil conduct prescribed to the inhabitants of this kingdom, may with sufficient propriety be divided into two kinds: the lex non scripta, the unwritten, or common law; and the lex scripta, the written, or statute law. The lex non scripta, or unwritten law, includes not only general customs, on the common law properly so called; but also the particular customs of certain parts of the kingdom; and likewise those particular laws, that are by custom observed only uncertain courts and jurisdictions.*" (BLACKSTONE, William. *Commentaries on the Laws of England in Four Books.* The Online Library of Liberty. Disponível: <http://files.libertyfund.org/files/2140/Blackstone_1387-01_EBk_v6.0.pdf>. Acesso: 3-jan-2020) ("A lei municipal da Inglaterra, ou a regra de conduta civil prescrita aos inocentes deste reino, pode ser suficientemente dividida em dois tipos: *lex non scripta*, o não-escrito ou o direito comum; e o *lex scripta*, a lei escrita ou estatutária. O *lex non scripta*, ou lei não escrita, inclui não apenas costumes gerais, na lei comum propriamente dita; mas também os costumes particulares de certas partes do reino; e da mesma forma aquelas leis específicas, que costumam ser observadas apenas em alguns tribunais e jurisdições."). Vide ainda: HESPANHA, António Manuel. *Cultura jurídica europeia:* síntese de um milênio. Florianópolis: Fundação Boiteaux, 2005. LOSANO, Mario G. *Os grandes sistemas jurídicos.* Tradução de Marcela Varejão. São Paulo: Martins Fontes, 2007. CAENEGEM, R. C. van. *Uma introdução histórica ao direito privado.* Tradução de Carlos Eduardo Machado. São Paulo: Martins Fontes, 1995.

90 MONTESQUIEU. *Do espírito das leis.* São Paulo: Martin Clarete, 2004, p. 172.

91 "Tal é o poder da lei que a sua elaboração reclama precauções severíssimas. Quem faz a lei é como se estivesse acondicionando materiais explosivos. As consequências da imprevisão e da imperícia não serão tão espetaculares, e quase sempre só de modo indireto atingirão o manipulador, mas podem causar danos irreparáveis." (LEAL, Victor Nunes. Técnica Legislativa. In: *Estudos de direito público.* Rio de Janeiro: Forense, 1960. p. 7-8).

92 Somente no artigo 92 da Constituição da República Federativa do Brasil o legislador aponta que são órgãos do Poder Judiciário os Tribunais Superiores e o Supremo Tribunal Federal, demonstrando que não são Cortes com as mesmas funções. Art. 92. São órgãos do Poder Judiciário: § 1º O Supremo Tribunal Federal, o Conselho Nacional de Justiça e os Tribunais Superiores têm sede na Capital Federal. § 2º O Supremo Tribunal Federal e os Tribunais Superiores têm jurisdição em todo o território nacional. Disponível em: <http://www.planalto.gov.br/ccivil_03/constituicao/constituicao.htm>. Acesso 11 maio 2020.

Esses órgãos de cúpula dominam e centralizam a interpretação jurídica, canalizando e recolhendo os diversos entendimentos, colocando-os em calha comum. A diversidade de opiniões proferidas pelos juízes de primeira instância se simplifica e se aglutina com a subida para os órgãos intermediários (tribunais de justiça e regionais), eliminando-se nos órgãos superiores ou supremos, que estabelecem a última palavra sobre as questões jurídicas.[93]

Tais tribunais funcionam como verdadeiros picos e centros de fixação do "verdadeiro" sentido da lei por força dos recursos apresentados (força centrípeta que canaliza para um único órgão a fixação do entendimento), para depois projetar, em sentido diverso, tal entendimento para os órgãos inferiores, aumentando exponencialmente seu alcance (força centrífuga que difunde e espraia o entendimento fixado) (nomofilaquia pelos precedentes[94]).

1.2. Um pouco do funcionamento da *common law*

À sua vez, o modelo *common law* surge das práticas sociais e dos costumes, sendo essencialmente empírico,[95] alheio ao *ius romanorum* como explica José Rogério Cruz e Tucci.[96] A sociedade acompanha a Corte, ao passo que esta acompanha aquela como expõe Gerald W. Johnson.[97] Não

---

[93] CALAMANDREI, Piero. *La casacion civil:* bosquejo general del instituto. Buenos Aires: Editorial Bibliográfica Argentina, 1945, t. II, p. 93.

[94] "Voltando, para concluir, dentro dos territórios da própria pátria, vale também a pena aludir a um problema de notável relevo. Em páginas claríssimas da Cassação Civil, já em 1920, Piero Calamandrei sublinhava que a função de nomofilaquia da Corte de Cassação teria tido que se desenvolver, em conexão com a função de garantir a uniformidade da jurisprudência, através da prolação de sentenças capazes não apenas de assegurar a exata interpretação do direito, mas também de impor esta interpretação como cânone de decisão dos casos sucessivos. Calamandrei apresentava a ideia que a Corte de Cassação, uma vez unificada, torna-se aquilo que em termos modernos se chama "corte do precedente" e assim desenvolveria as suas funções, e em particular aquela de nomofilaquia, através de decisões capazes de orientar a jurisprudência sucessiva. Ele antecipava, em verdade, aquela que é hoje a função principal das cortes superiores em muitos ordenamentos, de common law e de civil law, que é a de assegurar o controle de legitimidade através da fixação de precedentes destinados a projetar-se como pontos de referência sobre decisões dos outros juízes. Com fórmula sintética se pode falar de "nomofilaquia através do precedente", justamente para indicar que a função típica de uma corte superior é de assegurar o uniforme respeito à lei através de decisões "universalizáveis" e projetáveis para o futuro." (TARUFFO, Michele. Precedente e jurisprudência. *Revista de Processo*. vol. 199. p. 146. São Paulo: RT, set. 2011).

[95] Veja-se a pertinente observação de Tocqueville: "Na América, o princípio da soberania dos povos não está escondido ou é estéril como em certas nações; ele é reconhecido pelos costumes, proclamados pelas leis; estende-se com liberdade e atinge sem obstáculos suas últimas consequências." (TOCQUEVILLE, Alexis de. *A democracia na américa*. Trad. Julia da Rosa Simões. São Paulo: Edipro, 2019. p. 58).

[96] TUCCI, José Rogério Cruz e. *Direito processual civil*: entre comparação e harmonização. Salvador: Juspodivm, 2021. p. 242. Escreve: "O direito que começava a germinar na antiga Britania era essencialmente autóctone, fundado na regra conhecida e na prática quotidiana, e muito pouco influenciado pelo *ius romanorum*".

[97] JOHNSON, Gerald W. *A Suprema Côrte dos Estados Unidos*. Tradução de Luiz Fernandes. Rio de Janeiro: Record, 1964. p. 94. Escreve: "Desse modo acontece que o Tribunal, com toda sua dignida-

afeito às generalizações abstratas, o *common law* nasce do cadinho dos casos, caso por caso, procedendo em parte por analogia, em uma gradativa ampliação do direito pelos julgamentos proferidos.[98] Cada julgamento realizado pelos tribunais expande os confins do *common law*. Preferem-se aí fórmulas limitadas aos casos, mas que posteriormente, pelos princípios subjacentes (motivos determinantes – *ratio decidendi/holding*),[99] têm sua trama estendida para temas semelhantes (precedentes).[100] Em tal perspectiva, os precedentes passam a ser a própria condição de existência de um direito inglês,[101] o que pode ser confirmado, ainda, na leitura de Gilissen.[102] Historiando o nascedouro da *common law*, Antoine

---

de e seu afastamento da comoção dos negócios e da política, é, como o Presidente e o Congresso, uma espécie de reflexo da situação da Nação. Nenhum Tribunal com a mesma constituição deste, poderá conservar-se independente da opinião pública por mais que pouco tempo. Com o correr dos anos, o Tribunal raciocinará da mesma forma como raciocinam atualmente milhões de cidadãos norte americanos. Pois ele é parte da Nação e uma Nação que consente em ser arrasada pelo pânico, pelo ódio nacional, pela ganância nacional, ou por preconceitos infundados, jamais possuirá por qualquer espaço de tempo um Tribunal ilustre. Um Tribunal ilustre não pode existir sem uma Nação ilustre para sustentá-lo".

98 Porém, observe-se: "Quanto à primeira afirmação aparentemente absurda, cumpre esclarecer que os juristas da fase clássica do direito romano, os juristas continentais do medievo e os *common lawyers* apresentavam semelhanças nos seus modos de raciocinar e no estilo argumentativo-discursivo-casuístico de suas atividades práticas. Tanto os juristas romanos – lidando com a responsa *prudentium* – quanto os *common lawyers* – lidando com os precedentes – realizavam um raciocínio from case to case, ambos buscavam não uma máxima abstrata à qual pudessem subsumir o caso em análise, mas, indutivamente, o princípio que conduziu à solução de um anterior caso semelhante (a *ratio decidendi*), para, mediante distinções (*distinguishing*) ou a extensão por analogia, chegar à resolução do caso em julgamento. Tanto o direito romano clássico como o *common law* adotaram mecanismos de desenvolvimento do direito lento, gradual e casuístico – no primeiro, a responsa *prudentium* e os editos do pretor; no segundo, os precedentes judiciais." (ATAÍDE JUNIOR, Jaldemiro Rodrigues. O mito da insularidade do *common law* inglês. Disponível: <https://emporiododireito.com.br/leitura/abdpro-89-o-mito-da-insularidade-do-common-law-ingles>; Acesso: 1-jul-2019).

99 O termo *ratio decidendi* foi utilizado pela primeira vez por AUSTIN *in* Lectures on jurisprudence em 1830 (AUSTIN, John. *Lectures on jurisprudence*. New York, Henry Holt and Company, 1875).

100 "*There is no consensus as to precisely when the notion of case law precedent gained currency in English common law. But most legal historians have agreed that the eighteenth and early nineteenth centuries marked an important point of transition. During this period, the English courts began to speak of a qualified obligation to abide by past decisions. (...). Although the precise timing of this step in the transition is a subject of some debate among legal historians, William Blackstone's influential Commentaries apparently was one of the early authorities to speak of 'the rule of precedent as one of general obligation.'*" (LEE, Thomas R. *Stare Decisis in Historical Perspective:* From the Founding Era to the Rehnquist Court, 52 Vand. L. Rev. 647) ("Não há consenso quanto ao momento exato em que a noção de precedente jurisprudencial ganhou valor na *common law* inglesa. Mas a maioria dos historiadores legais concordou que o século XVIII e o início do século XIX marcaram um importante ponto de transição. Durante este período, os tribunais ingleses começaram a falar de uma obrigação qualificada de cumprir as decisões anteriores. (...) Embora o momento preciso desse passo na transição seja objeto de algum debate entre os historiadores jurídicos, os influentes Comentários de William Blackstone aparentemente foram uma das primeiras autoridades a falar da "regra do precedente como de obrigação geral").

101 DAVID, René. *O direito inglês*. Trad. Eduardo Brandão. São Paulo: Martins Fontes, 2006, p. 13.

102 GILISSEN, John. *Introdução histórica ao direito*. Trad. A. M. Botelho Hespanha e L. M. Macaísta Malheiros. 3. ed. Lisboa: Fundação Calouste Gulbenkian, 2001, p. 208/209. Escreve: "– o *common law* é um *jude-made-law*, enquanto a jurisprudência apenas desempenhou um papel secundário na

Garapon e Ioannis Papapoulos[103] remontam à origem ao ano de 1066, após a conquista normanda com a criação das cortes reais. E note-se que, diferentemente do ocorrido nos países mais continentas, a história da Inglaterra e, portanto, da *common law* é contínua, sem rupturas, o que acabou por moldar o espírito do direito inglês como leciona Gustav Radbruch.[104]

Em maior ou menor amplitude, os países da *common law* abraçam os precedentes emanados pelos órgãos jurisdicionais como fontes vinculantes e primárias do direito (*binding doctrinal propositions*), tais como as leis (*statutory law*).[105]

formação e evolução dos direitos romanistas; – o *common law* é um direito judiciário, enquanto processo é só acessório nas concepções fundamentais dos direitos romanistas; – o *common law* não foi muito romanizado, enquanto os direitos as Europa Continental sofreram uma influência mais ou menos forte do direito erudito elaborado no fim da Idade Média com base no direito romano; – os costumes locais não desempenham qualquer papel na evolução da *common law*, enquanto na Europa Continental a sua influência permanece considerável até o século XVIII; o costume do reino é, pelo contrário, uma fonte importante da *common law*; – a legislação tem apenas uma função secundária ao lado da *common law*, enquanto se torna progressivamente, do século XIII ao XIX, a principal fonte de direito no continente; – os direitos romanistas são direitos codificados, enquanto a codificação é quase desconhecida na Inglaterra".

[103] GARAPON, Antoine; PAPAPOULOS, Ioannis. *Julgar nos Estados Unidos e na França*: cultura jurídica francesa e *Common Law* em uma perpesctiva comparada. Trad. Regina Vasconcelos Rio de Janeiro: Lumen Juris, 2008. p. 27. Escrevem: "A *common law* é obra das cortes reais de justiça que aparecem após a conquista normanda de 1066. Instituídas pelos normandos e dotadas de meios mais amplos de execução que as que as múltiplas jurisdições senhoriais, municipais ou eclesiásticas que preexistiam à invasão normanda, essas cortes logo terão a preferência de todos aqueles que recorriam à justiça. Desde o final da Idade Média, as jurisdições tradicionais somente serão acionadas em relação a questão de menor importância. Também as cortes reais permanecem, até 1875, jursidições de execção, o que justifica a raridade das decisões de justiça nessa tradição e exolica que os demandantes devem requerer à jurisdição superior o direito de apelação. Estamos nos antípodas da concepção da apelação no continente, inclusive diante da Corte de Cassação, que deve garantir a todos os cidadãos a justa aplicação do direito. Essa competência llimitada das cortes reais, assim como regras processuais bastante escritas, tornam impossível a recepção do direito romano e geram um direito específico e aplicável a todos, a *common law*".

[104] RADBRUCH, Gustav. *O espírito do direito inglês e a jurisprudência anglo-americana*. Trad. Elisete Antoniuk. Rio de Janeiro: Lumen Juris, 2010. Escreveu: "Muitas características do espírito popular inglês têm seu fundamento no fato de que, na Inglaterra, a Modernidade não foi separada da Idade Média por um profundo abismo, como ocorreu no Continete. Ao contrário, as instituições tiveram um desenvolvimento continuado. Assm, o Parlamento inglês se desenvolveu, diretamente, a partir da representação das corporações medievais, enquanto que no continente o Estado corporativo foi substituído pelo absolutismo, até surgir o Estado Constitucional em seu lugar. A reforma se realizou na Inglaterra, não por meio de uma mudança brusca do dogma e do culto como na Alemanha: a igreja anglicana mantém, hoje ainda, algumas linhas católicas. As Universidades de Oxford e Cambridge correspondem ainda hoje, mais que qualquer Faculdade europeia, à imagem da Universidade da Idade Média, e seu espírito não se modificou; permanece o espírito do humanismo como o era no fim da Idade Média, enquanto que o antigo humanismo foi substituído, na Alemanha, pelo neo-humanismo dos clássicos alemães. O que é, enfim, o Ideal do gentleman senão a continuação do ideal medievo do cavaleiro".

[105] Cabe aqui a referência feita por Estêvão Mallet. PRITSCH, Cesar Zucatti; JUNQUEIRA, Fernanda Antunes Marques; HIGA, Flávio da Costa; MARANHÃO, Ney. *Precedentes no processo do trabalho*: teoria geral e aspectos controvertidos. São Paulo: Revista dos Tribunais, 2020. p. 6. Em prefácio, refere o prefaciador que: "Nos Estados Unidos da América, o papel do direito legislado não para de crescer, mencionando a doutrina que, ao menos, desde o início do século XIX, tem-se visto uma '*massive increase in the legislative activity, a tendency that has intensified greatly in the twentieth century*".

Em se tratando do Reino Unido, já em 1861,[106] a *House of Lords*,[107] no caso Beamish *v.* Beamish,[108] posteriormente em Bradford *v.* Pickles [1895],[109] considerou-se vinculada a precedente anteriormente decidido, propriamente o caso *The Queen v. Mills*.[110] Também no caso London Tramway Co. *v* London Country Council (1898), assentou-se que uma decisão da *House of Lords* sobre uma questão de direito é conclusiva para um caso posterior, não podendo ser simplesmente desconsiderada; fez-se referência ao julgamento de Beamish *v.* Beamish, tudo sob o argumento do interesse público derivado da finalização dos litígios.[111]

Rápida consulta ao United State Code, que espelha apenas uma parte da legislação federal, mostra como é atualmente impossível falar em um direito baseado nos precedentes judiciais".

[106] MITIDIERO menciona a utilização de citações de precedentes anteriores já no caso *Maulay v. Abbot of Whitby*, julgado pelo King's Bench em 1281, no que referenciava um caso de 1274 entre Edmund Lancaster e Robert de Ferres (MITIDIERO, *Ratio decidendi*, op. cit., p. 28). Ainda assim, temos que a a consolidação da doutrina dos precedentes só ocorreu de forma clara durante o século XIX, principalmente com o desenvolvimento do sistema de relatórios dos casos judiciais (*law reports*), que permitiu o acesso a tais precedentes. O caso de *Maulay v. Abbot of Whitby* serve como exemplo primitivo do uso do princípio do precedente como ideia de que decisões anteriores poderiam fornecer orientação para a resolução de disputas.

[107] A *House of Lords*, órgão ligado ao Parlamento, já foi a mais alta Corte de Apelação do Reino Unido. Em outubro de 2009, *The Supreme Court* substituiu *the Appellate Committee of the House of Lords* na função de mais alta corte do Reino Unido (*Constitucional Reform Act* de 2005). Assumiu assim a jurisdição em questões de direito para todos os casos de direito civil no Reino Unido e todos os processos criminais na Inglaterra e no País de Gales e na Irlanda do Norte.

[108] Julgamento disponível em: BEAMISH *v.* BEAMISH. Disponível em: <http://www.uniset.ca/other/ths/11ER735.html>. Acesso 19 maio 2020.

[109] TUCCI, José Rogério Cruz e. Direito processual civil: entre comparação e harmonização. Salvador: Juspodivm, 2021. p. 253. Afirma: "A *doctrine of binding precedent*, já declarada com todas as letras no caso *Beamisch v. Beamisch*, repetida no caso *Bradford v. Pickles* [1895], vem definitivamente reconhecida, em 1898, no caso *London Tramways Company v. London County Council*, ocasião em que a *House of Lords* reiterou a obrigatoriedade de nortear-se pelas suas próprias anteriores decisões (*efeito auto-vinculante*), como, ainda, patenteou a eficácia externa destas a todas as cortes de grau inferior".

[110] A questão se relacionava à validade de um casamento celebrado por um clérigo que também ostentava a condição de noivo: "*Marriage by Priest in his own case. It being settled by the decision in The Queen v. Millis [10 Cl. and F. 534], that to constitute a valid marriage by the common law of England, it must have been celebrated in the presence of a clergyman in holy orders, the fact that the bridegroom is himself a clergyman in holy orders, there being no other clergyman present, will not make the marriage valid. As to the manner in which a marriage is to be celebrated, the law does not admit of any difference between the marriage of a clergyman and of a layman.*" (Casamento por Sacerdote em seu próprio caso. Está sendo resolvido pela decisão em *The Queen v. Millis* [10 Cl. e F. 534], que para constituir um casamento válido pela common law da Inglaterra, deve ter sido celebrado na presença de um clérigo em ordens sagradas, o fato de que o noivo é ele mesmo um clérigo em ordens sagradas, não havendo outro clérigo presente, não fará o casamento válido. Quanto à maneira pela qual um casamento deve ser celebrado, a lei não admite qualquer diferença entre o casamento de um clérigo e de um leigo.").

[111] "*EARL OF HALSBURY L.C.... My Lords, for my own part I am prepared to say that I adhere in terms to what has been said by Lord Campbell and assented to by Lord Wensleydale, Lord Cranworth, Lord Chelmsford and others, that a decision of this House once given upon a point of law is conclusive upon this House afterwards, and that it is impossible to raise that question again as if it was res integra and could be reargued, and so the House be asked to reverse its own decision. That is a principle which has been, I believe, without any real decision to the contrary, established now for some centuries, and I am therefore of opinion that in this case it is not competent for us to rehear and for counsel to reargue a question which has been recently decided.... My Lords, no more conspicuous case could arise, I think, than what occurred in the case of* Beamish v. Beamish (9 H. L. C. 274) *In that case some of the learned Lords were of opinion that* Reg. v. Millis (10 Cl. & F. 534.) *was wrongly decided, but nevertheless they acquiesced in that decision – that is to say, they held themselves bound*

Mesmo porque, somente com respeito às decisões anteriores se assegura a expansão do direito jurisprudencial que é próprio aos países de *common law*, na medida em que rareiam, principalmente no início da experiência de tal modelo, atos normativos gerais e abstratos,[112] como observa René David.[113]

Isso não significa dizer que a legislação, enquanto ato emanado do poder constituído para tal (Poder Legislativo), não tenha qualquer papel em tal contexto,[114] mas apenas que assume uma posição secundária,[115] conforme reforçam David[116] e Losano.[117]

---

by that decision in the subsequent case of Beamish v. Beamish, and treated that decision of your Lordships' House as conclusive upon the question then under appeal. My Lords, it is totally impossible, as it appears to me, to disregard the whole current of authority upon this subject, and to suppose that what some people call an "extraordinary case," an "unusual case," a case somewhat different from the common, in the opinion of each litigant in turn, is sufficient to justify the rehearing and rearguing before the final Court of Appeal of a question which has been already decided. Of course I do not deny that cases of individual hardship may arise, and there may be a current of opinion in the profession that such and such a judgment was erroneous; but what is that occasional interference with what is perhaps abstract justice as compared with the inconvenience – the disastrous inconvenience – of having each question subject to being reargued and the dealings of mankind rendered doubtful by reason of different decisions, so that in truth and in fact there would be no real final Court of Appeal? My Lords, "interest rei public" that there should be 'finis litium' at some time, and there could be no 'finis litium' if it were possible to suggest in each case that it might be reargued, because it is 'not an ordinary case', whatever that may mean. Under these circumstances I am of opinion that we ought not to allow this question to be reargued." (*London Tramway Co. v London County Council* (1898)).

112 Mesmo em tal tradição se expande a influência do direito legislado. Desde 1998 a Inglaterra conta com um Código de Processo Civil (*Rules of Civil Procedure* – CPR) (ANDREWS, Neil. *O moderno processo civil:* formas judiciais e alternativas de resolução de conflitos na Inglaterra. Orientação e revisão da tradução Teresa Arruda Alvim Wambier. São Paulo: Revista dos Tri bunais, 2009, p. 28), sendo que os Estados Unidos editaram, entre outras, a *federal rules of civil procedure* (1938).

113 DAVID, René. *Os grandes sistemas do direito contemporâneo*. 4. ed. Trad. Hermínio A. Carvalho. São Paulo: Martins Fontes, 2002, p. 429. A obrigação de recorrer às regras que forem estabelecidas pelos juízes (*stare decisis*), de respeitar os precedentes judiciários, é o correlato lógico de um sistema de direito jurisprudencial. Contudo, a necessidade de certeza e de segurança não foi sentida sempre no mesmo grau, e só depois da primeira metade do Século XIX é que a *regra do precedente* (*rule of precedent*), impondo aos juízes ingleses o recurso às regras criadas pelos seus predecessores, rigorosamente se estabeleceu.

114 Mesmo em tal tradição se expande a influência do direito legislado. Desde 1998, a Inglaterra conta com um Código de Processo Civil (*Rules of Civil Procedure* – CPR) (ANDREWS, Neil. *O moderno processo civil:* formas judiciais e alternativas de resolução de conflitos na Inglaterra. Orientação e revisão da tradução: Teresa Arruda Alvim Wambier. São Paulo: Revista dos Tribunais, 2009, p. 28), sendo que os Estados Unidos editaram, entre outras, a *federal rules of civil procedure* (1938).

115 "Segundo a concepção dominante nos séculos XVIII e XIX, a legislação não ocupa senão o segundo lugar entre as fontes do direito inglês, depois da jurisprudência; os *acts* ou *statutes* (leis) são apenas considerados como excepções em relação ao *common law*; os juízes interpretam-nos duma maneira restritiva respeitando mais a letra que o espírito. Esta concepção é, todavia, cada vez mais posta em causa, em virtude da extensão crescente da actividade dos legisladores; o divórcio é crescente entre o tradicional *common law*, de espírito liberal, e a legislação cada vez mais abundante de inspiração social, ou mesmo socializante, tendente a assegurar a intervenção do Estado nos domínios económicos e sociais no *welfare-state*. Também esta concepção não é muito válida para o período da Baixa Idade Média e do início dos tempos modernos. Os reis de Inglaterra legislaram tanto como os reis de França nos séculos XIII e XIV e, em certas épocas, bastante mais que eles. O rei Eduardo I (1272-1307) foi chamado por alguns historiadores de direito inglês, o 'Justiniano Inglês' por causa do grande desenvolvimento da legislação no seu reinado, alguns desses *statutes* permaneceram em vigor até aos nossos dias." (GILISSEN, John. *Introdução histórica ao direito*. Trad. A. M. Botelho Hespanha e L. M. Macaísta Malheiros. 3. ed. Lisboa: Fundação Calouste Gulbenkian, 2001, p. 215).

Em igual direção, nos Estados Unidos, a doutrina do *stare decisis et non quieta movere* – ficar como decidido e não perturbar o que está quieto – ganhou espaço e reforçou a doutrina do precedente,[118] já tendo decidido a Suprema Corte Americana: *"Indeed, the very concept of the rule of law underlying our own Constitution requires such continuity over time that a respect for precedent is, by definition, indispensable."* (Planned Parenthood of Southeastern Pa. *v.* Casey,[119] 505 U.S. 833 (1992)).[120]

Nessa dinâmica, o precedente é visto como consequência do *stare decisis,*[121] *uma expressão abreviada dele.*[122] Observe-se, os Estados Unidos se

---

116 DAVID, René. *Os grandes sistemas do direito contemporâneo.* 4. ed. Trad. Hermínio A. Carvalho. São Paulo: Martins Fontes, 2002, p. 434. Aduz: "O essencial é que a lei, na concepção tradicional inglesa, não é considerada como um modo de expressão normal do direito. Ela é sempre uma peça estranha no sistema do direito inglês. Os juízes aplicá-las-ão certamente, mas a regra que contém a lei só será definitivamente admitida e plenamente incorporada no direito inglês quando tiver sido aplicada e interpretada pelos tribunais e na forma e na medida em que serão feitas esta aplicação e esta interpretação. Na Inglaterra citar-se-ão logo que possível, noutros termos, em vez do texto de uma lei, as decisões que terão feito aplicação desta lei".

117 LOSANO, Mario G. *Os grandes sistemas jurídicos.* Trad. Marcela Varejão. São Paulo: Martins Fontes, 2007, 334. Escreve: "Como o precedente jurisprudencial é a principal fonte do *Common Law*, os juízes sempre interpretam de modo restritivo a legislação (*Statute Law*), limitando ao máximo a incidência desta no *Common Law*. Essa restrição leva o juiz inglês a aplicar apenas aquilo que está inequivocamente expresso no texto de lei, segundo uma técnica interpretativa que é bem diferente da utilizada na Europa continental. Conseqüentemente, também a técnica de redação das leis é diferente da européia continental. Enquanto nesta última busca-se a expressão sintética, na qual o juiz possa subsumir o maior número de casos concretos, o órgão legislativo inglês deve especificar até nos mínimos detalhes os casos e as modalidades que pretende regular, sabendo bem que a falta de indicação de um caso em especial não será suprido pelo juiz mediante o recurso ao mais amplo *genus* regulado pela mesma lei. O juiz, ao contrário, verá nesse silêncio legislativo o elemento técnico que lhe permite desaplicar a disposição legislativa e continuar a aplicação dos precedentes judiciários àquele caso concreto em especial".

118 "A sentença de hoje estabelecerá o certo e o errado de amanhã (...)" (CARDOZO, Benjamin B. *A natureza do processo judicial:* palestras proferidas na Universidade de Yale. Tradução Silvana Vieira; revisão técnica e da tradução Álvaro de Vita. São Paulo: Martins Fontes, 2007, p. 10).

119 PA. *v.* CASEY disponível em: <https://supreme.justia.com/cases/federal/us/505/833/>. Acesso 19 maio 2020.

120 "De fato, o próprio conceito de estado de direito subjacente à nossa própria Constituição exige tal continuidade ao longo do tempo que o respeito pelo precedente é, por definição, indispensável".

121 *"The principle of stare decisis dictates that in the absence of a special justification for overruling a prior decision, a court must follow its prior decisions even though a majority of the court, as currently constituted, believes that the prior decision was wrongly decided. (...). We rely on the courts to provide the law of the American legal system. The courts promulgate and apply the common law, they define the meaning of the federal and state constitutions, and they interpret the statutes enacted by the legislative bodies. In practice, the law of the American legal system is found primarily in the decisions of the courts, and it is from these decisions that we derive doctrine and precedent. In order for the courts to perform their multiple functions in the American legal system, the courts must follow their own decisions in subsequent cases. This means that a decision once rendered should not be overruled unless there is a special justification for overruling that decision. The concept that courts should follow their own decisions in subsequent cases is embodied in the principle of stare decisis (...)."* (SEDLER, Robert A. *The michigan supreme court, stare decisis, and overruling the overrulings*, 55 Wayne L. Rev. 1911) (O princípio do *stare decisis* dita que, na ausência de uma justificativa especial para invalidar uma decisão anterior, um tribunal deve seguir suas decisões anteriores, mesmo que a maioria do tribunal, como atualmente constituído, acredite que a decisão anterior foi erroneamente decidida. (...). Contamos com os tribunais para fornecer a lei do sistema legal americano. Os tribunais promulgar e aplicar o direito comum, eles definem o significado das constituições federais e

calcam em um direito basicamente jurisprudencial,[123] sendo que o respeito ao precedente facilita o trabalho dos juízes,[124] oferece estabilidade às relações jurídicas (doutrina da confiança no precedente), bem como galvaniza de legitimidade as decisões das Cortes – derivada da percepção de que as decisões observam padrões de direito, não sendo guiadas por caprichos pessoais ou ocasiões políticas.[125] Aliás, já apontou a *Associate*[126] *Justice* Kagan[127] da Suprema Corte Americana para esse caminho.[128]

---

estaduais, e eles interpretam os estatutos promulgados pelos órgãos legislativos. Na prática, a lei do sistema jurídico americano é encontrada principalmente nas decisões dos tribunais, e é a partir dessas decisões que derivamos doutrinas e precedentes. Para que os tribunais desempenhem suas múltiplas funções no sistema legal americano, os tribunais devem seguir suas próprias decisões em casos subseqüentes. Isso significa que uma decisão, uma vez tomada, não deve ser anulada, a menos que exista uma justificativa especial para anular essa decisão. O conceito de que os tribunais devem seguir suas próprias decisões em casos subseqüentes é incorporado no princípio do *stare decisis* (...)).

122 BARKER, Robert S. *El precedente y su significado en el derecho constitucional de los Estados Unidos.* Lima: Grijley, 2014, p. 29.

123 DAVID, René. *Os grandes sistemas do direito contemporâneo.* São Paulo: Martins Fontes, 2014, p. 477. JUSTICE HOLMES: *"The life of the law has not been logic; it has been experience."* (*The Common Law* 5. Howe ed., 1963) (A vida da lei não foi lógica; tem sido experiência).

124 *"The labor of judges would be increased almost to the breaking point if every past decision could be reopened in every case, and one could not lay one's own course of bricks on the secure foundation of the courses laid by others who had gone before him."* (CARDOZO, Benjamin N. *The Nature of the Judicial Process* 149 (1921)) (O trabalho dos juízes aumentaria quase até o ponto de ruptura se todas as decisões passadas pudessem ser reabertas em todos os casos, e não se poderia estabelecer o próprio curso de tijolos no alicerce seguro dos cursos estabelecidos por outros que o antecederam).

125 *"(...) doctrine of stare decisis, the means by which we ensure that the law will not merely change erratically, but will develop in a principled and intelligible fashion. That doctrine permits society to presume that bedrock principles are founded in the law, rather than in the proclivities of individuals, and thereby contributes to the integrity of our constitutional system of government, both in appearance and in fact."* (Justice Marshall *in* Vasquez *v.* Hillery, 474 U.S. 254 (1986)) (... a doutrina do *stare decisis*, o meio pelo qual asseguramos que a lei não apenas mudará erraticamente, mas se desenvolverá de uma maneira inteligente e baseada em princípios. Essa doutrina permite à sociedade presumir que os princípios fundamentais são fundados na lei, e não na propensão dos indivíduos, e assim contribui para a integridade do nosso sistema constitucional de governo, tanto na aparência quanto na realidade).

126 A Suprema Corte Americana é integrada por nove juízes. Seu Presidente é designado como *Chief Justice*, enquanto os demais são indicados como *Associate Justice* (GARNER, Bryan A. *Black's law dictionary.* Tenth edition. Estados Unidos: Thomson Reuters, 2014. p. 996.

127 "Anular o precedente nunca é uma questão pequena. *Stare decisis* – em inglês, a ideia de que a corte de hoje deveria se manter firme diante das decisões de ontem – é 'uma pedra fundamental do estado de direito'. Michigan *v.* Bay Mills India Community, 572 EUA ——, —— (2014)., aos 15). A aplicação dessa doutrina, embora "não seja um comando inexorável", é o "curso preferido porque promove o desenvolvimento imparcial, previsível e consistente dos princípios jurídicos, estimula a confiança nas decisões judiciais e contribui para a integridade real e percebida do sistema judicial. Payne *v.* Tennessee, 501 US 808-828 (1991). Também reduz os incentivos para desafiar os precedentes estabelecidos, salvando as partes e os tribunais da despesa de relitigação infinita)". *NO ORIGINAL: "Overruling precedent is never a small matter. Stare decisis – in English, the idea that today's Court should stand by yesterday's decisions – is 'a foundation stone of the rule of law'.* Michigan *v.* Bay Mills Indian Community, 572 U. S. ——, —— *(2014) (slip op., at 15). Application of that doctrine, although 'not an inexorable command', is the 'preferred course because it promotes the evenhanded, predictable, and consistent development of legal principles, fosters reliance on judicial decisions, and contributes to the actual and perceived integrity of the judicial process'.* Payne *v.* Tennessee, 501 U. S. 808 -828 (1991). *It also reduces incentives for challenging settled precedents, saving parties and courts the expense of endless relitigation".*

128 Idem.

Para se ter uma ideia da cogência do *stare decisis*, o precedente firmado em Miranda[129] *v.* Arizona.[130] 384 U.S. 436 (1966) demonstra a força do princípio na ambiência jurídica americana. Em caso emblemático, Ernesto Miranda foi preso em Phoenix por uma acusação de sequestro e estupro, sendo que confessou os delitos durante o interrogatório policial. A confissão posteriormente foi rechaçada pela Suprema Corte, sob o argumento de ele não ter sido informado previamente do seu direito de permanecer em silêncio, do seu direito de ter um advogado, ou do fato de que qualquer de suas declarações durante o interrogatório poderiam ser usadas contra ele no tribunal, conforme extraído da Quinta e da Sexta Emendas à Constituição Americana.[131] A decisão assumiu tamanha força imagética que deu origem ao verbo *to mirandize*, que significa alertar alguém desses direitos. Os votos vencidos à decisão não deixaram de acentuar o ativismo subjacente, como ressaltado na dissidência do *Associate Justice* Harlan II.[132]

Ainda assim, exatamente pela incorporação do precedente à cultura nacional estadunidense, e ao imaginário mundial (diga-se), referido precedente (Miranda *v.* Arizona) restou mantido no julgamento Dickerson *v.* United States,[133] 530 U.S. 428 (2000),[134] com base na doutrina do *stare decisis*.[135]

---

129 MIRANDA *v.* ARIZONA. Disponível em: <https://supreme.justia.com/cases/federal/us/384/436/>. Acesso 19 maio 2020.

130 Para um melhor conhecimento sobre o caso, recomenda-se: REIS, Maurício Martins; JOBIM, Marco Félix. O direito de permanecer em silêncio: Miranda *v.* Arizona. In: *Revista eletrônica de direito Processual*. Volume XI. p. 309-322.

131 "Artigo V – Ninguém será chamado a responder por um crime capital, ou infamante, a menos que sob denúncia ou indiciamento oriundo de um grande júri, excepto em casos que se apresentem nas forças terrestres e navais, ou na milícia, quando chamadas a serviço activo em tempo de guerra ou perigo público; ninguém poderá ser acusado duas vezes pelo mesmo crime com risco de perder a vida ou parte do corpo; ninguém será obrigado, em qualquer caso criminal, a testemunhar contra si mesmo, nem ser privado da vida, liberdade ou propriedade, sem o devido procedimento legal; nenhuma propriedade privada será tomada para um uso público sem uma justa compensação". "Artigo VI – Em todos os procedimentos criminais, o acusado terá o direito a um julgamento público e rápido, por um júri imparcial do Estado e do distrito onde o crime teria sido cometido, distrito que terá sido previamente determinado por lei, e de ser informado da natureza e da causa da acusação; de ser confrontado com as testemunhas da acusação; de fazer citar por todas as vias legais testemunhas a seu favor, e de ter assistência de um advogado para sua defesa".

132 JOHN MARSHALL HARLAN. Disponível em: <https://repository.law.umich.edu/cgi/viewcontent.cgi?article=2478&context=mlr>. Acesso 23 maio 2020.

133 DICKERSON *v.* UNITED STATES. disponível em: <https://supreme.justia.com/cases/federal/us/530/428/>. Acesso 19 maio 2020.

134 Discute-se, porém, se o referido precedente não vem sendo superado furtivamente (*stealth overruling*). A regra decorrente de Miranda *v.* Arizona, de que um interrogatório não pode ser utilizado quando ausente salvaguardas processuais eficazes para garantir o privilégio contra a autoincriminação ("*demonstrates the use of procedural safeguards effective to secure the privilege against self-incrimination*"), teria sido mitigada em uma série de precedentes "silenciosos" posteriores. Por exemplo, *Oregon v. Elstad*, 470 EUA 298 (1985) (confissão no momento da prisão sem advertência, posteriormente confirmada, após as advertências, na delegacia de polícia), *Nova York v. Quarles*, 467 US 649 (1984) (exceção de segurança pública), *Missouri v. Seibert*, 542 U.S. 600 (2004) (procedi-

Como consignou o então *Chief Justice*[136] *Rehnquist*:[137] "Não achamos que haja tal justificativa para anular Miranda. Miranda se envolveu na prática policial de rotina até o ponto em que as advertências se tornaram parte de nossa cultura nacional".[138]

Recentemente, no caso Vega *v.* Tekoh, a Suprema Corte Americana, redimensionando em alguma medida as razões do precedente (sua *ratio decidendi* ou *holding*), entendeu que a não observância das advertências Miranda não importa propriamente em violação da Quinta Emenda, pelo que não confere direito indenizatório por não terem sido asseguradas (violação das franquias constitucionais (U. S. C. § 1983)). Na visão do julgado, as regras Miranda são profilácticas (*Miranda imposed a set of prophylactic rules*), ainda que constitucionalmente baseadas, porquanto necessárias para salvaguardar tais direitos durante o interrogatório de custódia.[139] No caso, um indivíduo que havia confessado em interrogatório, não precedido do aviso Miranda, pedia indenização por não lhe terem sido assegurados seus direitos constitucionais, o que foi negado.

De fato, a *common law* como *judge-made law* encontrou nos precedentes verdadeiro ponto de apoio à segurança jurídica e à isonomia (*treat like cases alike*), sendo fruto da evolução histórica,[140] política e filosó-

mentos policiais para obterem confissão antes do esclarecimento sobre a autoincriminação), *Estados Unidos v. Patane*, 542 US 630 (2004) (utilização dos frutos da confissão sem advertência), *Florida v. Powell*, 559 U.S. 50 (2010) (sobre a extensão da advertência contra autoincriminação) e *Berghuis v. Thompkins*, 560 US 370 (2010) (silêncio persistente não implica em querer exercer o direito à não autoincriminação).

135 *"(b) This Court declines to overrule Miranda. Whether or not this Court would agree with Miranda's reasoning and its rule in the first instance, stare decisis weighs heavily against overruling it now. Even in constitutional cases, stare decisis carries such persuasive force that the Court has always required a departure from precedent to be supported by some special justification"*. Este Tribunal recusa anular Miranda. Se esta Corte concordaria ou não com o raciocínio de Miranda e sua regra em primeira instância, o *stare decisis* pesa muito contra anulá-lo agora. Mesmo em casos constitucionais, *stare decisis* carrega uma força tão persuasiva que o Tribunal sempre exigiu um afastamento do precedente para ser apoiado por alguma justificativa especial.

136 Nomenclatura utilizada para designar o Presidente da Suprema Corte dos Estados dos Unidos.

137 Para saber um pouco mais da história de William H. Rehnquist, recomenda-se: Disponível em: <https://www.supremecourthistory.org/timeline_rehnquist.html>. Acesso 11 maio 2020.

138 *"We do not think there is such justification for overruling Miranda. Miranda has become embedded in routine police practice to the point where the warnings have become part of our national culture."*.

139 *"In Miranda, the Court concluded that additional procedural protections were necessary to prevent the violation of this important right when suspects who are in custody are interrogated by the police."* ("Em Miranda, o Tribunal concluiu que eram necessárias protecções processuais adicionais para evitar a violação de este importante direito quando os suspeitos que se encontram sob custódia são interrogados pela polícia.")

140 "Durante muito tempo o precedente apenas ilustrou os princípios do *Common Law*, sem que os juizes se sentissem obrigados a mencioná-los ou segui-los em suas decisões. É certo que a mais antiga formulação da máxima do *stare decisis* e do *treat like cases alike* pode ser encontrada já em Bracton no século XIII , mas seria um equívoco imaginar que o precedente desempenhava nessa época outra função que não aquela ligada à mera ilustração do direito" (MITIDIERO, *Ratio decidendi*, op. cit., p. 27/28).

fica dessa experiência,[141] sem que exista regra escrita determinando sua obrigatoriedade (o que seria um contrassenso, diga-se).[142] O *judge-made law* é um direito jurisprudencial elaborado pelos juízes e mantido pela autoridade dos precedentes.

Verdade seja, os precedentes estabelecidos pelas cortes supremas[143] são seguidos objetivando o tratamento igual em situações sem diferenças juridicamente relevantes. Não em si porque a decisão seja a mais correta, em uma interpretação cognitivista declaratória de regramento jurídico preexistente (ainda que haja tal pretensão de correção), mas sim porque não existe razão para ser atribuído tratamento diverso.

Fosse quanto fosse, os precedentes também permitiram o desenvolvimento e a difusão da *common law*, na medida em que apresentam respostas às questões jurídicas insurgentes, estabelecendo um repertório de soluções jurídicas já conferidas e testadas. Na ausência de regras gerais e abstratas sobre situações hipotéticas, os casos julgados servem como "exemplos" de decisões tomadas sobre distintas questões ocorridas.

Pari passu, na *civil law* continuamente se agudiza o tensionamento entre o direito positivado e as demandas crescentes da sociedade, na medida em que aquele não faz frente às necessidades de uma sociedade complexa e multifacetária. O legislador positivo não consegue acompanhar as exigências sociais crescentes, com nível de complexidade ascendente e com a pressa pela tomada de decisões.

Diariamente se acentua o *deficit* entre o material legislado e as novas questões a serem objeto de decisão por parte dos órgãos públicos, tudo a exigir outras formas de integração e complementação do direito positivo, para além das tradicionalmente já aplicadas (analogia, costumes, princípios gerais do direito etc.).

A situação se potencializa, em outra perspectiva, quando a atividade interpretativa se depara com o fenômeno da indeterminação

---

141 "*Practice of citing and relying upon its precedents as modalities of argumentation and sources of decision*" (GERHARDT, Michael J. *The Irrepressibility of Precedent*, 86 N.C. L. REV. 1279, 1283 (2008)) ("Prática de citar e confiar em seus precedentes como modalidades de argumentação e fontes de decisão").

142 ABBOUD, Georges. *Processo constitucional brasileiro*. São Paulo: Revista dos Tribunais, 2016, p. 562.

143 "A fim de que haja uniformidade desses julgamentos, eles têm de ser submetidos, em última instância, a um Tribunal Supremo, o qual deve ser instituído sob a mesma autoridade que lavra os tratados. Tais ingredientes são indispensáveis. Se houver em cada Estado uma corte de instância final, resultarão tantas decisões irrecorríveis sobre o mesmo assunto quantas forem as cortes. Os julgamentos dos homens apresentam o número infinito de variedades. Frequentemente vemos não apenas as cortes, mais juízes da mesma corte e defendendo pontos de vista diferentes. Para prevenir a confusão que inevitavelmente resultaria das decisões contraditórias de numerosas judicaturas independentes, todos os países julgaram necessário estabelecer uma corte superior às demais, para exercer uma superintendência geral e autorizada a estabelecer e proclamar, em última instância, uma regra uniforme de justiça civil." (HAMILTON, Alexander; MADISON, James; JAY, John. *O federalista:* pensamento político. Traduzido por Ricardo Rodrigues Gama. 2. ed. Campinas: Russell, 2005. p. 153).

linguística,[144] que abrange uma série de fenômenos semânticos, tais como a ambiguidade (conotativa),[145] polissemia,[146] vagueza (denotativa),[147] falhas, pressuposições, não ditos, generalidade, metáfora ou palavras camaleônicas.[148] Humberto Ávil[149] dedicou seu último livro sobre o assunto da indeterminação, sendo que revela existi-la quando surge uma dúvida ou falta de clareza sobre o objeto que necessita de uma resposta.

Os textos legislados podem ser tanto semanticamente quanto estruturalmente abertos, pelo que o campo de indefinição se amplia quando presentes conceitos jurídicos indeterminados, formulações linguísticas genéricas e a aplicação de princípios na construção dos comandos normativos.[150]

---

[144] A existência de uma linguagem comum é pressuposto de qualquer comunicação: "5.6 Os limites de minha linguagem significam os limites de meu mundo." (WITTGENSTEIN, Ludwig. *Tractatus logico-philosophicus*. Tradução, apresentação e ensaio introdutório por Luiz Henrique Lopes dos Santos. 3. ed. 4. reimp. São Paulo: EDUSP, 2020. p. 229). No particular do direito, surge a dita linguagem técnica: "Mas, ao lado dessas crenças, existem acordos, próprios dos partidários de uma disciplina particular, seja ele de natureza científica ou técnica, jurídica ou teleológica. Tais acordos constituem o corpus de uma ciência ou de uma técnica, podem resultar de certas convenções ou da adesão a certos textos, e caracterizam certos auditórios. Esses auditórios se distinguem em geral pelo uso de uma linguagem técnica que lhes é própria. [...] Pois esses termos, que se deseja tornar tão unívocos quanto possível no contexto da disciplina, acabam por resumir um conjunto de conhecimentos, de regras, de convenções [...]" (PERELMAN, Chaïm; OLBRECHTS-TYTECA, Lucie. *Tratado da argumentação:* a nova retórica. Trad. Maria Ermantina de Almeida Prado Galvão. São Paulo: Editora WMF Martins Fontes, 2014. P. 112). Independentemente disso, o desacordo sobre a linguagem sempre é possível e se apresenta, mormente porque depende, entre outras variáveis, do contexto de uso: "43. [...] O significado de uma palavra é seu uso na linguagem" (WITTGENSTEIN, Ludwig. *Investigações filosóficas*. Trad. Marcos G. Montagnoli. 9. ed. Petrópolis: Vozes; Bragança Paulista: Editora Universitária São Francisco, 2014. p. 38).

[145] "A vagueza é um dos tipos de indeterminação semântica, e ocorre quando não se pode determinar (em função do próprio conteúdo semântico) se uma determinada palavra se aplica ou não a certos objetos, gerando proposições indefinidas quanto ao valor de verdade" (MOURA, Heronides Maurílio de Melo. *Significação e contexto:* uma introdução a questões de semântica e pragmática. Florianópolis: Editora Insular, 2013. p. 58).

[146] "Na polissemia, temos um significante com uma multiplicidade de usos, isto é, de significados" (MACEDO, Walmirio de. *O livro da semântica:* estudo dos signos linguísticos. Rio de Janeiro: Lexikon, 2021. p. 87/88).

[147] "Em realidade, podemos observar que quase todas as palavras da língua têm certa vagueza de sentido. [...] Além disso, podemos acrescentar que a vagueza é um fenômeno gradual, pois é fácil perceber que algumas expressões são bem mais vagas (grande) do que outras (verde)" (CANÇADO, Márcia. *Manual da semântica:* noções básicas e exercícios. São Paulo: Contexto, 2020. p. 68).

[148] HOHFELD, Wesley N. Fundamental legal concepts as applied in judicial reasoning and other legal essays. New Haven: Yale University Press, 1923. Disponível em: <http://pgil.pk/wp-content/uploads/2014/11/Fundamental-Legal-Conceptions-as-Applied-in-Judicial-Reasoning-by-wesely-hohfeld-Yale.pdf>.

[149] ÁVILA, Humberto. *Teoria da indeterminação no direito*: entre a indeterminação aparente e a determinação latente. São Paulo: Malheiros/Juspodivm, 2022. p. 15. Escreve: "A indeterminação há quando surge uma dúvida ou falta de clareza a respeito de alguma questão relevante que precise ser respondida e para a qual se busque uma resposta (mais ou menos) determinada. Uma indeterminação presente e efetiva será, pois, resultado da busca frustrada por uma resposta (mais ou menos) determinada a uma pergunta juridicamente relevante".

[150] "Tanto regras quanto princípios são normas, porque ambos dizem o que deve ser. (...). A distinção entre regras e princípios é, portanto, uma distinção entre duas espécies de normas." (ALEXY,

Aliás, a situação de indeterminação por vezes é desejada pelo legislador, que pelas próprias dificuldades inerentes ao seu ofício não tem como precisar um sem-número de situações passíveis de serem alcançadas pelo texto legal, razão por que estabelece regras cada vez mais gerais, elásticas e abstratas, entregando ao juiz a individualização do comando no caso em apreciação: *"[...] área que o Poder Legislativo, de caso pensado, entregou ao Judiciário para que a desenvolvesse"*.[151]

Nesses casos, a atividade do juiz exige mais do que a simples certificação do enunciado normativo, pois passa pelo definir[152] o impreciso e a dinamizar as fórmulas legais, antes estáticas, frente ao caso concreto. Supera-se a concepção de que a atividade do juiz esteja confinada à cognição do sentido originário atribuído pelo legislador ao texto normativo. O formalismo que equiparava o texto à norma foi ultrapassado, porquanto evidente a necessidade de adensamento do texto normativo.

O enunciado normativo não se confunde com a norma.[153]

A expressão linguística posta pelo direito positivo e o conteúdo semântico da norma merecem especificação na fase de concretização da regra jurídica: dação de sentido no processo de comunicação.[154]

No processo de interpretação e aplicação das regras predispostas pelo Poder Legislativo, ainda que o texto normativo seja o primeiro dado, ponto de partida,[155] a norma só se forma no final do processo con-

---

Robert. *Teoria dos direitos fundamentais.* Trad. Virgílio Afonso da Silva. 2. ed. 4. tir. São Paulo: Malheiros, 2015. p. 87).

[151] ELY, John Hart. *Democracia e desconfiança:* uma teoria do controle judicial de constitucionalidade. Trad. Juliana Lemos. São Paulo: WMF Martins Fontes, 2010. p. 8.

[152] O direito é alográfico, pelo que demanda a participação do intérprete na construção do seu sentido: "O direito é alográfico. E alográfico é porque o texto normativo não se completa no sentido nele impresso pelo legislador. A 'completude' do texto somente é atingida quando o sentido por ele expressado é produzido, como nova forma de expressão, pelo intérprete" (GRAU, Eros Roberto. *Ensaio e discurso sobre a interpretação/aplicação do direito.* 4. ed. São Paulo: Malheiros, 2006).

[153] MÜLLER, Friedrich. *Teoria estruturante do direito.* 3. ed. rev. e atual. São Paulo: RT, 2012. p. 187.

[154] NEVES, Marcelo. *Princípios e regras constitucionais como diferença paradoxal do sistema jurídico.* São Paulo: Martins Fontes, 2014. p. 2.

[155] O texto legal deve ser a diretriz da atividade interpretativa, porque a construção da decisão passa pelo cotejo do direito positivo e a reconstrução do seu sentido "Em princípio, quem quer compreender um texto deve estar disposto a deixar que este lhe diga alguma coisa. Por isso, uma consciência formada hermeneuticamente deve, desde o princípio, mostrar-se receptiva à alteridade do texto. Mas essa receptividade não pressupõe nem uma 'neutralidade' com relação à coisa nem tampouco um anulamento de si mesma; implica antes uma destacada apropriação das opiniões prévias e preconceitos pessoais." (GADAMER, Hans-Georg. *Verdade e método I:* traços fundamentais de uma hermenêutica filosófica. Trad. Flávio Paulo Meurer. Nova revisão da tradução por Enio Paulo Gianchini. 15. ed. 1ª reimpressão. Petrópolis: Vozes; Bragança Paulista: Editora Universitária São Francisco, 2016. p. 358). Embora múltiplas interpretações sejam possíveis, o texto sempre nos diz algo: "A interpretação de algo como algo funda-se essencialmente por ter-prévio, ver-prévio e conceito-prévio. A interpretação nunca é uma apreensão sem-pressupostos de algo previamente dado [*eines Vorgegebenen*, de um já-dado]. Quando a concretização particular da interpretação, no sentido da interpretação exata de texto, apela de bom grado para o que de imediato 'está-aí', o que está aí de imediato nada mais é do que a indiscutida, e que-se-entende-por-si-mesma, opinião-prévia do

cretizador. Consequentemente, inviável suprimir a dimensão da atuação jurisprudencial na atividade de desenvolvimento do direito.

Além do mais, tal qual no *common law*, também na tradição *civil law* assente a constatação de que não adianta certificar a igualdade dos indivíduos perante o direito material, na sua existência processual (enquanto partes), caso no final do processo não seja garantido a eles o mesmo padrão decisório aplicado em casos semelhantes.

Assim, passa-se a compreender que a jurisprudência, os enunciados de súmula e os precedentes, mesmo em uma prática pautada primariamente no direito positivado (*civil law*), desempenham relevante papel no desenvolvimento do direito, na harmonização das decisões, assegurando igualdade de tratamento através dos provimentos jurisdicionais, que, ao fim e ao cabo, deságuam em segurança jurídica.

Ensina Neil Maccormick que a "fidelidade ao Estado de direito requer que se evite qualquer variação frívola no padrão decisório de um juiz ou tribunal para outro".[156]

Presente esse quadro, pode-se afirmar em uma perspectiva abrangente, que decidir por meio de precedentes, em linhas gerais, é se utilizar de uma razão de decidir constante de uma decisão pretérita como forma de subsidiar a tomada de decisão atual.[157] O julgamento se torna relevante quando o tratamento que deu a uma questão anterior é possível de ser reproduzido quando o fato novamente se apresenta.

Simplificando desmedidamente, a anatomia básica da argumentação com precedente é assim dissecada: o tratamento prévio de uma ocorrência X na forma Y constitui, unicamente por seu caráter histórico, uma razão por tratar X da forma Y se e quando X ocorrer novamente.[158]

Observe-se, o precedente normalmente é formado historicamente, pela repetição de decisões que contenham as mesmas razões determinantes, em uma contínua rememoração e aplicação dessas razões.[159]

---

intérprete, que ocorre necessariamente em todo princípio de interpretação como aquilo que já é 'posto' com a interpretação em geral, isto é, já é previamente dado no ter-prévio, no ver-prévio e no conceito-prévio." (HEIDEGGER, Martin. *Ser e tempo.* Edição em alemão e português. Tradução e organização, nota prévia, anexos e notas Fausto Castilho. Campinas: Editora da Unicamp; Petrópolis: Vozes, 2012. p. 427). Sempre existe limite no campo das possibilidades. Conforme UMBERTO ECO, a interpretação: "Pode significar muitas coisas, mas há sentidos que seria despropositado sugerir." (ECO, Umberto. *Interpretação e superinterpretação.* São Paulo: Martins Fontes, 2016. p. 50).

[156] MACCORMICK, Neil. *Retórica e o Estado de Direito.* Uma teoria da argumentação jurídica. Trad. Conrado Hübner Mendes e Marcos Paulo Veríssimo. Rio de Janeiro: Elsevier, 2008, p. 191.

[157] BUSTAMANTE, Thomas da Rosa de. *Teoria do precedente judicial:* a justificação e a aplicação de regras jurisprudenciais. São Paulo: Editora Noeses, 2012, p. 190.

[158] SCHAUER, Frederick. Precedente. In: DIDIER JR., Fredie (org.). *Coleção grandes temas do novo CPC:* precedentes. Salvador: Juspodivm, 2015, p. 49-50.

[159] Pelo atual Código de Processo Civil, existem instrumentos processuais predestinados à aceleração para formação do precedente, notadamente os incidentes de assunção de competência (artigo 947) e

O precedente é formatado não por um julgamento histórico, mas pela história de um determinado julgamento, ao que se agregam os fundamentos do caso em curso.[160]

O Tribunal, ao reconhecer o precedente (*leading case*),[161] não o constitui propriamente, mas antes o reconhece na história de outro julgado, pelo que não propriamente edita uma solução, mas valida aquela já proposta anteriormente, ainda que renove sua fundamentação. Assim, o precedente é revestido por uma capa histórica, que o torna resistente, melhor, resiliente. O precedente, nesse contexto, é saturado de conteúdo, de facticidade. Logo, o precedente não nasce com pretensão de futuro, como uma cristalização de sentidos de tal forma lapidada que pudesse resolver questões ainda não postas. O precedente na *common law* tem nome,[162] sobrenome e contexto, servindo para resolver casos a partir de casos. Não são abstrações conceituais. Precedentes são textos jurídicos encharcados de facticidade, pelo que datados e batizados. Com a melhor das intenções acadêmicas, os próximos dois subcapítulos demonstram uma diferença de posicionamento entre os autores sobre a alocação do ato jurisdicional como fonte de direito no Brasil, tendo em vista que se trata de assunto polêmico e que encontra, na doutrina, divisões significativas justificações.[163]

1.3. O ato jurisdicional como fonte do Direito I – Reflexões de Marco Félix Jobim

Há variadas fontes (do latim *fons, fontis, fons et origo*[164]) que contribuem para o conhecimento do direito a se depender do sistema jurídico

---

de resolução de demandas repetitivas (artigos 976 e seguintes). Sobre o tema: DUARTE, Zulmar. Precedentes no novo CPC: *fast food* brasileiro. Disponível: <https://www.jota.info/opiniao-e-analise/colunas/novo-cpc/precedentes-no-novo-cpc-fast-food-brasileiro-02112015>; Acesso: 28-abr-2019.

160 Essa obviamente é uma visão simplificadora e geral do fenômeno. Existem precedentes que nascem precedentes, pela própria repercussão do caso etc. E existem precedentes que pretendem não o ser. Veja-se, por todos, a repercussão do caso Bush *v.* Gore, 531 US 98 (2000), no qual a Suprema Corte Americana pretendeu restringir a decisão ao caso em específico (*the Court carefully limited its judgment to these specific circumstances*). Tal se apresentou como *flatus vocis*, já que a decisão foi utilizada por tribunais em questões eleitorais.

161 "*Leading case* é o primeiro caso – a primeira decisão em que assentada a interpretação de determinada questão de direito, sendo a partir daí seguido por outras decisões de forma consistente e frequente. Textualmente, é o 'caso líder', que é seguido pelos demais." (MITIDIERO,. *Ratio decidendi*, op. cit., p. 71, nota de rodapé n.º 14).

162 Dar nome a algo é semelhante a etiquetar (WITTGENSTEIN. *Investigações filosóficas*. op. cit., p. 22).

163 Por exemplo, quando se discute que somente pode o precedente virar fonte de direito com uma reforma constitucional. Para tanto, ver: MAZIERO, Luís Guilherme Soares. *Precedentes judiciais obrigatórios*: à luz da teoria pura do direito. Curitiba: Juruá, 2019. p. 197. Escreve: "Para atingir este objetivo, entendeu-se que a melhor saída seria promover, de início, uma reforma constitucional, visando a integração dos precedentes judiciais ao sistema de fontes do direito brasileiro, dintinguindo-o da fonte jurisprudencial".

164 BITTAR, Eduardo C. B. *Introdução ao estudo do direito*: humanismo, democracia e justiça. 2. ed. São Paulo: Saraiva Educação, 2019. p. 261. Aduz: "A palavra 'fonte', na expressão corrente entre os juris-

que se quer navegar. Existe, nas palavras de Paulo Nader,[165] grande diversidade de opiniões no que se refere ao tema das fontes entre os cultores dessa ciência. Em nosso sistema, a Constituição da República Federativa do Brasil consagraria, em seu art. 59, que a fonte legal advém por meio do processo legislativo que cria novas situações jurídicas, nas palavras de Antonio Bento Betioli,[166] sendo que a lei processual seria da competência exclusiva da União conforme previsão do art. 22, I, CF,[167] sendo diferente no art. 24, XI,[168] que prevê a concorrência com Distrito Federal e Estados nos procedimentos, mas ainda a União detendo monopólio legislativo nas diretrizes gerais.[169] A partir desse ponto, inicia o autor a expor que fazem parte desse manancial as emendas à Constituição, as Leis Complementares, as Leis Ordinárias, as Leis Delegadas, as Medidas Provisórias, os Decretos Legislativos, as Resoluções, decretos (regulamentares e simples) e regulamentos. Atribui o teórico[170] à norma legal a hierarquia da escala das normas jurídicas, desde que não colidam ou conflitem com a Constituição Federal. Ao continuar trabalhando com o tema das fontes, o autor, como é de se adivinhar, não acaba nos textos normativos, indo além ao trabalhar outras fontes consuetudinárias, negociais e a que interessa ao presente trabalho que é a norma jurídica jurisdicional. Nesta, Betioli[171] defende que essa atividade jurisdicional e

---

tas 'fontes do direito', é utilizada em sentido metafórico (*fons et origo*) para designar o início, a raiz, a origem, o surgimento, de onde brota o Direito". VENOSA, Sílvio de Salvo. *Introdução ao estudo do direito*: primeiras linhas. São Paulo: Atlas, 2004. p. 139. Para o autor: "Fonte não possui um sentido metafórico tradicional no estudo do Direito. Expressão que se tradicionalizou de há muito, atribuída à época de Cícero, significa nascedouro, nascente, origem, causa, motivação de várias manifestações do Direito".

165 NADER, Paulo. *Introdução ao estudo do direito*. 41. ed. Rio de Janeiro: Forense, 2019. p. 142. Escreve: "A doutrina jurídica não se apresenta uniforme quanto ao estudo das fontes do Direito. Entre os cultores da Ciência do Direito, há uma grane diversidade de opiniões quanto ao presente tema, principalmente em relação ao elenco das fontes".

166 BETIOLI, Antonio Bento. *Introdução ao Direito*. 15. ed. São Paulo: Saraiva, 2018. p. 218. Escreve: "No atual sistema constitucional pátrio, a 'fonte legal' é o processo legislativo, expressão consagrada no art. 59 da Constituição Federal para designar *o conjunto de atos através dos quais se opera a gênese legal*, ou seja, dá-se origem a 'atos normativos' com a consequente criação de novas situações jurídicas".

167 Art. 22. Compete privativamente à União legislar sobre: I - direito civil, comercial, penal, processual, eleitoral, agrário, marítimo, aeronáutico, espacial e do trabalho.

168 Art. 24. Compete à União, aos Estados e ao Distrito Federal legislar concorrentemente sobre: XI - procedimentos em matéria processual;

169 § 1º No âmbito da legislação concorrente, a competência da União limitar-se-á a estabelecer normas gerais.§ 2º A competência da União para legislar sobre normas gerais não exclui a competência suplementar dos Estados; § 3º Inexistindo lei federal sobre normas gerais, os Estados exercerão a competência legislativa plena, para atender a suas peculiaridades; § 4º A superveniência de lei federal sobre normas gerais suspende a eficácia da lei estadual, no que lhe for contrário.

170 BETIOLI, Antonio Bento. *Introdução ao Direito*. 15. ed. São Paulo: Saraiva Educação, 2018. p. 220. Defende: "A norma legal ocupa na escala das normas jurídicas um lugar proeminente, prevalecendo sobre as demais, desde que, ao tratar delas, não o faça contrariando o ordenamento constitucional".

171 Idem, p. 238. Aduz: "A norma jurídica jurisdicional é elaborada pelas decisões dos juízes ou tribunais. Sua origem, pois, é a atividade jurisdicional, que vem a ser uma das fontes do direito, comumente chamada de 'jurisprudência'".

sua norma jurídica estão relacionadas com as decisões dos juízes ou dos tribunais, sendo, pois, fonte do direito, trabalhando durante seu texto com os conceitos de jurisprudência e de súmula (vinculante ou não). Nas palavras de María José Falcón Y Tella,[172] as fontes podem ser divididas em "de produção" e de "conhecimento", estando a primeira ligada ao ato da criação, e a segunda, à forma como conhecemos os atos anteriormente criados, como um Código ou uma lei.

O que necessita ser referido nesse momento, para dar continuidade ao raciocínio que se apresenta nessa obra, é que as fontes do Direito servem para dar coesão à ordem jurídica, conferindo unidade, clareza, certeza e segurança, como refere Eduardo Bittar[173] em valorosa lição. Nas palavras de Miguel Reale,[174] fonte designa processo ou meio pelos quais a regra jurídica se positiva com força obrigatória, incluindo, em seu rol, a jurisdição exercida pelo Poder Judiciário.[175] Então, se o ato jurisdicional é fonte de direito, não mais secundária como outrora pensado, serve ela para dar essa unidade pretendida pelas fontes, em que pese teóricos como Tércio Sampaio Ferraz Jr.[176] entendam ser a jurisprudên-

---

[172] FALCÓN y TELLA, María José. *Lições de teoria geral do direito*. Trad. Claudia de Miranda Avena, Ernani de Paula Contipelli. São Paulo: Revista dos Tribunais, 2001. Título original: Lecciones de teoría del derecho. págs. 93-94. Escreve: "Em primeiro lugar, queremos destacar a diferença existente entre as chamadas fontes 'de produção' de normas jurídicas – atos ou feitos de que o ordenamento jurídico faz depender a criação, modificação ou extinção de normas jurídicas – e as denominadas fontes de 'conhecimento' do Direito – aqueles documentos (Códigos, leis etc.) por meio dos quais conhecemos a existência e o contaúdo das normas jurídicas criadas pelas fontes de produção".

[173] BITTAR, Eduardo C. B. *Introdução ao estudo do direito*: humanismo, democracia e justiça. 2. ed. São Paulo: Saraiva Educação, 2019. p. 261. Escreve: "Do ponto de vista histórico, esta metáfora surgida na antiguidade romana, guarda razões específicas a cada contexto, permitindo variadas fundamentações, mas se pode dizer que propriamente uma teoria das fontes é uma construção recente, moderna, liberal e estatal, remontando ao século XIX, à fundação da Ciência do Direito e seus métodos modernos. Enquanto teoria moderna, o que se busca é conferir unidade, clareza, certeza e segurança, ao processo de uso e aplicação do Direito moderno e, neste sentido, é fruto de uma concepção histórica de Direito, vinculada à construção do direito europeu, enquanto codificado, unificado, estatalizado, positivado, sistematizado, racionalizado".

[174] REALE, Miguel. *Lições preliminares de direito*. 9. ed. São Paulo: Saraiva, 1981. p. 140. Aduz: "Por 'fonte do direito' designamos os processos ou meios em virtude dos quais as regras jurídicas se positivam com legítima força obrigatória, isto é, com vigência e eficácia".

[175] Ibid. p. 141. Escreve: "À luz desse conceito, quatro são as fontes de direito, porque quatro são as formas de poder: o processo legislativo, expressão do Poder Legislativo; a jurisdição, que corresponde ao Poder Judiciário; os usos e costumes jurídicos, que exprimem o poder social, ou seja, o poder decisório anônimo do povo; e, finalmente, a fonte negocial, expressão do poder negocial ou da autonomia da vontade".

[176] FERRAZ JR., Tercio Sampaio. *Introdução ao estudo do direito*: técnica, decisão, dominação. 11. ed. São Paulo: Atlas, 2019. p. 202. Defende: "Em suma, a jurisprudência, no sistema romanístico, é, sem dúvida, 'fonte' interpretativa da lei, mas não chega a ser fonte do direito. No caso da criação normativa *practer legem*, quando se suprem colunas e se constituem normas gerais, temos antes um caso especial de costume. Restariam, talvez, como exemplos de fonte genuinamente jurisprudencial, alguns casos de decisões *contra legem* que existem, sobretudo na área do Direito do Trabalho; este, por sua natureza específica, voltada não tanto á regulação de conflitos, mas a uma verdadeira proteção ao trabalhador, permite a constituição de normas gerais com base na equidade".

cia, por exemplo, fonte interpretativa da lei, não tendo força de fonte de direito, por pelo processo não se criaria o direito como escreveu Hermes Lima,[177] salvo em casos específicos nos quais há decisões *contra legem*, por exemplo.

Em que pese termos, como lembra Cezar Zucatti Pritsch,[178] aprendido nos bancos escolares quais eram as fontes primárias e secundárias do Direito[179] no sistema jurídico brasileiro, ao que parece, com as novas formas de vinculação das decisões judiciais e, em especial, dos precedentes, há que iniciar a considerá-los como fonte primária, não sendo mais esse pensamento incompatível com a tradição advinda do sistema romano-germânico, posição também defendida por Marco Antonio Duarte de Azevedo.[180]

---

[177] LIMA, Hermes. *Introdução à ciência do direito*. 26. Rio de Janeiro: Feitas Bastos, 1980. p. 306. "O processo culmina na sentença. O juiz não cria o direito, pois a lei é garantia de todos os participantes do drama judiciário, mas é-lhe permitido interpretar a lei, adequando-a às circunstâncias e às modalidades do caso".

[178] PRITSCH, Cesar Zucatti. Antecedentes históricos: precedentes no *common law* – evoluções separadas a partir dos mesmos ingrediantes. In: *Precedentes no processo do trabalho*: teoria geral e aspectos controvertidos. PRITSCH, Cesar Zucatti; JUNQUEIRA, Fernanda Antunes Marques; HIGA, Flávio da Costa; MARANHÃO, Ney (coords.). São Paulo: Revista dos Tribunais, 2020. p. 91-92. Escreve: "Em que pese a hibridização de nosso sistema tenha trazido natural perplexidade – já que a consideração de precedentes como tendo normatividade cogente ou vinculante, fontes primárias de direito, se choca com o que aprendemos nos bancos escolares e em nossa prática profissional – devemos notar que tal sistema não é incompatível com o nosso, tendo sido formado a partir dos mesmos elementos que deram origem à tradição ocidental romano-germânica". p. 91-110.

[179] SOARES, Carlos Henrique. *Lições de direito processual civil*. Belo Horizonte, São Paulo: D'Plácido, 2022. p. 27. Diferencia o autor, colocando a lei na primária e o precedente na secundária em assim argumentando: "A fonte primária do direito processual brasileiro é a lei, produzida pelo legislativo. Pelo ordenamento jurídico processual brasileiro, a competência para legislar sobre leis processuais de qualquer natureza é a União (art. 24, inc. IX, CR/88). Assim, os instrumentos processuais legislativos, como o Código de Processo Civil, o Código de Processo Penal e outras leis especiais sobre processo e procedimentos são sempre elaborados pela União. Os Estados apenas possuem competência supletiva para definição de procedimentos internos dos tribunais ou para suprir eventuais ausência ou lacunas legislativas processuais da União em matéria de procedimentos. Os municípios não possuem tal competência e, portanto, não podem elaborar leis sobre direito processual e procedimentos", e finaliza: "Já as fontes secundárias do direito processual são: os costumes, as jurisprudências, as súmulas, os precedentes e a doutrina. São chamadas de fontes secundárias pelo simples fato de que a lei é a principal fonte. As fontes secundárias são necessárias para dar interpretação e direcionamento, bem como, compreensão da lei processual".

[180] AZEVEDO, Marco Antonio Duarte de. *Súmula vinculante*: o precedente como fointe de direito. São Paulo: Centro de Estudos da Procuradoria-Geral do Estado de São Paulo, 2009. p. 174. Embora com alguma certa reserva com a posição intergral do autor, em espcial com o tema da criação, escreve ele: "Esse novo sistema de controle é o ápice de toda uma reformulação do papel do precdente no sistema judiciário brasileiro. O dogma da separação dos poderes em sua fição clássica não mais atende à realidade da prática judiciária nem aos desafios impostos pelas demandas atuais, e vem sendo mitigado pelo próprio constituinte. O Judiciário, em especial a Corte Suprema, passa a ter papel verdadeiramente criador do direito ao lado do legislador, e não apenas de interpretação do direito legislado", e continua: "O estudo da doutrina das fontes do Direito também mostra que a jurisprudência já não tem mais a natureza tã individualista que alguns ainda acreditam ser de rigor. É da essência do ato de julgar a produção de uma nova norma, desde que obedecido osparâmetros legislados", e finaliza: "Reconhece-se assim a força verdadeiramente normativa ao precedente jurisprudencial, racionalizando e otimizando a prestação jurisdicional".

Rodrigo Terra Cyrineu,[181] em reflexão aprofundada sobre ser o precedente fonte primária do Direito na ordem brasileira, refere não ser mais possível ignorar o papel dos precedentes enquanto fonte do direito. Josep Agiló Regla,[182] trabalhando com o tema, referem existir as fontes-acto (legislações e normas provenientes de autoridades políticas) e fontes-acto (costumes jurídicos e normas provenientes de determinadas práticas sociais). O Autor aborda em capítulo autônomo a temática das normas provenientes de autoridades jurisdicionais, exemplificando como a fonte emanada pelo juiz poderia ser uma fonte-acto ou uma fonte-facto, mas demonstrando, ao mesmo tempo, críticas ponderáveis a cada uma das afirmações. José Roberto Mello Porto[183] parece partir da premissa da vinculatividade primária dos precedentes como fonte, o que transparece em suas considerações de sua tese de doutoramento ao escrever a decisão tem eficácia normativa natural, direta e primária.

Em uma posição intermediária bastante interessante, Cristiane Druve Tavares Fagundes[184] anuncia entender que a vinculação, que acaba por tonar o precedente fonte, é feita tão somente para o caso em que será ele aplicado, respeitando uma associação que deverá ser realizada entre a faticidade do caso futuro com a antecedente decisão que se deseja seja aplicada. Já para William Soares Pugliese,[185] para que os precedentes

---

[181] CYRINEU, Rodrigo Terra. *Precedentes eleitorais*: segurança jurídica e processo eleitoral. São Paulo: Almedina, 2020. p. 58. Escreve: "À guisa de conclusão: o direito atualmente também deve ser compreendido como a interpretação conferida às leis do Parlamento pelos Tribunais por meio de decisõs fundamentadas e atualmente acessíveis aos cidadãos, e sobretudo à comunidade jurídica, pelos novos meios de comunicação que permitem o conhecimento em tempo instantâneo de todos os julgamentos do Poder Judiciário. Assim, não há mais espaço para planejamento jurídico sem o domínio dos precedentes, os quais passarama ter força cogente em conjunto com o acervo leglislativo pátrio".

[182] REGLA, Josep Agiló. *Teoria geral das fontes do direito*. Trad. Manuel Poirier Braz. Lisboa: Escolar Editora, 2014. Recomenda-se a leitura integral do livro.

[183] PORTO, José Roberto Meelo. *Eficácia normativa das teses jurídicas fixadas nos precedentes judiciais*. Belo Horizonte: Casa do Direito, 2023. Escreve na p. 354: "Ante esse contexto, conclui-se que a Administração e os particulares estão sujeitos à posição externada por meio da tese jurídica fixada. Tal vinculação, no entanto, não ocorre pelo instrumento da coisa julgada, qualidade atinente à imutabilidade de um pronunciamento judicial em uma relação jurídica específica, mas em razão da natureza declaratória da correta interpretação da norma objeto do incidente, ostentando sua decisão final, de caráter objetivo, eficácia normativa natural, direta e primária, enquanto ato autoritativo estatal".

[184] FAGUNDES, Cristiane Druve Tavares. *Modelo brasileiro de precedentes*: a relevância da fundamentação no contexto precedentalista. Londrina, PR: Thoth, 2021. p. 161-162. Escreve. "Daí a importância ímpar da análise da hipótese em que o precedente será formado. Somente àquela hipótese em julgamento e às demais que se adequem à mesma hipótese de direito e de fato, aplicar-se-á com força vinculante o precedente formado", e continua: "De qualquer forma, entendemos que não pode haver aplicação das teses jurídicas e súmulas de forma dissociada de seus acórdãos-origem. Assim, somente poderá ser a regra jurídica extraída dos mesmos aplicada para hipóteses demonstradamente análogas", e finaliza: "Ressalte-se uma vez mais: trabalhar com precedentes – seja no Brasil ou seja em países de *common law* – jamais poderá conduzir à mera extração da regra jurídica e sua aplicação apartada do caso precedente em casos vindouros".

[185] PUGLIESE, William Soares. *Instituições de direito processual civil e precedentes como fonte do direito*. Londrina, PR: Thoth, 2022. p. 115. Escreve: "Os princípios da coerência, integridade, estabilidade e uniformidade, quando compreendidos e aplicados em conjunto, favorecem o desenvolvimento dos

sejam considerados uma verdadeira fonte normativa do direito, coerência, integridade, estabilidade e uniformidade precisam ser respeitadas. Ainda, para dar maior holofote a pautas que podem ser, posteriormente desenvolvidas, em razão da função que hoje os precedentes têm em solo brasileiro, Alan Wagner Schmidel[186] defende uma mudança até mesmo do nome para que se deixe de falar em teoria das fontes e se passe a falar em teoria das fontes constitucionais.

De todo o tratado no capítulo, ainda pende uma reflexão importante a ser feita: se precedente não é fonte primária de direito, ele é o quê? Pois as fontes secundárias, como costume, analogia e equidade, por exemplo, não detêm força vinculante, nem mesmo por lei, e são comsideradas fontes secundárias do direito. Ora, se precedente tem previsão de vinculação por expressa disposição legal, não pode ele ser comparado a quem não tem. Então, ou se rema a favor da maré, comsiderando ele fonte primária, ou se deslocam todas as fontes secundárias não vinculantes a serem consideradas fontes terciárias, assumindo, assim, precedente, jurisprudência e outras decisões equiparadas como a do IRDR, um *status* secundário, isoladas das fontes não vinculantes. Como é do sistema hoje posto a vinculação, assumem, então, como fonte primária ao lado da lei e mantêm-se em secundária as que já estão nesse *locus*.

1.4. O ato jurisdicional como fonte do Direito II – Reflexões de Zulmar Duarte de Oliveira Júnior

No Brasil, porém, ainda que os precedentes tenham assumido papel de centralidade na aplicação do direito positivo, ainda não se credita aos mesmos a condição de fonte primária do direito. É diferente dizer que os motivos determinantes do precedente podem embasar outra decisão, no que aponta para uma correta interpretação do direito positivo, do que sustentar que um precedente se fez sem base na lei e vincula o julgador posterior. A referibilidade do direito positivo no precedente brasileiro conecta o mesmo na cadeia de desdobramento do sentido e alcance da legislação imposta pelo Poder Legislativo. A comunidade de

---

precedentes e da jurisprudência de modo a garantir os mais importantes valores do Estado de Direito. Para que precedentes sejam fontes normativas do Direito, esses princípios devem ser respeitados".

186 SCHMIDEL, Alan Wagner. *Natureza constitucional do precedente judicial e sua vinculação aos princípios jurídicos que formam a Democracia.* São Paulo: Dialética, 2022. e-book, p. 96. Escreve: "Sob tais balizas do idioma do ceticismo, que propomos a reclassificação da Teoria das Fontes para Teoria das Fontes Constitucionais do Direito, corrigindo a superstição criada pelo positivismo jurídico pós-revolução francesa e seu fetiche de completude e onipotência legislativa, que sequer encontra respaldo na Inglaterra, principal democracia onde de fato o Parlamento é soberano, e, que mesmo assim, reconhece na independência judicial para a criação do Direito sob os limites das suas constituições históricas e estrutura fundamental para a manutenção da ordem, da segurança jurídica e das garantias fundamentais conquistadas ao longo dos séculos, como a liberdade e a isonomia, princípios que consagram as democracias modernas".

trabalho entre juiz e legislador no Brasil sempre tem como pano de fundo o ordenamento jurídico positivo (artigo 5º, inciso II, da Constituição), pelo que o precedente não é fonte primária.

A rigor, a Constituição veda linearmente que o juiz atue como legislador positivo (art. 103, § 2º). Em reforço a tal regime de contenção na criação do direito, atribuiu-se ao próprio Legislativo a preservação de sua competência normativa frente aos demais Poderes (art. 49, XI, da Constituição). Só ao Legislativo cabe a edição de direito novo.[187] Quando o Poder Judiciário, por sua Corte Suprema, decide, de forma definitiva, quanto à inconstitucionalidade de uma determinada lei de forma incidental, compete ao Legislativo, em tese, por meio do Senado Federal, suspender a execução da lei no plano nacional (art. 52, X, da Constituição).[188]

Portanto, o Brasil não migrou para o sistema do *common law*, tampouco adotou um regime de precedentes vinculantes com a edição do Código de Processo Civil de 2015. Em menor dimensão, estatuiu um sistema[189]

---

[187] "A decisão majoritária não é apenas um processo decisório eficaz, é um processo respeitoso. Respeita os indivíduos de duas maneiras. Primeiro, respeita e considera seriamente a realidade das suas diferenças de opinião quanto à justiça e ao bem comum. A decisão majoritária não requer que a opinião de ninguém seja menosprezada ou silenciada por causa da importância imaginada do consenso." (WALDRON, Jeremy. *A dignidade da legislação.* Trad. Luís Carlos Borges. São Paulo: Martins Fontes, 2013. p. 192).

[188] Anote-se, a releitura que se pretendia fazer ao artigo 52, inciso X, da Constituição (mutação constitucional), a dispensar a necessidade de atuação do Senado Federal na suspensão da execução da lei no plano nacional restou refutada pelo Supremo Tribunal Federal (teoria da abstrativização do controle difuso de constitucionalidade): "Reclamação. 2. Progressão de regime. Crimes hediondos. 3. Decisão reclamada aplicou o art. 2º, § 2º, da Lei nº 8.072/90, declarado inconstitucional pelo Plenário do STF no HC 82.959/SP, Rel. Min. Marco Aurélio, DJ 1.9.2006. 4. Superveniência da Súmula Vinculante n. 26. 5. Efeito *ultra partes* da declaração de inconstitucionalidade em controle difuso. Caráter expansivo da decisão. 6. Reclamação julgada procedente." (Rcl 4335, Relator(a): Min. GILMAR MENDES, Tribunal Pleno, julg. em 20/03/2014, DJe-208 DIV. 21-10-2014 PUB. 22-10-2014 EMENT VOL-02752-01 PP-00001).

[189] "O Código estatuiu sistema de formação de precedentes qualificados cujo eixo são seus arts. 926, 927 e 928. Diz-se que teríamos um microssistema de formação e aplicação de precedentes no Código. Porém, mais do que isso, o Código estabeleceu um verdadeiro 'sistema' de formação de precedentes qualificados, sendo que a expressão 'microssistema' não contribui, podendo até embaçar, a perfeita compreensão da realidade normativa. Aliás, o dístico microssistema é relacional: uma coisa é micro no que comparada com outra. Sistema na medida em que preenche os caracteres da ordenação (adequação interna) e unidade da ordem jurídica. Estabelece uma ordenação axiológica em que os valores galvanizados nos precedentes qualificados são a direção, especificamente a isonomia e a segurança jurídica (CANARIS, Claus-Wilhelm. Pensamento sistemático e conceito de sistema na ciência do direito. 5. ed. Lisboa: Fundação Calouste Gulbenkian, 2012). O sistema de formação e aplicação de precedentes qualificados erigido pelo Código não encontra paralelo nos países que tradicionalmente se ocupam de precedentes. Ainda, a formatação de tal sistema pelo Código não representa um sistema miniaturizado frente ao sistema processual como um todo erigido no CPC de 2015. Ao revés, o sistema de precedentes qualificados costura e colmata todo o regramento processual, sendo o aspecto principal, e não lateral ou menor, da estruturação processual. De fato, a maior parte da disciplina processual sofre influência decisiva, quando não única, do sistema de formação e aplicação de precedentes qualificados. Podemos lembrar, sem a pretensão de exaurimento, a ordem cronológica (art. 12), a cooperação jurisdicional (art. 68), a tutela de evidência (art. 311), a improcedência liminar do pedido (art. 332), a sentença (art. 489), a remessa necessária (art. 496), a caução (art. 521), a extensão dos poderes do relator (art. 932), a técnica de julgamento diferenciada (art. 942), o incidente de assunção de competência (art. 947), o conflito de competência (art. 955), a ação rescisória (art. 966), o incidente

de formação e de aplicação de precedentes qualificados,[190] especificamente a vinculação no âmbito do Poder Judiciário a determinadas espécies de decisão judicial (padrões decisórios), quando produzidas de forma própria.[191]

Em poucas palavras, mesmos os precedentes qualificados pelo art. 927 do Código de Processo Civil são objetos de controle tendo como paradigma o direito posto. Como exemplo, os acórdãos proferidos em sede de incidente de resolução de demandas repetitivas, no incidente de assunção de competência, nos recursos especiais ou extraordinários repetitivos estarão submetidos ao exame de sua correção frente ao direito infraconstitucional (por exemplo, artigo 105, inciso III, da Constituição).

Igualmente, as decisões do Supremo Tribunal Federal em controle concentrado de constitucionalidade e os enunciados de súmula vinculante são joeiradas considerando as normas extraíveis do texto constitucional. Por mais que o Supremo Tribunal Federal se arvore como intérprete autêntico da Constituição (art. 102 da Constituição da República), a assertiva: "*We are under a Constitution but the Constitution is what the judges say it is*" (Juiz Hughes), deve ser vista com reservas em nossa realidade

de resolução de demandas repetitivas (arts. 976 a 987), a reclamação (art. 988), os recursos (art. 998), a apelação (art. 1.011), o agravo de instrumento (art. 1.015), os embargos de declaração (art. 1.022), os recursos especiais e extraordinários (arts. 1.030, 1.035 a 1.041), o agravo em recurso especial e/ou extraordinário (art. 1.042). Para além do expressivo número de dispositivos versando sobre os precedentes qualificados, verifica-se a centralidade deles na disciplina do atual ordenamento processual. O sistema de formação e aplicação dos precedentes imprimiu feição própria no ordenamento processual do CPC de 2015. Não bastassem serem decisivos na cariz de diversos institutos, noutros dominam a própria atuação. A improcedência liminar do pedido está quase que exclusivamente dedicada às situações envolvendo precedentes qualificados (art. 332), enquanto a extensão dos poderes do relator, para a negativa e o provimento imediato de recursos, depende daqueles precedentes (art. 932). Foram estruturados procedimentos próprios para a confecção de tais precedentes qualificados (IAC e IRDR), sendo que o Código estimula a aceleração na sua formação. Inegavelmente, o ordenamento processual atual foi estruturado, do início ao fim, do protocolo da demanda até à rescisão do provimento de mérito, com base nesse sistema de formação e aplicação de precedentes qualificados, que não corre por fora, mas que comanda o sistema processual vigente. Basta comparar o CPC de 1973 com o CPC de 2015 para ver que a diferença decisiva entre os mesmos é o sistema de precedentes instaurado pelo último. Logo, para o bem ou mal, temos um sistema de formação e aplicação de precedentes qualificados (padrões decisórios)." (GAJARDONI, Fernando da Fonseca; DELLORE, Luiz; ROQUE, André Vasconcelos; OLIVEIRA JÚNIOR, Zulmar Duarte de. *Execução e recursos:* comentários ao CPC de 2015. 2. ed. Rio de Janeiro: Forense; São Paulo: Método, 2018. p. 567/569).

[190] Adota-se a expressão *precedentes qualificados* para designar tais atos do Poder Judiciário listados no art. 927 do CPC, porquanto designação eleita de forma oficial pelo Superior Tribunal de Justiça em seu regimento interno (art. 121-A incluído pela Emenda Regimental 24, de 2016).

[191] GAJARDONI, Fernando da Fonseca; DELLORE, Luiz; ROQUE, André Vasconcelos; OLIVEIRA JÚNIOR, Zulmar Duarte de. *Execução e recursos:* comentários ao CPC de 2015. 2. ed. rev. e atual. Rio de Janeiro: Forense; São Paulo: Método, 2018, p. 548/549. "Na verdade, o NCPC tenta importar o sistema do *stare decisis* do *common law*, por meio da tendência desmesurada à hipertrofia das decisões dos tribunais, com sua imposição vinculante aos juízes de herarquia inferior. [...] Assim, o modo como o NCPC tenta importar o sistema do *stare decisis* do *common law*, é absolutamente inadequado. O precedente judicial nos países de tradição *anglo-saxônica* funciona como *ponto de partida* para a discussão e resolução da lide, função que, nos países do *civil law*, é desempenhada pela própria legislação." (CAVALCANTI, Marcos de Araújo. *Incidente de resolução de demandas repetitivas (IRDR)*. São Paulo: RT, 2016. p. 336/338).

constitucional. Não se nega o papel conformador desempenhado pelo Supremo Tribunal Federal sobre o texto constitucional,[192] mas tal exige um compromisso com o próprio texto, sob pena de se derruir a eficácia normativa da Constituição.[193] O Supremo Tribunal Federal pode muita coisa, mas não pode atuar contra a própria Constituição.[194]

Não é diferente ao se editar os enunciados de súmulas qualificados ou as orientações do plenário ou do órgão especial dos tribunais. Os ditos precedentes qualificados não valem por si só, simplesmente porque emanados de determinado órgão, mas enquanto expressem e concretizem o direito positivo. Não fosse assim, desnecessária seria a submissão de tais precedentes ao controle na via recursal, considerando como paradigma o direito positivo (infra)constitucional (artigos 102, inciso III, e 105, inciso III, da Constituição). Noutras palavras, em nosso contexto, o precedente não cria direito por si próprio, não estabelece direito *ex novo*.

Em nossa visão, só poderíamos considerar os precedentes como fonte primária do direito acaso estes pudessem estabelecer direito novo, sem qualquer referência ou controle na perspectiva do direito posto pelo legislador (infra)constitucional, realidade diversa do atual ordenamento jurídico brasileiro. Noutro giro, mas ao redor do mesmo epicentro, tanto não se tem a absorção do modelo próprio de precedentes pelo ordenamento jurídico brasileiro, que o artigo 927 não estatuiu ser qualquer pronunciamento das ditas Cortes de Precedentes vinculante, mas apenas aqueles emanados em sede de repetitivos.[195]

---

[192] O direito de errar por último, como bem acentuou o sempre Ministro SEPÚLVEDA PERTENCE: "Senhora Presidente, evito sempre uma citação de Hughes quanto ao papel de cortes como esta: a de que a Constituição seria o que a Suprema Corte diz que ela é. Sempre preferi, por razões até de modéstia, outra definição: aquela de termos a grave e às vezes triste responsabilidade de errar por último." (STF, CC 7204, Relator(a): Min. CARLOS BRITTO, Tribunal Pleno, julgado em 29/06/2005, DJ 09-12-2005 PP-00005 EMENT VOL-02217-2 PP-00303 RDECTRAB v. 12, n. 139, 2006, p. 165-188 RB v. 17, n. 502, 2005, p. 19-21 RDDP n. 36, 2006, p. 143-153 RNDJ v. 6, n. 75, 2006, p. 47-58).

[193] HESSE, Konrad. *A força normativa da Constituição:* (*die normative kraft der verfassung*). Trad. Gilmar Ferreira Mendes. Porto Alegre: Fabris, 1991, p. 16.

[194] "Nosso respeito pela legislação é, em parte, o tributo que devemos pagar à conquista da ação concertada, cooperativa, coordenada ou coletiva nas circunstâncias da vida moderna." (WALDRON, Jeremy. *A dignidade da legislação.* Trad. Luís Carlos Borges. São Paulo: Martins Fontes, 2013, p. 190). Como se verá, igual preocupação existe nos Estados Unidos, inclusive se distinguindo falando em diferentes forças do *stare decisis*: "[s]tatutory precedents receive 'super strong' stare decisis effect, common law cases receive medium-strength stare decisis effect, and constitutional cases are the easiest to overrule" (BARRETT, Amy Coney. *Precedent and Jurisprudential Disagreement*, 91 TEX. L. REV. 1711, 1712 (2013) (os precedentes *statutory* recebem o efeito *stare decisis* 'super-forte', os casos da lei comum recebem o efeito *decisis* do *stare* da força-média, e os casos constitucionais são os mais fáceis de *overruled*). Ainda: "If the Constitution says X and a prior judicial decision says Y, a court [including the Supreme Court] has not merely the power, but the obligation, to prefer the Constitution." (LAWSON, Gary. *The Constitutional Case Against Precedent*, 17 Harv. J.L. & Pub. Pol'y 23, 28 (1994). p. 27/28) (Se a Constituição diz X, e uma decisão judicial prévia diz Y, um tribunal [incluindo a Suprema Corte] não tem apenas o poder, mas a obrigação, de preferir a Constituição).

[195] MITIDIERO, Daniel. *Precedentes:* da persuasão à vinculação. São Paulo: Revista dos Tribunais, 2016, p. 87.

Em menor dimensão, temos um sistema de formação e de aplicação de precedentes qualificados, cujo rol foi previamente formatado pelo legislador infraconstitucional.[196] Agora, não deixa de ser interessante que o legislador dotou esses precedentes qualificados de *enforcement* superior ao do "direito legislado". Isto é, estabeleceu uma vinculação mais forte do Poder Judiciário aos precedentes do que propriamente ao direito positivado pelo legislador.

[196] Defende-se inclusive a vinculação da arbitragem ao regime dos precedentes. Vide BELLOCCHI, Márcio. *Precedentes vinculantes e a aplicação do direito brasileiro na convenção de arbitragem.* São Paulo: Revista dos Tribunais, 2017. De igual forma, a aplicação de precedentes vinculantes ao administrador público também já é fator de discussão bastante avançada. Ver: OLIVEIRA, Weber Luiz de. Precedentes judiciais na administração pública: limites e possibilidades de aplicação. Salvador: Juspodivm, 2017. p. 213. Escreve: "Assim, do problema de pesquisa proposto, acerca da influência e possibilidade de aplicação dos precedentes judiciais nas atividades administrativas, extrai-se, em conclusão, que é dever da administração pública, principalmente por sua vinculação à juridicidade e à igualdade e busca de soluções consensuas às controvérsias postas sb sua apreciação, aplicar, nos termos das premissas destacadas, os precedentes vinculantes". Na mesma linha, vale a obra: VALE, Luís Manoel Borges do; OLIVEIRA, Rafael Carvalho Rezende (coords). Por uma teoria dos precedentes administrativos. Salvador: Juspodivm, 2022. Inclusive, na nota inicial dos coordenadores, reconhecem eles um hiato na doutrina dos precedentes administrativos. s/p. Escrevem: "Ocorre que, mesmo que tenham sido publicados diplomas normativos indicadores da necessidade de sistematização de uma teoria dos precedentes administrativos (a exemplo da Lei 13.655/18, cujos termos alteraram, sobremaneira, a Lei de Introdução às Normas do Direito Brasileiro), ainda existe um clarão na doutrina quanto ao preciso delineamento dos padrões decisórios vinculantes administrativos".

2. Decisões vinculantes que também necessitam de distinção e superação conforme o art. 489, § 1º, VI, CPC/2015

Apesar de a novidade estacionar sobre a técnica dos precedentes judiciais, tendo em vista aparentarem ser uma das grandes novidades legislativas do CPC/2015, não se pode esquecer que o inciso VI do art. 489, § 1º,[197] anuncia que tanto a técnica da superação como a da distinção deverão ser observadas quando a parte invocar não só a existência de um precedente, mas de igual forma de enunciado de súmula e de jurisprudência.[198] Sua não observância é caso de nulidade da decisão, como pontua Rodrigo Ramina de Lucca.[199] Parece ser essa a intenção da legislação processual civil quando lida sistematicamente, pois somente assim se pode ter um sistema íntegro e coerente como determina o seu art. 926,[200] tendo sido um dos nortes perseguidos durante a tramitação do anteprojeto, conforme amplamente anunciado na exposição de motivos.[201]

---

197 Art. 489. São elementos essenciais da sentença: § 1º Não se considera fundamentada qualquer decisão judicial, seja ela interlocutória, sentença ou acórdão, que: VI – deixar de seguir enunciado de súmula, jurisprudência ou precedente invocado pela parte, sem demonstrar a existência de distinção no caso em julgamento ou a superação do entendimento.

198 Na doutrina, há alargamentos e refreamentos do alcance das decisões vinculativas. Ver, por exemplo: ROCHA, Felippe Borring. *Princípio da jurisdição equivalente:* em busca do equilíbrio entre colegialidade e o julgamento monocrático do mérito dos recursos nos tribunais brasileiros. Salvador: Juspodivm, 2019. Em especial merece a leitura o subcapítulo 2.12, intitulado "Os componentes do sistema jurisprudencial dotado de eficácia vinculativa", nas p. 126 e ss

199 LUCCA, Rodrigo Ramina de. *O dever de motivação das decisões judiciais*; Estado de Direito, segurança jurídica e teoria dos precedentes. 2. ed. Salvador: Juspodivm, 2016. p. 241. Aduz: "Em outras palavras, uma decisão judicial não pode simplesmente ignorar um precedente invocado pela parte, sob pena de nulidade".

200 Art. 926. Os tribunais devem uniformizar sua jurisprudência e mantê-la estável, íntegra e coerente. § 1º Na forma estabelecida e segundo os pressupostos fixados no regimento interno, os tribunais editarão enunciados de súmula correspondentes a sua jurisprudência dominante. § 2º Ao editar enunciados de súmula, os tribunais devem ater-se as circunstâncias fáticas dos precedentes que motivaram sua criação.

201 EXPOSIÇÃO DE MOTIVOS AO CPC. Disponível em: <https://edisciplinas.usp.br/pluginfile.php/941842/mod_resource/content/1/Exposicao%20de%20Motivos%20CPC%202015.pdf>. Acesso 24 agosto de 2019.

Um sistema íntegro e coerente precisa de uma unidade, tanto vertical como horizontal, razão pela qual, essa previsão seria praticamente letra morta se não viesse acompanhada da cautela de que, após decididos alguns casos, os demais juízes e tribunais estariam a eles vinculados, como dispõe o art. 927[202] da lei processual. A vinculação dessas decisões, então, passa a conviver com aquelas outras já anunciadas pelo texto constitucional brasileiro.[203]

Em certa medida, esses precedentes são considerados como atos jurídicos em sentido estrito, pelo fato em si de emanarem de tribunais de superposição ou terem sido galvanizados em procedimentos específicos, independetemente de sua pretensão corretiva e regulatória.

É a lição histórica de Calamandrei: "*La setenza viene considerata dalla legge come fatto produttivo di effeti giuridici, dalla legge stessa prestabiliti e non dipendenti dal comando contenuto nella sentenza. Così la sentenza, la quale normalmente serve ad accertare quali sono le conseguenze giuridiche dei fatti controversi, diventa qui a sua volta il fatto a cui uma norma ricollega il prodursi di certe conseguenze giuridiche, diverse e indipendenti da quelle inerenti al giudicato*".[204]

Obviamente, como se verá, ainda que o precedente seja considerado como ato jurídico em sentido estrito, para o fim de ser aplicado aos casos futuros, isso não importa na sua reprodução mecância, pois jamais se pode descurar que o juízo de aplicação passa pela análise de sua *ratio decidendi*.

---

[202] Art. 927. Os juízes e os tribunais observarão: I – as decisões do Supremo Tribunal Federal em controle concentrado de constitucionalidade; II – os enunciados de súmula vinculante; III – os acórdãos em incidente de assunção de competência ou de resolução de demandas repetitivas e em julgamento de recursos extraordinário e especial repetitivos; IV – os enunciados das súmulas do Supremo Tribunal Federal em matéria constitucional e do Superior Tribunal de Justiça em matéria infraconstitucional; V – a orientação do plenário ou do órgão especial aos quais estiverem vinculados. § 1º Os juízes e os tribunais observarão o disposto no art. 10 e no art. 489, § 1º , quando decidirem com fundamento neste artigo. § 2º A alteração de tese jurídica adotada em enunciado de súmula ou em julgamento de casos repetitivos poderá ser precedida de audiências públicas e da participação de pessoas, órgãos ou entidades que possam contribuir para a rediscussão da tese. § 3º Na hipótese de alteração de jurisprudência dominante do Supremo Tribunal Federal e dos tribunais superiores ou daquela oriunda de julgamento de casos repetitivos, pode haver modulação dos efeitos da alteração no interesse social e no da segurança jurídica. § 4º A modificação de enunciado de súmula, de jurisprudência pacificada ou de tese adotada em julgamento de casos repetitivos observará a necessidade de fundamentação adequada e específica, considerando os princípios da segurança jurídica, da proteção da confiança e da isonomia. § 5º Os tribunais darão publicidade a seus precedentes, organizando-os por questão jurídica decidida e divulgando-os, preferencialmente, na rede mundial de computadores.

[203] Sobre o tema, recomenda-se: PAULO NETO, Carlos Romero Lauria. *A decisão constitucional vinculante*. Rio de Janeiro: Forense; São Paulo: MÉTODO, 2011.

[204] CALAMANDREI, Piero. *Studi Sul Processo Civile*: volume terzo. Padova: Casa Editrice Dott Antonio Milanigia. 1934, p. 132. Em outra passagem expressiva: "*Si verifica dunque anche qui il fenomeno di uma sentenza che, mentre, in ralazione al singolo caso deciso, ha il valore di um atto giuridico, vale altresì per l'avvenire, in maniera generale per tutta una serie di casi ipoteticamente previsti dalla lege, come fatto giuridico in senso stretto.*" (CALAMANDREI, Piero. *Studi Sul Processo Civile*: volume terzo. Padova: Casa Editrice Dott Antonio Milanigia. 1934, p. 138).

Diante dessa previsão, e sendo a legalidade ainda confirmada recentemente no art. 8º,[205] CPC/2015, tendo continuado na LINDB (Lei de Introdução às Normas do Direito Brasileira) nos arts. 4º e 5º após sua última grande reforma em 2018,[206] como uma das fontes a ser observada quando o juiz aplica o ordenamento jurídico,[207] importa, pelo menos, em sede introdutória ao tema central, diferenciar o que é enunciado de súmula, de jurisprudência, assim como ambos do precedente, diferenciação essa que é reconhecida na doutrina, como apontam Daniel Mitidiero,[208] Alexandre Freitas Câmara,[209] Mário Soares de Alencar,[210] Bernardo Ribeiro Câmara, Igor de Oliveira Mansur,[211] Vitor Salino de Moura Eça e Natália Xavier Cunha,[212] dentre outros. Com a intenção de reforçar o

---

205 Art. 8º Ao aplicar o ordenamento jurídico, o juiz atenderá aos fins sociais e às exigências do bem comum, resguardando e promovendo a dignidade da pessoa humana e observando a proporcionalidade, a razoabilidade, a legalidade, a publicidade e a eficiência.

206 Art. 4º Quando a lei for omissa, o juiz decidirá o caso de acordo com a analogia, os costumes e os princípios gerais de direito. Art. 5º Na aplicação da lei, o juiz atenderá aos fins sociais a que ela se dirige e às exigências do bem comum. Disponível em: <http://www.planalto.gov.br/ccivil_03/decreto-lei/del4657compilado.htm>. Acesso 25 agosto de 2019

207 Em que pese ao aplicar, por mais claro e objetivo que seja, deva existir novo processo interpretativo do decidido. Ver: TIBURCIO, Antonio Augusto. *Interpretação das decisões judiciais*: particularidades, critérios e fundamentos. Salvador: Juspodivm, 2018. p. 39-40. Escreve: "A atividade de definição do seu conteúdo consiste em uma espécie particular de interpretação. Como se demonstrou, trata-se de etapa indispensável à aplicação de todas as normas jurídicas originárias de algum texto (capítulo I), inclusive da decisão judicial. Ainda que o provimento jurisdicional pareça claro, deve-se interpretá-lo, para que seja compreendido e aplicado".

208 MITIDIERO, Daniel. *Reclamação nas cortes supremas*: entre a autoridade da decisão e a eficácia do precedente. São Paulo: Revista dos Tribunais, 2020. p. 45. Embora não tratando da palavra jurisprud~encia, inicia seu pensamento com uma frase de impacto: "Decisão, precedente e súmula não estão em uma linha – estão em uma escada", e explica: "Decisão, precedente e súmula estão em níveis discursivos diferentes. A decisão é um discurso elaborado para a solução de um caso. O precedente é um discurso oriundo da generalização de determinadas razões empregadas para a decisão de um caso, devidamente contextualizado pelos fatos correspondentes. A súmula é um enunciado devrivado do precedente com a abstração dos fatos. Há um discurso, um metadiscurso e um meta-metadiscurso".

209 CÂMARA, Alexandre Freitas. *Levando os padrões decisórios a sério*: formação e aplicação de precedentes e enunciados de súmula. São Paulo: Atlas, 2018. p. 220-221. Escreve: "Deve-se ter claro, então, este ponto, essencial para a compreensão do texto normativo do Código de Processo Civil de 2015: súmula não é jurisprudência, mas um extrato da jurisprudência dominante de um tribunal. E, principalmente, súmula não é precedente".

210 ALENCAR, Mário Soares de. *Jurisprudência e racionalidade*: o precedente judicial como elemento de coerência do sistema jurídico brasileiro. Curitiba: Juruá, 2018. p. 68.

211 CÂMARA, Bernardo Ribeiro; MANSUR, Igor de Oliveira. Precedentes vinculantes no CPC/2015 como instrumento de efetivação de um processo estrutural. In: *Processo Civil contemporâneo*: homenagem aos 80 anos do professor Humberto Theodoro Júnior. Paulo Henrique dos Santos Lucon; Juliana Cordeiro de Faria; Edgard Audomar Marx Neto; Ester Camila Gomes Norato Rezende (Orgs). Rio de Janeiro: Forense, 2018. p. 705. Escrevem: "Inicialmente, para fins didáticos e para melhor compreensão do tema que será desenvolvido neste estudo, torna-se necessário realizar uma distinção, ainda que superficial, sobre a ideia de precedente, jurisprudência e súmula, conceitos que muitas vezes são tratados como idênticos, o que não corresponde com a realidade".

212 EÇA, Vitor Salino de Moura; CUNHA, Natália Xavier. Sistema de precedentes vinculantes: conceitos e características. In: *Precedentes no processo do trabalho*: teoria geral e aspectos controvertidos. PRITSCH, Cesar Zucatti; JUNQUEIRA, Fernanda Antunes Marques; HIGA, Flávio da Costa;

debate sobre o tema, Michele Taruffo[213] tem ensaio específico para tentar demonstrar as singularidades pelas quais entende ser a jurisprudência e o precedente distintos, confirmando os demais autores citados. Daniel Mitidiero[214] vai além, demonstrando existir diferenças comceituais em decisão, precedente, jurisprudência, súmulas e teses.

O que se quer é, como realizou Roberto Rosas,[215] diferenciar as técnicas do que efetivamente vem a ser uma e do que ela difere da outra, embora existam diferenças significativas entre o que é defendido na obra sobre alguns conceitos elaborados pelo constitucionalista. Confundir os institutos é, como ressalta Luís Manoel Borges do Vale,[216] prejudicial à própria aplicação deles mesmos. Outro fator bastante importante a ser

---

MARANHÃO, Ney (coords.). São Paulo: Revista dos Tribunais, 2020. p. 76. Embora defendam se tratarem de institutos diferentes, defendem que: "Após a breve exposição e delimitação conceitual, é possível concluir que os institutos em comento não se confundem, podendo as súmulas e precedentes vinculantes serem inseridos no âmbito da jurisprudência, frutos de métodos uniformizadores, cada qual dotado de características e funções peculiares". p. 73-89.

213 TARUFFO, Michele. Precedente e jurisprudência. In *Precedentes no processo do trabalho*: teoria geral e aspectos controvertidos. PRITSCH, Cesar Zucatti; JUNQUEIRA, Fernanda Antunes Marques; HIGA, Flávio da Costa; MARANHÃO, Ney (coords.). São Paulo: Revista dos Tribunais, 2020. p. 337. p. 335-349. Aduz: "Nas primeiras falas do discurso tenho usado deliberadamente, por simplicidade, os termos 'precedente' e 'jurisprudência' como se fossem sinônimos. As coisas, porém, não são na verdade assim, ainda que nesse sentido seja a linguagem corrente, na qual os significados dos dois termos não vêm normalmente distinguidos. Considero, contudo, que entre precedentes e jurisprudência exista uma nítida distinção, a respeito da qual procurarei esclarecer alguns aspectos".

214 MITIDIERO, Daniel. *Processo civil*. São Paulo: Thomson Reuters Brasil, 2021. p. 310. Escreve: "Decisão, precedente, jurisprudência, súmulas e teses não estão em uma linha – estão em uma escada", e continua: "Decisão, precedente, jurisprudência, súmulas e teses estão em níveis discursivos diferentes. A decisão é um discurso elaborado para a solução de um caso. O precedente e a jurisprudência constituem discursos oriundos da generalização de determinadas razões empregadas para a decisão de um caso ou mais casos, devidamente contextualizados pelos fatos correspondentes. As súmulas e as teses são enunciados derivados do precedente com a abstração dos fatos".

215 O autor vai mais além, mostrando o que seria um acórdão também. Vale a leitura de todo seu raciocínio que aqui é exposto. ROSAS, Roberto. *Direito sumular*. 14. ed. São Paulo: Malheiros, 2012. p. 10. Escreve ele: "Veremos, adiante, as várias etapas do processo decisório judicial e a importante função dos julgados anteriores – que têm várias denominações, como 'acórdão', 'precedente', 'jurisprudência', 'súmula' e 'direito sumular'", e continua: "O que é *acórdão*? É a concentração de um julgado. É a forma material de expressão da decisão judicial", e depois refere: "O que é *precedente*? É uma decisão anterior persuasiva para decisões futuras. Não é compulsória; apenas norteará o futuro julgador a seguir aquela decisão. Serve de informação, de simplificação de trabalho. Não é obrigatório", e continuando, afirma: "Que é *jurisprudência*? Significa mais que o precedente. Pode até ser formada com um precedente. Se o STF, em sessão plenária, ou o STJ, em sessão da Corte Especial, decidem num julgamento em processo sobre determinada tese, ali estará a jurisprudência. É claro que o prestígio dessa jurisprudência será maior com a ratificação de outros julgados. Não sendo julgamento de órgão plenário, somente pode entender-se a jurisprudência com a consolidação de julgados reiterados", e finaliza: "Que é *súmula*? Este reflete a jurisprudência de um tribunal ou de uma seção especializada autorizada a emitir a consolidação".

216 VALE, Luís Manoel Borges do. *Precedentes vinculantes no processo civil brasileiro e a razoável duração do processo*. Rio de Janeiro: LMJ Mundo Jurídico, 2019. p. 18. "A despeito da clara diferenciação entre o precedente, a jurisprudência, a súmula e a ementa, muitos operadores do Direito realizam verdadeira confusão terminológica, de modo a lidar com os termos como se sinônimos fossem. Tal postura resta por prejudicar a adequada aplicação dos institutos, haja vista que deles decorrem efeitos distintos e atraem forma diferenciada de interpretação".

ressaltado nesse momento é que, embora se esteja a citar autores ligados ao processo civil, as definições a serem feitas nesse capítulo podem ser encontradas em livros introdutórios ao direito, em especial aqueles que trabalham com fontes, razão pela qual fica bastante claro que súmula, jurisprudência e precedente têm função híbrida na doutrina, sendo encontrados tanto em livros de processo, como de introdução ao estudo do direito[217] e de hermenêutica jurídica.

Cumpre o registro de que se está a interpretar aquilo que já foi um dia interpretado para alcançar o *standard* de precedente, enunciado de súmula ou jurisprudência, razão pela qual qualquer novo juiz pode interpretar[218] para aplicar o padrão decisório ou a técnica vinculativa, mas numa interpretação diversa daquela que o gerou, não rejulgando o caso, mas aplicando-o, distinguindo ou superando técnicas que exigem grande esforço hermenêutico, excluindo-se, portanto, juízos meramente simplórios, de mera subsunção, como alerta Luís Manoel Borges do Vale.[219] É de ser salientado que, a não aplicação de uma súmula, mantidas suas ressalvas, anuncia ser algo muito parecido com a distinção de um precedente, como aponta Jorge Amaury Maia Nunes,[220] sendo que, a partir da nova ordem processual brasileira, a distinção passa a ser uma palavra no dia a dia forense, confirmando a lição anterior do autor, mesmo escrita ainda à luz do CPC/1973.

---

[217] Como é o caso de: DIMOULIS, Dimitri. *Manual de introdução ao estudo do direito*. 8. ed. São Paulo: Revista dos Tribunais, 2019. Embora não trabalhe com capítulo de precedentes, a obra tem, bem definidos, os conceitos de súmula e jurisprudência, os quais serão enfrentados nos capítulos pertinentes.

[218] Sobre o tema, recomenda-se: TERCEIRO NETO, João Otávio. *Interpretação dos atos processuais*. Coordenação Leonardo Carneiro da Cunha. Rio de Janeiro: Forense, 2019.

[219] VALE, Luís Manoel Borges do. *Precedentes vinculantes no processo civil brasileiro e a razoável duração do processo*. Rio de Janeiro: LMJ Mundo Jurídico, 2019. p. 60. Aduz: "Não sobejam dúvidas, portanto, que a técnica de aplicação dos precedentes judiciais exige um amplo esforço hermenêutico do aplicador do direito, tendo em vista que se perfaz impossível se valer da norma geral do caso paradigma, sem que sejam utilizados os mais diversos métodos interpretativos. Excluem-se, nestes termos, juízos simplórios que tendem a vislumbrar o uso do precedente como mera adequação do fato à norma, por ducto, exclusivamente do uso da subsunção. Isso é comum no bojo do ordenamento jurídico pátrio, na medida em que a aplicação dos precedentes, de maneira equivocada, acabo por se transformar em uma apreciação superficial da parte dispositiva da sentença/acórdão ou mesmo das ementas, nos moldes que já foi aventado no presente trabalho".

[220] NUNES, Jorge Amaury Maia. *Segurança jurídica e súmula vinculante*. São Paulo: Saraiva, 2010. p. 154-155. Inicia assim: "Embora de origem diversas, uma decorrente do sistema de *civil law*, codificado, outra do sistema de *common law*, sua aplicação não é em si muito distinta nos demais sistemas, considerado o fim último de criação da norma jurídica individual. Deveras, o processo de construção judicial é similar e a atividade de cooperação das partes também segue a mesma lógica", e finaliza: "Tanto em sistemas de *civil law* como em sistemas de *common law*, a ideia é de que juiz tem que seguir a lei como tem que seguir o precedente, mas tanto num como noutro caso, haverá circunstâncias em que o juiz se afastará da lei ou do precedente que, supostamente, deveria incidir sobre o caso concreto. Provavelmente não o fará desabridamente, senão que encontrará razões justificativas – algumas vezes, sibilinas razões – da demonstração de que a súmula vinculante ou o *binding precedent* não encontra aplicação à espécie, dadas certas nuanças que o caso posto a seu exame apresenta".

2.1. Enunciado de súmula

Seguindo a sequência do artigo 489, o CPC/2015 anuncia que, uma vez arguido pela parte, o enunciado de súmula deverá passar pelo processo interpretativo de distinção ou superação, a depender da técnica utilizada pelo requerente. Inicialmente, o texto faz referência à palavra "enunciado", o que, para fins desse estudo, estando ou não lá, em nada muda na aplicação do referido artigo. Após, o legislador apenas elenca nesse momento a súmula, em tese criada no Brasil no ano de 1963, por meio de emenda ao Regimento Interno do Supremo como lembra Guilherme Lunelli,[221] por inspiração de Victor Nunes Leal, para facilitar a vida do próprio Supremo Tribunal Federal,[222] não fazendo alusão se deve ser ela vinculante ou meramente ordinária ou persuasiva,[223] o que também não deve gerar muita polêmica, pois se o que se quer é unidade na aplicação do Direito, uma súmula, quer seja ela vinculante ou não, aborda temas já sedimentados no pensamento daquele Tribunal que a editou, indo além daquilo que a jurisprudência é, como refere Ana de Lourdes Coutinho Silva.[224] Não se está, obviamente, a se defender que não há diferença entre súmula comum ou persuasiva[225] e vinculante[226]

[221] LUNELLI, Guilherme. *Direito sumular e fundamentação decisória no CPC/2015*. Belo Horizonte: Fórum, 2016. págs. 105-106. Escreve: "A origem do termo remete ao Regimento Interno do Supremo Tribunal Federal que, mediante emenda operada em 30.08.1963, instituiu a 'Súmula de Jurisprudência' daquela Corte. Esta seria composta por enunciados (ou verbetes) que, para serem incluídos na ´Súmula' demandariam deliberação do Plenário. Tais verbetes, por sua vez, se propunham a consolidar, em sua semântica, uma tese jurídico-interpretativa sufragada pelo Tribunal e que serviria como parâmetro decisório para futuros julgamentos".

[222] KIRCHER, Luís Felipe Schneider. *Uma teoria dos precedentes vinculantes no processo penal*. Salvador: Juspodivm, 2018. p. 104. Escreve: "De início, é preciso referir que as súmulas foram criadas originariamente como instrumento para facilitar a tarefa de controle exercida de início pelo Supremo Tribunal Federal (e depois da Constituição de 1988 também pelo STJ), tendo similaridades com os assentos portugueses e com as máximas italianas. Elas foram criadas em 1963, por meio de uma emenda ao regimento do STF, sendo concebidas como enunciados gerais e abstratos que visavam a informar os ministros a respeito da orientação da Corte sobre uma dada questão (funcionavam como uma forma de organização, como um método de trabalho)".

[223] A nomenclatura pode ser encontrada na obra: NOGUEIRA, André Murilo Parente. *Precedentes judiciais na contemporaneidade*: eficácia vinculante à luz da teoria tridimensional do direito. Curitiba: Juruá, 2018. p. 176.

[224] SILVA, Ana de Lourdes Coutinho. *Motivação das decisões judiciais*. São Paulo: Atlas, 2012. p. 180. Aduz: "A súmula vinculante é mais do que uma mera jurisprudência, pois sua afronta representa violação à Constituição Federal [...]".

[225] MANCUSO, Rodolfo de Camargo. Divergência jurisprudencial e súmula vinculante. 5. ed. São Paulo: Revista dos Tribunais, 2013. p. 455."É lícito, pois, falar-se em súmulas persuasivas ou não vinculantes, porque se destinam a influir na convicção do julgador, convidando-o ou induzindo-o a perfilhar o entendimento assentado, seja pelo fato de aí se conter o extrato de entendimento prevalecente, seja pelo fato de aí se conter o extrato do entendimento prevalecente, seja pela virtual inutilidade de resistência, já que o Tribunal *ad quem* tenderá, naturalmente, a prestigiar a própria súmula, quando instado a decidir recurso que sustenta tese diversa".

[226] DALLEFI, Nayara Maria Silvério da Costa. *Da segurança jurídica da súmula vinculante no Brasil*: contribuições/influências do sistema da *Common Law* e *Civil Law*. 2. ed. Leme/SP: CL EDIJUR, 2019.

(art. 103-A, CF),[227] mas que, tendo pelo menos um Tribunal Superior ou o Supremo Tribunal Federal expedido uma súmula, deverá ela ser observada e, se for o caso de sua não aplicação, a demonstração de que o caso é distinto ou está ela superada.

Nas palavras de Alexandre Freitas Câmara,[228] a súmula, algo parecido com um híbrido entre os assentos da Casa de Suplicação e os prejulgados existentes no CPC/39,[229] contempla um repositório de enunciados de um Tribunal, que sejam dominantes, ou como prefere mais claramente explicar, são nas súmulas que são mapeadas as linhas jurisprudenciais de um determinado Tribunal, podendo, então, ser consideradas como um *extrato da jurisprudência dominante de um tribunal*,[230] servindo de orientação jurídica a toda comunidade,[231] incluindo o próprio órgão que editou a sumula, como refere Hugo de Brito Machado.[232] Na mesma

---

p. 134/135. Em análise sobre ambas, a autora defende: "Conclui-se que as súmulas até então classificadas em persuasivas não tem caráter vinculante – este somente com a EC 45/2004 – podendo ajudar no julgamento por intermédio de sua orientação ao operador do direito seja ele de grau inferior ou superior".

[227] BITTAR, Eduardo C. B. *Introdução ao estudo do direito*: humanismo, democracia e justiça. 2. ed. São Paulo: Saraiva Educação, 2019. p. 287/288. Escreve: "Nos termos do art. 103-A da CF, regulamentado pela Lei n. 11.417/2006, atualmente existem 56 súmulas vinculantes expedidas pelo STF, com pretensão de que o direito sumular venha a ganhar cada vez mais fôlego. Sabendo-se que todos os Tribunais editam súmulas comuns (§§ 1º e 2º do art. 926 do novo CPC), apenas o STF é órgão competente para emitir súmulas com efeito vinculante, desde a edição da Emenda Constitucional n. 45/2004, que acrescentou o art. 103-A à Constituição Federal de 1988, no sentido de reforma do Judiciário. A súmula vinculante vem marcada pela ideia de existência de controvérsia jurídica, reiteração de julgamentos conflitantes advindos das instâncias inferiores, tendo natureza constitucional, emitindo-se na forma de um enunciado de súmula e tendo eficácia imediata e alcance geral, idêntica a regra jurídica válida e vigente".

[228] CÂMARA, Alexandre Freitas. *Levando os padrões decisórios a sério*: formação e aplicação de precedentes e enunciados de súmula. São Paulo: Atlas, 2018. p. 220. Refere: "Esclareça-se melhor este ponto. A súmula é, na verdade, um repositório de enunciados que representam um resumo da jurisprudência dominante de um tribunal. Em outras palavras, é na súmula que cada tribunal enuncia, pelos verbetes (ou enunciados), as teses que foram identificadas nas linhas de jurisprudência constante identificadas em sua atuação".

[229] LUCCA, Rodrigo Ramina de. *O dever de motivação das decisões judiciais*: Estado de Direito, segurança jurídica e teoria dos precedentes. 2. ed. Salvador: Juspodivm, 2016. p. 314. Escreve: "A Súmula é considerada um meio-termo entre os assentos da Casa de Suplicação e os prejulgados então existentes na vigência do CPC de 1939 (art. 861). No entanto, nenhum dos dois compartilha da estrutura precedental básica das Súmulas".

[230] CÂMARA, *op. loc. cit*. Finaliza: "Todos estes enunciados – como qualquer outro de súmula, seja lá qual for o tribunal de que se origine – são um extrato da jurisprudência daquela Corte. A súmula é, pois, um extrato da *jurisprudência dominante de um tribunal*".

[231] BETIOLI, Antonio Bento. *Introdução ao Direito*. 15. ed. São Paulo: Saraiva, 2018. p. 245. Sobre o tema: "Súmula vem a ser o enunciado que resume uma tese consagrada pelo tribunal em reiteradas decisões, servindo de orientação a toda a comunidade jurídica. As súmulas de jurisprudência do Supremo Tribunal Federal, por exemplo, foram criadas a partir de 13-2-1963. Por inspiração do ministro Victor Nunes Leal".

[232] MACHADO, Hugo de Brito. *Introdução ao estudo do direito*. 2. ed. São Paulo: Atlas, 2004. p. 157. Escreve: "As súmulas são enunciados nos quais os tribunais formulam o seu entendimento a respeito de questões julgadas, para orientação deles próprios e dos órgãos a eles vinculados, na apreciação de casos idênticos que no futuro lhes sejam apresentados".

linha, defendendo uma semelhança entre súmulas e os assentos portugueses, Jorge Amaury Maria Nunes[233] expõe serem elas deliberações obrigatórias emanadas por tribunais superiores a serem seguidas pelos demais órgãos jurisdicionais. Fernando Mello Duarte[234] aposta no conceito de súmula como uma passo natural de uma transformação, quando uma jurisprudência dominante se transforma num eunciado de poucas palavras. Por essa razão, não se pode concordar com André Almeida Rodrigues Martinez,[235] que afirma ser a súmula um entendimento reiterado em uma determinada Corte, mais parecendo sua conceituação estar mais perto da jurisprudência do que da súmula propriamente dita. Em suma, a súmula enuncia abstraindo os fatos.[236]

Importante frisar que no processo interpretativo de julgamento de um caso a ser apreciado pelo Poder Judiciário, mesmo na aplicação de uma súmula, vinculante ou não, há esforço hermenêutico a ser realizado. Por isso a previsão da distinção e da superação se tornam tão valorizadas no artigo 489, uma vez que, poderá o julgador afastar sua incidência sempre que existir diferença naquilo que foi sumulado com o caso a ser decidido, sendo que, nas palavras de Rodrigo Ramina de Lucca,[237] além da descoberta das razões de decidir, há ainda a estimulação de replicação no caso futuro, demonstrando que há empenho hermenêutico a ser realizado pelo intérprete. Nas palavras de André Ramos Tavares,[238] pensar numa aplicação mecanizada da súmula é tarefa inalcançável,

---

233 NUNES, Jorge Amaury Maia. *Segurança jurídica e súmula vinculante*. São Paulo: Saraiva, 2010. p. 129. Escreve: "No quanto pertinente aos assentos, de que se traçou breve exame, anteriormente, é forçoso admitir que estes possuem relação bastante próxima com as súmulas. Dir-se-ia mesmo que, desprezada qualquer conotação histórica, a questão é de nominação. Têm-se os assentos ou as súmulas como deliberações obrigatórias, proferidas por tribunais supremos, em decorrência de exame reiterado de casos concretos, em que é eleita uma interpretação (ou um conjunto de interpretações) de dado preceito normativo, a ser seguida por órgãos da jurisdição e por quaisquer outros agentes do Estado que tenham dentre seus misteres a aplicação do Direito".

234 DUARTE, Fernando Mello. *Introdução ao estudos dos precedentes*. Curitiba: Juruá, 2022. p. 59. Escreve: "É, por assim dizer, o passo natural de transformação de uma jurisprudência dominante já amplamente seguida ser transformada num enunciado normativo condensado em poucos palavras, para que seja facilitada a compreensão e aplicação de uma determinada tese a um tema específico".

235 MARTINEZ, André Almeida Rodrigues. *A súmula vinculante como instrumento de pacificação social*. Campinas, SP: Millenium, 2010. p. 17. Defende: "Ou seja, a súmula veicula um entendimento reiterado em dada corte de Justiça, de modo a servir de guia para as demais instâncias".

236 Em sentido semelhante, MITIDIERO. *Ratio decidendi*, op. cit., p. 22-23.

237 LUCCA, Rodrigo Ramina de. *O dever de motivação das decisões judiciais*: Estado de Direito, segurança jurídica e teoria dos precedentes. 2. ed. Salvador: Juspodivm, 2016. p. 316. Defende: "Desse modo, não obstante decorra de um 'procedimento administrativo' e tenha natureza efetivamente administrativa, a Súmula de um tribunal promove a doutrina dos precedentes e aproxima-se do *common law* ao identificar *rationes decidendi* e estimular sua replicação em casos futuros".

238 TAVARES, André Ramos. Verbete: Súmula vinculante. In: *Dicionário brasileiro de direito constitucional*. Dimitri Dimoulis (coord. geral). São Paulo: Saraiva, 2007. p. 367. Escreve o constitucionalista: "Contudo, a abertura do sistema permanece ainda por outros motivos. É que haverá sempre a necessidade de (a) interpretação da súmula editada e (b) verificação acerca da norma sumulada quanto à adequação e justiça de sua aplicação para cada caso concreto (juízo de verificação e ponderação que pode destruir a almejada previsibilidade jurídica que se atribui às súmulas). São pontos que, niti-

razão pela qual tal lição deve ser repetida para que não se pense e se difunda que não há espaço para interpretação na aplicação de enunciados vinculativos. Nem o legislador assim pensou quando da elaboração do CPC/2015, nem existe doutrina, pelo menos não encontrada, que defenda uma aplicação estanque do já sumulado.

2.2. Jurisprudência

A palavra "jurisprudência" tem origem latina e pode ser dividida em duas partes, sendo a primeira com o *jus* ou *ius* que significa "direito", e a segunda parte com *prudentia*, que encontra correspondência no português na "prudência".[239] Então, literalmente, jurisprudência significaria a prudência no direito,[240] a ciência do justo e do injusto como referido nas *Institutas*,[241] sendo considerado por muitos, ao longo da história do direito brasileiro, como mera fonte secundária. Esse sentido inicialmente abordado do que seria jurisprudência é muito pouco utilizado nos dias atuais, como relembra Paulo Nader.[242]

---

damente, permitem concluir a vinculatividade de uma súmula, assim como de qualquer enunciado normativo, por almejar sua imposição irrestrita, é inalcançável".

[239] Sobre o tema da prudência, vale a leitura: FERRAZ JR., Tercio Sampaio. *Introdução ao estudo do direito*: técnica, decisão, dominação. 11. ed. São Paulo: Atlas, 2019. p. 33. Escreve: "Na Antiguidade Clássica, o direito (*jus*) era um fenômeno de ordem sagrada. Em Roma, foi uma ocorrência imanente a sua fundação, ato considerado miticamente como decisivo e marcante na configuração de sua cultura, por tornar-se uma espécie de projeto a ser aumentado e engrandecido no tempo e no espaço. Foi essa ideia, transmitida de geração para geração, por meio da tradição, que delineou sua expansão na forma de um império, único em suas características em toda a Antiguidade. Assim, o direito, forma cultural sagrada, era o exercício de uma atividade ética, a prudência, virtude moral do equilíbrio e da ponderação nos atos de julgar. Nesse quadro, a prudência ganhou uma relevância especial, recebendo a qualificação particular de Jurisprudência".

[240] Um pouco sobre as origens pode ser lido em: JACQUES, Paulino. *Curso de introdução ao estudo do direito*. 6. ed. São Paulo: Malheiros, 2014. p. 35. Inicia escrevendo no capítulo 3. *A Jurisprudência e a Rechtswissenschaft*: "Foi com a obra dos jurisconsultos, nomeadamente Q. Mucius Scaevola, que escreveu 18 livros sobre o *Jus Civile*, e servius Sulpicius, 180 trabalhos – no último século da era pagã -, e, posteriormente, Celsus Gaius, Papinianus e Paulus – no primeiro, segundo e terceiro séculos da era cristã -, que se constituiu em definitivo a *Jurisprudentia* romana, isto é, a Ciência do Direito. A emancipação relativa do Direito em relação à Filosofia e à Religião, que os romanos promoveram, impôs denominação própria a esse novo tipo de conhecimento autônomo, e nenhuma melhor que *Jurisprudentia*. Afinal, eles tinham uma noção imprecisa da Ciência. Para os romanos daqueles tempos, o que não era Religião nem Filosofia só podia ser Ciência, altura em que a Arte e a Política existiam apenas empiricamente", e finaliza: "Com a expansão do Direito Romano, que inspirou e acabou subjulgando o próprio Direto Bárbaro, a noção de *Jusriprudentia* universalizou-se e incorporou-se ao Direito Germânico, vindo, séculos depois, a denominar-se *Rechtswissenschaft*, como notou Kirchmann em famosa conferência que pronunciou em 1847, e da qual falaremos adiante. À falta de mais adequada denominação, e inexistindo, ainda, noção verdadeiramente científica de 'Ciência', foi mantida a terminologia tradicional: 'Ciência do Direito'".

[241] *Institutas do Imperador Justiniano*. Tradução e notas de Edson Bini. Bauru, SP: Edipro, 2001. p. 21. Conforme Livro Primeiro, Título I, Da Justiça e do Direito, § 1º: "A jurisprudência é o conhecimento das coisas divinas e humanas; é a ciência do justo e do injusto".

[242] NADER, Paulo. *Introdução ao estudo do Direito*. 41. ed. Rio de Janeiro: Forense, 2019. p. 171. Escreve: "No curso da história o vocábulo *jurisprudência* sofreu uma variação semântica. De origem

Eduardo Bittar[243] descreve a jurisprudência como um termo polissêmico, podendo designar coisas distintas, como a própria Ciência do Direito já falada ou a arte de decidir. Ainda, nas palavras do autor,[244] é sim a jurisprudência fonte dinâmica a aplicada do Direito, que contribui com sua renovação, com o atrito existente na práxis entre validade e faticidade. Há ainda como se falar em jurisprudência segundo momentos existentes em correntes de pensamento, como a jurisprudência dos conceitos,[245] dos interesses[246] e dos valores,[247] como expõe Lenio Streck.

Trabalhando a palavra, não em sua etimologia que pertence a uma área até mais teórica do que prática, tornou-se ela fonte de citação de práticos do direito como qualquer decisão oriunda de um Tribunal, razão pela qual não é incomum na praxe forense expressões como *"a jurisprudência caminha nesse sentido"*, *"a jurisprudência é pacífica ao referir que"*, sendo que, a tais excertos de frases, pode ser atribuída uma eficácia mais persuasiva na argumentação do que propriamente um efetivo acerto no conceito do que realmente significa jurisprudência. Por isso que alguns autores[248] preferem dividi-la em dois aspectos: a jurisprudência em sen-

latina, formado por *juris* e *prudentia*, o vocábulo foi empregado em Roma para designar a Ciência do Direito ou teoria da ordem jurídica e definido como *Divinarum atque humanarum rerum notitia, justi atque injusti scientia* (conhecimento das coisas divinas e humanas, ciência do justo e do injusto). Neste sentido ainda é aplicado modernamente, mas com pouca frequência".

243 BITTAR, Eduardo C. B. *Introdução ao estudo do direito*: humanismo, democracia e justiça. 2. ed. São Paulo: Saraiva Educação, 2019. p. 285. Escreve: "O termo jurisprudência é polissêmico., e pode designar coisas distintas: jurisprudência como sinônimo de Ciência do Direito; jurisprudência como arte de decidir".

244 BITTAR, Eduardo C. B. *Introdução ao estudo do direito*: humanismo, democracia e justiça. 2. ed. São Paulo: Saraiva Educação, 2019. p. 286. Aduz: "A jurisprudência é fonte dinâmica e aplicada do Direito, sendo válvula importante de renovação do Direito, pois é por este canal que validade e faticidade se atritam, gerando valiosa experiência de consolidação do Direito por sua prática".

245 STRECK, Lenio. Jurisprudência dos conceitos. In: *Dicionário de hermenêutica*: quarenta temas fundamentais da teoria do direito à luz da crítica hermenêutica do direito. Belo Horizonte (MG): Letramento: Casa do Direito, 2017. p. 103. (p. 103-108). Sobre o verbete: "A Jurisprudência dos Conceitos é uma corrente de pensamento positivista ocorrida no séc. XIX e teve como expoentes Puchta, Ihering, Wach e Windscheid. Esse movimento é a tentativa da superação do jusnaturalismo e o desenvolvimento do formalismo. Trata-se de um produto da escolha histórica do direito, cujo representante mais eminente foi Savigny, que combateu com todas as suas forças a codificação na Alemanha. Para ele, o Direito era uma das várias expressões do 'espírito nacional' e, portanto, não poderia ser aprisionado em um Código".

246 Ibid., p. 109. (p. 109-114). Sobre o verbete: "A jurisprudência dos interesses surge no contexto da formação de um Direito público no estado liberal dos anos novecentos, com aparecimento de novas disciplinas para regular as relações do e com o Estado, ao contrário da escola histórica e da jurisprudência dos conceitos, que permaneceram ligadas ao Direito privado".

247 Ibid., p. 115. (p. 115-118). Sobre o verbete: "Com a jurisprudência dos valores, sustentava-se um ius distinto da Lex através da invocação de argumentos que permitissem ao tribunal recorrer a critérios decisórios que se encontravam fora da estrutura rígida da legalidade. O Direito é concebido aqui como uma ordem positiva de valores, sendo que na decisão orientada por valores o juiz pode ir para além daquilo enunciado pelo texto da lei".

248 BETIOLI, Antonio Bento. *Introdução ao Direito*. 15. ed. São Paulo: Saraiva, 2018. p. 243. Inicia: "Em seu sentido técnico moderno, podemos distinguir dois aspectos: jurisprudência em sentido amplo e em sentido estrito", e continua: "a) Jurisprudência em sentido amplo é o conjunto de decisões pro-

tido amplo e a jurisprudência em sentido estrito. Naquela é permitida a incoerência entre o decidido sobre determinada matéria, e nesta há coerência na medida em que só se considera em sentido estrito quando existe uniformidade e constância naquilo que se decide.

Roberto de Aragão Ribeiro Rodrigues[249] aponta ser a jurisprudência o conjunto reiterado de decisões judiciais num mesmo sentido, chegando a afirmar que, para se chegar até ela, há que se ter uma pluralidade de decisões em diversos casos concretos tomando, nas palavras de Luís Felipe Schneider Kircher,[250] um conceito tendencialmente quantitativo. Há ainda quem defenda, como Dimitri Dimoulis,[251] que tanto uma decisão isolada, como a jurisprudência assentada ou as súmulas são parte da própria jurisprudência, quando escreve que outra fonte do direito moderno é encontrada nas decisões dos tribunais, devendo ser distinguidas as três existentes que são aquelas já referidas. Paulo Nader[252] defende ser a jurisprudência na atualidade um vocábulo para indicar o que seriam os precedentes judiciais, o que já foi defendido, na mesma linha, por Hugo de Brito Machado,[253] mas, como se pode ver pelo até então escrito, não há como confundir referidas fontes.

feridas pelo juízes ou tribunais sobre determinada matéria, mesmo quando divergentes", e finaliza: "b) Jurisprudência em sentido estrito vem a ser o conjunto apenas de decisões uniformes e constantes dos tribunais sobre uma mesma matéria jurídica. A jurisprudência não se forma através de uma ou três sentenças, mas exige uma série de julgados que guarde, entre si, uma linha de continuidade e coerência. Para que se fale em jurisprudência de um Tribunal é necessário, portanto, certo número de decisões que coincidam quanto à substância das questões objeto de seu pronunciamento".

249 RODRIGUES, Roberto Aragão Ribeiro. *Precedente formado em casos repetitivos*: eficácia, *issue preclusion* e as teses jurídicas prejudiciais. Curitiba: Juruá, 2017. p. 120. Inicia conceituando: "Jurisprudência seria o conjunto de decisões judiciais reiteradas num mesmo sentido acerca de determinada matéria", e conclui: "A jurisprudência pressupõe, portanto, uma pluralidade de decisões proferidas em diversos casos concretos [...]".

250 KIRCHER, Luís Felipe Schneider. *Uma teoria dos precedentes vinculantes no processo penal*. Salvador: Juspodivm, 2018. p. 108-109. Escreve: "De outro lado, a jurisprudência é o conjunto de decisões reiteradas em um dado sentido proferidas pelos Tribunais Regionais Federais e Tribunais de Justiça a respeito de um conjunto de casos, podendo ter força vinculantes ou não, ou seja, é um conceito tendencialmente quantitativo".

251 DIMOULIS, Dimitri. *Manual de introdução ao estudo do direito*. 8. ed. São Paulo: Revista dos Tribunais, 2019. p. 182. Escreve: "Uma outra fonte escrita do direito moderno encontra-se nas decisões dos tribunais (também chamados sentenças ou acórdãos). Devemos distinguir três figuras de decisões do Poder Judiciário".

252 NADER, Paulo. *Introdução ao estudo do Direito*. 41. ed. Rio de Janeiro: Forense, 2019. p. 171. Defende: "Atualmente o vocábulo é adotado para indicar os precedentes judiciais, ou seja, a reunião de decisões judiciais, interpretadoras do direito vigente".

253 MACHADO, Hugo de Brito. *Introdução ao estudo do direito*. 2. ed. São Paulo: Atlas, 2004. p. 157. Aduz: "A norma jurisdicional, aliás, é mais importante até do que a própria lei. Produzida pelo Judiciário, a quem cumpre dizer a última palavra sobre os litígios, tem sua observância bem mais garantida. Por isto mesmo os que lidam com o Direito costumam fazer referência aos precedentes, sempre que analisam qualquer questão jurídica".

3. Precedentes

O tema dos precedentes judiciais não é o tópico central do presente estudo, tendo sido trabalhado já, mesmo que de forma sintética, em capítulo anterior ao serem repassados em revista alguns aspectos do sistema de *common law*. Contudo, há que se expor, também, mesmo que de forma não tão abrangente, o que restou definido sobre o assunto na legislação processual civil brasileira de 2015, com vigência em 2016.

Também é de ser ressaltado que se preferiu desmembrar a questão dos precedentes das súmulas e da jurisprudência, que formam o conjunto de decisões judiciais[254] que merecem distinção e superação pelo novo modelo processual civil brasileiro, mas não por acreditarmos ser a questão mais importante que as outras duas, mas sim em razão de sua inovação ao ser positivada no texto processual.

Nesse momento, então, passa-se a discorrer um pouco mais sobre precedentes judiciais somente em seu tom jurídico pois, como alertam Cesar Zucatti Pritsch, Fernanda Antunes Marques Junqueira e Ney Maranhão,[255] não é só no direito que ele tem vida, ganhando espaço em nosso dia a dia com a repetição de uma conduta reiterada no tempo.

3.1. Precedentes e o Código de Processo Civil de 2015

Como já é de conhecimento, o CPC/2015 não conceituou o que é realmente um precedente judicial, tendo apenas, em algumas poucas

---

[254] Deve ficar claro que apesar de serem um conjunto de decisões judiciais, não são sinônimas, em especial precedente e decisão, como aponta Gabriel Sardenberg Cunha. Ver: CUNHA, Gabriel Sardenberg. *Precedentes obrigatórios e jurisprudência vinculante*. Rio de Janeiro: Marcial Pons, 2021. p. 44. Expõe: "Precedente e decisão (persuasiva ou vinculante), portanto, embora sejam ontologicamente similares e pertencentes ao mesmo gênero, não devem ser entendidas como coisas idênticas. E para marcar a distinção que se julga haver entre essas duas espécies, trata-se de exercício de utilidade didática e comunicacional, de cessar de referir-se a ambas pelos mesmos signos: decisões/precedentes".

[255] PRITSCH, Cesar Zucatti; JUNQUEIRA, Fernanda Antunes Marques; MARANHÃO, Ney. O sistema de precedentes no Código de Processo Civil de 2015. a superação do positivismo para a garantia de estabilidade e isonomia nas decisões judiciais. In: *Precedentes no processo do trabalho*: teoria geral e aspectos controvertidos. PRITSCH, Cesar Zucatti; JUNQUEIRA, Fernanda Antunes Marques; HIGA, Flávio da Costa; MARANHÃO, Ney (coords.). São Paulo: Revista dos Tribunais, 2020. p. 43. "Desapegado de seu escopo eminentemente jurídico, pode-se dizer que a vida é repleta de precedentes. A toda conduta praticada e reiterada no tempo, espera-se a obtenção de igual resultado. Qualquer alteração repentina rompe-se com o elo de confiança consolidado e sedimentado no tempo".

oportunidades ao longo da lei, utilizado a palavra, como expõe Edilson Vitorelli.[256] A oportunidade legislativa foi perdida e quem sabe, por uma futura lei, possa ser sanada a omissão, mas a doutrina é bastante fértil, tanto nacional como estrangeira, para conceituar o que é precedente.

O Código de Processo Civil brasileiro refere a palavra "precedentes" em seis oportunidades que serão copiadas ao longo do texto e negritadas para uma melhor visualização, sendo elas:

(i e ii). Em duas oportunidades no artigo 489, § 1º, V e VI, CPC: Art. 489. São elementos essenciais da sentença: [...] § 1º Não se considera fundamentada qualquer decisão judicial, seja ela interlocutória, sentença ou acórdão, que: [...] V – se limitar a invocar precedente ou enunciado de súmula, sem identificar seus fundamentos determinantes nem demonstrar que o caso sob julgamento se ajusta àqueles fundamentos; VI – deixar de seguir enunciado de súmula, jurisprudência ou precedente invocado pela parte, sem demonstrar a existência de distinção no caso em julgamento ou a superação do entendimento;

(iii). No artigo 926 que trata da jurisprudência estável, íntegra e coerente: Art. 926. Os tribunais devem uniformizar sua jurisprudência e mantê-la estável, íntegra e coerente. [...] § 2º Ao editar enunciados de súmula, os tribunais devem ater-se às circunstâncias fáticas dos precedentes que motivaram sua criação;

(iv). No artigo 927, § 5º, que trata da observação pelos juízes de determinados parâmetros decisionais: Art. 927. Os juízes e os tribunais observarão: [...] § 5º Os tribunais darão publicidade a seus precedentes, organizando-os por questão jurídica decidida e divulgando-os, preferencialmente, na rede mundial de computadores;

(v). No revogado inciso IV do artigo 988 que trabalha com o tema da reclamação: Art. 988. Caberá reclamação da parte interessada ou do Ministério Público para: IV – garantir a observância de enunciado de súmula vinculante e de precedente proferido em julgamento de casos repetitivos ou em incidente de assunção de competência;

(vi). No revogado §1º, inciso II, do artigo 1.042 que trabalhava a questão do agravo contra decisão do presidente do tribunal: Art. 1.042. Cabe agravo contra decisão de presidente ou de vice-presidente do tribunal que: [...] § 1º Sob pena de não conhecimento do

[256] VITORELLI, Edilson. A prática do sistema de precedentes judiciais obrigatórios: entre fantasmas e potenciais. In: *Processo Civil contemporâneo*: homenagem aos 80 anos do professor Humberto Theodoro Júnior. Paulo Henrique dos Santos Lucon; Juliana Cordeiro de Faria; Edgard Audomar Marx Neto; Ester Camila Gomes Norato Rezende (Orgs.). Rio de Janeiro: Forense, 2018. p. 747. Escreve: "O primeiro problema conceitual, amplamente debatido pela doutrina nacional e estrangeira, é o conceito de precedente. O CPC, embora utilize a palavra em algumas ocasiões, não a conceitua e as divergências doutrinárias passaram, com isso, a se avolumar".

agravo, incumbirá ao agravante demonstrar, de forma expressa: [...] II – a existência de distinção entre o caso em análise e o precedente invocado, quando a inadmissão do recurso.

Resta bastante cristalino o fato de o legislador não ter conceituado precedente pelos dispositivos citados, o que não impede que seja realizado para fins de unidade de coerência desta obra.

Antes ainda da conceituação, é salutar frisar que historicamente na tradição[257] de *Common Law* utiliza-se, por escolhas históricas, o precedente como fonte primária do Direito, enquanto no *Civil Law*, também por rotas históricas, convencionou-se que é a lei que teria este papel. Ora, mesmo que partindo de tal fato, não há autorização para não se pensar que ambas não tenham um sistema de complementação, tendo em vista que não se deveria retirar da lei interpretada sua força de fonte primária, pois não deixa ela de ser a lei agora na sua fase de aplicação. Então, se no sistema de *common law* a lei tem papel deveras importante ao lado do precedente, qual o motivo de se pensar que na tradição de *civil law* a lei interpretada pelos tribunais tem papel subalterno? Jurisprudência, súmulas vinculantes e precedentes seriam fontes de segunda mão do Direito, sendo elas, em muitas ocasiões, o produto da lei interpretada. Aqui vale lembrar a dúvida suscitada por Reinhold Zippelius,[258] que anuncia essa dúvida e que conclui no sentido de que a lei interpretada não deixa de ser lei.

Já acessando a técnica do precedente judicial, é ele, nas palavras de Neil Duxbury,[259] um evento passado que serve como um guia para o presente. Para Frederick Schauer,[260] precedente se revela no fato de que as

---

[257] PUGLIESE, William. *Precedentes e a civil law brasileira*: interpretação e aplicação do novo Código de Processo Civil. São Paulo: Revista dos Tribunais, 2016. (Coleção o Novo Código Processo Civil/ coordenação Luiz Guilherme Marinoni, Sergio Cruz Arenhart, Daniel Mitidiero). p. 47. Refere: "Procurou-se demonstrar, até aqui, que a teoria dos precedentes não teve a mesma origem que a *common law*, pelo que não pode ser confundida com esta tradição jurídica. Na verdade, o respeito às decisões foi uma prática construída na Inglaterra e difundida pelas demais colônias como uma forma de manter a coerência do ordenamento jurídico e a igualdade dos sujeitos diante do Judiciário".

[258] ZIPPELIUS, Reinhold. *Teoria do método jurídico*. Trad. António Franco e António Francisco de Sousa. São Paulo: Saraiva, 2016. (Série IDP: Linha direito comparado).

[259] DUXBURY, Neil. *The nature and authority of precedent*. New York: Cambridge University Press, 2008. p. 1. Sobre o tema, refere: "*A precedent is a past event – in law the event is nearly always a decision – which serves as a guide for present action*".

[260] SCHAUER, Frederick. *Thinking like a lawyer*: a new introduction to legal reasoning. Cambridge, Massachusetts; London, England. Harvard University Press, 2012. p. 37. Aponta: "*The core principle of decision-making according to precedents is that courts should follow previous decisions – that they should give the same answer to legal questions that higher or earlier courts have given in the past. What counts as the same question will occupy much o four attention, but first we need to examine just what the obligation to follow a precedent is. In doing so, it will help to introduce some additional clarifying terminology. So, although in the case of vertical precedent the earlier decision comes from above, and in the case of horizontal precedent – stare decisis – it comes from the same court in the past, in both instances a court is expected to follow an earlier decision in another case. For the sake of clarify, we can label the court now*

cortes devem seguir suas decisões anteriores, dando a mesma resposta às questões legais já decididas no passado, quer seja por cortes de maior hierarquia, quer seja por terem decidido a questão anteriormente a sua aplicação. Rupert Cross e Y J. W. Harris,[261] abordando o precedente no sistema inglês, confirmam a ideia de que a primeira das características dessa família sobre os precedentes é que todos os tribunais devem respeitar o anteriormente decidido por um tribunal superior. Thomas G. Hansford e James F. Spriggs II[262] alertam que o precedente contém doutrinas, princípios e regras na *opinion* emitida pela Corte, contendo consequências legais que serão definitivas na solução das demais disputas em potencial existentes, caminho que parece ser o mesmo defendido por Heitor Eduardo cabral Bezerra.[263]

O encontro das tradições de *common law* e de *civil law* é cada dia mais visível, razão pela qual falar sobre precedente judicial não é mais um assunto a ser tratado com assombro pela comunidade jurídica, mas é algo tão palpável que até mesmo encontra morada segura no Código de Processo Civil brasileiro de 2015, embora tenha o legislador perdido o momento de ir além, elencando a técnica em algumas passagens do texto. Aliado a esse significante fato, deve-se apresentar uma conceituação satisfatória do que são os precedentes judiciais, o que restará a encargo, em especial, de quem pensa o tema no Direito brasileiro, não sendo poucos os que sobre ele já refletiram, podendo ser citados, a título

---

making the decision the instant court and its current controversy the instant case. And we can call the previous court (including the same court in an earlier case) the precedent court and its decision the precedent case. Questions about the force and consequences of precedent will thus Always involve the effect of some decisions by the precedent court in the precedent case on the issue now before the instant court in the instant case".

261 CROSS, Rupert; HARRIS, J. W. *El precedente en el Derecho inglés*. Marcial Pons: Madrid, 2012. p. 28. Referem: "*La primera de las características de la doctrina inglesa del precedente a la cual aludimos anteriormente fue que todos los tribunales están obligados a respetar – esto es, seguir y acatar – las decisiones emanadas de los tribunales superiores, característica esta que puede ilustrarse con el tratamiento dado al precedente R. v. Millis en el caso Beamish v. Beamish*".

262 HANSFORD, Thomas G.; SPRIGGS II, James F. *The politics of precedent on the U. S. Supreme Court*. New Jersey: Princeton University Press, 2006. p. 5. Referem: "*Political scientists, legal scholars, and practicing lawyers commonly recognize that precedent is one of the central components of the American legal system. By precedent, we mean the legal doctrines, principles, or rules established by prior court opinions. These legal principles indicate the relevance or importance of different factual characteristics for a dispute and set forth legal consequences or tests that attach to particular sets of these factual circumstances [...]. In so doing, precedents convey information that allows decision makers to predict (within certain bounds) the likely legal consequences of different choices and infer the possible range of outcomes of potential disputes*".

263 BEZERRA, Heitor Eduardo Cabral. *Constitucionalismo contemporâneo, democratização da função jurisdicional e precedentes vinculantes*: um estudo sobre a relação e a compatibilidade entre suas premissas, ideias e institutos. Rio de Janeiro: Lumen Juris, 2020. p. 124. Define: "Em sentido lato, precedente é a decisão judicial proferida em um caso concreto, da qual pode ser extraída um elemento nosmativo que servirá como parâmetro e diretriz para o julgamento de casos posteriores análogos. Nessa concepção ampla, ele é composto pelo contexto fático analisado, pela argumentação jurídica realizada e pela tese ou princípio jurídico definido na motivação".

exemplificativo, Daniel Mitidiero,[264] Francisco Rosito,[265] Thomas da Rosa Bustamante[266] e Luiz Guilherme Marinoni.[267]

3.2. Evolução do direito pelas decisões, estabilidade e necessidade de mudanças

Inegável o papel das decisões judiciais na estabilização do direito; da mesma forma sua contribuição na evolução do direito, na atualização do seu sentido e alcance, pois recai sobre o Judiciário a tarefa de mediar a relação entre o direito positivo e a realidade social.

Verdade seja, como já antecipado no item 1.2, a atividade do magistrado não se resume a vocalizar o texto legal (boca da lei – caça níquel de aplicação da lei[268]), cego e com vontade inanimada, como se sua atividade se restringisse à cognição do sentido originário atribuído pelo legislador ao texto normativo. O formalismo que equiparava o texto à norma restou superado, seja pelos positivistas inclusivistas,[269] seja pelos pós-positivistas, todos acentuando a necessidade de adensamento do texto normativo. O enunciado normativo não se confunde com a norma,[270] não é um juízo hipotético isolável do âmbito de regulamentação, podendo ser inclusive resultado de diversos enunciados deônticos. Âmbito da norma que não se dissolve nos fatos, traduz-se em recorte da realidade social cujo nexo com os fatos passa pela estruturação, que é a normatividade.

A norma somente se apresenta ao final do processo de sua concretização e aplicação, sendo que o texto normativo é o ponto de partida e de referência. A situação tende a piorar nos casos limites, nos quais utilizados conceitos jurídicos indeterminados nas regras, categorias, formulações linguísticas genéricas e na aplicação de princípios na construção dos comandos normativos (textura aberta[271]). Ainda as normas podem

---

264 MITIDIERO, Daniel. *Precedentes*: da persuasão à vinculação. 3. ed. São Paulo: Revista dos Tribunais, 2018.

265 ROSITO, Francisco. *Teoria dos precedentes judiciais*: racionalidade da tutela jurisdicional. Curitiba: Juruá, 2012.

266 BUSTAMANTE, Thomas da Rosa. *Teoria do precedente judicial*: a justificação e a aplicação de regras jurisprudenciais. São Paulo: Noeses, 2012.

267 MARINONI, Luiz Guilherme. *Técnica processual e tutela dos direitos*. 2. ed. São Paulo: Revista dos Tribunais, 2008.

268 CAPPELLETTI, Mauro. Repudiando Montesquieu? A Expansão e a Legitimidade da "Justiça Constitucional". *Revista da Faculdade de Direito da UFRGS*, v. 20, Porto Alegre, outubro de 2001. p. 271.

269 HART, Hebert L. A. *O conceito de Direito*. 2. ed. Lisboa: Calouste Gulbenkian, 1994, p. 139.

270 MÜLLER, Friedrich. *Teoria estruturante do direito*. 3. ed. rev. e atual. São Paulo: Revista dos Tribunais, 2012, p. 187.

271 "(...) terão o que se tem chamado de *textura aberta*. Até aqui temos apresentado isso, no caso da legislação, como uma característica geral da linguagem humana; a incerteza nas zonas limítrofes é o preço a pagar pelo uso de termos classificatórios gerais em qualquer forma de comunicação referente a questões legais." (HART, H. L. A. *O conceito de direito*. São Paulo: Martins Fontes. 2012. p. 166).

ser tanto semânticas quanto estruturalmente abertas.[272] Os princípios e regras são dois polos normativos fundamentais no processo de concretização jurídica, cada um deles se realimentando circularmente na cadeia argumentativa orientada à decisão do caso concreto. Anote-se, o intérprete tem que estar aberto ao texto, pelo que a construção da decisão passa pelo exame do direito positivo e a reconstrução do seu sentido.[273]

---

[272] *"Today, it is a truism that legal norms do not and cannot determine judicial behavior and court decisions in an exhaustive comprehensive manner. Only in exceptional cases only does the text of a norm immediately provide the answer to a legal question. Cases like these rarely cause litigation. Under normal circumstances, the meaning of a general norm with regard to an individual case has to be determined by interpretation, and interpretation usually leaves room for more than one answer. This is true for legal norms in general. But it applies with particular force to constitutional norms, Constitutions fulfil the function of providing a common basis for political adversaries then thus require a political consensus broader than that underlying ordinary laws. They are also more difficult to amend. For these reasons, constitutions tend to be more open-ended as well as less complete and consistent than ordinary laws. Gaps in scope and content, therefore, need to be bridged through interpretation or concretization. What follows from this is that the application of constitutional norms in concrete involves extrapolation beyond, the given. The meaning of a provision must be determined in a more or less complicated operation of legal reasoning which sometimes makes it difficult to recognize the boundaries between interpretation and amendment. This is particularly true for the growing number of cases where old norms have to be adapted to new developments; mainly in the field of basic-rights. Thus, to maintain that judicial review poses no democratic problem because all that judges do is to enforce prior-decisions made by the people is too easy a way out. Application of norms cannot be clearly distinguished from norm creation. Adjudication constitutes a mixture of cognitive and voluntary elements. The norms which bind government are, in the process of interpretation, to a large extent 'made' by the courts."* (GRIMM, Dieter. Constitutional adjudication and democracy. *Israel Law Review*, vol. 33, 1999, p. 205/206). ("Hoje, é uma verdade que as normas jurídicas não determinam e não podem determinar o comportamento judicial e as decisões judiciais de maneira exaustiva e abrangente. Somente em casos excepcionais o texto de uma norma fornece imediatamente a resposta a uma questão jurídica. Casos como esses raramente causam litígios judiciais. Em circunstâncias normais, o significado de uma norma geral em relação a um caso individual deve ser determinado pela interpretação, e a interpretação geralmente deixa espaço para mais de uma resposta válida. Isso vale para as normas jurídicas em geral. Mas, aplica-se com particular força às normas constitucionais. Constituições cumprem a função de fornecer uma base comum para os adversários políticos e, portanto, requerem um consenso político mais amplo do que as leis ordinárias. Elas também são mais difíceis de alterar. Por estas razões, as constituições tendem a ser mais abertas, bem como menos completas e consistentes do que as leis ordinárias. As lacunas na finalidade e conteúdo, portanto, precisam ser superadas através da interpretação ou concretização. O que se segue disso é que a aplicação das normas constitucionais em concreto envolve a extrapolação para além dos dados fornecidos pelo caso. O significado de uma provisão deve ser determinado em uma operação mais ou menos complicada do raciocínio jurídico que, por vezes, dificulta o reconhecimento dos limites entre a interpretação e sua alteração. Isto é particularmente verdadeiro para o crescente número de casos em que as normas mais antigas têm de ser adaptadas a novos desenvolvimentos, principalmente no campo dos direitos básicos. Assim, para manter a afirmação de que o controle de constitucionalidade não apresenta nenhum problema democrático porque tudo o que os juízes fazem é impor decisões prévias feitas pelo povo é uma saída muito fácil. A aplicação de normas não pode ser claramente distinguida da criação de normas. A jurisdição constitui uma mistura de elementos cognitivos e voluntários. As normas que vinculam o governo são, no processo de interpretação, em grande parte, 'feitas' pelos tribunais").

[273] GADAMER, Hans-Georg. *Verdade e método I:* traços fundamentais de uma hermenêutica filosófica. Trad. Flávio Paulo Meurer. Nova revisão da tradução por Enio Paulo Gianchini. 15. ed. 1ª reimpressão. Petrópolis: Vozes; Bragança Paulista: Editora Universitária São Francisco, 2016, p. 358. Em princípio, quem quer compreender um texto deve estar disposto a deixar que este lhe diga alguma coisa. Por isso, uma consciência formada hermeneuticamente deve, desde o princípio, mostrar-se receptiva à alteridade do texto. Mas essa receptividade não pressupõe nem uma "neutralidade" com relação à coisa nem tampouco uma anulação de si mesma; implica antes uma destacada apropriação das opiniões prévias e preconceitos pessoais.

Sob tal perspectiva, importante ter presente que o direito é alográfico. Alográfico porque o texto normativo não se completa no sentido nele impresso pelo legislador. A "completude" do texto somente é atingida quando o sentido por ele expressado é produzido, como nova forma de expressão, pelo intérprete.[274]

E, no particular, a jurisprudência, as súmulas e os precedentes revelam caminhos diferentes trilhados pelo direito brasileiro na busca de uma solução para o problema da vinculação e da densificação do direito, devendo ser conectados em uma adequada leitura e construção dogmática, segundo preceitua Daniel Mitidiero.[275]

A jurisprudência, as súmulas e os precedentes exercem considerável influência prática. Em larga escala, prevalece mais o respeito a eles do que o desrespeito propriamente dito. Ainda que, por muitos, não seja fonte primária do direito, o *auctoritas rerum similiter iudicatarum* tem enorme influência na *praxis*.

Todavia, a diversidade de centros de decisão (órgãos decisórios), com o aumento exponencial de pronunciamentos judiciais, produz marginalmente a dispersão de diferentes padrões decisórios pela variedade de perspectivas jurídicas e distintas realidades apresentadas pelos casos. Isso ocorre tanto pelo desconhecimento do padrão decisório dos demais órgãos, quanto por simples discordância ao padrão estabelecido por eles.

Pois bem, quando um juiz frente a um caso aplica uma norma jurídica diferente daquela que outro juiz aplicou a outro caso, idêntico nos aspectos decisivos ao primeiro (sem diferenças juridicamente relevantes), tem-se uma quebra da unidade do direito e uma aplicação diversa

---

[274] GRAU, Eros Roberto. *Ensaio e discurso sobre a interpretação/aplicação do direito*. 4. ed. São Paulo: Malheiros, 2006. Ainda: "Sendo o direito legislado indeterminado, a decisão sobre seu significado pela Justiça Civil constitui momento de sua efetiva expressão. Por essa razão, o precedente oriundo das Cortes Supremas encarna o significado do direito e representa o referencial dos princípios da segurança jurídica, da liberdade e da igualdade. Se isso é verdade, o precedente está muito longe de ser um instituto que gravita apenas em torno do processo civil – o precedente pertence à teoria do direito, sendo, por esse motivo, transetorial. O seu objetivo é dar unidade ao direito, permitindo que as pessoas planejem as suas vidas com segurança, possam fazer escolhas juridicamente orientadas e ser tratadas com idêntica consideração e respeito pela ordem jurídica." (MITIDIERO, Daniel. *Processo Civil*. São Paulo: Thomson Reuters Brasil. 2021, p. 309).

[275] MITIDIERO, Daniel. *Precedentes*: da persuasão à vinculação. São Paulo: Revista dos Tribunais, 2016, p. 82. Afirma: "Tendencialmente, é possível sistematizar a experiência jurídica brasileira a respeito do tema em três grandes momentos: i) o da busca pela uniformidade do direito mediante técnicas repressivas; ii) o da busca pela uniformidade do direito mediante técnicas repressivas e preventivas; iii) o da busca pela unidade do direito mediante técnicas preventivas e repressivas. Cada um desses momentos teve à sua base uma diferente concepção a respeito da interpretação do direito: i) a uma, uma teoria cognitivista que visava à declaração da norma preexistente correta para solução do caso concreto; ii) a duas, uma teoria cognitivista que visava à extração da norma preexistente justa para solução do caso concreto; e iii) a três, uma teoria adscritivista que visa à outorga de sentido a textos e a elementos não textuais da ordem jurídica para prolação de uma decisão justa e para a promoção da unidade do direito".

e desigual da lei. Tendências diferentes comprometem a certeza jurídica e consequentemente a eficácia do direito positivado.

Em funcionamento ótimo do sistema, quando duas pessoas se encontram debaixo das mesmas circunstâncias constantes no texto, compartilhando do mesmo contexto factual (com diferenças juridicamente irrelevantes), devem receber idêntica consequência legal, haja vista a igualdade perante a lei.

Dessa forma, pretende-se que os tribunais uniformizem sua jurisprudência, observando os paradigmas da integridade e coerência, a fim de que se alcance estabilidade jurídica. Isso começa e se afirma com o compromisso do próprio tribunal donde provém o padrão decisório. O respeito à jurisprudência somente surgirá da prática do próprio tribunal que a preserve, não sendo admissível seu descumprimento pelo tribunal que a estabeleceu. Principalmente em órgãos colegiados se impõe o respeito institucional à jurisprudência. Aliás, alteração dos componentes do órgão julgador, com a formação de maiorias episódicas, não serve de justificativa para oscilação da jurisprudência consolidada ao longo do tempo.[276]

Nos órgãos colegiados, deve prevalecer a visão institucional e coletiva. A reserva de entendimento pessoal em favor da jurisprudência fortalece o órgão jurisdicional sem depor contra o julgador individual. Obviamente, a jurisprudência, as súmulas e os precedentes não podem servir de algema para o futuro, impedindo a evolução do direito, em um aprisionamento definitivo do direito ao passado (cristalização definitiva da razão).

Em famosa dissensão, escreveu o *Justice* Felix Frankfurter:[277] *"That doctrine is not, to be sure, an imprisonment of reason. (...) If stare decisis be one aspect of law, as it is, to disregard it in identic situations is mere caprice"*.[278]

Ponderadas essas diferentes perspectivas, não se justifica a coexistência de diferentes padrões decisórios sobre questões idênticas, em que a distribuição da demanda para os diferentes órgãos julgadores assume caráter de sorteio. O artigo 926 do Código de Processo Civil cobra dos tribunais o respeito a si próprios, ao resultado de sua atividade primordial.

Corretamente, Cass Sunstein defende um certo minimalismo judicial, destacando a necessidade de o tribunal respeitar seus próprios preceden-

---

[276] "espera-se que um tribunal resolva as questões da mesma maneira que ele decidiu no passado, ainda que os membros do tribunal tenham sido alterados, ou se os membros dos tribunais tenham mudado de opinião" (SCHAUER, Frederick. *Thinking like a lawyer:* a new introduction to legal reasoning. Cambridge: Harvard University Press, 2012, p. 37).

[277] FELIX FRANKFURTER. Disponível em: <https://www.britannica.com/biography/Felix-Frankfurter>. Acesso 23 maio 2020.

[278] United States *v.* International Boxing Club, 348 U.S. 236. (Essa doutrina não é, com certeza, um aprisionamento da razão. (...) Se *stare decisis* é um aspecto do direito, como é, desconsiderá-lo em situações idênticas é mero capricho).

tes, tendo como base os casos anteriores e exercitando virtudes passivas que estimulem a deliberação e decisões das instâncias democráticas.[279]

Tenha-se presente, que a necessidade de estabilidade da jurisprudência, das súmulas e dos precedentes decorre do seu papel institucional, da importância que assumem na prática do direito. Porque dotados do selo oficial de sua origem, passam a ser repetidos nos casos futuros. A estabilidade da jurisprudência, das súmulas e dos precedentes reforça a igualdade e a certeza jurídica. A força persuasiva da decisão, a lógica da solução encontrada, convence os julgadores seguintes, haja vista que repetida continuamente. A lei do menor esforço também contribuiu. Por vezes, a resolução da questão dependeria da incursão doutrinária profunda pelo decisor, que se desonera de tal trabalho ao seguir entendimentos já cristalizados.[280] Mas para que isso ocorra, para que a jurisprudência, as súmulas e os precedentes logrem sua eficácia prática, não podem ser alterados constantemente.

As decisões anteriores são perfeitamente rearticuláveis na atividade interpretativa, possibilitando ao intérprete a análise do caso também na perspectiva de sua historicidade. Não visa propriamente ao sentido normativo original do criador do texto, mas à interlocução do presente com o passado no exame da questão posta em apreciação. Compreender é sempre uma fusão de horizontes passado e presente,[281] o que parece ter sido uma das lições deixadas tanto por Lord Radcliffe[282] como pela *Associate Justice* Kagan.[283]

---

[279] SUNSTEIN, Cass R. *One case at a time:* judicial minimalism on the Supreme Court. Harvard University Press, 2001.

[280] "*Precedent is a way of accumulating and passing down the learning of past generations, a font of established wisdom richer than what can be found in any single judge or panel of judges.*" (GORSUCH, Neil M. *A Republic if you can keep it*. New York: Crown Forum, 2019) ("O precedente é uma forma de acumular e a transmissão da aprendizagem das gerações passadas, uma fonte de sabedoria estabelecida mais rica do que a que pode ser encontrada em qualquer juiz único ou painel de juízes".

[281] GADAMER, Hans-Georg. *Verdade e método I:* traços fundamentais de uma hermenêutica filosófica. Trad. Flávio Paulo Meurer. Nova revisão da tradução por Enio Paulo Gianchini. 15. ed. 1ª reimpressão. Petrópolis: Vozes; Bragança Paulista: Universitária São Francisco, 2016, p. 404.

[282] CAPPELLETTI, Mauro. *Juízes legisladores.* Trad. Carlos Alberto Alvaro de Oliveira. Porto Alegre: Sergio Antonio Fabris Editor, 1999. p. 23. "[...] o juiz bem pode se empenhar na mais estrita adesão ao princípio de respeitar rigorosamente os precedentes; bem pode concluir toda tarde sua própria jornada de trabalho na convicção de nada haver dito nem decidido senão em perfeita concordância com o que os seus predecessores disseram ou decidiram antes dele. Mas ainda assim, quando repete as mesmas palavras de seus predecessores assumem elas na sua boca significado materialmente diverso, pelo simples fato de que o homem do século XX não tem o poder de falar com o mesmo tom e inflexão do homem do século XVII, XVIII ou XIX. O contexto é diverso; a situação referencial é diversa; e seja qual for a intenção do juiz, as sacras palavras da autoridade se tornam, quando repetidas na sua linguagem, moedas de nova cunhagem. Neste sentido limitado, bem se pode dizer que o tempo nos usa a nós todos como instrumentos de inovação".

[283] Kimble *v.* Marvel Entertainment, LLC, 576 U.S. —— (2015) (*Respeitar stare decisis* significa aderir a algumas decisões erradas. A doutrina baseia-se na idéia, como escreveu famosa Justice Brandeis, de que geralmente é "mais importante que o estado de direito aplicável seja resolvido do que resolvido corretamente". Burnet *v.* Coronado Oil & Gas Co., 285 US 393, 406 (1932) (opinião dissidente). De fato,

Posta assim a questão, os pronunciamentos judiciais anteriores entram no processo interpretativo como texto. Sua aplicação no futuro envolve nova aplicação. O horizonte da aplicação anterior permite e possibilita a aplicação do precedente posteriormente, com a fusão dos horizontes.[284]

Explicitando, o precedente se estabelece ao examinar retrospectivamente o passado de um caso, pelo que inviável pensar que ele traga respostas sempre prontas para o futuro. São as questões postas no processo que delimitam o precedente, não aquelas sequer imaginadas ou cogitadas, próprias do devir. Acaso o juiz se preocupe em demasia com o futuro, o precedente se desliga das questões colocadas em apreciação, passando a compartilhar dos mesmos problemas decorrentes da abstração e generalidade das leis. Perde-se o que há de mais valioso no precedente, qual seja, seu horizonte histórico, sua facticidade. Os precedentes funcionam assim como importantes fontes do direito, não primária, no sistema jurídico brasileiro.[285]

Agora, sua aplicação sempre depende da adequação de sua solução ao caso em comento, considerado o direito vigente, a ser perquirida pelo juiz do caso futuro. Os precedentes serão observados enquanto textos decisórios de casos anteriores, que demandam interpretação para verificação de seu ajuste ao caso presente.

Os precedentes devem ser objeto de interpretação, inclusive para verificação da possibilidade de sua superação ou a existência de circunstância que distinga os casos. É exatamente na identificação das semelhanças, do princípio ou padrão estabelecido no precedente, a regra de

stare decisis tem consequência apenas na medida em que sustenta decisões incorretas; julgamentos corretos não precisam desse princípio para sustentá-los. Consequentemente, um argumento de que conseguimos algo errado – mesmo um bom argumento nesse sentido – não pode, por si só, justificar a eliminação de precedentes resolvidos. Ou dito de outra forma, não é por si só suficiente que decidamos um caso de forma diferente agora do que fizemos então. Para reverter o curso, exigimos também o que denominamos de "justificativa especial" – acima e acima da crença de que "o precedente foi erroneamente decidido". Halliburton Co. *v.* Erica P. John Fund, Inc., 573 EUA ——, —— (2014) (slip op., at 4)). *Respecting stare decisis means sticking to some wrong decisions. The doctrine rests on the idea, as Justice Brandeis famously wrote, that it is usually "more important that the applicable rule of law be settled than that it be settled right"*. Burnet *v.* Coronado Oil & Gas Co., 285 US. 393, 406 (1932) (*dissenting opinion*). *Indeed, stare decisis has consequence only to the extent it sustains incorrect decisions; correct judgments have no need for that principle to prop them up. Accordingly, an argument that we got something wrong –even a good argument to that effect– cannot by itself justify scrapping settled precedent. Or otherwise said, it is not alone sufficient that we would decide a case differently now than we did then. To reverse course, we require as well what we have termed a "special justification" – over and above the belief "that the precedent was wrongly decided."* Halliburton Co. *v.* Erica P. John Fund, Inc., 573 US. ——, —— (2014) (slip op., at 4).

284 A aplicação e a interpretação do precedente poderão resultar em novas significações. O texto do julgamento será objeto de interpretação para ser utilizado nos novos casos. Diferentemente do texto legislativo, com linguagem "canônica", ampla, abrangente e sintética, têm-se no julgamento exposição analítica de raciocínio (LOPES FILHO, Juraci Mourão. *Os precedentes judiciais:* no constitucionalismo brasileiro contemporâneo. 2. ed. rev. e atual. Salvador, Juspodivm, 2016).

285 TUCCI, José Rogério Cruz e. *Precedente como fonte do direito.* São Paulo: Revista dos Tribunais, 2004, p. 18.

relevância, que se permite a aplicação do precedente. Isso só se faz mediante interpretação. Nenhum evento é exatamente igual ao outro. Para uma decisão ser um precedente para outra não se exige que os fatos da anterior e da posterior sejam absolutamente idênticos.

É a dita força gravitacional do precedente, em que os motivos determinantes (*ratio decidendi/holding*) para determinado caso são passíveis de serem estendidos ao outro caso, conforme esclarece Ronald Dworkin.[286]

Registre-se, ainda, que os pronunciamentos judiciais têm um relevante papel na evolução do direito e na sua adaptação ao devir, antecipando por vezes alterações que somente muito depois serão atestadas pelo legislador com o selo oficial do estado. Logo, como decorrência lógica, os precedentes podem ser revistos frente às novas circunstâncias. Nesses casos, a alteração do entendimento deverá ser entremeada de fundamentação adequada e específica, considerando os princípios da segurança jurídica, da proteção da confiança e da isonomia (art. 927, § 4º, do CPC), sem prejuízo ainda da modulação dos efeitos da alteração (eficácia prospectiva) (art. 927, § 3º, do CPC).

O mundo sofre constantes mudanças ao longo do tempo e lidar com as transformações da sociedade e do ordenamento jurídico sempre foi um dos maiores desafios do direito, pois a maneira de pensar e agir de um povo afeta diretamente o ordenamento jurídico vigorante. O direito serve como instrumento de acomodação dessas transformações, permitindo a transição do passado para o presente, por vezes apreendendo e moldando o futuro.

A mutabilidade do Direito, enquanto instrumento de controle social, constitui-se em evento constante de qualquer ordenamento jurídico. Muda-se o Direito porque as pessoas mudam, as sociedades mudam, os valores mudam, a natureza muda; logo, a mudança é um fator inerente à nossa existência: "Porque o ser só pode ser apreendido cada vez na perspectiva do tempo".[287]

Lado outro, o Estado de Direito tem como um dos seus pedestais a proteção à segurança jurídica, cuja manutenção depende do respeito à

---

286 DWORKIN, Ronald. *Levando os direitos a sério*. Trad. Nelson Boeira. São Paulo: Martins Fontes, 2002, p. 176. Escreve o jusfilósofo: "A força gravitacional do precedente não pode ser apreendida por nenhuma teoria que considere que a plena força do precedente está em sua força de promulgação, enquanto uma peça de legislação. Contudo, a inadequação de tal abordagem sugere uma teoria superior. A força gravitacional de um precedente pode ser explicada por um apelo, não à sabedoria da implementação de leis promulgadas, mas à equidade que está em tratar os casos semelhantes do mesmo modo. Um precedente é um relato de uma decisão política anterior; o próprio fato dessa decisão, enquanto fragmento da história política, oferece alguma razão para se decidir outros casos de maneira similar no futuro. Essa explicação geral da força gravitacional do precedente explica a característica que invalidou a teoria da promulgação das leis, aquela segundo a qual a força de um precedente escapa à linguagem do voto em que é formulado".

287 HEIDEGGER, Martin. *Ser e tempo*. Edição em alemão e português. Trad. e org. Fausto Castilho. Campinas: Editora da Unicamp; Petrópolis: Vozes, 2012. p. 79.

estabilidade das fontes normativas, à previsibilidade das relações jurídicas e consequentemente a manutenção de matrizes decisórias.[288] A preservação dos precedentes é um dos alicerces da segurança jurídica.[289] [290]

Para além da vinculação de precedentes, a manutenção de um entendimento jurisprudencial estabelece uma nova camada na concretização do princípio da segurança jurídica.[291] Não se trata de garantir previsibilidade pela vinculação apenas, trata-se também de conceder tempo aos jurisdicionados para se adequarem a norma e a internalizarem como base para tomada de decisões.[292]

É no palco dessa tensão entre preservar o passado e permitir que o direito dê cabo às novas emergências do presente, quiçá do futuro, que entra em questão a possibilidade de superação de padrões decisórios, principalmente na perspectiva de mutação das condições que levaram à edição dos precedentes.

A aplicação do regime de precedentes, ainda que com os pés no passado, exige sempre um olhar sobre o horizonte, perscrutando novos caminhos, para se verificar se a construção da matriz decisória ainda oferece chão firme.

---

[288] LEITE, Rodrigo de Queiroz. *A superação e a distinção dos precedentes judiciais no Direito Processual brasileiro.* Disponível em: <http://www.conteudojuridico.com.br/artigo,a-superacao-e-a-distincao-dos-precedentes-judiciais-no-direito-processual-brasileiro,57880.html> Acesso em: 4 de fevereiro de 2019.

[289] Trata-se de imperativo hipotético, meio para um fim eleito. "A representação de um princípio objectivo, enquanto obrigante para uma vontade, chama-se um mandamento (da razão), e a fórmula do mandamento chama-se *Imperativo*. Todos os imperativos se exprimem pelo verbo dever (*sollen*), e mostram assim a relação de uma lei objectiva da razão para uma vontade que segundo a sua constituição subjectiva não é por ela necessariamente determinada (uma obrigação)." (KANT, IMMANUEL. *Fundamentação da metafísica dos costumes.* Tradução por Paulo Quintela. Lisboa: Edições 70, 2007. p. 48). "Ora, todos os imperativos ordenam ou hipotética ou categoricamente. Os hipotéticos representam a necessidade prática de uma acção possível como meio de alcançar qualquer outra coisa que se quer (ou que é possível que se queira). O imperativo categórico seria aquele que nos representasse uma acção como objectivamente necessária por si mesma, sem relação com qualquer outra finalidade. Como toda a lei prática representa uma acção possível como boa e por isso como necessária para um sujeito praticamente determinável pela razão, todos os imperativos são fórmulas da determinação da acção que é necessária segundo o princípio de uma vontade boa de qualquer maneira. No caso de a acção ser apenas boa como meio para qualquer outra coisa, o imperativo é hipotético; se a acção é representada como boa em si, por conseguinte como necessária numa vontade em si conforme à razão como princípio dessa vontade, então o imperativo é categórico." (p. 50).

[290] "As duas regras principais para a utilização de precedentes são: (1) Se é possível utilizar um precedente favorável ou contrário a uma decisão, ele deverá ser utilizado. (2) Aquele que pretende afastar o precedente tem o ônus argumentativo para tanto. A fundamentação dessas regras, já realizada em outro lugar, não será, aqui, repetida. Aqui, basta mencionar que os principais argumentos se baseiam na igualdade, na segurança jurídica, na proteção da confiança, na redução da carga de trabalho e na estabilidade como base do desenvolvimento." (ALEXY, Robert. *Teoria dos direitos fundamentais.* Trad. Virgílio Afonso da Silva. 2. ed. 4. tir. São Paulo: Malheiros, 2015. p. 556).

[291] PEIXOTO, Ravi. A superação de precedentes (*overruling*) no Código de Processo Civil de 2015. Disponível: <http://www.mpsp.mp.br/portal/page/portal/documentacao_e_divulgacao/doc_biblioteca/bibli_servicos_produtos/bibli_boletim/bibli_bol_2006/RProComp_n.3.07.PDF>. Acesso: 3-jan-2020.

[292] WALDRON, Jeremy. Stare decisis and the rule of law: a layered approach. *Michigan Law Review*, vol. 111, 2012.

4. Da distinção

Nesse capítulo, trabalhar-se-á com uma das, senão a mais importante técnica processual para o exercício da atividade profissional pela via do processo no Século XXI, que é a distinção.[293] A partir de sua compreensão é que o advogado, o juiz, o promotor, o defensor e outros tantos poderão exercer a magia da diferenciação entre casos, para escapar a aplicação, por exemplo, automatizada, de um precedente ao seu caso.

4.1. Distinção e superação de enunciado de súmula, jurisprudência e precedentes judiciais: técnica voltada ao Processo Civil somente?

O Código de Processo Civil brasileiro anuncia no seu art. 15[294] a sua subsidiariedade e supletividade, quando houver ausência de normas específicas, diante dos demais ramos do direito processual, embora na redação do artigo apenas exista referência ao processo do trabalho, administrativo e eleitoral. Obviamente, o legislador não fez reconhecer o extenso rol de ramos de direito processual brasileiro no referido dispositivo, mas deixa em aberto a interpretação de que a legislação processual civil continua sendo a comum a todos os sistemas e microssistemas processuais, como o processo tributário, o consumerista, o previdenciário e todos os demais que aqui poderiam ser referidos.[295]

Um dos ramos do direito processual em que a questão restaria mais preocupante de resposta é o do processo penal, tendo em vista as inúmeras críticas já existentes na doutrina sobre uma possível processualização

[293] A título de reflexão, um processo erroneamente suspenso em razão de um IRDR deve voltar a ativa pela via da distinção. Ver: CARBONI, Fernando Machado. *Incidente de resolução de demandas repetitivas*: o primeiro caso julgado no Brasil. São Paulo: Tirant Lo Blanch, 2020. p. 68.. Escreve: "Neste momento é importante fazer referência ao primeiro objetivo, qual seja, uma vez intimada, a parte pode demonstrar que seu processo é distinto da questão a ser decidida no IRDR. Isso é chamado de *distinguishing*".

[294] Art. 15. Na ausência de normas que regulem processos eleitorais, trabalhistas ou administrativos, as disposições deste Código lhes serão aplicadas supletiva e subsidiariamente.

[295] Sobre o tema: JOBIM, Marco Félix. *Teoria, história e processo*. Porto Alegre: Livraria do Advogado, 2016.

civil da pena,[296] quando, obviamente, lidam com objetos diferentes um do outro. Porém, enquanto a reforma do Processo Penal não chega, lida-se com uma legislação da década de 40[297] do século passado, com seus inúmeros reparos ao longo dos anos. A reforma do processo penal, tão esperada, ainda tramita no Congresso Nacional e não se sabe quando, efetivamente, sairá finalmente do processo legislativo de formação de leis. A pergunta que aqui resta a ser feita é: enquanto isso, técnicas novas oriundas de um contemporâneo direito processual civil não merecem ser aplicadas ao processo penal? Parece que a melhor resposta surge como parcialmente positiva, devendo ser analisado o que se encaixa, ou não, no regramento permitido do processo penal e se coaduna com o processo previsto na Constituição da República Federativa do Brasil.

Note-se que em estudo recente sobre a aplicação da teoria dos precedentes ao processo penal, Luís Felipe Schneider Kircher[298] defende ser ela, se melhor refinada a prática penal, um avanço significativo na disciplina da justiça criminal no Brasil, equilibrando a eficiência e as garantias constitucionais do processo. Aqui não se está discutindo se a teoria dos precedentes está consolidada no CPC/2015 ou já seria ela inerente ao sistema constitucional e de teoria do direito, mas inegavelmente suas técnicas de distinção e superação lá estão, sendo elas que permitem, com melhor acuidade, a aplicação da teoria dos precedentes judiciais, assim como dos enunciados de súmula e da jurisprudência pátria.

Então, pode-se afirmar que, em especial, as técnicas que permitem uma melhor aplicação da unidade do Direito no Brasil, aqui na obra delimitadas nos enunciados de súmula, na jurisprudência e nos precedentes judiciais, podem ser aplicadas, com as devidas ressalvas, em todos os demais ramos do processo existentes, o que encontra respaldo na ótica de Ana Conceição Barbuda Sanches Guimarães Pereira[299] ao referir que pelo novo Código quer ampliar a teoria do processo civil aos demais ramos processuais.

---

[296] Recomenda-se a leitura de: MOREIRA, Rômulo de Andrade. *Uma crítica à teoria geral do processo*. Porto Alegre: Lex Magister, 2013.

[297] CÓDIGO DE PROCESSO PENAL. Disponível em: <http://www.planalto.gov.br/ccivil_03/decreto-lei/del3689.htm>. Acesso 15 set. 2019.

[298] KIRCHER, Luís Felipe Schneider. *Uma teoria dos precedentes vinculantes no Processo Penal*. Salvador: Juspodivm, 2018. p. 193. Conclui o autor: "Em suma, uma teoria dos precedentes pensada e refinada para a prática penal fará com que se avance para um modelo melhor de administração de justiça criminal no Brasil, sendo este um primeiro passo. Para tanto, é necessário o estudo aprofundado e sério, sem preconceitos, bem como a vontade genuína de efetivamente melhorar o sistema jurídico-penal, levando em conta a garantia dos direitos fundamentais e a eficiência do processo penal".

[299] FERREIRA, Ana Conceição Barbuda Sanches Guimarães. *Direito animal em xeque*: precedentes judiciais e reações legislativas. Curitiba: Juruá, 2018. p. 43. Escreve: "O novo Código de Processo Civil (CPC) funda em seu bojo o microssistema de precedentes e o faz de forma peculiar. Abraçando a norma contida no art. 926, a nova legislação processual traz a determinação para a uniformização da jurisprudência sendo, esta preocupação do legislador, um fortalecimento e uma ampliação a teoria do processo civil para o processo no Brasil".

4.2. A distinção no CPC/2015

O vigente Código de Processo Civil brasileiro, adotado com força normativa desde 18 de março de 2016, tendo sido promulgado em 16 de março de 2015, para além de renovar institutos que já estavam desgastados pelo texto processual de 1973 e respectivas reformas,[300] inovou ao abordar assuntos até então não legislados. Alocou, por exemplo, em seu conteúdo normativo, palavras e expressões que até então estavam circunscritas à família, tradição ou sistema[301] jurídico da *Common Law*, em que pese tenha perdido a oportunidade de traçar linhas mais claras quando da disciplina de tais institutos e técnicas. Um dos maiores *gaps* da legislação ficou por conta da teoria dos precedentes judiciais, como aponta Fabrício de Souza Lopes Pereira,[302] problema que denuncia recair sobre os membros que elaboraram o projeto de lei, o que aqui já se discorda, pois estiveram na comissão (tanto no anteprojeto como na elaboração final do projeto) processualistas que já tinham se debruçado no estudo do tema[303] dos precedentes judiciais.

Algumas dessas expressões ou palavras estão consignadas no conjunto de enunciados normativos que formam o artigo 489, § 1º, VI, CPC, que refere, ao tratar da questão sobre decisão judicial, que não pode mais ela, num Estado que se diz Constitucional ou Democrático de Direito, *deixar de seguir enunciado de súmula, jurisprudência ou precedente invocado pela parte, sem demonstrar a existência de distinção no caso em julgamento ou a superação do entendimento*, sob pena de não ser ela considerada como fundamentada e, portanto, nula. Somente aqui, três palavras podem causar certo espanto ao leitor mais desavisado quando enfrenta

---

300 Apenas para exemplificar algumas reformas que foram sendo feitas ao longo das décadas: a da tutela provisória, das tutelas específicas nas obrigações, do agravo e do cumprimento de sentença.

301 Sobre a preferência de nomenclaturas, recomenda-se: VIEIRA, Andréia Costa. *Civil law e common law*: os dois grandes sistemas legais comparados. Porto Alegre: Sergio Antonio Fabris, 2007. LOSANO, Mario G. *Sistema e estrutura no direito*: das origens à escola histórica. Trad. Carlo Alberto Dastoli. São Paulo: WMF Martins Fontes, 2008. Vol. I. DAVID, René. *Os grandes sistemas do direito contemporâneo*. 4. ed. Trad. Hermínio A. Carvalho. São Paulo: Martins Fontes, 2002.

302 PEREIRA, Fabrício de Souza Lopes. *Resolução de demandas repetitivas, ações coletivas e precedentes judiciais*. Curitiba: Juruá, 2017. p. 81. Escreve: "Em especial nos deparamos com o problema da teoria dos precedentes. O CPC/2015 foi incapaz de desenvolver de forma clara e objetiva aquilo que vem a ser um precedente de caráter obrigatório. Tudo isso, em razão das circunstâncias de que os membros que elaboraram o projeto certamente não detinham o conhecimento técnico da teoria dos precedentes".

303 Apenas a título de destaque, Teresa Arruda Alvim já havia, à época, traduzida a clássica obra de Neil Andrews *The modern civil process: judicial and alternative forms of dispute resolution in England*, demonstrando, no mínimo, um íntimo conhecimento com processo civil inglês. Ver: ANDREWS, Neil. *O moderno processo civil*: formas judiciais e alternativas de resolução de conflitos da Inglaterra. 2. ed. Teresa Arruda Alvim Wambier (orientação e revisão da tradução). São Paulo: Revista dos Tribunais, 2012.

a leitura do dispositivo legal, sendo elas: *(i)* precedente;[304] *(ii)* distinção e; *(iii)* superação. Ainda, poderia ser atribuída certa estranheza, também, no trecho do dispositivo no inciso V[305] que contém a expressão *fundamentos determinantes*, que também acaba por repetir enunciado de súmula e precedentes, esquecendo-se da jurisprudência que, por uma lógica da lei deverá, de igual forma, ser respeitada pelo julgador, ou seja, deverá ele não só invocá-la, mas anunciar quais as razões pela qual entende que ela deverá ser utilizada no caso a ser decidido.

Nas palavras de Daniel Mitidiero[306] haverá, consequentemente, uma linguagem um pouco diferenciada à tradição romano-canônica com a idealização de um sistema mais ligado aos precedentes, cujo conceito passou despercebido pelo legislador de 2015, como anunciado em capítulo próprio. No presente capítulo, ocupar-nos-emos da segunda palavra, qual seja, a distinção que encontra nas palavras de Lucas Buril de Macedo[307] aquilo que realmente se defende, ou seja, a distinção é a principal forma de operacionalização do precedente judicial,[308] tornando-se, então, uma das mais importantes técnicas processuais para conhecimento do novo modelo de processo civil proposto pelo legislador de março de 2015, afirmação essa que transparece ser muito semelhante àquela defendida por Erik Navarro Wolkart.[309] Denis

---

304 Embora houvesse a palavra "precedente" no Código de Processo Civil de 1973, em seu artigo 479, com sentido de jurisprudência. Era a redação: "Art. 479. O julgamento, tomado pelo voto da maioria absoluta dos membros que integram o tribunal, será objeto de súmula e constituirá precedente na uniformização da jurisprudência". Bianor Arruda Bezerra Neto explica o sentido da palavra no referido dispositivo legal: "Por essas mesmas razões é que o termo precedente, já constava no artigo 479 do CPC anterior, é apresentado ali de forma bastante simplista, como sinônimo de julgado, ou seja, como resultado do julgamento de um caso". BEZERRA NETO, Bianor Arruda. *Mas, afinal, qual é o conceito de precedente no Brasil?* Disponível em <https://www.conjur.com.br/2018-jul-27/bianor-arruda-afinal-qual-conceito-precedente-brasil>. Acesso 27 jul. 2018.

305 V – se limitar a invocar precedente ou enunciado de súmula, sem identificar seus fundamentos determinantes nem demonstrar que o caso sob julgamento se ajusta àqueles fundamentos.

306 MITIDIERO, Daniel. Fundamentação e precedente: dois discursos a partir da decisão judicial. In: *A força dos precedentes*: estudos dos cursos de mestrado e doutorado em Direito Processual Civil da UFPR. 2. ed. MARINONI, Luiz Guilherme (Org.). Salvador: Juspodivm, 2012. p. 138. Aduz: "É fácil notar que a aplicação de precedentes dá lugar a uma linguagem incomum à tradição romano-canônica. Fala-se em *ratio decidendi, obter dictum*, distinções, superações, sinalização, superações para o futuro, questões relevantes, fatos relevantes, reescrita, transformação. É um discurso substancialmente novo, que não se confunde com o discurso da decisão do caso, em que se ensarta a fundamentação, embora tenha como mesmo denominador comum a decisão judicial. Nada obstante a sua novidade, é da sua crítica e adequada assimilação que se poderá esperar bons frutos para o tratamento do direito no nosso país".

307 MACEDO, Lucas Buril de. *Precedentes judiciais e o direito processual civil*. 2. ed. Salvador: Juspodivm, 2017. p. 262. Salienta: "As distinções (*distinguishing*) são a principal forma de operar com precedentes judiciais, assim como na legislação os juristas utilizam-se da argumentação *a contrariu sensu* ou da analogia, a fim de afastar ou atrair o reconhecimento da incidência no caso concreto, a distinção é a forma de evitar ou trazer a aplicação de um precedente no caso subsequente".

308 Que também passa a ser das súmulas e da jurisprudência.

309 WOLKART, Erik Navarro. *Precedente judicial no processo civil brasileiro*: mecanismos de objetivação do processo. Salvador: Juspodivm, 2013. p. 183. Escreve: "Em momento anterior, já citamos a

Skorkowski[310] afirma ser a distinção marca própria do devido processo constitucional. Não pode um ordenamento jurídico, ainda mais num país com as dimensões[311] que o Brasil tem, ser estagnado, imune às mudanças, razão pela qual, mesmo em sua unidade, ela acaba sendo maleável a partir das técnicas hoje existentes. Nas palavras de Paulo Pessoa Pereira,[312] mesmo sendo o sistema universalizável, não pode ser ele absoluto no que se propõe.

Fato: no sistema de *Common Law* existem leis e no sistema de *Civil Law* existem precedentes! Contudo, é evidente que naquela tradição há leis – até em demasia –, e nesta se deva reconhecer a autoridade do conteúdo já decidido por determinados seguimentos do Poder Judiciário[313] que poderão, dependendo de determinados fatores, ser revistos de tempos em tempos e, na linguagem atual, superados, o que será a abordagem da segunda parte desse trabalho. Tal explicação poderia ser até mesmo concedida em razão de que o direito dos países europeus tem a mesma fonte, como anota Harold J. Berman.[314]

---

técnica do *distinguishing*. Parece-nos que essa, entre todas as técnicas de flexibilização na aplicação dos precedentes, é a que mais deve ser promovida na doutrina e na jurisprudência, com vista a impedir aquele engessamento e, mais que isso, a obstar injustiças, como as decorrentes da aplicação de um precedente em situação cujas peculiaridades demandem solução diferente".

310 SKORKOWSKI, Denis. *Segurança jurídica e modelo de precedentes*: motivação judicial para uso do 'distinghishing' e do 'overruling'. São Paulo: LiberArs, 2020. Escreve na p. 72: "Para além desse ângulo de análise, o que se pode concluir a partir disse é que a distinção é um instrumento essencial à concretização do devido processo legal, uma vez que viabiliza ao próprio litigante o estabelecimento de contraditória diante da desigualdade dos casos confrontados".

311 Para saber mais sobre alguns dados importantes e atualizados do Brasil, ver: Disponível em <https://www.ibge.gov.br/cidades-e-estados.html>. Acesso 15 set. 2019.

312 PEREIRA, Paulo Pessoa. *Legitimidade dos precedentes*: universalidade das decisões do STJ. São Paulo: Revista dos Tribunais, 2014. p. 162. Escreve: "Afirmar que a proposição normativa de uma decisão deve ser universal, não significa que ela deve ser absoluta. Esta limitação da universalidade é reconhecida, em face da diversidade e complexidade do mundo prático e da vida social; ou seja, outros casos, que à primeira vista aparentam as mesmas características em que foi formada a proposição normativa, poderão apresentar fatores ou circunstâncias adicionais, que não foram consideradas na decisão, ou mesmo apresentar fatores que contrapõem o resultado obtido naquelas razões justificadoras, de modo tal que a decisão se torna inapropriada para a resolução do novo caso".

313 Desde já se recomenda: MITIDIERO, Daniel. *Cortes superiores e cortes supremas*: do controle à interpretação, da jurisprudência ao precedente. 3. ed. São Paulo: Revista dos Tribunais, 2017. p. 18. Deve-se ater ao fato de que o autor alerta, desde o início, que sua obra deseja repensar o modelo, e não afirmar que ele já é assim. Diz ele: "Quando encarados a partir desses modelos, é fácil perceber que o Supremo Tribunal Federal e o Superior Tribunal de Justiça pendem mais para o modelo de Cortes Superiores do que para o de Cortes Supremas. O problema dessa tendência, no entanto, é que essa se coloca na contramão da história e não se mostra capaz de viabilizar a adoção de técnicas processuais imprescindíveis para o adequado funcionamento do Supremo Tribunal Federal e do Superior Tribunal de Justiça – e, portanto, para a promoção da liberdade, da igualdade, da segurança jurídica e da tutela efetiva dos direitos no nosso Estado Constitucional. É preciso, portanto, que o Supremo Tribunal Federal e o Superior Tribunal de Justiça sejam pensados como Cortes de Interpretação e de Precedentes – e não mais como Cortes de Controle e de Jurisprudência. Vale dizer: como verdadeiras Cortes Supremas e não mais como simples Cortes Superiores".

314 BERMAN, Harold J. O fundamento histórico do direito americano. In: *Aspectos do direito americano*. Harold J. Berman (Org.). Trad. Janine Yvonne Ramos Péres e Arlette Pastor Centurion. Rio de

Commonlawlização?[315] *Brazilian Law?*[316] Qual seja o nome que se queira dar ao fenômeno, ou mesmo sendo qualquer nominação desnecessária, pois o tronco ocidental seria um só, como relembra Luiz Guilherme Marinoni,[317] também é fato poder afirmar que é inerente aos sistemas a Lei e sua interpretação. Por estas razões, não se estaria migrando de sistema,[318] muito pelo contrário, o que se vê é que o que está acontecendo para um sistema está, de semelhante forma, acontecendo para

---

Janeiro: Companhia Editora Forense, 1963. Título original: *Talks on anerican law*. p. 11-12. Escreveu: "O Direito Americano, do ponto de vista histórico, faz parte da família dos sistemas legislativos da Europa Ocidental. Seus principais fundamentos institucionais e doutrinários surgiram no fim dos séculos XI e XII nos mosteiros, nas Universidades, nas Ordens Eclesiásticas e nas Famílias Reais da Cristandade da Europa Ocidntal. Os juristas daquela época reformaram os primitivos sistemas de Direito Germânico e Franco, à luz do Direito Romano, da Filosofia Grega e da Ética Hebraica e Cristã. Posteriormente, foram elaborados os mais diversos sistemas de Direito, baseados nessa escola, sendo importante reconhecer que 'O Direito de todos os países da Europa é originário das mesmas fontes', como dizia, há duzentos anos passados, o estadista inglês Edmund Burke".

315 PORTO, Sérgio Gilberto. *Common law, civil law* e precedente judicial. In: MARINONI, Luiz Guilherme (Coord.). *Estudos de Direito Processual Civil.* São Paulo: Revista dos Tribunais, 2005. p. 764. Refere o autor: "Cumpre, outrossim, registrar que, hodiernamente, em face da globalização – a qual para o bem ou para o mal indiscutivelmente facilitou as comunicações –, observa-se um diálogo mais intenso entre as famílias romano-germânicas e da *common law*, em que uma recebe influência direta da outra. Da *common law* para a *civil law* há, digamos assim, uma crescente simpatia por algo que pode ser definido como uma verdadeira 'commonlawlização' no comportamento dos operadores nacionais, modo especial, em face das já destacadas facilidades de comunicação e pesquisa postas, na atualidade, à disposição da comunidade jurídica. Realmente, a chamada '*commonlawlização*' do direito nacional é o que se pode perceber, com facilidade, a partir da constatação da importância que a jurisprudência, ou seja, as decisões jurisdicionais, vem adquirindo no sistema pátrio, particularmente por meio do crescente prestigiamento da corrente de pensamento que destaca a função criadora do juiz".

316 ROCHA, Felippe Borring. *Princípio da jurisdição equivalente*: em busca do equilíbrio entre colegialidade e o julgamento monocrático do mérito dos recursos nos tribunais brasileiros. Salvador: Juspodivm, 2019. Escreve na p. 55: "Diante desse quadro, entendemos que o sistema jurídico do Brasil não pode ser visto como híbrido. Apesar das transformações operadas, a nossa estruturas jurídica permanece funcionando sobre a lógica do *Civil Law*. O que se verificou, na realidade, foi a convergência de dois tipos de jurisdição, a jurisdição legal (*statute law*) e a jurisdição jurisprudencial (*case law*). De modo que o sistema jurídico brasileiro pode ser enquadrado como estruturado pelas tradições do *Civil Law*, mas dotado de uma modalidade diferenciada de jurisdição mista (*mixed jurisdiction*), que bem poderia ser chamado de 'Brazilian Law'".

317 MARINONI, Luiz Guilherme (Org.). *A força dos precedentes*: estudos dos cursos de mestrado e doutorado em Direito Processual Civil da UFPR. Salvador: Juspodivm, 2012. p. 9. Já na apresentação à obra, deixa o organizador bem clara sua posição: "A radical contraposição entre *common law* e *civil law*, própria ao antigo direito comparado, vem sendo deixada de lado em favor da ideia de que estes sistemas constituem dois aspectos de uma mesma e grande tradição jurídica ocidental. Não obstante, é inquestionável que o *civil law* e o *common law* surgiram em circunstâncias políticas e culturais completamente distintas, o que naturalmente levou à formação de tradições jurídicas particulares, definidas por institutos e conceitos próprios".

318 CÂMARA, Alexandre Freitas. *O novo Processo civil brasileiro.* 4. ed. São Paulo: Atlas, 2018. p. 432. Escreve: "A técnica de decidir a partir de precedentes, empregando-os como princípios argumentativos, é uma das bases dos sistemas jurídicos anglo-saxônicos, ligados à tradição jurídica do *common law*. Isto não significa, porém, que o ordenamento jurídico brasileiro, historicamente vinculado à tradição jurídica romano-germânica (conhecida como *civil law*), tenha 'migrado' para o *commom law*. Muito pelo contrário, o que se tem no Brasil é a construção de um sistema de formação de decisões judiciais com base em precedentes adaptado às características de um ordenamento de *civil law*".

o outro.[319] Recepção de teses de uma tradição para outra não é aceitação pura e simplesmente, devendo a realidade de cada um deles ditar como será ou não aplicada a realidade transposta, como refere Henriqueta Fernanda Chaves Alencar Ferreira Lima.[320] Como expõe Michele Taruffo,[321] hoje somente há diferenças residuais dos modelos. Há que se pensar o novo de forma inovadora, como alerta Sérgio Cuz Arenhart quando se refere, por exemplo, à tutela inibitória e ao processo coletivo em geral, o que é também entendimento de Gustavo Osna[322] em recente obra produzida por ambos os processualistas, lição que cai perfeitamente na lida de temas como o trabalhado no presente texto.[323]

Mas não é sobre qualquer diferença ou semelhança entre *Common Law* e *Civil Law* que o estudo persegue, mas sim, especificadamente, sobre o tema da distinção que se está preocupado. Inserida no artigo 489, § 1º, VI, CPC, tem a distinção ali prevista alguma semelhança com a palavra inglesa *distinguishing*, que acompanha a teoria dos precedentes no sistema de *Common Law*? Para isso, deverão ser estudados alguns conceitos daquela tradição jurídica para, após, analisar qual o significado que se tem concedido à distinção do CPC/2015 para, finalmente, comparar com a *distinguishing*, verificando se podem ser tidos como a mesma técnica processual.

---

[319] TUCCI, José Rogério Cruz e. Direito processual civil inglês. In: TUCCI, José Rogério Cruz e (Coord.). *Direito Processual Civil europeu contemporâneo*. São Paulo: Lex, 2010. p. 217. Como pode ser visto, dentre outros exemplos, as *Civil Procedure Rules* que, desde 26 de abril de 1999, estão em vigor na Inglaterra.

[320] LIMA, Henriqueta Fernanda Chaves Alencar Ferreira. *Da judicialização da vida aos precedentes judiciais obrigatórios*: uma análise do impacto na efetividade dos direitos da personalidade no Brasil. Rio de Janeiro: Processo, 2022. Escreve na p. 142: "Vive-se verdadeira aproximação entre as famílias jurídicas, que não é peculiaridade brasileira, sem, contudo, poder-se falar em descaracterização; há recepção jurídica de institutos que cada sistema entende útil à sua realidade para a otimização da prestação jurisdicional".

[321] TARUFFO, Michele. Aspectos fundamentais do processo civil de *civil law* e de *common law*. In: ——. *Processo civil comparado*: ensaios. Trad. Daniel Mitidiero. São Paulo: Marcial Pons, 2013. p. 34.

[322] ARENHART, Sérgio Cruz; OSNA, Gustavo. *Curso de processo civil coletivo*. São Paulo: Revista dos Tribunais, 2019. p. 17. Escrevem: "De fato, vem sendo corriqueira em uma série de localidades a insatisfação com o processo, a formação das figuras de tutela coletiva não possui desprendimento com esse dado dialogando com o convite ao ineditismo e com a procura por novas respostas que decorre de tal cenário. Embora o processo coletivo seja fenômeno normalmente tratado pela doutrina como instituto relativamente recente, não há dúvida de que os mesmos vícios atribuídos ao processo civil 'clássico' também são transmitidos ao campo coletivo. Na medida em que o processo coletivo se valha da lógica própria do processo individual, é evidente que a herança genética deste imprimirá seus conceitos –e, portanto, seus problemas – naquele".

[323] ARENHART, Sérgio Cruz. *Perfis da tutela inibitória coletiva*. São Paulo: Revista dos Tribunais, 2003. (Temas atuais de direito processual civil; 6). p. 19. Aponta: "Uma advertência inicial, porém, é importante: a fim de bem compreender e aplicar a tutela inibitória, é necessário tomar certa cautela com os conceitos e 'pré-conceitos' utilizados pelo operador do Direito. Encarar essa tutela (bem como a tutela coletiva) com olhos voltados para o passado, estritamente, sem desapegar-se de alguns dogmas já vencidos, é negar-lhe as riquezas que esconde e tolher-lhe as possibilidades que representa".

É ainda de ser ressaltado que é da essência do Código de Processo Civil de 2015 que todos trabalhem por uma unidade do Direito, por uma consistência do ordenamento jurídico brasileiro. Apesar de todas as críticas possíveis ao modo como escrito o art. 6º do CPC, ali está a essência do que se busca: um processo justo. Evidentemente não há como trabalhar com um direito estático, pois dinâmica é a vida, a sociedade, sendo que, de igual forma, dinâmica será a construção do seu Direito. A técnica da superação será alvo do capítulo seguinte, sendo que, ainda restam algumas problemáticas a serem levantadas sob a técnica da distinção. Uma delas é a de que pertence ela, pelo menos pela leitura que se faz do texto do CPC, a todos os sujeitos do processo. Luís Gustavo Reais Mundim[324] assim se posiciona ao referir que não só pertence a técnica às partes, mas ao julgador de igual forma que devem, segundo Otávio Verdi Motta,[325] desenvolver um raciocínio acerca das similaridades e dissimilaridades entre os casos.

4.3. No precedente, é preciso conhecer a *ratio decidendi* para a realização da *distinguishing*[326]

A título inicial, como já anunciado na introdução, algumas palavras ou expressões serão necessárias à compreensão do que é distinção no ordenamento jurídico brasileiro, assim como o que é *distinguishing* nos sistemas de *common law*, sendo que, até mesmo, conceitos meramente

---

[324] MUNDIM, Luís Gustavo Reis. *Precedentes*: da vinculação à democratização. Belo Horizonte: D'Plácido, 2018. p. 127. Importante mencionar que a distinção não é apenas uma técnica a ser realizada pelas partes, mas, também, pelo julgador.

[325] MOTTA, Otávio Verdi. *Justificação da decisão judicial*: elaboração da motivação e a formação de precedente. São Paulo: Revista dos Tribunais, 2015. p. 204-205. Escreve: "O *distinguishing* é uma técnica de utilização do precedente que expressa a distinção entre casos para o efeito de se subordinar, ou não, o caso sob julgamneto a um precedente vinculante. É o que os juízes fazem quando promovem uma distição entre um caso e outro. A discussão que se segue a respeito da distinção entre casos é basicamente a mesma da sua aplicação, ou seja, devem-se cotejar as situações dos casos para avaliar similaridades e distinções. No âmbito do precedente vinculante, quando houver essa semelhança, o precedente identificado deverá ser aplicado ao caso a ser decidido; quando, no entanto, não houver essa semelhança entre os casos, então não haverá vinculação ao precedente justamente em razão da distinção. Por essa razão, o raciocínio que envolve o processo de seguir ou de distinguir o precedente depende do reconhecimento de similaridade ou dissimilaridade entre os casos. A únca forma de não aplicação de um precedente obrigatório é por meio da distinção fático-jurídicas".

[326] O conhecimento da *ratio*, obviamente, não é somente importante para a *distinguishing* mas, de mesma forma, para a ocorrência de *overruling*. Ver: MENDES, Bruno Cavalcanti Angelin. *Julgamento de casos repetitivos*: critérios de seleção dos casos paradigmáticos e formação de precedentes. Salvador: Juspodivm, 2021. p. 206. Escreve: "Com efeito, para a utilização adequada do precedente judicial faz-se necessária a reconstrução de sua história, inicialmente por meio de uma nálise comparativa dos casos, isto é, do atual e do caso paradigma, inclusive com a devida atenção aos elementos da *ratio decidendi* (razões de decidir que se configura como princípio a ser aplicado ao caso similar), circunstâncias estas que possibilitarão o emprego correto, se for o caso, de técnicas como a da distinção (*distinguishing*) ou da superação (*overruling*)".

introdutórios foram já delineados de alguns deles, como o caso da *ratio decidendi* que, na ótica de Ruy Alves Henriques Filho,[327] se trata da essência do precedente, contruída a partir de posições convergentes dos motivos determinantes, como aponta Victor Vasconcelos Miranda.[328] Ora, partindo do pressuposto que a *ratio decidendi* são as *razões determinantes*, ou seja, aqueles fundamentos que, extraídos do caso julgado, terão a possibilidade de ser aplicados, como norma de decisão, no caso futuro, deve ser afirmado nesse momento que, quando se está a falar de precedentes no direito brasileiro, são as razões determinantes do *leading case* que devem ser fundamentais para a vinculação do caso futuro. É o momento, como lembra Gilberto Andreassa Junior,[329] do *instant case*, ou seja, é necessário saber se a *ratio* é aplicável ao caso presente. Para Andréia Costa Vieira,[330] a *ratio decidendi* ou *holding* é, na verdade, o princípio de direito desenvolvido na decisão, o que vai na mesma linha de Ana de Lourdes Coitinho Silva,[331] ou, como expõem Gary Slapper e David Kelly,[332] é a declaração do direito aplicado ao se decidir um caso concreto. No mesmo sentido, Hugo Filardi,[333]

---

327 HENRIQUES FILHO, Ruy Alves. *Identificação dos precedentes judiciais*: criacionismo judicial, precedentes em espécie, força vinculante, dificuldades em sua aplicação e revisão. Londrina, PR: Thoth, 2021. p. 221. Escreve: "*Ratio decidendi* é a essência do precedente, é o que garante a segurança da decisão".

328 MIRANDA, Victor Vasconcelos. Precedentes judiciais: construção e alicação da *ratio decidendi*. São Paulo: Revista dos Tribunais, 2022. p. 284. Escreve: "Anotou-se também, diante do sistema delineado pelo CPC/2015, a impossibilidade de se assumir como *ratio decidendi* opiniões individuais dos julgadores, sendo imprescindível que haja a convergência majoritária dos fundamentos determinantes para que se possa construir a *ratio decidendi*".

329 ANDREASSA JUNIOR, Gilberto. *Precedentes judiciais e colegialidade*: a reforma no procedimento deliberativo dos tribunais como pressuposto para uma efetiva aplicação dos institutos. Londrina, PR: Thoth, 2021. p. 91. Escreve: "Identificar a *ratio decidendi* de uma questão de um caso concreto – isto é, o precedente que deve se aplicado (*precedent case*) – é apenas uma das tarefas que envolvem a dinâmica de um sistema de precedentes. Além de identificar a *ratio*, é preciso saber se essa é aplicável ao caso presente (*instant case*). Aplicar um precedente envolve, portanto, comparação entre os casos".

330 VIEIRA, Andréia Costa. *Civil Law e Common Law*: os dois grandes sistemas legais comparados. Porto Alegre: Sergio Antonio Fabris, 2007. p. 124-125. Escreve: "O que contém a força vinculante é, na verdade, o princípio de direito desenvolvido na decisão, também chamado de *ratio decidendi* do caso, ou o seu *holding*".

331 SILVA, Ana Lourdes Coutinho. *Motivação das decisões judiciais*. São Paulo: Atlas, 2012. p. 195. "A *ratio* é o princípio, o motivo, a razão jurídica ligada aos fatos essenciais da causa, que fez com que o caso anterior fosse decidido de determinada maneira e que terá força vinculante para situações futuras que lhe sejam similares, de acordo com a posição hierárquica do Tribunal onde houve o julgamento e a Corte que o invoca".

332 SLAPPER, Gary; KELLY, David. *O sistema jurídico inglês*. Trad. Marcílio Moreira de Castro. Rio de janeiro: Forense, 2011. p. 110. Para eles: "É importante deixar claro que não é a decisão em si do caso que fixa o precedente; o precedente está na regra jurídica em que a decisão se baseia. Esta regra, que é uma abstração dos fatos do processo, é conhecida como a *fundamentação* do processo. A *ratio decidendi* (termo em latim que significa 'razão da decisão') de um caso pode ser definida como uma declaração do direito aplicado ao se decidir o problema jurídico levantado pelos fatos concretos do caso".

333 FILARDI, Hugo. *Precedentes obrigatórios inconstitucionais*: análise crítica do sistema de precedentes judiciais proposto pelo Código de Processo Civil. Rio de Janeiro: Lumen Juris, 2018. p. 155. Escreve: "Por se tratar, a *ratio decidendi*, de regra de direito posta diretamente para o processo de tomada de

em recente monografia sobre precedentes, afirma ser a *ratio decidendi* o núcleo central da própria atividade decisória, sendo que servirá de parâmetro para os julgamentos posteriores, palavras também encontradas na escrita de Cesar Zucatti Pritsch,[334] quando afirma ser a *ratio* o conceito mais importante da doutrina de precedentes vinculantes.

De mesma sorte, está também presente a distinção, por expressa previsão legal, a ser realizada nos casos envolvendo jurisprudência e a súmula vinculante, o que não pode ser esquecido, a teor do art. 489, CPC. Como defende Luiz Guilheme Marinoni,[335] para que a *distinguishing* seja efetivamente possível de ser realizada, é necessário a delimitação da *ratio decidendi*, até em razão de que não seja feita a distinção sobre questões não vinculativas, oriundas do *obiter dictum*[336] dos julgamentos, que podem ser persuasivos,[337] o que está de acordo com o pensamento de

---

decisão e núcleo central da própria atividade decisiva, entende-se que apenas esse elemento da decisão judicial está apto a se tornar um precedente. Evidentemente que a obrigatoriedade (*binding effect*) de aplicação de um precedente e restringe apenas a *ratio decidendi* do julgamento que servirá como parâmetro para julgamentos subsequentes".

[334] PRITSCH, Cesar Zucatti. Como identificar a *ratio decidendi* e aplicar ou distinguir um precedente? In: *Precedentes no processo do trabalho*: teoria geral e aspectos controvertidos. PRITSCH, Cesar Zucatti; JUNQUEIRA, Fernanda Antunes Marques; HIGA, Flávio da Costa; MARANHÃO, Ney (coords.). São Paulo: Revista dos Tribunais, 2020. p. 113. p. 111-154. Defende o autor: "*Ratio decidendi* é, a nosso ver, o conceito mais importante da doutrina de precedentes vinculantes, definidor de toda sua dinâmica. Como examinaremos abaixo, sua correta identificação determina quais padrões decisórios serão obrigatoriamente repetidos no futuro, e quais são meros coadjuvantes na decisão. A limitação da autoridade vinculativa (*binding authority*) ao *ratio decidendi* é a chave para garantir o equilíbrio entre a estabilidade da jurisprudência e a preservação da independência funcional do juiz, uma das garantias máximas de nossa democracia, evitando que se permita que decisões abstratas e desvinculadas dos casos concretos possam vincular a juízes como se fossem lei. Antes pelo contrário, cabe ao próprio juiz do caso posterior, ao interpretar os precedentes, compreender o alcance de sua proposição jurídica em seu contexto fático, verificando sua compatibilidade com o caso posterior e, portanto, evitando que este seja regido por entendimentos excessivamente abrangentes ou abstratos, inapropriados para seus fatos concretos".

[335] MARINONI, Luiz Guilherme. *Precedentes obrigatórios*. 5. ed. São Paulo: Revista dos Tribunais, 2016. p. 231-232. Escreve: "É intuitivo que, para aplicar a *ratio decidendi* a um caso, é necessário comparar o caso de que esta provém com o caso em julgamento, analisando-se as suas circunstâncias fáticas. O *distinguishing* expressa a distinção entre os casos para o efeito de se subordinar, ou não, o caso sob julgamento ao precedente. Assim, é necessário delimitar a *ratio decidendi*, considerando-se os fatos materiais do primeiro caso, ou seja, os fatos que foram tomados em consideração no raciocínio judicial como relevantes ao encontro da decisão. O *distinguishing* revela demonstração entre as diferenças fáticas entre os casos ou a demonstração de que a *ratio* do precedente não se amolda ao caso sob julgamento, uma vez que os fatos de um e outro são diversos".

[336] MUNDIM, Luís Gustavo Reis. *Precedentes*: da vinculação à democratização. Belo Horizonte: D'Placido, 2018. p. 114. Para o autor: "O *obiter dictum* seria um argumento incidental, ou seja, tudo aquilo que não é capaz de se configurar como *ratio decidendi*, definindo-o, assim, por exclusão". Ou, como refere Hugo Filardi, seria um acessório ao que foi julgado. Ver: FILARDI, Hugo. *Precedentes obrigatórios inconstitucionais*: análise crítica do sistema de precedentes judiciais proposto pelo Código de Processo Civil. Rio de Janeiro: Lumen Juris, 2018. p. 155. "*Obiter dictum* refere a elemento acessório ao julgamento, alegações que embasaram a criação da norma jurídica como parâmetros para julgamento subsequentes".

[337] SLAPPER, Gary; KELLY, David. *O sistema jurídico inglês*. Tradução Marcílio Moreira de Castro. Rio de Janeiro: Forense, 2011. p. 110. Sobre o tema: "Esta frase em latim significa 'declaração lateral'. Qualquer declaração jurídica que não for parte essencial da *ratio decidendi* é supérflua, e é chamada

Guilherme Rizzo Amaral.[338] Em linha argumentativa bastante similar, Luís Manoel Borges do Vale[339] afirma que é a partir das peculiaridades do caso sob apreciação que será possível distinguir a *ratio decidendi* e, portanto, concluir pela inaplicabilidade do precedente invocado. Para Cezar Zucatti Pritsch,[340] se os fatos forem suficientemente similares, aplica-se o precedente por analogia, mas se forem diferentes, recomenda-se solução diversa, que defende ser a *distinguishing*. Nas palavras de José Rogério Cruz e Tucci,[341] o precedente deve guardar absoluta pertinência com a *ratio decidendi* do caso futuro, sendo, portanto, um precedente *in point*. Caso não exista esta vinculação, há que se fazer a *distinguishing* ou método de confronto,[342] expressão utilizada pelo professor da USP.

---

de *obter dictum* (*obter dicta* no plural), isto é, declaração lateral. Apesar de os *obter dicta* não fazerem parte do precedente vinculante, eles são persuasivos e podem ser levados em consideração em processos futuros, se o juiz nos casos futuros considerar apropriados". Por conta disso, o Superior Tribunal de Justiça tem negado a possibilidade de sua utilização para fins de demonstração da divergência para fim do artigo 1.043 do Código de Processo Civil: "Este tribunal superior tem firme posicionamento, reafirmado pela Corte Especial em julgamento de Embargos de Divergência interposto já na vigência do CPC/2015, segundo o qual fundamento proferido em obiter dictum sobre o mérito do recurso especial não caracteriza a divergência jurisprudencial, porquanto se trata, tão somente, de reforço argumentativo." (AgInt nos EAREsp 2.051.752/MG, relatora Ministra Regina Helena Costa, Primeira Seção, julgado em 29/8/2023, DJe de 31/8/2023).

338 AMARAL, Guilherme Rizzo. *Judicial precedent and arbitration* – are arbitrators boundy by judicial precedent? A comparative study of UK, US and Brazilian Law and Practice. London: Wildy, Simmmonsds & Hill Publishing, 2017. p. 1. Escreve: "*And yet one should not mistake a precedent for the actual decision from which it originates. The precedent has to be extracted from the decision by the interpreter – more specifically, by the subsequent court (or decision-maker) which Will apply the precedent – through the process f identifying the ratio decidendi and separating it from obiter dicta*".

339 VALE, Luís Manoel Borges do. *Precedentes vinculantes no processo civil brasileiro e a razoável duração do processo*. Rio de Janeiro: LMJ Mundo Jurídico, 2019. p. 60. Escreve: "Doutro lado, quando se disse que a aplicação do precedente judicial está vinculado ao uso de contra-analogias, teve-se por intento reforçar a ideia de que a não conformação de um caso a uma decisão-quadro exige do julgador a correta distinção entre as demandas, de tal sorte que se utilizará da técnica denominada no direito inglês de *distinguishing*. Este pressupõe que, tomando-se por base as peculiaridades do caso sob apreciação, será possível afastar a conclusão adstrita à *ratio decidendi*, defluindo na inaplicabilidade do precedente".

340 PRITSCH, Cesar Zucatti. Como identificar a *ratio decidendi* e aplicar ou distinguir um precedente? In: *Precedentes no processo do trabalho*: teoria geral e aspectos controvertidos. PRITSCH, Cesar Zucatti; JUNQUEIRA, Fernanda Antunes Marques; HIGA, Flávio da Costa; MARANHÃO, Ney (coords). São Paulo: Revista dos Tribunais, 2020. p. 153. Aponta: "Se tais fatos forem suficientemente similares, em aspectos relevantes para a relação jurídica debatida, a ponto de justificar o mesmo tratamento necessários do precedente, então haverá aplicação por analogia. Do contrário, se os fatos necessários do precedente e do caso atual foram distintos a ponto de recomendar solução diversa daquela do precedente, então será o caso de não aplicação do precedente por distinção (*distinguishing*). Logo, o mesmo exame de um precedente com fatos diversos daquele do caso atual resultará em uma das duas situações, de aplicação analógica ou de distinção".

341 TUCCI, José Rogério Cruz e. *Direito processual civil*: entre comparação e harmonização. Salvador: Juspodivm, 2021. p. 265. Aduz: "Assim, o precedente, para produzir eficácia vinculante, deve guardar absoluta pertinência substancial com a *ratio decidendi* do caso sucessivo, ou seja, deve ser considerado um *precedent in point*".

342 Idem. Escreve: "A complexa atividade lógica de interpretação do precedente judicial vale-se, outrossim, do método de confronto, denominado *distinguishing*, pelo qual o juiz verifica se o caso em julgamento pode ou não ser considerado análogo ao paradigma anterior".

Na mesma linha, referindo-se ao sistema de precedentes existentes no *common law*, Lenio Luiz Streck e Georges Abboud[343] afirmam ser a *ratio decidendi* o princípio/regra jurídica a ser utilizada para a solução do caso posterior, presentes as cirscunstâncias particulares que autorizam a sua aplicação vinculante e, não as tendo, sendo então autorizada a técnica da *distinguishing*, o que acabará impactando em toda atividade jurisdicional,[344] desde os advogados públicos e privados, promotores, juízes, assim como das demais carreiras jurídicas, nunca esquecendo que em alguns casos, embora exista tese jurídica firmada num Tribunal, a *ratio decidendi* restou de fora dela, servindo o alerta de Juliana Carolina Frutuoso Bizarria[345] de que não se busca na tese, pura e simplesmente, as razões determinantes de um julgamento.

Os fatos estão intimamente ligados ao direito exposto na *ratio decidendi*, como lembram Debora Bonat e Fabiano Hartmann Peixoto,[346]sendo que hoje, como já demonstram os escritos atuais e mais progressistas sobre o tema,[347] fato e direito são indissociáveis, razão pela qual conhecendo a *ratio*, os fatos que auxiliaram na sua construção deverão estar presentes ou não no caso subsequente, a ensejar a aplicação ou a distinção do precedente. Contudo, não é do desconhecimento dos Tribunais que a similitude fática do caso a ser julgado deva ser 100% fidedigna ao

---

343 STRECK, Lenio Luiz; ABBOUD, Georges. O NCPC e os precedentes – afinal, do que estamos falando?. In: *Precedentes*. Fredie Didier Jr.; Leonardo Carneiro da Cunha; Jaldemiro Rodrigues Ataíde Jr.; Lucas Buril de Macêdo (coords.) Salvador: Juspodivm, 2015. p. 177. Escreve: "A doutrina dos precedentes funda-se nos seguintes aspectos: a seleção de quais precedentes são similares o suficiente para confrontarem o caso a ser decidido às considerações de mérito da cadeia de precedentes, a fim de identificar qual a premissa/regra jurídica contida nos casos anteriores (*ratio decidendi*) que pode ser utilizada para solucionar o caso e o exame das circunstâncias particulares que uma vez presentes permitem que o juiz se afaste da aplicação do precedente vinculante por meio da utilização do *distinguishing*".

344 TAVARES, Caroline. *Ratio decidendi e o sistema de precedentes no novo CPC*. Rio de Janeiro: Lumen Juris, 2019. p. 52. Defende: "Diz-se importante não apenas para quem julga, mas para todos os juristas e principalmente aos advogados da causa, porquanto será seu dever demonstrar situações em que se aplica o precedente de determinado paradigma, eis que observada a mesma '*ratio*', ou refutar, quando acreditar ser incompatível tal comparação por força do '*distinguishing*'".

345 BIZARRIA, Juliana Carolina Frutuoso. *Ação rescisória e precedentes*. São Paulo: Revista dos Tribunais, 2021. p. 83. Escreve: "Os fundamentos determinantes a serem buscados em um precedente para que sejam aplicados no julgamento de casos subsequentes não se restringem e não se confundem com a tese jurídica que vem sendo construída na maioria dos julgamentos de casos repetitivos e de recurso extraordinário com repercussão geral. A tese jurídica é instrumento voltado para a solução de litígios que envolvam uma situação fática padrão, replicada em diversas ações e, muitas vezes, ao fixar a tese, o tribunal deixa de abranger a *ratio decidendi*".

346 BONAT, Debora; PEIXOTO, Fabiano Hartmann. *Racionalidade no direito*: inteligência artificil e precedentes. Curitiba [PR]: Alteridade, 2020. p. 93. Escrevem: "A *ratio decidendi* corresponde aos fatos selecionados pelo juiz acrescida da conexão com o direito (norma, costume, ponderação, etc.) utilizada para construir o texto decisório. Aqui, têm-se dois pontos de crucial importância de estudar precedentes e teorias da argumentação em conjunto. Um é dependente do outro para que o sistema seja construído com bases racionais".

347 Sobre o tema, recomenda-se: LANES, Julio Cesar Goulart. *Fato e direito no processo civil cooperativo*. São Paulo: Revista dos Tribunais, 2014.

caso cujo precedente foi firmado, já havendo julgados no Superior Tribunal de Justiça[348] delineando esses contornos.

Em recente publicação, Daniel Mitidiero[349] propõe três passos para identificação da ratio decidendi, sendo o primeiro a decomposição dos elementos essenciais e acidentais para demonstrar a relevância de cada um deles, a segunda que passa pela especificação da questão decidida, realizando uma comparação com a decisão pendente e, por fim, reconstruir a norma justificano que seus elementos amparam a identidade, a semelhança ou a distinção com a questão pendente. A ideia aparenta, seguida como realmente pensada pelo autor, ser a mais segura forma de identificação da *ratio decidendi*.[350]

[348] Como no julgamendos dos: EDcl no AREsp 1079064/DF, de relatoria do Ministro Benedito Gonçalves, da Primeira Turma, julgado em 09/04/2019. DIREITO PROCESSUAL CIVIL. EMBARGOS DE DECLARAÇÃO NO AGRAVO EM RECURSO ESPECIAL. PRAZO PROCESSUAL. SUSPENSÃO DURANTE RECESSO FORENSE. 1. DISTINÇÃO ENTRE PRECEDENTE PARADIGMA E CASO CONCRETO EM EXAME. DESNECESSIDADE DE IDENTIDADE FÁTICA LITERAL OU INTEGRAL ENTRE OS RESPECTIVOS SUPORTES FÁTICOS. DISTINÇÃO AMPLIATIVA. 2. INSTITUIÇÃO DE RECESSO FORENSE POR ATO ADMINISTRATIVO DE TRIBUNAL LOCAL. LEGALIDADE, IN CASU. EMBARGOS DE DECLARAÇÃO ACOLHIDOS PARCIALMENTE, SEM EFEITOS INFRINGENTES. 1. Desnecessária a identidade integral ou literal entre o suporte fático do precedente paradigma e o suporte fático do caso em exame, para fins de incidência da *ratio*. A *distinção* entre casos somente terá funcionalidade quando os fatos distintos forem capazes de interferir, decisivamente, na solução do caso sob análise. 2. A divergência fática apontada diz respeito às datas fixadas por Tribunal local para fins de instituição de recesso forense. A legalidade de ato normativo de Tribunal local que institui recesso forense está justificada quanto o ato for editado em acordo com a disciplina normativa fixada pelo Código de Processo Civil, pelo Conselho Nacional de Justiça e demais legislação em vigor. 3. Embargos de declaração parcialmente acolhidos, sem efeitos infringentes.

[349] MITIDIERO. *Ratio decidendi*, op. cit., p. 149-150: "Para identificar a ratio, interpretando a fim de aplicá-la, é preciso segui três passos", e continua: "Primeiro, decompor seus elementos essenciais e acidentais a fim de demonstrar a relevância de cada um deles para a solução da questão decidida. São elementos essenciais as proposições fático-jurídicas – as razões necessárias e suficientes – atinentes a posições e bens de uma dada situação. São acidentais, em princípio, as pessoas, o tempo, o lugar e o valor nela envolvidos. Os elementos essenciais são aqueles relevantes para a caracterização da ratio", referindo que "Segundo, especificar a questão decidida, comparando-a com a questão pendente de decisão. É preciso identificar o que foi decidido (*settle law*) para a partir daí justificar a identidade (congruência de elementos essenciais em determinado nível de generalização e abstração dos acidentais), a semelhança (congruência de elementos essenciais em determinado nível de generalização e abstração dos acidentais) ou a distinção (ausência de congruência de quaisquer elementos essenciais ou existência de congruência marcada por um fato não considerado anteriormente", e conclui: "Terceiro, reconstruir a norma com o propósito de justificar que os seus elementos relevantes amparam a identidade, semelhança ou distinção. Questões idênticas são resolvidas pelo *settle law*, as semelhantes e distintas em razão de fato não considerado (*cases of first impression*) tornam-se *settle law* em função da extensão ou redução da ratio e as totalmente distintas não são por ela consideradas".

[350] Referido autor assim define a *ratio decidendi*: "Posso definir a ratio decidendi como uma norma formulada a partir da decisão de um caso por uma Corte Suprema em que razões necessárias e suficientes operam sobre fatos relevantes para determinar, no todo ou em parte, a solução de uma questão identica ou semelhante. Como muitos fatores influenciam essa formulação, é preciso tomar o texto da decisão como uma moldura capaz de fornecer, diante de suas descrições concorrentes, uma prescrição normativa mediante sua reconstrução lógico-argumentativa. Tudo que não forma a ratio constitui *obiter dictum*." (Ibidem, p. 69/70).

4.4. A distinção e sua previsão no art. 489 do Código de Processo Civil brasileiro

Inserido dentro das novidades do novo modelo de direito processual civil advindo com a legislação de 2015, o artigo 489, que complementa os artigos 11,[351] CPC, e 93, IX,[352] da CF, comporta múltiplas discussões sobre o seu conteúdo. O referido dispositivo inicia identificando os elementos necessários de uma sentença, sendo eles: *(i)* o relatório; *(ii)* a fundamentação e *(iii)* o dispositivo. O legislador cuidou de identificar os subelementos que cada um contém, aludindo fazer parte: *(i)* do relatório o nome das partes, a identificação do caso, o resumo dos pedidos e da contestação e que sejam registrados os principais eventos da tramitação processual; *(ii)* nos fundamentos, cuidou a lei de expor ser a parte da sentença em que o juiz deverá analisar as questões de fato e de direito; o dispositivo ficou para que o juiz resolvesse as questões principais que as partes lhe submeteram. Até aqui, pouco há de novidade para contar se forem comparadas a atual lei com a passada.[353]

Porém, é a partir do § 1º que se pode afirmar que, realmente, as inovações são propiciadas a ocorrer. Com o referido parágrafo, o legislador quis atacar o ânimo da má fundamentação judicial, não importando em que tipo de decisão judicial se esteja referido, seja ela sentença, acórdão ou decisão interlocutória (evidentemente está o § 1º referindo-se às decisões monocráticas também e às sentenças normativas[354]), mostrando ao julgador que a discussão da tese jurídica[355] é de vital importância para a sorte da decisão e do direito e, em razão disso, não pode mais

---

[351] Art. 11. Todos os julgamentos dos órgãos do Poder Judiciário serão públicos, e fundamentadas todas as decisões, sob pena de nulidade. Parágrafo único. Nos casos de segredo de justiça, pode ser autorizada a presença somente das partes, de seus advogados, de defensores públicos ou do Ministério Público.

[352] Art. 93, IX, todos os julgamentos dos órgãos do Poder Judiciário serão públicos, e fundamentadas todas as decisões, sob pena de nulidade, podendo a lei limitar a presença, em determinados atos, às próprias partes e a seus advogados, ou somente a estes, em casos nos quais a preservação do direito à intimidade do interessado no sigilo não prejudique o interesse público à informação.

[353] CÓDIGO DE PROCESSO CIVIL DE 1973. Disponível em: <http://www.planalto.gov.br/ccivil_03/leis/L5869impressao.htm>. Acesso 16 set 2019. "Art. 458. São requisitos essenciais da sentença: I – o relatório, que conterá os nomes das partes, a suma do pedido e da resposta do réu, bem como o registro das principais ocorrências havidas no andamento do processo; II – os fundamentos, em que o juiz analisará as questões de fato e de direito; III – o dispositivo, em que o juiz resolverá as questões, que as partes lhe submeterem".

[354] Seriam aquelas oriundas do controle de constitucionalidade de leis. JOBIM, Marco Félix. *Medidas estruturantes*: da Suprema Corte estadunidense ao Supremo Tribunal Federal. Porto Alegre: Livraria do Advogado, 2013. Não se pode esquecer, de igual forma, que se trata de nomenclatura bastante conhecida à jurisdição trabalhista por força de seu poder normativo em determinadas situações.

[355] BUENO, Cassio Scarpinella. *Manual de Direito Processual Civil*. 3. ed. São Paulo: Saraiva, 2017. p. 414. É o que entende o autor, ao expor: "[...] O que o dispositivo exige do magistrado, em suma, é a escorreita e suficiente – mas sempre completa – discussão da tese jurídica a incidir sobre as especificidades do julgamento".

ser ela considerada como fundamentada caso não seguido um rol de situações que passa a expor analiticamente, razão pela qual parte da doutrina denomina tal intenção legislativa de fundamentação analítica ou racional.

Apesar de, na leitura do § 1º, aparecerem os incisos I, II, III, IV, V e VI, as situações em que não será considerada devidamente fundamentada uma decisão judicial perpassa mais de seis situações, pois, às vezes, um único inciso comporta mais de uma situação específica, como no caso do primeiro dos seis incisos. Assim, estão distribuídas as situações nas quais não se considerará fundamentada a decisão: "I – se limitar à indicação, à reprodução ou à paráfrase de ato normativo, sem explicar sua relação com a causa ou a questão decidida; II – empregar conceitos jurídicos indeterminados, sem explicar o motivo concreto de sua incidência no caso; III – invocar motivos que se prestariam a justificar qualquer outra decisão; IV – não enfrentar todos os argumentos deduzidos no processo capazes de, em tese, infirmar a conclusão adotada pelo julgador; V – se limitar a invocar precedente ou enunciado de súmula, sem identificar seus fundamentos determinantes nem demonstrar que o caso sob julgamento se ajusta àqueles fundamentos; VI – deixar de seguir enunciado de súmula, jurisprudência ou precedente invocado pela parte, sem demonstrar a existência de distinção no caso em julgamento ou a superação do entendimento".

Ainda, no fechamento do artigo 489, tem-se a leitura de mais dois parágrafos, os quais denotam a importância que o legislador de 2015 deu para o tema da decisão judicial que, diga-se de passagem, é uma garantia processual constitucional de todos, tanto no âmbito administrativo como no jurisdicional. O § 2º trabalha o tão complexo instituto da justificação judicial ao expor que, *no caso de colisão entre normas, o juiz deve justificar o objeto e os critérios gerais da ponderação efetuada, enunciando as razões que autorizam a interferência na norma afastada e as premissas fáticas que fundamentam a conclusão*, e o § 3º que, embora não necessitasse estar aqui, tendo em vista a previsão da boa-fé no artigo 5º do CPC[356] como norma fundamental do processo, refere que *a decisão judicial deve*

---

[356] TUCCI, José Rogério Cruz e. *Comentários ao Código de Processo Civil*: artigos 485 ao 538. São Paulo: Revista dos Tribunais, 2016. (Coleção Comentários ao Código de Processo Civil; v. 8. Coordenação Luiz Guilherme Marinoni, Sérgio Cruz Arenhart, Daniel Mitidiero). p. 118. Refere: "Na mesma linha principiológica, que marca as denominadas Normas Fundamentais do Processo Civil, constantes do preâmbulo do CPC, inspirando-se, por certo, na dogmática do direito privado, o legislador estabelece, no art. 5º, uma cláusula geral de boa-fé processual, que deverá nortear, durante as sucessivas etapas do procedimento, a conduta de todos os protagonistas do processo: o juiz, as partes, os advogados, o representante do Ministério Público, o defensor público e também os auxiliares da justiça (serventuários, peritos, intérpretes etc.)".

ser interpretada a partir da conjugação de todos os seus elementos e em conformidade com o princípio da boa-fé.

De tudo o que foi referido sobre o artigo 489 até então – de pouca monta, levando-se em conta a imensidão das discussões que poderiam ser travadas, às vezes sobre cada palavra de um respectivo texto legal –,é de uma só delas que cuidaremos na sequência, qual seja, a palavra *distinção*, anunciada no inciso VI do artigo 489, § 1º, fixando-se, aqui, o marco legal de sua existência legislativa no CPC/2015, estando vinculada a técnica à normatividade fundamental do Processo Civil pela leitura do art. 11 e sendo um braço das garantias constitucionais processuais a partir do regramento do art. 93, IX, CF.

Em recente ato recomendatório, o CNJ – Conselho Nacional de Justiça – abordou a questão dos precedentes judiciais, concedendo um norte, não vinculantes, aos juízes e juízas do Brasil, sendo que no art. 14 trata do tema da distinção com as seguintes diretrizes: "Art. 14. Poderá o juiz ou tribunal, excepcionalmente, identificada distinção material relevante e indiscutível, afastar precedente de natureza obrigatória ou somente persuasiva, mediante técnica conhecida como distinção ou *distinguishing*. § 1º Recomenda-se que, ao realizar a distinção (*distinguishing*), o juiz explicite, de maneira clara e precisa, a situação material relevante e diversa capaz de afastar a tese jurídica (*ratiodecidendi*) do precedente tido por inaplicável. § 2º A distinção (*distinguishing*) não deve ser considerada instrumento hábil para afastar a aplicação da legislação vigente, bem como estabelecer tese jurídica (*ratio decidendi*) heterodoxa e em descompasso com a jurisprudência consolidada sobre o assunto. § 3º Recomenda-se que o *distinguishing* não seja confundido e não seja utilizado como simples mecanismo de recusa à aplicação de tese consolidada. § 4º Recomenda-se considerar imprópria a utilização do *distinguishing* como via indireta de superação de precedentes (*overruling*). § 5º A indevida utilização do *distinguishing* constitui vício de fundamentação (art. 489, § 1º, VI, do CPC/2015), o que pode ensejar a cassação da decisão". É louvável o esforço da recomendação no sentido de uma orientação mais padronizada sobre o tema, ainda mais quando no tema da distinção conforta teses que já estavam, ou sendo já aplicadas, ou já debatidas na doutrina pátria.

Talvez uma das mais impactantes recomendações seja a do § 3º, que combate a recusa na aplicação de tese jurídica já sedimentada, demonstrando, mais uma vez, ser o precedente uma imposição a quem julga, não podendo esquivar-se daquilo que foi anteriormente decidido em sede de padrão vinculante decisório.

4.5. O inciso VI do art. 489, § 1º, CPC, e a palavra *distinção*: uma linguagem diferenciada?

Texto ou disposição e norma[357] não se confundem, sendo esta o produto da interpretação daquela ou, como prefere Daniel Mitidiero,[358] é o resultado de sua interpretação. Deve-se levar em conta que há, no processo interpretativo, em determinadas ocasiões, criação,[359] e não mera aplicação, o que já se torna difícil no estágio atual do estudo da teoria das normas, posto que, ao aplicá-la, texto já não mais é. O papel da doutrina que, como já visto deve ser considerado como fonte de direito é, por vezes, criar teses para limitar essa criação, controlando contra arbitrariedades. Existe mais um elemento a ser levado em conta para prosseguirmos no debate: o texto diz algo ao intérprete. Na redação do inciso VI, do artigo 489, § 1º, há uma série de palavras que formam o texto ou dispositivo legal, sendo uma delas a própria *distinção*. Ora, se o texto diz algo ao intérprete, não pode negar ele que existe a palavra *distinção* no Código e deve ser ela interpretada segundo o contexto em que está inserida.

Uma única palavra pode ter vários significados, assim como uma obra de arte, um livro, um gesto, a depender de vários fatores,[360] sendo um deles, como já referido, o próprio contexto no qual está sendo interpretada.[361] O significado não é algo descoberto, mas se associa a palavra

---

[357] É a palavra utilizada por: GUASTINI, Riccardo. *Das fontes às normas*. Trad. Edson Bibi. São Paulo: Quartier Latin, 2005. p. 25. Escreve: "(1) chamo 'disposição' qualquer enunciado que faça parte de um documento normativo, ou seja, qualquer enunciado do discurso das fontes". "(2) chamo 'norma' todo enunciado que constitua o sentido ou significado atribuído (por qualquer um) a uma disposição (ou a um fragmento de disposição, ou a uma combinação de disposições de fragmentos de disposições). Em outros temos, pode-se também dizer assim: a disposição é (parte de) um texto ainda por ser interpretado; a norma é (parte de) um texto interpretado".

[358] MITIDIERO, Daniel. *Precedentes*: da persuasão à vinculação. 2. ed. São Paulo: Revista dos Tribunais, 2017. p. 17. Expõe: "Desde que se percebeu que a norma é o resultado da interpretação e não propriamente seu objeto, surgiu a necessidade de repensar a maneira pela qual o direito é produzido e efetivado".

[359] Indica-se a leitura: TEIXEIRA, Sálvio de Figueiredo. *A criação e realização do direito na decisão judicial*. Rio de Janeiro: Forense, 2003. p. 7. Dentre tantas frases, registra-se: "Assim é no discurso e assim tem sido na prática. Mesmo em países de *Civil Law*, de sistema codificado, a autêntica criação do direito ocorre com frequência maior nas decisões judiciais do que na produção legislativa".

[360] DIMITRIUS, Jo-Ellan. *Decifrar pessoas*: como entender a prever o comportamento humano. Jo-Ellan Dimitrius, Wendy Patrick Mazzarella. Trad. Sonia Augusto e Cláudia Amorin. 2. ed. Rio de Janeiro: Elsevier, 2009. Do original: *Reading people*. Apenas para exemplificar, quando se pensa que somente a partir da linguagem corporal pode ser possível ler uma pessoa, a autora, uma das mais cobiçadas consultoras de Júri nos EUA, refere que além da linguagem, a aparência física, a voz, o estilo de comunicação, o conteúdo do que foi comunicado, a ação e o ambiente são fatores que também contam.

[361] "Podemos ver nossa linguagem como uma velha cidade: uma rede de ruelas e praças, casas velhas e novas, e casas com remendos de épocas diferentes; e tudo isso circundado por uma grande quantidade de novos bairros, com ruas retas e regulares e com casas uniformes" (WITTGENSTEIN, Ludwig. *Investigações filosóficas*. Trad. Marcos G. Montagnoli. Revisão da tradução e apresentação Emmanuel Carneiro Leão. 9. ed. Petrópolis: Vozes; Bragança Paulista: Editora Universitária São Francisco, 2017. p. 23).

por um acordo entre os usuários de uma dada língua: significado surge em decorrência do uso. Rosa pode significar uma flor, uma cor ou até mesmo um nome a depender do contexto no qual se está utilizando. A palavra *distinção* não escapa a essa regra. Dita ou escrita numa determinada situação pode levar a certo sentido, como na frase: *o aluno se formou com honras e distinção*, mostrando que o formado teve destaque em sua vida acadêmica. Na redação do inciso estudado, vê-se, claramente, que a *distinção* ali solicitada pelo legislador está colocada no sentido de *diferenciação*, ou seja, trata-se de técnica que permite ao julgador realizar juízo para diferenciar um caso concreto de outros que geraram um enunciado de súmula, ou uma jurisprudência ou, ainda, um precedente. Caso tenha sido provocado pela parte a se manifestar sobre a aplicação de qualquer um dos casos acima, o juiz deverá, para deixar de aplicar um deles, realizar a distinção ou a superação dos paradigmas passados ao novo, sob pena de sua decisão não ser considerada fundamentada.

José Rogério Cruz e Tucci[362] aborda o artigo 489, § 1º, VI, sob essa ótica ao anunciar que se trata de ônus do julgador a justificação de que a súmula ou o precedente (e aqui o autor não fala na jurisprudência, embora esteja implícita na sua escrita) não tem incidência no caso concreto. Em linha bastante parecida, J. E. Carreira Alvim[363] aborda o tema sob a perspectiva de que se deveria abrir uma comporta para que o julgador pudesse decidir sem seguir o precedente ou súmula,[364] fazendo-o a partir da distinção ou da superação.

4.6. A *distinguishing* como uma técnica processual

No julgamento da Ação Direta de Inconstitucionalidade n. 3.510, quando o Ministro Gilmar Ferreira Mendes, expressamente, refere o termo *distinguishing*[365] em seu voto, fica cristalino que se trata de uma

[362] TUCCI, José Rogério Cruz e. *Comentários ao Código de Processo Civil*: artigos 485 ao 538. São Paulo: Revista dos Tribunais, 2016. (Coleção Comentários ao Código de Processo Civil; v. 8/ coordenação Luiz Guilherme Marinoni, Sérgio Cruz Arenhart, Daniel Mitidiero). p. 112. Escreve: "Conclui-se, pois, que nos termos do analisado inc. VI do art. § 1º do art. 489, configurando-se a hipótese aí prevista, o tribunal tem o ônus de justificar que a súmula ou precedente invocado pela parte não tem incidência no caso concreto".

[363] ALVIM, J. E. Carreira. *Comentários ao novo Código de Processo Civil*: Lei 13.105/15: volume 7 – arts. 464 ao 527. Curitiba: Juruá, 2015. p. 191. Aponta: "É este sistema que o inc. VI do § 1º do art. 489 do novo Código consagra, na medida em que, tendo consagrado também a súmula vinculante (art. 927, II) e a observância obrigatória de súmulas do STF, em matéria constitucional, e do STJ, em matéria infraconstitucional (art. 927, IV), era preciso abrir uma 'comporta' para que o juiz pudesse decidir sem seguir a súmula ou o precedente, vindo, *a contrario sensu*, a autorizar a decisão, desde que o juiz demonstre a existência de distinção no caso em julgamento ou a superação do entendimento".

[364] Aqui discorda-se do autor, pois distinguir e superar não são formas de decidir contrário ao precedente, mas, simplesmente, não o aplicar.

[365] Resta consignado no voto sobre a constitucionalidade da Lei da Biossegurança: "Senhores Ministros, tivemos a oportunidade de fazer debates extremamente profícuos, intensos, sobre várias

técnica que tem sido utilizada às claras pelo Poder Judiciário brasileiro em todos os seus níveis – das instâncias inferiores às instâncias superiores. Resta saber se, como o Ministro Gilmar Ferreira Mendes, aqueles que a utilizam sabem, ao menos, a importância da técnica que se está utilizando ou se está fazendo a granel, inominadamente, nos mais diversos Foros e Tribunais existentes. Essa constatação dá-se em razão de o profissional do direito brasileiro realizar referida técnica, diuturnamente, de uma forma prática, intuitiva, quando meramente diferencia um caso de outro pelas diferenças que encontra ao compará-los. Ora, não se vive um nominalismo, ou seja, um nome não muda *de per si* o conteúdo, razão pela qual, da mesma forma como ocorre no *Common Law*, dita técnica de confirmação da não aplicação de um caso a outro parece ser natural a ambas as tradições jurídicas. Por isso, deve-se compreendê-la adequadamente.

Não há maiores preocupações neste estudo sobre o conceito de precedente em si, tendo em vista que o que mais interessa é a aplicação de uma das suas técnicas, qual seja, a *distinguishing*, razão pela qual, apenas por uma questão de sistematização da evolução do pensamento que se quer dar ao livro, para que o leitor não precise se refugiar em outras obras para compreender o todo, aponta-se um ou outro conceito para complemento do texto, necessitando lembrar-se nesse momento de que o precedente é uma importante fonte do Direito no *Common Law*, conforme ressalta José Rogério Cruz e Tucci.[366]

Talvez, dos vários sentidos que se possa dar à palavra *técnica* pelo dicionário, o que mais se assemelha ao que se pretende por meio do processo seja o de um conjunto de procedimentos ligados a uma arte ou ciência,[367] o que pode ser comprovado com a leitura de Luiz Guilherme Marinoni,[368] quando atribui ao processo uma visão de técnica destinada à efetividade dos direitos. Tal sentido pode ser encontrado, também, nos

questões. Tivemos algumas perplexidades, inclusive, já na proclamação ontem, por conta desta dificuldade, agora apontada pelo Ministro Celso de Mello, quanto ao próprio conceito de declaração parcial sem redução de texto ou interpretação conforme. Eu tenho procurado fazer um *distinguishing* entre as duas categorias, dizendo que, quando há declaração de inconstitucionalidade sem redução de texto, nós eliminamos um sentido normativo ou uma aplicação. Em geral, nesses casos, nós também nos filiamos à corrente daqueles que julgam improcedente com um dado sentido, mas isso não está claro. Se formos pesquisar na jurisprudência do Tribunal, encontramos manifestações de toda índole, de toda a ordem. O que interessa é que o Tribunal, por maioria, nos termos do voto do relator, Ministro Carlos Britto, julgou improcedente a Ação 3.510". BRASIL. Supremo Tribunal Federal. Plenário. *Ação Direta de Inconstitucionalidade 3..510*. Disponível em: <http://redir.stf.jus.br/paginadorpub/paginador.jsp?docTP=AC&docID=611723>. Acesso em: 19 maio 2014.

366 TUCCI, José Rogério Cruz e. Direito processual civil inglês. In: TUCCI, José Rogério Cruz e (Coord.). *Direito Processual Civil europeu contemporâneo*. São Paulo: Lex, 2010. p. 217.

367 HOUAISS, Antônio; VILLAR, Mauro de Salles. *Dicionário Houaiss da língua portuguesa*. Rio de Janeiro: Objetiva, 2001. p. 2683.

368 MARINONI, Luiz Guilherme. *Precedentes obrigatórios*. 5. ed. São Paulo: Revista dos Tribunais, 2017, p. 21.

escritos de Fredie Didier Jr., Antonio do Passo Cabral e Leonardo Carneiro da Cunha,[369] em estudo apontando a importância das técnicas para um modelo procedimental voltado à tutela do Direito. Diante disso, pode-se defender que é a partir das técnicas processuais que se pode vislumbrar um conjunto delas moldadas ou pensadas para determinado fim, que seria a outorga da tutela jurisdicional a quem, por meio do processo, se fez merecedor daquele pretenso direito violado. Nas palavras de Ana Conceição Barbuda Sanches Guimarães Ferreira,[370] tanto a *distinguishing* como o *overruling* (que será analisado no capítulo posterior) são técnicas elaboradas para se dar continuidade na aplicação dos precedentes.

4.7. A *distinguishing* e a distinção têm a mesma raiz?

Pode-se estar diante de um divisor de águas: a *distinguishing (= a distinção?)*! Para tanto, deve-se estudar se se trata da mesma técnica processual e, em acaso sendo, é a partir dela, assim como de outras mais previstas no CPC/2015, que novos profissionais ligados à área jurídica serão, futuramente, formados. O juiz, o advogado, o promotor de justiça, o defensor público e todos os demais que lidam com a prática judiciária, caso não compreendam sua verdadeira importância para o futuro da aplicação do Direito ao caso em concreto, tornarão, passo a passo, obsoleta sua atividade, pois tentarão, sob a ótica de um novo modelo, trabalhar com os velhos conceitos, muitos já inaplicáveis ao processo civil clamado pela legislação de 2015. A partir de conceitos já abordados por alguns autores que já estudaram essa técnica oriunda da tradição jurídica de *Common Law* é que se criarão condições de, ao final, afirmar se se está falando da mesma técnica processual da distinção, anunciada no artigo 489, § 1°, VI, CPC. Por isso, dividem-se os próximos subcapítulos em autores que conceituaram distinção no Brasil e autores que conceituaram *distinguishing* fora do Brasil (em especial Estados Unidos da América e Inglaterra) para, ao final, ser defendido se tratar da mesma técnica processual.

4.8. Alguns autores brasileiros que já conceituaram a distinção

Já há uma leva bastante significativa de obras publicadas no Brasil, ou fruto de monografias jurídicas, de obras coletivas ou de capítulos de cursos e manuais de processo, da temática ligada aos precedentes judiciais, sendo que, em sua grande maioria, a técnica processual da distinção não é esquecida de ser conceituada. Nesse capítulo então, existe

[369] DIDIER JR., Fredie; CABRAL, Antonio do Passo; CUNHA, Leonardo Carneiro da. *Por uma nova teoria dos procedimentos especiais*: dos procedimentos às técnicas. Salvador: Juspodivm, 2019.

[370] FERREIRA, Ana Conceição Barbuda Sanches Guimarães. *Direito animal em xeque*: precedentes judiciais e reações legislativas. Curitiba: Juruá, 2018.

uma especial atenção de se tentar sistematizar essa gama de conceitos já realizados sobre a técnica, para que, ao final, possa ser delineada uma definição própria do que ela seria numa teoria processual brasileira.

Ronaldo Cramer,[371] em estudo monográfico sobre o tema, fruto de seu doutoramento, lembra que *distinguishing* é uma forma de rejeição da aplicação de um precedente ao caso concreto que se está analisando. Alerta o autor que somente poderá existir a aplicação do precedente se o caso for idêntico ao analisado, sendo que a diferença entre eles autoriza a realização da rejeição do precedente. Lucas Buril de Macedo,[372] em obra de fôlego sobre precedentes, confirma a tese de que as distinções são uma atividade de diferenciação de casos.

Morgana Henicka Galio[373] aduz ser uma demonstração das diferenças factuais do caso antecedente àquele que está sendo julgado, autorizando ao julgador realizar uma distinção entre ambos. Thomas da Rosa Bustamante,[374] em capítulo próprio destinado ao estudo da *distinguishing*, aborda ser ela um dos institutos que caracterizam o *Common Law* ao escrever que se trata daquele precedente não ser aplicado a determinado caso concreto, o que pode ser pelo simples motivo de exceção à norma estabelecida pela decisão, seja por uma interpretação mais restritiva desta mesma norma.

Maira Portes[375] aborda o conceito da *distinguishing*, afirmando ser uma recusa de aplicação de um precedente em razão de determinadas peculiaridades, como haver convergência entre os fatos ou na conformação da fundamentação, ou seja, está configurado no pensamento produzido

---

[371] CRAMER, Ronaldo. *Precedentes judiciais*: teoria e dinâmica. Rio de Janeiro: Forense, 2016. p. 141. Aponta: "Conforme já dito, uma das formas de rejeitar a aplicação do precedente no caso concreto é a distinção (*distinguishing*, do *Common Law*)", e finaliza: "O precedente somente deve ser anotado, se o seu caso for idêntico ao caso sob julgamento. Quando não for idêntico, haverá distinção".

[372] MACÊDO, Lucas Buril. *Precedentes judiciais e o direito processual civil*. 2. ed. Salvador: Juspodivm, 2017. p. 262. Aponta: "As distinções (*distinguishing*) são a principal forma de operar com precedentes judiciais, assim como na legislação os juristas utilizam-se da argumentação *a contrario sensu* ou da analogia, a fim de afastar ou atrair o reconhecimento da incidência no caso concreto, a distinção é a forma de evitar ou trazer a aplicação de um precedente no caso subsequente. As distinções consistem na atividade dos juristas de fazer diferenciações entre um caso e outro".

[373] GALIO, Morgana Henicka. *Overruling*: a superação do precedente no direito brasileiro. Florianópolis. Empório do Direito, 2016. (Coleção novo Código de Processo Civil, 3). p. 148. Escreve: "*Distinguishing* se refere à distinção que os juízes fazem entre um caso e outro; significa demonstrar as diferenças factuais entre o caso anterior e o atual, com o intuito de mostrar que as razões do precedente não se aplicam à situação fática que está sendo analisada".

[374] BUSTAMANTE, Thomas da Rosa. *Teoria do precedente judicial*: a justificação e a aplicação de regras jurisprudenciais. São Paulo: Noeses, 2012.

[375] PORTES, Maira. Instrumentos para revogação de precedentes no sistema de *common law*. In: *A força dos precedentes*: estudos dos cursos de mestrado e doutorado em Direito Processual Civil da UFPR. 2. ed. Luiz Guilherme Marinoni (Org.). Salvador: Juspodivm, 2012. p. 196. Escreve: "Entende-se por *distinguishing* a recusa à aplicação de um precedente a um caso atual em decorrência de peculiaridades destes, as quais impedem a convergência entre os fatos (fatos relevantes – *material facts*) e a conformação da fundamentação (*substantive rationale*) utilizada no caso predecessor ao caso atual".

pela autora que não se trata de uma técnica de revogação de precedente, mas de não aplicação de um em determinado caso. Aqui identifica-se, embora a noção esteja de acordo com o que se defende na pesquisa, que há uma impropriedade na palavra "recusa", tendo em vista que não é propriamente uma recusa, uma vez que não havendo similitudes entre os casos (antecessor e atual), o que existe é a própria distinção. Recusa aqui poderia ser compreendida como a possibilidade de o novo julgador poder rejeitar um precedente já firmado, o que iria de encontro com a própria seriedade da doutrina dos precedentes judiciais.

Erik Navarro Wolkart[376] aponta ser a *distinguishing* uma forma de flexibilização de aplicação de precedentes, visando ao impedimento do próprio engessamento do Direito e a obstar injustiças que decorreriam da aplicação de um precedente a caso que demanda solução diversa.

Já Luiz Henrique Volpe Camargo[377] conceitua a *distinguishing* como o ato de comparar, constatar disparidade e afastar a aplicação do que foi decidido num caso outro. Em ambos os estudos há a compreensão de que a *distinguishing* é uma técnica voltada à realização do afastamento de um precedente cujos fatos não se equivalem ao caso ora em análise. Patrícia Perrone Campos Mello[378] reforça a ideia de que a *distinguishing* é uma técnica de contração de precedentes, que corresponde à não aplicação em um caso do que foi decidido em outro, apesar de existir similitudes entre ambos, mas, ao mesmo tempo, especialidades que os diferenciam, necessitando o novo caso de tratamento diferenciado. Em sequência, anuncia que há necessidade de se analisar quatro elementos, tanto para associar um precedente a outro caso, quanto para dissociar, sendo eles: (i) o levantamento dos fatos de cada caso; (ii) os valores e normas por eles suscitados; (iii) qual questão jurídica se encontra deduzida; e (iv) quais os fundamentos imanentes ao que foi decidido. Para a realização desses quatro levantamentos, o aplicador certamente argumentará e realizará exames valorativos para identificar se haverá ou não a aplicação ou a *distinguish* no caso.

Estefânia Maria de Queiroz Barboza[379] realiza seus escritos sobre o tema em capítulo que denomina ser *possibilidade de superação de*

---

376 WOLKART, Erik Navarro. Súmula vinculante: necessidade e implicações práticas de sua adoção (o processo civil em movimento). In: WAMBIER, Teresa Arruda Alvim (coord.). *Direito jurisprudencial*. São Paulo: Revista dos Tribunais, 2012. p. 289.

377 CAMARGO, Luiz Henrique Volpe. A força dos precedentes no moderno processo civil brasileiro. In: WAMBIER, Teresa Arruda Alvim (coord.). *Direito jurisprudencial*. São Paulo: Revista dos Tribunais, 2012. p. 568.

378 MELLO, Patrícia Perrone Campos. *Precedentes*: o desenvolvimento judicial do Direito no constitucionalismo contemporâneo. Rio de Janeiro: Renovar, 2008. Suas explicações sobre a distinção entre casos estão nas páginas 202 a 205 da obra em comento.

379 BARBOZA, Estefânia Maria de Queiroz. *Precedentes judiciais e segurança jurídica*: fundamentos e possibilidade para a jurisdição constitucional brasileira. São Paulo: Saraiva, 2014.

precedentes,[380] estudando esta técnica em conjunto com outra denominada de overruling, o que demonstra que, numa primeira leitura, entende ser uma técnica voltada a superar um precedente, e não a distingui-lo, o que não se confirma após a leitura mais pontual do seu escrito. Refere que é uma atividade de distinção, permitindo ao julgador que exclua a aplicação de um precedente a outro caso, tendo em vista os elementos fáticos de um caso para outro,[381] o que ocorre em Márcio Bellocchi[382] que, de igual forma, aloca superação e distinção sob o mesmo capítulo, mas os diferencia, aludindo ser a *distinguishig* uma técnica autorizadora da distinção entre os casos, não havendo superação, uma vez que o precedente distinguido poderá ser aplicado, futuramente, noutro caso que o mereça pelas semelhanças fático-jurídicas apresentadas.

Emmanuel Gustavo Haddad[383] também aloca distinção e superação num mesmo capítulo, embora reconheça as diferenças entre as referidas técnicas, aludindo ser a distinção o modo de não aplicação do precedente no caso que está sendo analisado, o que encontra respaldo no pensamento de André Murilo Parente Nogueira[384] que, de igual forma, trabalha com as técnicas num mesmo capítulo, mas as diferencia durante sua construção de ambos os conceitos.

Francisco Rosito,[385] em estudo específico sobre precedentes, fruto de seu doutoramento, atribui à Trad. *distinguishing* a palavra "diferenciação", e não "distinção" como a grande maioria prefere atribuir, relatando ele ser uma técnica para a verificação se os fatos do caso em

---

380 BARBOZA. *Precedentes judiciais e segurança jurídica*, op. cit. O capítulo se situa entre as páginas 224 a 232.

381 Ibid., p. 227.

382 BELLOCCHI, Márcio. *Precedentes vinculantes e a aplicação do direito brasileiro na convenção de arbitragem*. São Paulo: Revista dos Tribunais, 2017. p. 49. Aduz: "O *distiguishing* autoriza o julgador a, ao perceber a efetiva diferença/distinção entre os casos, deixar de aplicar a *ratio* do precedente àquela específica hipótese. Isso, no entanto, não significa que o precedente tenha perdido sua função vinculante, pois que será utilizado nos futuros casos em que haja similitude fática com o precedente".

383 HADDAD, Emmanuel Gustavo. *Precedentes judiciais*: sistematização e aplicação. Rio de Janeiro: Lumen Juris, 2018. p. 148-149.

384 NOGUEIRA, André Murilo Parente. *Precedentes judiciais na contemporaneidade*: eficácia vinculante à luz da teoria tridimensional do direito. Curitiba: Juruá, 2018. p. 233. Escreve: "Mas voltando à ferramenta estudada, o *distinguishing* consiste na técnica através da qual se busca demonstrar que os argumentos da decisão não devem ser aplicados ao caso apresentado, eis que, se assim ocorrer, a aplicação da norma emanada do julgado anterior implicará num resultado distinto do anteriormente alcançado na ocasião da formação do precedente".

385 ROSITO, Francisco. *Teoria dos precedentes judiciais*: racionalidade da tutela jurisdicional. Curitiba: Juruá, 2012. p. 300. Escreve: "*Distinguishing* (diferenciação) é a técnica utilizada no sistema da Common Law para demonstrar que os fatos do caso concreto sob julgamento são diferentes dos fatos que geraram o precedente, razão pela qual este não pode ser aplicado àquele. Parte do pressuposto de que há fatos distintos que autorizam julgamento em sentido diverso do precedente. Em síntese, fatos diversos requerem julgamento em sentido diferenciado. Simplesmente não ocorre o mesmo substrato fático. Por conseguinte, a técnica da diferenciação não é propriamente de superação do precedente, porquanto a proposição jurídica sobrevive, mas sim de demonstração de que os motivos determinantes do precedente não se aplicam ao caso presente, tendo em visa que inexiste adequação material".

concreto são diversos dos fatos no caso gerador do precedente, não ocasionando, em suas palavras, qualquer interpretação de incorreção do precedente, mas tão somente não é ele o caso apropriado a resolver o caso sob análise.

Luís Gustavo Reis Mundim,[386] em parecido contexto, atribui à distinção a técnica procedimental necessária à demonstração da ausência da similitude fático-jurídica com o caso do precedente, autorizando o afastamento de sua aplicação. Andréia Costa Vieira,[387] tendo estudado no contexto de *common law*, na Universidade de Nottingham, na Inglaterra, ao conceituar a distinção, o faz praticamente anunciando que nela uma Corte está autorizada a considerar a materialidade do caso para que possa se valer da referida teoria.

Délio Mota de Oliveira Júnior[388] refere ser a técnica da distinção uma forma de confronto e diferenciação entre os fatos relevantes dos casos nos quais se queira que o precedente seja aplicado, pois, como bem lembra, precedente é texto[389] e, em razão disso, para ser aplicado, deve ser reinterpretado à luz dos casos que se está a analisar.

Arthur José Jacon Matias[390] refere que a distinção se trata de técnica destinada à elaboração de raciocínio para que um precedente não seja

---

[386] MUNDIM, Luís Gustavo Reis. *Precedentes*: da vinculação à democratização. Belo Horizonte: D'Plácido, 2018. p. 127. Escreve: "A técnica da distinção consiste, então, em demonstrar a ausência de similitude fático-jurídica do caso com o precedente, afastando sua aplicação".

[387] VIEIRA, Andréia Costa. *Civil law e common law*: os dois grandes sistemas legais comparados. Porto Alegre: Sergio Antônio Fabris, 2007. p. 126-127. Escreve: "Um dos aspectos do sistema de precedentes e do *Case Law* que talvez mais interesse aos advogados ao fazerem uso das razões dadas em casos anteriores é a teoria da distinção. Por ela, um juiz pode deixar de observar a força vinculantes de determinado precedente, se concluir que o caso que tem em mãos é distinto de todos os outros anteriormente julgados. Assim, um caso pode ser considerado distinto de outro de acordo com os fatos narrados, uma vez que a *ratio decidendi* de um caso é, por definição, baseada em seus fatos material. Um Corte pode, então, considerar os fatos de um determinado caso materialmente diferente dos fatos de um precedente citado. Conseqüentemente, ela não estará vinculada às razões daquele precedente".

[388] OLIVEIRA JÚNIOR, Délio Mota de. Teoria dos precedentes judiciais e o argumento novo, não considerado na formação da tese jurídica. In: *Processo Civil contemporâneo*: homenagem aos 80 anos do professor Humberto Theodoro Júnior. Paulo Henrique dos Santos Lucon; Juliana Cordeiro de Faria; Edgard Audomar Marx Neto; Ester Camila Gomes Norato Rezende (Orgs.). Rio de Janeiro: Forense, 2018. p. 733. Escreve: "A diferenciação dos elementos fáticos do precedente e do caso concreto ocorre mediante a técnica do *distinguishing*. Trata-se de técnica de confronto e diferenciação entre os fatos relevantes de dois casos, de modo a garantir que cada processo receba a solução adequada, sem que a tese jurídica do precedente judicial seja aplicada de forma automática e em sintonia com as circunstâncias fáticas".

[389] Idem. Aduz: "O precedente judicial é um texto a ser interpretado pelo juiz do caso concreto posterior".

[390] MATIAS, Arthur José Jacon. *Precedentes*: fundamentos, elementos e aplicação. Leme (SP): JH Mizuno, 2019. p. 103. Sobre o tema, escreve: "A distinção entre casos (distinguishing) é o raciocínio a ser desenvolvido para que um precedente não seja aplicado a uma demanda que, em primeiro olhar, lhe atrairia sua influência. Certo, dois eventos nunca serão exatamente iguais. Contudo, para que uma decisão seja precedente de outra decisão não se exige que os fatos dos casos anteriores e dos casos posteriores sejam idênticos".

aplicado num caso que, em tese, ou como mesmo refere, num primeiro olhar, lhe atrairia sua influência.

Precedentes obrigatórios, um dos mais aprofundados estudos publicados sobre o tema no Brasil, escrito sob a pena de Luiz Guilherme Marinoni,[391] aponta que a técnica da *distinguishing* não pode ser compreendida sem que se tenha uma noção do que, na decisão que se quer usar como paradigma, seja a *ratio decidendi*.[392] Numa perigosa redução da complexidade com que escreve o processualista paranaense, pode-se tentar afirmar que ele entende, então, que algumas particularidades são importantes para ressaltar a realização da *distinguishing*, sendo elas: *i)* delimitação da *ratio decidendi*, o que pode ser feito após separá-la do *obiter dicta* da decisão; *ii)* prudência na *distinguishing* a partir de critérios para que o julgador não se sinta livre para desobedecer ao precedente; *iii)* a não aplicação da *distinguishing* não importa em superação do precedente. Depois, acaba por conceituar a técnica, apontando ser ela uma declaração de que aquele direito revelado no precedente não deve regular o caso que está em análise.

Sobre o artigo 489, § 1º, VI, do CPC/2015, Luiz Guilherme Marinoni[393] parece assinalar para que a técnica da distinção ali anunciada seja

---

391 MARINONI, Luiz Guilherme. *Precedentes obrigatórios*. 5. ed. São Paulo: Revista dos Tribunais, 2017. O autor da Universidade Federal do Paraná conceitua a *distinguishing* nas p. 231-234. Mas a mais significativa parte dessas páginas para melhor compreender a *distinguishing* está na p. 233, quando expõe: "Lembra Neil Duxbury que a mais interessante e sutil forma de *distinguishing* é aquela em que a Corte deixa de lado um precedente para, em razão da presença de um número maior de fatos materiais, editar uma regra particular. Assim, se a Corte decide, em Black *v.* Black, que *x* é o resultado diante dos fatos *a*, *b* e *c*, o mesmo se deve esperar de White *v.* White se os fatos operativos também são *a*, *b* e *c*. Suponha-se, no entanto, que em Grey *v.* Grey a Corte diferencia Black *v.* Black e decide que *x* deve ser o resultado quando está presente e, além de *a*, *b* e *c*, considera e, isto é, outro fato material. A Corte, dessa forma, revela uma nova *ratio decidendi*, ou, mais precisamente, uma *ratio decidendi* limitada em relação àquela formulada em Black *v.* Black. Por exigir outros fatos materiais, a nova *ratio decidendi* é aplicável a um número reduzido de casos."

392 Ibid., p. 231. Expõe: "Como foi demonstrado, para se compreender o precedente é indispensável delimitar a sua *ratio decidendi*, separando-se dela a *obiter dicta*. A *ratio decidendi* não teria muita importância caso fosse vista em uma perspectiva eminentemente estática – como regra em abstrato –, e não numa forma dinâmica, relacionada à sua aplicação aos casos que dia a dia eclodem. O precedente tem o objetivo de regular o futuro e, assim, uma das questões centrais de qualquer teoria dos precedentes deve estar na aplicação da *ratio decidendi* aos novos casos", e continua: "É intuitivo que, para aplicar a *ratio decidendi* a um caso, é necessário comparar o caso de que esta provém com o caso sob julgamento, analisando-se as suas circunstâncias fáticas. O *distinguishing* expressa a distinção entre os casos para o efeito de se subordinar, ou não, o caso sob julgamento ao precedente. Assim, é necessário delimitar a ratio decidendi, considerando-se os fatos materiais do primeiro caso, ou seja, os fatos que foram tomados em consideração no raciocínio judicial como relevantes ao encontro da decisão. O distinguishing revela a demonstração entre as diferenças fáticas entre os casos ou a demonstração de que a ratio do precedente não se amolda ao caso em julgamento, uma vez que os fatos de um e outro são diversos".

393 Ibid., p. 340. Inicia escrevendo: "O juiz e o tribunal também não podem deixar de considerar precedente invocado pela parte sem demonstrar que não se aplica ao caso sob julgamento. Tenha-se em conta, novamente, que a *ratio* deve ser vista como o significado do direito e, assim, obviamente não pode ser ignorada pelo julgador que detém em suas mãos caso que não é compatível *prima facie* com o precedente. Do mesmo modo que o juiz não pode deixar de enfrentar o fundamento de direito invo-

considerada como sinônima da *distinguishing* oriunda da tradição de *Common Law*. Inicia aduzindo ser obrigação do juiz e do tribunal aplicar o precedente invocado pela parte, não o fazendo caso realize a distinção com o caso concreto em análise ou se manifeste sobre sua superação, sendo isso ônus argumentativo do julgador, do qual não pode escapar. Contudo, vai além o homenageado, afirmando que a técnica da distinção permite a ampliação do alcance do precedente quando a racionalidade da *ratio decidendi* permite que suas razões sirvam, também, para a solução do caso *sob judice*. Ficam aqui as palavras de E. Allan Farnsworth,[394] para que deva existir certa habilidade no trato do precedente, sendo mais arte do que ciência em seu uso. Emmanuel Gustavo Haddad[395] defende que *distinguishing* está prevista no art. 489 do CPC brasileiro.

Para Daniel Mitidiero,[396] a não aplicação do precedente está subsumida no fato de os casos, sendo distintos, apresentam ausência dos pressupostos de incidência, devendo existir a necessidade de haver a

---

cado pela parte, quando esse pode determinar a resolução do caso, ele não pode ignorar o precedente invocado quando esse tem potencialidade para determinar o alcance do resultado", e continua: "O juiz, para não aplicar o precedente, deverá demonstrar que a questão de direito que reclama solução não está resolvida na *ratio* ou que a questão de direito dirimida pela *ratio* assume outra configuração diante das circunstâncias fáticas do caso sob julgamento. A norma evidencia um ônus argumentativo do juiz, dirigindo a demonstrar que o precedente não é apto a resolver o caso ou que esse, por ser marcado por circunstâncias fáticas típicas, é distinto, ou seja, não se enquadra no tipo de casos que pode ser solucionado pelo precedente", e finaliza: "Esclareça-se, porém, que o *distinguishing* ou a técnica da distinção, referida pelo inc. VI do § 1º do art. 489, não apenas permite a distinção do caso sob julgamento para a não aplicação do precedente, mas, igualmente, a distinção do caso para a ampliação do alcance do precedente. Isso ocorre quando o caso, em princípio, não se submete ao precedente, mas a racionalidade da *ratio decidendi* diante do caso que deu origem ao precedente evidencia que o caso sob julgamento também deve ser resolvido mediante a aplicação do precedente. Na última hipótese, a falta de ampliação do alcance do precedente é que violaria a igualdade perante o direito".

394 FARNSWORTH, E. Allan. *An introduction to the legal system of The United*. Fourth Edition. Oxford: University Press, 2010. p. 59. Diz: "Skill in the use of precedent is more art than science".

395 HADDAD, Emmanuel Gustavo. *Precedentes judiciais*: sistematização e superação. Rio de Janeiro: Lumen Juris, 2018. p. 147. Inicia: "Previsto expressamente no Novo Código de Processo Civil (NCPC), para a validade das decisões judiciais e sua operacionalidade, a distinção e a superação de precedentes são elementos que tendem a garantir a isonomia e a universalidade das decisões judiciais", e mais adiante enfatiza: "Todavia, para que um precedente não seja aplicado, é necessário que haja o *distinguishing* (distinção), o *overruling* (superação) e o *overriding* (superação parcial)".

396 MITIDIERO, Daniel. *Precedentes*: da persuasão à vinculação. 3. ed. São Paulo: Revista dos Tribunais, 2018. p. 114-115. Inicia: "Podem, no entanto, existir diferenças entre os casos. Nessas hipóteses não há que se falar em exceção ao valor vinculante do precedente. O que há é a pura e simples ausência de incidência do precedente. O precedente não se aplica, porque ausentes seus pressupostos de incidência – o caso sob julgamento simplesmente recai fora do âmbito do precedente por força da diferença do significado jurídico dos fatos subjacentes que determinam o precedente", e continua: "Nessas hipóteses existe a necessidade de distinção entre os casos (art. 927, § 1º, CPC). Para tanto, o juiz tem o dever de indicar na fundamentação da decisão *a razão pela qual os casos são diferentes*, não bastando a simples invocação de caso diverso (art. 485, § 1º, V, do CPC) ou a simples desconsideração do caso invocado como precedente (art. 485, § 1º, VI, do CPC). Todo e qualquer juiz pode distinguir um precedente", e finaliza: "Note-se que o CPVC determina que o julgador aponte as particularidades que exigem a 'distinção' do precedente. Logo, a violação do dever de motivar está na ausência de indicação da 'distinção'. Se era ou não o caso de distinção constitui uma questão afeita ao terreno dos *errores in iudicando*, revelando uma violação ao precedente. Só haverá *errores in procedendo* – e conseguinte violação do dever de motivar – se não se proceder à demonstração da 'distinção'".

devida distinção (art. 927, § 1º, CPC), sendo que, para tanto, deverá o julgador, ao não aplicar o precedente, fundamentar apontando as particularidades que autorizam a aplicação da técnica da distinção, o que está autorizado pela redação do artigo que trabalha a fundamentação analítica (489, § 1º, VI, CPC).

Aurélio Viana e Dierle Nunes[397] são bastante claros ao definir que a técnica e o ônus argumentativo são momentos diferentes na aplicação do precedente, sendo a técnica um passo importante para se chegar ao ônus de argumentar, razão pela qual é, na visão esposada, um passo inicial que inaugura o processo argumentativo de distinção do precedente.

4.9. Distinção inconsistente

Patrícia Perrone Campos Mello trabalha sob a ótica da distinção inconsistente para anunciar que casos com pequenas variações fáticas em que não se aplica o mesmo precedente por, além de violar valores umbilicalmente ligados à própria teoria dos precedentes judiciais, enfraquecendo-a, eternizar injustiças na aplicação do Direito. Exemplifica com uma situação fática em que a mãe vê seu filho se acidentar num ônibus escolar e teve um colapso nervoso, autorizando o percebimento de uma indenização por abalo moral em razão do evento. Perrone[398] entende que este precedente deve vincular se a cena não se deu no local do acidente, mas no hospital, com o pai, por exemplo, tendo contato com a criança gravemente ferida.

Tiago Asfor Rocha Lima,[399] em que pese não ter um capítulo específico sobre a distinção inconsistente, atesta que a distinção tem cabimento quando realmente existe relevo suficientemente forte para autorizar a

[397] VIANA, Aurélio; NUNES, Dierle. *Precedentes*: a mutação no ônus argumentativo. Rio de Janeiro: Forense, 2018. p. 385. Escrevem: "Seria no mínimo estranho afirmar que o ônus argumentativo se identifica com a técnica da distinção. Na verdade, seria um equívoco. No entanto, a referida técnica configura-se como um passo inicial e imprescindível à inauguração de um processo argumentativo".

[398] MELLO, Patrícia Perrone Campos. *Precedentes*: o desenvolvimento judicial do direito constitucional contemporâneo. Rio de Janeiro: Renovar, 2008. p. 206-207. Escreve: "Assim, se, em determinado caso de acidente com um ônibus escolar, uma mãe, ao ver seu filho acidentado, teve um colapso nervoso, e, por isso, pleiteou e recebeu danos morais em virtude do evento, tal precedente não pode ser validamente distinguido de uma outra hipótese, em que o colapso não se deu na cena do acidente, mas no hospital, ao se ter contato com a criança gravemente ferida, ou em que o protagonista não foi a mãe, mas o pai". Certas diversidades fáticas não constituem diferenças juridicamente relevantes. Embora seja importante examinar as especificidades de cada causa, a excessiva particularização é um equívoco e desqualifica o teor normativo dos julgados.

[399] LIMA, Tiago Asfor Rocha. *Precedentes judiciais no Brasil*. São Paulo: Saraiva, 2013. p. 210. Escreve: "Percebe-se que a distinção entre os casos deve ser de relevo suficiente para autorizar a Corte a não seguir o precedente, sob pena de a irregular operação de confronto entre os casos ser facilmente apontada pelos advogados e por outros julgadores, prejudicando consideravelmente a reputação do julgador".

não aplicar o procedente, sob pena de ser irregular a operação realizada no confronto entre os casos em apreço, o que parece estar na mesma linha adotada por Patrícia Perrone. Tudo demandará um novo olhar sobre o processo, alimentado no horizonte por novos profissionais do Direito, devendo juízes, advogados, promotores, defensores e demais atores se reinventarem, pois a mera aplicação de um precedente *standardizado* levará a técnica, inevitavelmente, a sua falência, pois não se trata, como refere Maurício Ramires,[400] a um mero juízo de identificação entre os casos.

Alguns autores como Délio Mota de Oliveira Júnior[401] preferem denominar a distinção inconsistente de *ampliative distinguishing*, ou seja, quando há peculiaridades significativas de um caso ao outro, autorizando a ampliação do campo de atuação daquele precedente, diferente a técnica de *restrictive precedent*, quando as peculiaridades, embora existam, não são aptas o suficiente a autorizar a referida aplicação do precedente.

4.10. Outras distinções previstas no CPC/2015

A palavra *distinção* aparecia 7 (sete) vezes no Código de Processo Civil brasileiro quando de sua promulgação e posteriores reformas. A primeira, que foi alvo mais analiticamente desse estudo até aqui, é aquela que restou apresentada no art. 489, § 1º, VI. Entretanto, a legislação processual foi além. No capítulo da ação rescisória, no artigo 966, § 5º,[402] há a permissão para o ajuizamento de referida ação quando, em

---

400 RAMIRES, Maurício. *Crítica à aplicação de precedentes no direito brasileiro*. Porto Alegre: Livraria do Advogado, 2010. p. 149. Escreve: "É preciso, contudo, saber o que se faz. Ainda que se escape da armadilha da conceitualização – o uso diletante de enunciados descontextualizados retirados de decisões de casos passados sobre cujas particularidades nada se sabe –, o mero juízo de identificação entre casos, tida como semelhança entre fatos, não é suficiente para sustentar a aplicação de um precedente. Não existe a separação cirúrgica entre a 'questão de fato' e a 'questão de direito' imaginada pela dogmática corriqueira. É possível que um caso X apresente uma situação 'de fato' mais diferente daquela do precedente P do que o caso Y, mas que o precedente P seja aplicável ao caso X, e não ao caso Y".

401 OLIVEIRA JÚNIOR, Délio Mota de. Teoria dos precedentes judiciais e o argumento novo, não considerado na formação da tese jurídica. In: *Processo Civil contemporâneo*: homenagem aos 80 anos do professor Humberto Theodoro Júnior. Paulo Henrique dos Santos Lucon; Juliana Cordeiro de Faria; Edgard Audomar Marx Neto; Ester Camila Gomes Norato Rezende (Orgs.). Rio de Janeiro: Forense, 2018. p. 735. Define o autor: "Assim, constatando-se que os fatos relevantes do precedente judicial são distintos do caso sob julgamento, o juiz pode: (I) dar à *ratio decidendi* uma interpretação restritiva, em razão do caso concreto possuir peculiaridades que não possibilitam a aplicação da mesma tese jurídica outrora firmada (*restrictive distinguishing*), situação que julgará o processo livremente, sem qualquer vinculação ao precedente; ou (II) estender ao caso sub judice a mesma solução conferida no precedente judicial, por entender que, apesar das peculiaridades concretas, aquela tese jurídica ainda lhe é aplicável (*ampliative distinguishing*)".

402 Art. 966. A decisão de mérito, transitada em julgado, pode ser rescindida quando: § 5º Cabe ação rescisória, com fundamento no inciso V do *caput* deste artigo, contra decisão baseada em enunciado

se tratando de enunciado de súmula ou acórdão em casos repetitivos, não houve a devida distinção entre a tese apresentada e o anteriormente decidido. Note-se que a distinção, nesse caso, tem a mesma raiz daquela até então estudada, se diferenciação entre os casos apresentados.

No artigo 1.029, ao tratar dos recursos extraordinário e especial, havia previsão expressa no § 2º[403] de impossibilidade de inadmissão quando não realizada a distinção, sendo vedado, pois, o fundamento genérico para que o recurso não fosse aceito. O referido dispositivo foi revogado pela Lei n. 13.256/2016, mas a distinção ali prevista está no mesmo sentido daquela já trabalhada no estudo.

Restou hígida após as reformas na parte recursal a previsão do art. 1.037, § 9º,[404] que dispõe sobre a distinção para fins de não ter seu caso sobrestado pela interposição de recursos extraordinário e especial com matéria idêntica. Seria um desserviço às partes envolvidas no processo que uma questão de direito a ser decidida nos recursos ao Supremo Tribunal Federal e ao Superior Tribunal de Justiça ficassem sem poder tramitar se o caso a ser julgado tivesse conteúdo diverso do caso a ser sobrestado. Assim, permite a legislação que as partes possam invocar a técnica da distinção e, com isso, demonstrando serem diversos os direitos e fatos colocados nas causas, poder ter tramitação processual, tendo em vista não serem casos análogos.

Após a distinção prevista na seção do agravo em recurso especial e extraordinário, no art. 1.042, II,[405] revogado pela também Lei n. 13.256/2016, que referia sobre a questão sobre a existência de distinção entre o caso em análise e o precedente invocado na inadmissão dos recursos. Por fim, tinha-se a previsão que estava positivada nos embargos

---

de súmula ou acórdão proferido em julgamento de casos repetitivos que não tenha considerado a existência de distinção entre a questão discutida no processo e o padrão decisório que lhe deu fundamento. (Incluído pela Lei nº 13.256, de 2016) (Vigência)

[403] Art. 1.029. O recurso extraordinário e o recurso especial, nos casos previstos na Constituição Federal, serão interpostos perante o presidente ou o vice-presidente do tribunal recorrido, em petições distintas que conterão: § 2º Quando o recurso estiver fundado em dissídio jurisprudencial, é vedado ao tribunal inadmiti-lo com base em fundamento genérico de que as circunstâncias fáticas são diferentes, sem demonstrar a existência da distinção. § 2º (Revogado) (Redação dada pela Lei nº 13.256, de 2016) (Vigência).

[404] Art. 1.037. Selecionados os recursos, o relator, no tribunal superior, constatando a presença do pressuposto do *caput* do art. 1.036, proferirá decisão de afetação, na qual: § 9º Demonstrando distinção entre a questão a ser decidida no processo e aquela a ser julgada no recurso especial ou extraordinário afetado, a parte poderá requerer o prosseguimento do seu processo.

[405] Art. 1.042. Cabe agravo contra decisão do presidente ou do vice-presidente do tribunal recorrido que inadmitir recurso extraordinário ou recurso especial, salvo quando fundada na aplicação de entendimento firmado em regime de repercussão geral ou em julgamento de recursos repetitivos. (Redação dada pela Lei nº 13.256, de 2016) . II – a existência de distinção entre o caso em análise e o precedente invocado, quando a inadmissão do recurso: II – (Revogado): (Redação dada pela Lei nº 13.256, de 2016).

de divergência, no art. 1.043, § 5º,[406] também revogado pela mesma lei, que referia que a negativa genérica do recurso interposto não mais possível no caso, sendo que é na distinção para demonstração das diferenças fáticas dos casos que deverá repousar a inadmissão do recurso.

Note-se que, em todas as disposições, em vigor ou revogadas, a palavra "distinção" tinha a mesma intenção, de que, por força da diferenciação entre os casos, possa o julgador trabalhar mais perto do caso concreto com a tese jurídica que se propõe a ser vinculante. Assim, torna-se a distinção uma técnica a ser utilizada em todos os níveis da jurisdição, quer seja pelo meio da fundamentação das decisões judiciais, quer seja por meio de impugnação via rescisória ou pela via recursal. Assim, fica mais que demonstrada sua vital importância à operacionalização do Direito das partes pela via do processo judicial.

4.11. Alguns casos de distinção já realizados nos Estados Unidos da América

Aqui se encontra um dos momentos cruciais da técnica da distinção, que é quando se verifica, a partir da análise de casos em que ela já foi realizada, como percorrer o caminho para a diferenciação do caso precedente para o caso a ser decidido. Em que pese aqui se centrar em distinções feitas à luz de ordenamento jurídico distinto do brasileiro, não pode deixar de referir que nossos Tribunais já vêm aplicando aludida técnica, como lembram Humberto Theodoro Júnior e Érico Andrade.[407]

Então, os casos a seguir exemplificados seguirão a linha de como já foi feito por Francisco Rosito[408] em sua obra, quando apresenta exemplo de diferenciação baseado em precedente envolvendo o cumprimento obrigatório dos contratos (*pacta sunt servanda*). Destacou o autor ao nar-

---

[406] Art. 1.043. É embargável o acórdão de órgão fracionário que: § 5º É vedado ao tribunal inadmitir o recurso com base em fundamento genérico de que as circunstâncias fáticas são diferentes, sem demonstrar a existência da distinção.

[407] ANDRADE, Érico; THEODORO JÚNIOR, Humberto. *Precedentes no processo brasileiro*. Rio de Janeiro: Forense, 2021. p. 138. Escrevem: "Nesse campo, encontram-se também alguns interessantes julgados que utilizaram a técnica da 'distinção' para evitar a extensão indevida do precedente, como é o caso de julgamento realizado pelo Superior Tribunal de Justiça envolvendo a temática da imprescritibilidade das ações de ressarcimento no âmbito de improbidade administrativa mediante a prática de atos deolosos previstos na Lei 8.429/92, definida pelo Supremo Tribunal Federal no precedente vinculantes consistente no RE 852.475/SP (Tema 897".

[408] ROSITO, Francisco. *Teoria dos precedentes judiciais*: racionalidade da tutela jurisdicional. Curitiba: Juruá, 2012. p. 300. Exemplifica: "Tome-se como exemplo um precedente que determina que os contratos devam ser cumpridos (*pacta sunt servanda*). No entanto, o caso sucessivo revela que o descumprimento do contrato se deu por circunstâncias imprevistas e imprevisíveis, ao tempo da sua formação, onerando excessivamente uma das partes e causando enriquecimento inesperado e injusto para a outra, a exigir o restabelecimento do equilíbrio negocial. Torna-se evidente, assim, que a regra do precedente não deve ser aplicada porque o caso sucessivo possui circunstâncias fáticas diversas que exigem a diferenciação".

rar sobre caso de descumprimento do contrato, que se deu por circunstâncias imprevistas e imprevisíveis ao tempo de sua formação, tendo onerosidade excessiva, causando desequilíbrio no contrato, enriquecendo uma das partes de forma injusta, o que, para o autor, fez com que o precedente não fosse aplicado ao novo caso, uma vez que as circunstância fáticas eram diversas.

4.11.1. MacPherson v. Buick Motor Co., 217 N.Y. 382, 111 N.E. 1050 (1916)

Existe alguma diferença entre comprar um automóvel direto do fabricante ou de um particular que havia comprado direto do fabricante? Parece que sim, quando se fala em responsabilidade, sendo essa a questão que foi posta no caso MacPherson *v.* Buick Motor Company.

Donald C. MacPherson adquiriu um *Buick Runabout* que acabou por apresentar um defeito em suas rodas, tendo o réu negado sua responsabilidade, uma vez que a compra não foi feita diretamente dele, mas por interposta pessoa, não tendo como garantir a entrega do veículo a partir de sua inspeção e garantia.[409] Para uma rápida compreensão do caso, foi realizado um vídeo[410] (*Case Brief Summary | Law Case Explained*) que pode ser consultado.

Analisando os fatos envolvendo o caso MacPherson *v.* Buick Motor Co., pode-se questionar qual seria a diferença de se realizar a compra diretamente do fabricante ou de um atravessador, no caso o particular que adquiriu da Buick Motor? Ora, há diferença fática suficiente para saber, num sistema de precedentes, que até se pode chegar a uma mesma conclusão, mas deve-se construí-la à luz de um novo julgamento para que se chegue à nova orientação. Saber como o *plaintiff* irá ao Poder Judiciário, se por acaso alegará negligência, se por acaso terá que provar seus argumentos desde o início, se será aplicada uma teoria ou outra, parece ser a conclusão de Robert Martins Davis[411] ao escrever sobre o caso.

---

[409] DAVIS, Robert Martin. *A Re-examination of the doctrine of MacPherson v. Buick and its application and extension in the State of New York*. Disponível em: <https://core.ac.uk/download/pdf/144222572.pdf>. Acesso 27 jan. 2021. "*The facts of MacPherson v. Buick: The defendant-manufacturer sold an automobile to a retail dealer. The retail dealer resold it to the plaintiff. While the plaintiff was in the automobile, it suddenly collapsed. The plaintiff was thrown out of the vehicle, and suffered personal injuries. One of the wheels of the automobile was made of defective wood, and its spokes crumbled. Although the wheel was not manufactured by the defendant, there was evidence that its defects could have been discovered by reasonable inspection and that such inspection was omitted. The plaintiff did not claim that the defendant willfully concealed the defect. The charge was strictly one of negligence, not fraud or breach of warranty. The Court of Appeals affirmed a judgment for the plaintiff. 12 The rule defined and applied by Judge Cardozo, writing for the majority of the court, is not a single statement of doctrine or policy; more analytically, it is a set of tests which demands satisfaction before liability may be imposed*".

[410] Disponível em: <https://www.youtube.com/watch?v=YdWG-7wjKfs>. Acesso 27 jan. 2021.

[411] DAVIS, Robert Martin. *A Re-examination of the doctrine of MacPherson v. Buick and its application and extension in the State of New York*. Disponível em: <https://core.ac.uk/download/pdf/144222572.

O que mais importa ao presente capítulo não é o voto vencedor do *Justice* Cardozo,[412] mas o *dissenting vote* do *Justice* Willard Bartlett[413] que, ao aplicar a *doctrine* do caso Cadillac Motor Car Co. *v.* Johnson está concluindo que os demais casos citados na *opinion* que prevaleu são distintos do caso MacPherson *v.* Buick Motor Company.

4.11.2. Batson v. Kentucky, 476 U.S. 79 (1986).

A história envolvendo o caso de James Kirkland Batson é interessante. Acusado de *burglary*, teve, durante a escolha de seu júri, por parte do *prosecuter*, jurados negados pela técnica das recusas imotivadas, dentre eles todos os 4 negros que, potencialmente, poderiam fazer parte do corpo de jurados, violando, na ótica da defesa, dentre outros, o direito a ser julgado por um júri imparcial, pedido que acabou sendo, num

pdf>. Acesso 27 jan. 2021. "*The discussion in this article of the frequent inaccurate statement and consequent improper application of or failure to apply the doctrine of MacPherson v. Buick is independent of any considerations relieving the plaintiff of the burden of proving negligence in the manufacture of the product involved. The difficulties confronting the plaintiff in attempting to prove a prima facie case of negligence in the manufacture of the product of modem assembly lines are frequently insurmountable and have provided support for arguments imposing the liability of an insurer upon the manufacturer or, at least, permitting wider application of the rule of res ipsa loquitur to manufactured articles. The scope of this article does not encompass these considerations which involve modification of the rules of tort liability in New York State*".

412 O *justice* anuncia uma série de casos para aplicar ao julgamento de MacPherson *v.* Buick. Nesse trecho, só alguns citados: "*We think the defendant was not absolved from a duty of inspection because it bought the wheels from a reputable manufacturer. It was not merely a dealer in automobiles. It was a manufacturer of automobiles. It was responsible for the finished product. It was not at liberty to put the finished product on the market without subjecting the component parts to ordinary and simple tests (Richmond & Danville R. R. Co. v. Elliott, 149 U. S. 266, 272). Under the charge of the trial judge nothing more was [*395] required of it. The obligation to inspect must vary with the nature of the thing to be inspected. The more probable the danger, the greater the need of caution. There is little analogy between this case and Carlson v. Phoenix Bridge Co. (132 N. Y. 273), where the defendant bought a tool for a servant's use. The making of tools was not the business in which the master was engaged. Reliance on the skill of the manufacturer was proper and almost inevitable. But that is not the defendant's situation. Both by its relation to the work and by the nature of its business, it is charged with a stricter duty*".

413 OPINION. Disponível em: <http://www.courts.state.ny.us/reporter/archives/macpherson_buick.htm>. Acesso 27 jan. 2021. "*A few cases decided since his opinion was written, however, may be noticed. In Earl v. Lubbock (L. R. 1905 [1 K. B. Div.] 253) the Court of Appeal in 1904 considered and approved the propositions of law laid down by the Court of Exchequer in Winterbottom v. Wright (supra), declaring that the decision in that case, since the year 1842, had stood the test of repeated discussion. The master of the rolls approved the principles laid down by Lord ABINGER as based upon sound reasoning; and all the members of the court agreed that his decision was a controlling authority which must be followed. That the Federal courts still adhere to the general rule, as I have stated it, appears by the decision of the Circuit Court of Appeals in the Second Circuit, in March, 1915, in the case of Cadillac Motor Car Co. v. Johnson (221 Fed. Rep. 801). That case, like this, was an action by a subvendee against a manufacturer of automobiles for negligence in failing to discover that one of its wheels was defective, the court holding that such an action could not be maintained. It is true there was a dissenting opinion in that case, but it was based chiefly upon the proposition that rules applicable to stage coaches are archaic when applied to automobiles and that if the law did not afford a remedy to strangers to the contract the law should be changed. It this be true, the change should be effected by the legislature and not by the courts. A perusal of the opinion in that case and in the Huset case will disclose how uniformly the courts throughout this country have adhered to the rule and how consistently they have refused to broaden the scope of the exceptions. I think we should adhere to it in the case at bar and, therefore, I vote for a reversal of this judgment*".

primeiro momento, negado, uma vez que é direito da parte a recusa sem motivação, o que resultou em sua condenação. Já na Suprema Corte estadunidense, o resultado restou favorecendo Batson, que, por um placar de 7 votos contra 2, teve o julgamento anulado, tendo em vista que entenderam os *justices* que existiu, no caso, ofensa ao princípio da igualdade.[414]

Contudo, a Corte estava, ao anular o julgamento de Batson, sobrepondo-se a um de seus precedentes: Swain *v.* Alabama, o que restou devidamente alertado pela *opinion* do *justice* Powell,[415] o qual afirmava que o *prosecuter* não tinha o dever de motivar suas recusas aos jurados, num caso envolvendo negros jurados e negro acusado, tendo em vista ser presumido que as motivações são meramente processuais. O precedente Batson entra então para a história e inicia a vincular as demais decisões judiciais quando em julgamento recusas imotivadas de jurados baseados em raça.

Contudo, explica Gustavo Santana Nogueira,[416] 8 anos depois do julgamento de *Batson v. Kentucky*, a *U.S. Supreme Court* julgou o caso *J.E.B v. Alabama*, no qual estava em questão não a recusa imotivada de jurados baseada no fator raça, mas sim no fator sexual. Conforme explica, J.E.B. foi demandada por T.B., em ação de reconhecimento de paternidade na *District Court of Jackson County*, Alabama, tendo, ao final dos 36 jurados pré-selecionados para o julgamento, restado apenas mulheres como juradas, o que gerou rechaço da defesa, argumentando que havia tido violação da *Equal Protection Clause*, assim como se aplicando ao caso o precedente Batson. O caso não gerou unanimidade no julgamento, existindo *dissenting opinion*, mas serve como exemplo de como a *ratio decidendi* de um precedente pode ser aplicado noutro caso,[417] mesmo se

---

414 Interessante o relato no início da *opinion* da Corte "*During the criminal trial in a Kentucky state court of petitioner, a black man, the judge conducted voir dire examination of the jury venire and excused certain jurors for cause. The prosecutor then used his peremptory challenges to strike all four black persons on the venire, and a jury composed only of white persons was selected. Defense counsel moved to discharge the jury on the ground that the prosecutor's removal of the black veniremen violated petitioner's rights under the Sixth and Fourteenth Amendments to a jury drawn from a cross-section of the community, and under the Fourteenth Amendment to equal protection of the laws. Without expressly ruling on petitioner's request for a hearing, the trial judge denied the motion, and the jury ultimately convicted petitioner. Affirming the conviction, the Kentucky Supreme Court observed that recently, in another case, it had relied on Swain v. Alabama, 380 U. S. 202, and had held that a defendant alleging lack of a fair cross-section must demonstrate systematic exclusion of a group of jurors from the venire*". Disponível em: <https://supreme.justia.com/cases/federal/us/476/79/>. Acesso 20 jan. 2021.

415 "*This case requires us to reexamine that portion of Swain v. Alabama, 380 U. S. 202 (1965), concerning the evidentiary burden placed on a criminal defendant who claims that he has been denied equal protection through the State's use of peremptory challenges to exclude members of his race from the petit jury*".

416 NOGUEIRA, Gustavo Santana. *Stare Decisis et Non Quieta Movere*. a Vinculação aos Precedentes no Direito Comparado e Brasileiro. Rio de Janeiro: Quartier Latin, 2011.

417 Disponível em: <https://www.law.cornell.edu/supct/html/92-1239.ZS.html>. Acesso 20 jan 2021. Inicia: "*At petitioner's paternity and child support trial, respondent State used 9 of its 10 peremptory challenges to remove male jurors. The court empaneled an all female jury after rejecting petitioner's claim that*

tratando de raça e gênero, assim como serve para entender como não se pode aplicar a partir dos votos divergentes.[418]

4.11.3. Escola v. Coca-Cola Bottling Co., 24 Cal.2d 453, 150 P.2d 436 (1944)

Um dos casos mais marcantes julgados pelo Poder Judiciário estadunidense sobre responsabilidade civil talvez seja Escola *v.* Coca-Cola Bottling Co., 24 Cal.2d 453, 150 P.2d 436 (1944),[419] decidido na Suprema Corte da Califórnia, envolvendo a explosão de uma garrafa de Coca-Cola e os danos causados a uma garçonete, Gladys Escola, daí fixando-se o nome ao precedente. Conforme será analisado, requerido pela parte à aplicação de um precedente para se isentar da responsabilidade (caso Gerber *v.* Farber), a Corte acabou por realizar uma *distinguish* que serve de espelho para a compreensão de como ela é realizada quando em questão à aplicação de um precedente num determinado caso concreto.

---

the logic and reasoning of Batson v. Kentucky, 476 U.S. 79–in which this Court held that the Equal Protection Clause of the Fourteenth Amendment prohibits peremptory strikes based solely on race--extend to forbid gender based peremptory challenges. The jury found petitioner to be the father of the child in question and the trial court ordered him to pay child support. The Alabama Court of Civil Appeals affirmed", e conclui: *"Held: The Equal Protection Clause prohibits discrimination in jury selection on the basis of gender, or on the assumption that an individual will be biased in a particular case solely because that person happens to be a woman or a man. Respondent's gender based peremptory challenges cannot survive the heightened equal protection scrutiny that this Court affords distinctions based on gender. Respondent's rationale--that its decision to strike virtually all males in this case may reasonably have been based on the perception, supported by history, that men otherwise totally qualified to serve as jurors might be more sympathetic and receptive to the arguments of a man charged in a paternity action, while women equally qualified might be more sympathetic and receptive to the arguments of the child's mother--is virtually unsupported and is based on the very stereotypes the law condemns. The conclusion that litigants may not strike potential jurors solely on the basis of gender does not imply the elimination of all peremptory challenges. So long as gender does not serve as a proxy for bias, unacceptable jurors may still be removed, including those who are members of a group or class that is normally subject to 'rational basis' review and those who exhibit characteristics that are disproportionately associated with one gender"*.

418 Como nesse trecho da *opinion* do *Chief Justice* à época William Rehnquist: *"I agree with the dissent of JUSTICE SCALIA, which I have joined. I add these words in support of its conclusion. Accepting Batson v. Kentucky, 476 U. S. 79 (1986), as correctly decided, there are sufficient differences between race and gender discrimination such that the principle of Batson should not be extended to peremptory challenges to potential jurors based on sex"*, e finaliza: *"That race and sex discrimination are different is acknowledged by our equal protection jurisprudence, which accords different levels of protection to the two groups. Classifications based on race are inherently suspect, triggering 'strict scrutiny', while gender-based classifications are judged under a heightened, but less searching, standard of review. Mississippi Univ. for Women v. Hogan, 458 U. S. 718, 724 (1982). Racial groups comprise numerical minorities in our"*. Ou ainda no trecho final da *opinion* do *Justice* Scalia: *"In view of these concerns, the Equal Protection Clause prohibits discrimination in jury selection on the basis of gender, or on the assumption that an individual will be biased in a particular case for no reason other than the fact that the person happens to be a woman or happens to be a man. As with race, the 'core guarantee of equal protection, ensuring citizens that their State will not discriminate ..., would be meaningless were we to approve the exclusion of jurors on the basis of such assumptions, which arise solely from the jurors' [gender]."* Batson, 476 U. S., at 97-98".

419 Essa a forma completa como se deveria citar um precedente. Ver: FINE, Toni M. *Introdução ao sistema jurídico anglo-americano*. Trad. Eduardo Saldanha. São Paulo: WMF Martins Fontes, 2011. p. 63.

No dia 21 de agosto de 1941, durante o horário de jantar no local que trabalhava,[420] a garçonete Gladys Escola foi reabastecer o refrigerador com as garrafas de Coca-Cola,[421] sendo que a quarta garrafa, que havia sido entregue pela distribuidora da marca dois dias antes, explodiu, lacerando a vítima de maneira tão violenta que a cirurgia envolveu a reconstrução de músculos, vasos sanguíneos e nervos, deixando-a parcialmente incapacitada para suas funções de garçonete.[422]

Num primeiro momento, Gladys Escola recebeu a importância de $ 42,60, que sequer cobriam os gastos médicos, assim como suas perdas, tendo, então, que ingressar com uma ação[423] em face de *Coca Cola Bottling Company of Fresno*, que havia distribuído a garrafa que havia explodido, tendo-se sagrado vencedora, e o júri lhe concedido uma importância de $ 2,900, havendo, por evidente, recurso da ré para a Suprema Corte da Califórnia.[424] Para que isso ocorresse, a autora alegou a negligência do réu, que vendeu ao seu empregador uma garrafa com um defeito perigoso, sendo o seu advogado na época Melvin Belli, também conhecido

---

[420] Tiny's Waffle Shop, in Merced, Califórnia.

[421] Um resumo dos fatos do caso está consignado na *opinion*. Inicia o *justice* Gibson: "*Plaintiff, a waitress in a restaurant, was injured when a bottle of Coca Cola broke in her hand. She alleged that defendant company, which had bottled and delivered the alleged defective bottle to her employer, was negligent in selling 'bottles containing said beverage which on account of excessive pressure of gas or by reason of some defect in the bottle was dangerous and likely to explode'. This appeal is from a judgment upon a jury verdict in favor of plaintiff*", e continua: "*Defendant's driver delivered several cases of Coca Cola to the restaurant, placing them on the floor, one on top of the other, under and behind the counter, where they remained at least thirty-six hours. Immediately before the accident, plaintiff picked up the top case and set it upon a near-by ice cream cabinet in front of and about three feet from the refrigerator. She then proceeded to take the bottles from the case with her right hand, one at a time, and put them into the refrigerator. Plaintiff testified that after she had placed three bottles in the refrigerator and had moved the fourth bottle about eighteen inches from the case 'it exploded in my hand'. The bottle broke into two jagged pieces and inflicted a deep five-inch cut, severing blood vessels, nerves and muscles of the thumb and palm of the hand. Plaintiff further testified that when the bottle exploded, 'It made a sound similar to an electric light bulb that would have dropped. It made a loud pop'. Plaintiff's employer testified, 'I was about twenty feet from where it actually happened and I heard the explosion'. A fellow employee, on the opposite side of the counter, testified that plaintiff 'had the bottle, I should judge, waist high, and I know that it didn't bang either the case or the door or another bottle when it popped. It sounded just like a fruit jar would blow up'. The witness further testified that the contents of the bottle 'flew all over herself and myself and the walls and one thing and another'*". Para finalizar: "*The top portion of the bottle, with the cap, remained in plaintiff's hand, and the lower portion fell to the floor but did not break. The broken bottle was not produced at the trial, the pieces having been thrown away by an employee of the restaurant shortly after the accident. Plaintiff, however, described the broken pieces, and a diagram of the bottle was made showing the location of the 'fracture line' where the bottle broke in two*". Escola *v.* Coca Cola Bottling Co.24 Cal. 2d 453. *JUSTIA US LAW*. Disponível em: <http://law.justia.com/cases/california/cal2d/24/453.html>. Acesso em: 19 maio 2019.

[422] GEISTFELD, Mark. Escola *v.* Coca Cola Bottling Co.: Strict Products Liability Unbound. In: RABIN, Robert L.; SUGARMAN, Stephen D. (Eds.). *Torts stories*. New York: Foundation Press, 2003. p. 229-258. p. 229.

[423] A ação foi baseada na doutrina da *res ipsa loquitur* ou "a coisa fala por si mesma". Embora a demanda tenha sido movida por essa doutrina, o *Justice* Roger Traynor preferiu trabalhar sua *opinion* noutro sentido, qual seja a da *strict liability*, na qual se prefere fazer da pessoa a responsável pelo dano pelas suas ações e omissões, independentemente de sua atitude culposa.

[424] GEISTFELD, op. loc. cit., p. 229.

como o *King of Torts*,[425] que chegou a declarar que não havia sequer motivo para demonstração de negligência da parte-ré, tendo em vista que o fato falaria por si só, fazendo alusão à já mencionada doutrina do res *ipsa loquitur*.[426]

Durante o julgamento do caso, o testemunho da autora foi no sentido de que, no dia 19 de agosto de 1941, um dos empregados do réu entregou algumas caixas de Coca-Cola no *Tiny's Waffle Shop*, local no qual laborava. Dois dias depois, por volta das 6:00 p.m., quando iniciou a colocação das garrafas no refrigerador, uma delas explodiu, causando-lhe lesões. Um dos clientes, assim como o gerente do local, testemunharam em seu favor. Já D. Walter Mullins, o empregado da ré que havia entregue os refrigerantes, alegou que por diversas vezes entregou garrafas quebradas, mas nunca questionou as razões pelas quais elas já eram entregues dessa forma.[427]

Para que confirmasse os alegados em sua defesa, o réu chamou para depor três testemunhas, sendo elas um gerente da Coca-Cola, o qual relatou sobre o procedimento de engarrafamento do líquido que, devido a sua forma, se tratava de um sistema que operava na impossibilidade de haver defeitos; a segunda testemunha alegou que somente a pressão não poderia ser condição de possibilidade do estouro da garrafa, devendo ter alguma falha humana no manuseio dela, no caso a própria autora; e a terceira, outro perito na matéria, afirmou que, do modo como foi relatado o acidente, não poderia ele meramente ser causado por um choque térmico ou pela pressão exercida, mas sim, como mesmo salientou no testemunho, devia ter sido por alguma causa externa. Aliado a isso, ainda ressaltou sobre os procedimentos que envolvem testes com mais de 600 garrafas, além de inspetores que checam qualquer defeito, sendo o sistema infalível.[428]

Após os testemunhos, como o réu havia elaborado uma moção para que o processo não obtivesse uma segunda fase processual com o julgamento pelo júri,[429] o juiz a negou, ordenando ao conselho que se reunisse, tendo os jurados retornado com a decisão de culpado para o réu que, tão logo pôde, recorreu, defendendo que já havia um precedente a ser aplicado em caso de explosão de garrafas chamado Gerber *v.* Farber, no qual havia ficado decidido que não mais se aplicava o caso de negligência

[425] Em tradução livre: rei dos danos ou rei da responsabilidade civil.

[426] GEISTFELD, op. loc. cit., p. 230.

[427] Idem. p. 230-231.

[428] GEISTFELD, op. cit., p. 231.

[429] Como se pode notar no relato da *opinion* do *justice Ward*, o caso foi decidido pelo júri: "This action is for personal injuries claimed to have been suffered by plaintiff by reason of a bottle breaking in her hand. The defendant, Coca Cola Bottling Company of Fresno, a corporation, appeals from a judgment in her favor following a verdict by a jury".

por *res ipsa loquitur*, e ficava consignado que o réu neste caso não tinha mais o controle instrumental da garrafa, razão pela qual não poderia ser responsabilizado. O pedido de aplicação do precedente Gerber *v.* Farber fez com que houvesse uma decisão dividida na Corte, uma vez que parte dos julgadores entendeu que Gladys Escola não ofereceu provas do manuseio correto da garrafa[430] e, de outro lado, o réu não demonstrou que entregou a garrafa em perfeitas condições. Contudo, o dissenso maior na rejeição do precedente Gerber *v.* Farber foi no que consistiu o caso em si, tendo em vista que as circunstâncias fáticas foram diferentes nos casos, uma vez que no caso Escola *v.* Coca Cola a autora manuseou por primeiro a garrafa, e, no caso que se desejaria fosse utilizado como paradigma, além de ter sido um diferente distribuidor, ao entregar as garrafas diretamente no restaurante, os clientes tiveram contato com elas, podendo eles ter sacudido as mesmas antes do acidente.[431]

Diante disso, apesar de a matéria de fundo ser aparentemente idêntica entre os casos, qual seja, a explosão de uma garrafa de Coca-Cola e as consequências advindas desse fato, o modo como distribuídas as garrafas foi o diferencial para que houvesse a aplicação da técnica da *distinguish*, o que demonstra a importância da análise fática[432] quando se está ou não para se aplicar um precedente a um novo caso em julgamento.

---

[430] Também consignada estão no voto as razões da não aplicação da doutrina *res ipsa loquitor*. Anote-se: "*[1] Res ipsa loquitur does not apply unless (1) defendant had exclusive control of the thing causing the injury and (2) the accident is of such a nature that it ordinarily [24 Cal. 2d 458] would not occur in the absence of negligence by the defendant.* (Honea *v.* City Dairy, Inc., 22 Cal. 2d 614, 616-617 [140 P.2d 369], *and authorities there cited*; cf. Hinds *v.* Wheadon, 19 Cal. 2d 458, 461 [121 P.2d 724]; *Prosser on Torts* [1941], 293-301.)". ESCOLA *v.* Coca Cola Bottling Co.24 Cal. 2d 453. *JUSTIA US LAW*. Disponível em: <http://law.justia.com/cases/california/cal2d/24/453.html>. Acesso em: 19 maio 2014.

[431] GEISTFELD, op. cit., p. 232.

[432] Exatamenta essa perspectiva pautou o Superior Tribunal de Justiça ao afastar a aplicação da técnica da distinção quando ausente circunstância fática diversa: "CIVIL. PROCESSUAL CIVIL. EMBARGOS DE TERCEIRO. EXTINÇÃO SEM RESOLUÇÃO DE MÉRITO POR AUSÊNCIA DE INTERESSE PROCESSUAL. DISTINÇÃO EM RELAÇÃO AO TEMA 1076/STJ. NECESSIDADE DE EXISTÊNCIA DE UMA CIRCUNSTÂNCIA FÁTICA DISTINTA DAQUELAS CONSIDERADAS RELEVANTES NA FORMAÇÃO DO PRECEDENTE. DISTINÇÃO PELA INJUSTIÇA, DESPROPORCIONALIDADE, IRRAZOABILIDADE, FALTA DE EQUIDADE OU DISSENSO EM RELAÇÃO A PRECEDENTES DE OUTRAS CORTES. IMPOSSIBILIDADE. SITUAÇÕES QUE EM TESE JUSTIFICARIAM A SUPERAÇÃO DO PRECEDENTE. DISTINÇAO INOCORRENTE SOB ESSES FUNDAMENTOS. TESE FIRMADA NO JULGAMENTO DO TEMA 1076/STJ QUE DEVERÁ SER APLICADA ATÉ QUE SOBREVENHA EVENTUAL MODIFICAÇÃO DECORRENTE DE SUA CONFORMAÇÃO CONSTITUCIONAL OU ATÉ QUE HAJA EVENTUAL SUPERAÇÃO DO PRECEDENTE NESTA CORTE. AÇÃO EXTINTA SEM RESOLUÇÃO DE MÉRITO. SITUAÇAO DE FATO IRRELEVANTE. CIRCUNSTÂNCIA CONSIDERADA EM RECURSOS REPRESENTATIVOS DA CONTROVÉRSIA POR OCASIÃO DA FIXAÇÃO DA TESE RELATIVA AO TEMA 1076/STJ. 1- Embargos de terceiro opostos em 14/06/2017. Recurso especial interposto em 29/03/2018. 2- O propósito recursal consiste em definir se, em embargos de terceiro extintos sem resolução do mérito por ausência de interesse processual, aplica-se o tema repetitivo 1076, impondo-se o arbitramento de honorários advocatícios sucumbenciais ao patrono do vencedor no percentual de 10 a 20% sobre o valor atualizado da causa. 3- A distinção que permite que os órgãos fracionários se afastem de um precedente vinculante firmado no julgamento de recursos especiais submetidos ao rito dos repetitivos somente poderá existir diante de uma hipótese fática diferente daquela consi-

4.12. A tese da *distinguishing* declaratória e da *distinguishing* constitutiva

Conhecemos as palavras "declaratória" e "constitutiva" geralmente ligadas a outra que é a "eficácia", formando as conhecidas expressões ligadas às decisões judiciais de eficácia declaratória e eficácia constitutiva, que formam, juntamente à condenação, a teoria trinária das sentenças e, somando a mandamental e a executiva a teoria quinária das eficácias sentenciais, proposta por Pontes de Miranda.

Em recente estudo sobre a *distinguishing*, Ricardo Chamon Ribeiro II,[433] refletindo sobre as subdivisões que a técnica poderia comportar, aloca as palavras *declaratória* e *constitutiva* como adjetivos da daquela, formando as expressões "*distinguishing* declaratória" e "*distinguishing* constitutiva", cada qual com sua função para dentro da teoria dos precedentes normativos formalmente vinculantes, nome este pelo qual o autor trata do tema e é faz parte do título de seu trabalho.

Na primeira concepção, qual seja, de *distinguishing* declaratório, o autor[434] o define como sendo uma parte mais básica da técnica, na qual

---

derada relevante para a formação do precedente. 4- Não há que se falar em distinção pela injustiça, pela desproporcionalidade, pela irrazoabilidade, pela falta de equidade ou pela existência de outros julgados do Supremo Tribunal Federal que não se coadunariam com o precedente, pois tais circunstâncias importariam na eventual necessidade de superação do precedente, mas não no uso da técnica de distinção que é lícito fazer, quando de sua aplicabilidade prática, mas desde que presente uma circunstância fática distinta. 5- O art. 85, §§ 2º e 3º, do CPC/15, deverá ser aplicado, de forma literal, pelos órgãos fracionários desta Corte se e enquanto não sobrevier modificação desse entendimento pelo Supremo Tribunal Federal no julgamento do RE 1.412.073/SP, do RE 1.412.074/SP e do RE 1.412.069/PR, todos em tramitação perante o Supremo Tribunal Federal, ou se e enquanto não sobrevier, nesta Corte, a eventual superação do precedente formado no julgamento do tema 1076. 6- A circunstância de a ação ter sido extinta sem resolução de mérito, conquanto se trate de uma situação de fato, não é suficientemente relevante para diferenciar a hipótese em exame em relação ao precedente firmado no julgamento do tema 1076, especialmente porque essa circunstância fática também estava presente - e foi considerada - em dois dos recursos representativos da controvérsia (REsp 1.906.623/SP e REsp 1.644.077/PR) e, ainda assim, compreendeu a Corte Especial se tratar de hipótese em que a regra do art. 85, §§ 2º e 3º, do CPC/15, igualmente deveria ser aplicada de maneira literal. 7- Recurso especial conhecido e não-provido, com majoração de honorários, ressalvado expressamente o entendimento pessoal da Relatora para o acórdão." (REsp n. 1.743.330/AM, relator Ministro Moura Ribeiro, relatora para acórdão Ministra Nancy Andrighi, Terceira Turma, julgado em 11/4/2023, DJe de 14/4/2023).

433 RIBEIRO II, Ricardo Chamon. *O distinguishing no modelo de precedentes normativos formalmente vinculantes*. Curitiba: Juruá, 2021. p. 181-182. Escreve: "A primeira delas se afigura no *distinguishing* como método de comparação entre o caso-precedente e o caso-atual (que a presente proposta ousou nomear de *distinguishing* declaratório) e a segunda, como resultado do confronto que viabiliza a ampliação ou restrição da *ratio decidendi* (aqui chamado de *distinguishing* constitutivo). Embora sem coincidência semântiva, estudiosos do tema também costumam concordar que a técnica se operacionaliza em, no mínimo, duas maneiras. É por meio da *distinguishing* constitutivo (em sentido amplo, entendido como processo argumentativo) que se alcança ou não o resultado (ou seja, que se sabe se o caso-precedente é ou não aplicável ao caso atual), que é justamente o *distinguishing* declaratório em sentido estrito)".

434 Idem. p. 185. Escreve: "Nessa definição mais básica, o *distinguishing* opera mediante o confronto comparativo entre os elementos objetivos da demanda (caso-atual) e os elementos caracterizadores

deve ser realizado um comparativo entre o caso atual e os elementos do caso-precedente, havendo que ser conctretizada a distinção quando desse confronto houver a revelação de significativas diferenças entre eles. Já para a segunda expressão, "*distinguishing* constitutivo", haverá que se ter, a partir da ideia de que o precedente é norma a ser aplicada em casos futuros, uma coordenação equilibrada entre a *ratio* anunciada e as suas reinterpretações, quando poderá o mesmo ter ampliação ou restrição a depender da ressignificação que tiver sido realizada para sua aplicação.[435]

---

do paradigma (caso-precedente). A distinção, então, será efetivada quando o resultado do confronto revelar diferenças significativas, seja pela falta de coincidência entre os fatos fundamentais do caso-atual com os do caso-precedente, ou porque, a despeito de alguma aproximação entre ambos, existam peculiaridades no caso-atual que reclamem o afastamento do precedente".

[435] RIBEIRO II, op. cit., p. 194. Aduz: "Deve, então, haver uma coordenação equilibrada entre a *ratio decidendi* anunciada e as reinterpretações, mantendo-se o referencial da norma original ao mesmo tempo em que se concebe novos elementos sequentes. Não é difícil imaginar casos em que a Corte formadora não considere alguma questão relacionada ao entendimento formado ou, ainda, que nas aplicações apareçam novas situações não versadas originalmente. Nessas situações, o significado, inicialmente, proposto ao precedente poderá ter ser conteúdo ampliado ou restringido, adaptando-se conforme às novas significações, sem rupturas".

5. Superação do precedente

A princípio, impossível descurar, não houvesse a possibilidade de superação dos precedentes[436] – embora construídos com a pretensão de duração[437] temporal que gere estabilidade –, ter-se-ia nos ordenamentos jurídicos que se apoiassem em tal técnica (*common law*) uma rigidez no direito posto (ainda que jurisprudencial) sequer cogitada naqueles ordenamentos jurídicos em que vigora primacialmente o direito legislado.[438] Deve ser possibilitada uma oscilação nos julgamentos, permitindo sua evolução visando a um ponto óptimo. Como ocorreu, por exemplo, com o tema da liberdade de expressão[439] na Suprema Corte dos EUA; não é

[436] Em crítica ao sistema pensando de superação no CPC/2015, ver: GOTTARDI, Gustavo. *Os precedentes judiciais e a impossibilidade de superação.* Campo Grande: Contemplar, 2018. p. 184. Escreve: "Da forma como restou estabelecido após a alteração efetivada pela Lei nº 13.256/16, passou a existir um duplo sistema processual, sendo que tanto nos juízes de primeiro grau quantos nos tribunais de justiça, deve ser seguido esse novo modelo de processo, com respeito à principiologia constitucional estabelecida em seus artigos, contudo, o acesso técnico às Cortes Superiores foi ainda mais restringido e, totalmente impossibilitado quando for para buscar superar um precedente judicial elaborado por esses Tribunais, sendo que um precedente apenas será alterado caso a própria Corte decida que assim deve fazer, ou, pela via legislativa, em total afronta com o desenvolvimento do sistema de precedentes judiciais, conforme demonstrado no decorrer da tese".

[437] THAMAY, Rennan; GARCIA JUNIOR, Vanderlei ; FROTA JR., Clóvis Smith. *Precedentes judiciais*. São Paulo: Saraiva Educação, 2021. p. 181. Escrevem: "A superação deve ser vista e compreendida com moderação, pois o precedente é constituído para durar o tempo necessário, considerando, de outro lado, a constante evolução social e as mudanças sociais que, por evidente, atingem ao Direito. Deve-se considerar que a alteração de tese jurídica adotada em enunicado de súmula ou em julgamento de casos repetitivos poderá ser precedida de audiências públicas e da participação de pessoas, órgãos ou entidades que possam contribuir para a rediscussão da tese. Fora isso, por evidente, o precedente não pode ser observado como sendo algo imutável, porquanto, assim como a sociedade muda e evolui, assim também será, naturalmente, com o precedente".

[438] "Se reuníssemos todas as regras de decisão do Tribunal Constitucional Federal, seria possível obter uma rede de normas relativamente abrangente e densa. Cada nova decisão contribui para a uma maior densidade. Alguém poderia alegar, então, que a vinculação a esse sistema de normas significa um excesso de vinculação, e não o contrário. A crítica baseada em um suposto empedernimento seria o próximo passo. Mas essa crítica pode ser refutada. Em primeiro lugar, é necessário fazer referência à possibilidade de distinção (*distinguishing*) e superação (*overruling*): por mais densa que seja a rede de regras de decisão, novos casos sempre apresentam novas características, que podem servir como razões para uma diferenciação." (ALEXY. *Teoria dos direitos fundamentais*, p. 558).

[439] CUEVA, Ricardo Villas Bôas; SOUTO, João Carlos (coord.). *Bill of Rights norte-americano – 230 anos (2020)*. Salvador: Juspodivm, 2021. p. 6. Escreve Ricardo Villas Bôas Cueva na apresentação: "Na verdade, o alcance da proteção do que se entende hoje por liberdade de expressão só veio a aumentar exponencialmente já quase na metade do século XX. Em 1919, a Suprema Corte dos Estados Unidos ainda admitia coibir discurso político que pudesse causar dano. Naquele ano, ainda sob as fortes emoções da Primeira Guerra Mundial, o Tribunal, com votos-condutores redigidos

sempre necessário tal evolução, por vezes o estabelecido sempre permanece como atual, dotando-se da perenidade, como no entendimento já mais que confirmado e atual do precedente Marbury *v.* Madison. Basta ver também que ao legislador é dado sempre editar direito novo, com exceção de alguns temários (cláusulas pétreas – CRFB/88, artigo 60, § 4º)[440] e respeitado o passado (direito adquirido, ato jurídico perfeito e coisa julgada – CRFB/88, artigo 5º, inciso XXXVI).[441]

Logo, nada mais lógico, sob pena de um enrijecimento desmedido do direito, que levaria naturalmente ao esfarelamento ou ruptura de sua eficácia normativa, que os precedentes possam ser novamente pensados (e repensados) frente ao curso do tempo e a sucessão própria à vida.[442]

Em feliz passagem, relembrando grave advertência do Tio Ben ao Homem Aranha (*[I]n this world, with great power there must also come-great responsibility*[443]), a *Associate Justice* Kagan[444] ressalta a necessidade de a autoridade do *stare decisis* ser exercitada com moderação.[445]

---

por Oliver Wendell Holmes Jr., julgou por unanimidade três célebres casos (Schenk, Fohwerk e Debs), nos quais não concedeu a proteção da Primeira Emenda a vozes dissidentes. Em Schenk *v.* United States, Holmes enunciou o critério de análise que seria incorporado à jurisprudência por longo período para definir, pela negativa, o discurso digno de proteção constitucional, aquele que não representasse perigo claro e atual (*clear and presente danger*) e, como exemplo, referiu-se à hipótese de alguém que causasse pânico em teatro lotado ao gritar 'fogo'. Poucos meses depois, no entanto, Holmes mudou de opinião e subscreveu um memorável voto vencido em Abrams *v.* United States, no qual se sustentou que a teoria sobre a qual se funda a Constituição norte-americana é um experimento vivo que depende do livre intercâmbio de ideias. A noção de que a liberdade de expressão merece ser protegida porque não há verdade absoluta e de expressão merece ser protegida porque não há verdade absoluta e somente o livre mercado de ideias pode assegurar o melhor resultado possível revelou-se inovadora e acabou por prevalecer tempos depois".

440 Art. 60. A Constituição poderá ser emendada mediante proposta: § 4º Não será objeto de deliberação a proposta de emenda tendente a abolir: I – a forma federativa de Estado; II – o voto direto, secreto, universal e periódico; III – a separação dos Poderes; IV – os direitos e garantias individuais.

441 Sempre existe o perigo de se criarem âncoras para o futuro, amarrando-o definitivamente ao passado, em uma verdadeira democracia dos mortos que passa a controlar as gerações futuras. Absolutamente preciso Thomas Jefferson nas cartas para James Madison: "I *set out on this ground, which I suppose to be self evident, 'that the earth belongs in usufruct to the living': [2] that the dead have neither powers nor rights over it.*" ("Parti deste terreno, que suponho ser evidente, 'que a terra pertence em usufruto aos vivos': [2] que os mortos não têm poderes nem direitos sobre ela") (Disponível em: <https://jeffersonpapers.princeton.edu/selected-documents/thomas-jefferson-james-madison>. Acesso: 4-fev-2023).

442 Sobre a necessidade de pensar a superação dos precedentes, veja-se: FUGA, Bruno Augusto Sampaio. *Superação de precedentes:* da necessária via processual e o uso da reclamação para superar e interpretar precedentes. Londrina: Thoth, 2020. p. 312.

443 *"Nesse mundo, com grande poder também vem grande responsabilidade".*

444 Para conhecer um pouco mais da história da *justice* Elena Kagan, ver: Disponível em: <https://supremecourthistory.org/history-of-the-court/the-current-court/justice-elena-kagan/>. Acesso 11 maio 2020.

445 *"What we can decide, we can undecide. But stare decisis teaches that we should exercise that authority sparingly.* Cf. S. Lee and S. Ditko, Amazing Fantasy n. 15: "Spider-Man," p. 13 (1962) (*"[I]n this world,*

Pois bem, a doutrina dos precedentes não determina a obediência cega aos padrões decisórios dos casos anteriores, mas orienta à observância da sabedoria dessas decisões anteriores nos casos atuais e futuros. Embora se argumente frequentemente para a superação de precedentes, o fato é que prevalece mais sua continuidade do que sua ruptura.[446]

A bem da verdade, o mantra de que os precedentes judiciais devem ser seguidos (*stare decisis*) no ambiente da *common law* é visto mais em uma perspectiva prática do que como um comando mecânico, aplicado com mão de ferro. De fato, a aplicação repetida dos precedentes garante a continuidade do entendimento jurídico sobre uma temática, preservando o respeito público às decisões judiciais e a confiança das pessoas e das instituições sobre referidas decisões. Nada obstante, esses valores devem às vezes ceder ao novo.[447]

No ponto, a própria inércia coletiva serve como fato de conservação (sofisma do medo da inovação[448]). O precedente como instituição social, que passa a ser mantido pela tradição. Ainda assim, o tempo altera e alcança tudo e a todos, não existe razão para que o precedente fique imunizado dessa lei universal.

Dito de outra maneira: não existe uma ligação inquebrantável estabelecida pelos precedentes, uma amarra definitiva; somente se justifica sua observância quando no interesse da uniformidade de tratamento

---

with great power there must also come-great responsibility"). Finding many reasons for staying the stare decisis course and no "special justification" for departing from it, we decline Kimble's invitation to overrule Brulotte." (Kimble *v.* Marvel Entertainment, LLC, 576 EUA (2015).

[446] *"Stare decisis is a doctrine of uncommon influence and is deeply ingrained in our judicial system. Indeed, while overrulings are quite rare, careful defenses of overrulings are not."* (SVIKHART, Riley T. DEAD PRECEDENTS, 93 Notre Dame L. *Rev. Online* 1). (*Stare decisis* é uma doutrina de influência incomum e está profundamente enraizada em nosso sistema judicial. De fato, enquanto os *overrulings* são bastante raros, defesas cuidadosas de *overrulings* não são).

[447] Existe forte crítica ao próprio *stare decisis*. Diz-se que uma das vozes mais fortes da Suprema Corte Americana, quanto a sua aplicação, o *Chief Justice* REHNQUIST, não se furtou a considerar, pelo menos nas questões constitucionais, o *stare decisis* como uma farsa: *"Stare decisis in constitutional law is pretty much of a sham"* (JENKINS, John A. The Partisan: The Life of William Rehnquist 250 (2012) (*quoting Letter from* William Rehnquist *to* James Rehnquist (Dec 17, 1986)) (*Stare decisis* no direito constitucional é praticamente uma farsa). Alias, não poucos sustentam que os precedentes só duram por questões aritméticas *relativas* à conjugação de votos dos componentes do órgão julgador. Antes do que melhores arrazoados, bastam conseguir novos juízes (A regra do cinco no caso da Suprema Corte Americana – *Justice* WILLIAM BRENNAN) (A regra dos seis em se tratando do nosso Supremo Tribunal Federal). Isto é, o que dita a manutenção do precedente é o desejo da maioria dos componentes do órgão julgador em mantê-lo, ou em um juízo de custo-benefício não quererem desafiá-lo. Vide: POWE JR., L.A. INTRAGENERATIONAL CONSTITUTIONAL OVERRULING, 89 Notre Dame L. Rev. 2093 DOUGLAS, William. *O. Stare Decisis*, 49 COLUM. L. REV. 735, 736 (1949).

[448] "Si la novedad de una medida es una razón para condenarla, esta misma razón hubiera debido hacer condenar todo lo que existe. Decir que una cosa es mala porque es nova, es decir que todas las cosas son malas, al menos en sus comienzos; pues todo lo que es antiguo ha sido nuevo: todo lo que es establecimiento ha sido innovación." (BENTHAM. *Tratado de los sofismas políticos*. Trad. Francisco Ayala, Córdoba: Editorial Rosário, 1944. p. 37).

para os litigantes, da estabilidade e da certeza do direito. Agora, sempre que seguir o precedente, considerada a alteração das circunstâncias ou seus erros subjacentes, importa em mais mal do que bem, ele deve ser superado[449] e, quando isso ocorre, seu efeito vinculante se esvai, como defendem Vinícius de Melo Silva e Daniel Marques de Camargo.[450]

No particular, principalmente na experiência estadunidense, exige-se uma justificativa especial para a superação dos precedentes: *"(...) any departure from the doctrine of stare decisis demands special justification"*.[451]

Porém, quando envolvido direito constitucional, existe uma maior permissibilidade na superação do precedente nessa experiência referida, frente, ao que se pode dizer, à eficácia normativa da Constituição: *"A Constituição adquire força normativa na medida em que logra realizar essa pretensão de eficácia"*,[452] estando o tema bem pontuado nas lições do *Justice* Antonin[453] Scalia,[454] mas não deixando de recordar a dissidência do *Justice* Brandeis[455] *in Burnet v. Coronado Oil & Gas Co.*, 285 U.S. 393.[456]

---

449 ESKRIDGE JR., William N. *Overruling Statutory Precedents*, 76 Geo. L.J. 1361.

450 SILVA, Vinícius de Melo; CAMARGO, Daniel Marques. *As técnicas de aplicação dos precedentes judiciais*. Precedentes judiciais no processo civil: estudos avançados em suas diversas perspectivas. FUGA, Bruno Augusto Sampaio (org.). Londrina, PR: Thoth, 2021. p. 159-171. Afirmam na p. 167. "O *overruling* é a técnica por maio da qual um precedente perde a sua força vinculante e é substituído (*overruled*) por outro, este sim dotado de força vinculantes".

451 *JUSTICE* O'CONNOR *in Arizona v. Rumsey*, 467 U.S. 203 (1984) ((...), qualquer desvio da doutrina do *stare decisis* exige uma justificativa especial). No mesmo sentido: *Payne v. Tennessee*, 501 US 808 (1991).

452 HESSE, Konrad. *A força normativa da Constituição: (die normative kraft der verfassung)*. Trad. Gilmar Ferreira Mendes. Porto Alegre: Fabris, 1991. p. 16.

453 ANTONIN SCALIA. Disponível em: <https://www.oyez.org/justices/antonin_scalia>. Acesso 23 maio 2020.

454 South Carolina *v.* Gathers, 490 U.S. 805 (1989) ("Em todo caso, eu consideraria uma violação do meu juramento aderir ao que considero uma intrusão claramente injustificada sobre o processo democrático, a fim de que o Tribunal possa salvar a face. Com alguma reserva a respeito de decisões que se tornaram tão incorporadas em nosso sistema de governo que o retorno não é mais possível (uma descrição que certamente não se aplica a Booth), eu concordo com o juiz Douglas: 'Um juiz que olha para uma decisão constitucional pode ter compulsões para reverenciar a história passada e aceitar o que já foi escrito. Mas ele lembra acima de tudo que é a Constituição que ele jurou apoiar e defender, e não o brilho que seus antecessores colocaram nela'"). *In any case, I would think it a violation of my oath to adhere to what I consider a plainly unjustified intrusion upon the democratic process in order that the Court might save face. With some reservation concerning decisions that have become so embedded in our system of government that return is no longer possible (a description that surely does not apply to Booth), I agree with Justice Douglas: "A judge looking at a constitutional decision may have compulsions to revere past history and accept what was once written. But he remembers above all else that it is the Constitution which he swore to support and defend, not the gloss which his predecessors may have put on it"*.

455 LOUIS BRANDEIS. Disponível em: <https://www.britannica.com/biography/Louis-Brandeis>. Acesso 23 maio 2020.

456 (*"Stare decisis* não é, como a regra de *res judicata*, um comando universal e inexorável. 'A regra do *stare decisis*, embora tendendo a consistência e uniformidade de decisão, não é inflexível. Se deve ser seguida ou abandonada é uma questão inteiramente dentro do critério do tribunal, que é novamente chamado a considerar uma questão uma vez decidida.' Hertz *v.* Woodman, 218 U.S. 205, 212. *Stare decisis* é geralmente a política sensata, porque na maioria das questões é mais importante que o estado

O leitor bem-informado poderia se perguntar: O que isso tem a ver conosco? Com nossa realidade? Tudo e nada; depende, seria a resposta mais correta. Depende do fato de querermos utilizar dessa experiência de pelo menos três séculos na aplicação de precedentes, superação etc. Aprender com os erros e acertos de outros. Como os problemas não escolhem fronteiras, repetindo-se em distintas realidades, as soluções já conferidas pela realidade inglesa ou estadunidense podem nos ajudar; pelo menos servir como guia nessa problemática.

Perceba-se, não se trata de uma recepção acrítica e submissa às técnicas empregadas no ambiente anglo-saxão, o que seria incorreto metodologicamente[457] e um desastre pragmaticamente. Mas sim de reconhecer a tradição de tais ordenamentos no manuseio e na aplicação dos precedentes, recolhendo-se essa rica experiência como exemplo, a fim de verificar se as soluções empregadas ultramar seriam apropriadas ao nosso contexto. Sem dúvida, tal tradição oferece um vívido mosaico de decisões e soluções, sendo que a miopia no particular não nos aproveitaria.

---

de direito aplicável seja resolvido do que resolvido corretamente. Compare National Bank *v.* Whitney, 103, US, 99, 102. Isso é comumente verdadeiro mesmo quando o erro é motivo de séria preocupação, desde que a correção possa ser feita pela legislação. Mas nos casos que envolvem a Constituição Federal, onde a correção por meio de uma ação legislativa é praticamente impossível, essa Corte muitas vezes anulou suas decisões anteriores. A Corte se curva às lições da experiência e à força de um melhor raciocínio, reconhecendo que o processo de tentativa e erro, tão frutífero nas ciências físicas, é apropriado também na função judicial. (...). As razões pelas quais esta Corte deveria se recusar a seguir uma decisão constitucional anterior que ela considera errônea são particularmente fortes quando a questão apresentada é a de aplicar, como distinta do que pode ser chamado de interpretação correta, a Constituição"). *Stare decisis is not, like the rule of res judicata, a universal, inexorable command. "The rule of stare decisis, though one tending to consistency and uniformity of decision, is not inflexible. Whether it shall be followed or departed from is a question entirely within the discretion of the court, which is again called upon to consider a question once decided."* Hertz *v.* Woodman, 218 U.S. 205, 212. *Stare decisis is usually the wise policy, because in most matters it is more important that the applicable rule of law be settled than that it be settled right.* Compare National Bank *v.* Whitney, 103 U.S. 99, 102. *This is commonly true even where the error is a matter of serious concern, provided correction can be had by legislation. But in cases involving the Federal Constitution, where correction through legislative action is practically impossible, this Court has often overruled its earlier decisions. The Court bows to the lessons of experience and the force of better reasoning, recognizing that the process of trial and error, so fruitful in the physical sciences, is appropriate also in the judicial function. (...). The reasons why this Court should refuse to follow an earlier constitutional decision which it deems erroneous are particularly strong where the question presented is one of applying, as distinguished from what may accurately be called interpreting, the Constitution.*

457 CONSTANTINESCO, Leontin-Jean. *Tratado de direito comparado:* introdução ao direito comparado. Rio de Janeiro: Renovar, 1998. Valiosa a advertência de PASQUALOTTO: "É possível que o sistema destinatário do transplante já possua alguma regra análoga e que muito do transplante consista mais em uma importação terminológica do que propriamente de fundo. Embora não seja dito por Watson, é possível pensar que essa importação possa ser motivada, entre outras razões, exatamente pela maior aceitabilidade que seria conferida por 'origem respeitável' do temo. Isso é especialmente interessante de ser observado no contexto brasileiro diante daquilo que Nelson Rodrigues chamou de '*complexo de vira-latas*' do brasileiro, vale dizer, a tendência de achar que aquilo que vêm do exterior é melhor. É possível, ainda, pensar na hipótese de importação não propriamente de um instituto novo, mas no modo de interpretá-lo, atuando sobre o seu significado com base em argumentos do direito estrangeiro." (PASQUALOTTO, Victória. *Processo civil comparado:* do direito comparado à comparação no processo civil. São Paulo: RT, 2023. p. 100/101).

Como lembrado acima, na lição do *Justice* Brandeis *in Burnet v. Coronado Oil & Gas Co.*, 285 U.S. 393, o processo de tentativa e erro também é apropriado na função judicial, mormente, dir-nos-íamos, quando se trata de aplicar precedentes.[458]

Vale lembrar como indicação que os problemas se repetem em distintas realidades, nosso Supremo Tribunal Federal já propugnou que eventual estabilidade jurisprudencial não prevalece frente à força normativa da Constituição ao enfrentar o tema no julgamento do AgR no Recurso Extraordinário 328812.[459]

Nesse caso, com base no Enunciado de Súmula nº 343 do Supremo Tribunal Federal ("Não cabe ação rescisória por ofensa a literal disposição de lei, quando a decisão rescindenda se tiver baseado em texto legal de interpretação controvertida nos tribunais") pretendia-se afastar a possibilidade de reanálise de decisão judicial já transitada em julgado, pois condizente com a jurisprudência então prevalecente quando cristalizada.

Nada obstante, pela eficácia normativa do texto constitucional, o Supremo Tribunal Federal afastou referido enunciado, para que a decisão fosse adequada ao sentido e alcance da Constituição. Logo, tal qual na experiência estrangeira, também aqui os precedentes constitucionais devem ceder passagem à melhor interpretação constitucional.

Feitos esses registros, que nos permitem e justificam a utilização do direito comparado para nos guiar no manejo dos precedentes, sem prejuízo da reconexão do tema a nossa realidade, podemos passar a definição do que se tem por superar o precedente.

Superar o precedente (*overruling*) consiste na técnica de afastamento de sua aplicação em um caso ao qual se amolda (incide) não fosse a razão para sua própria superação (ou revogação). O precedente não se aplicará ao caso, pois o caso anuncia razão suficiente para sua revogação (superação). No aplicar se desaplica, propriamente.

Isso envolve dois juízos, que resultam em um discurso de justificação.[460] *Primus*, uma perspectiva de encaixe, que passa pela consideração

[458] *"The Court bows to the lessons of experience and the force of better reasoning, recognizing that the process of trial and error, so fruitful in the physical sciences, is appropriate also in the judicial function."*.

[459] Recurso Extraordinário. Agravo Regimental. 2. Ação Rescisória. Matéria constitucional. Inaplicabilidade da Súmula 343. 3. A manutenção de decisões das instâncias ordinárias divergentes da interpretação constitucional revela-se afrontosa à força normativa da Constituição e ao princípio da máxima efetividade da norma constitucional. 4. Ação Rescisória fundamentada no art. 5º, XXXVI, da Constituição Federal. A indicação expressa do dispositivo constitucional é de todo dispensável, diante da clara invocação do princípio constitucional do direito adquirido. 5. Agravo regimental provido. Recurso extraordinário conhecido e provido para que o Tribunal a quo aprecie a ação rescisória. (RE 328812 AgR, Relator(a): Min. GILMAR MENDES, Segunda Turma, julgado em 10/12/2002, DJ 11-04-2003 PP-00035 EMENT VOL-02106-04 PP-00877).

[460] "apresenta-se como o resultado de um discurso de justificação em que resulta infirmada a própria validade da regra antes visualizada como correta." (BUSTAMANTE, Thomas da Rosa. *Teoria do precedente judicial*: a justificação e a aplicação de regras jurisprudenciais. São Paulo: Noeses, 2012. p. 388).

de que o precedente se aplicaria ao caso, ou seja, que o caso estaria no alcance de sua incidência (em sua zona de influência – *holding*). *Secundus*, que existe uma razão suficiente a sua não aplicação, seu afastamento, sua superação, por defeitos próprios a sua formação (endógenos) ou por circunstâncias supervenientes (exógenas). Às vezes o precedente tem consigo os fatores químicos de sua derrocada, enquanto noutras é defraudado por circunstâncias subsequentes.

Noutras palavras, primeiro se atesta a existência de precedente aplicável ao caso, para, em momento seguinte, apresentar razão para sua não aplicação, haja vista não oferecer "mais" adequada solução jurídica à temática que novamente se (re)apresenta.

O precedente sempre se apresenta como premissa a ser considerada e enfrentada, como bem acentua o *Justice* Scalia, ainda que mirando nos superprecedentes[461] (*super stare decisis* ou supervinculação) Roe *v.* Wade: "*Of the four courses we might have chosen today – to reaffirm Roe, to overrule it explicitly, to overrule it sub silentio, or to avoid the question – the last is the least responsible*".[462] A resiliência de Roe *v.* Wade, testada por quase cinquenta anos, não resistiu porém, como se verá, ao caso Dobbs, *State Health Officer of The Mississippi Department Of Health, et al. v. Jackson Women's Health Organization et al.*

Assim, nos casos em que se entenda pela superação, pelo vício ou equívoco do precedente que outrora se aplicava, esse não será mais empregado, pela via do mecanismo do *overruling*, que no direito brasileiro significa a revogação ou a superação do precedente.

A técnica do *overruling* permite a justificação da necessidade de uma nova norma jurídica, a despeito da existência de outra pretérita que está sendo superada. Logo, a superação permite a oxigenação do

---

[461] Alguns precedentes por sua profunda influência no direito e no contexto cultural de um ordenamento jurídico passam a ser considerados imunes à possibilidade de alteração, sendo fontes perenes de consistência, estabilidade, previsibilidade e confiança social do ordenamento jurídico, pelo que designados como superprecedentes (por exemplo, *Marbury vs. Madison*) (*vide* LANDER, William M.; POSNER, Richard A. Legal Precedent: *A Theoretical and Empirical Analysis*. Journal of Law and Economics, v. 19, n. 2, 1976; GERHARDT, Michael J. *The power of Precedent*. New York: Oxford University Press, 2008). "Figura jurídica interessante ao se estudar o tema é o denominado superprecedente, que seriam julgados praticamente impossíveis de serem superados por já estarem incorporados na cultura jurídica nacional. Pensando no direito estrangeiro, poderia ser mencionado o caso Marbury *v.* Madison; pensando no direito nacional, poderia ser mencionado o julgamento das ações que reconheceram a união estável para casais do mesmo sexo (ADI 4277 e ADPF 132). Repare-se que o objeto deste superprecedente é um direito fundamental que não pode, via de regra, ser superado, seja por questões sociais, seja por questões constitucionais – no caso do Brasil, por força do artigo 60, § 4º, inciso IV, da constituição Federal." (ANDREASSA JUNIOR, Gilberto. Precedentes judiciais e colegialidade: A reforma no procedimento deliberativo dos tribunais como pressuposto para uma efetiva aplicação dos institutos. 2ª Reimpressão. Londrina, PR: Thoth. 2021, p. 84).

[462] *Webster v. Reproductive Health Svcs.*, 492 U.S. 490 (1989) (Dos quatro cursos que poderíamos ter escolhido hoje – reafirmar Roe, anulá-lo explicitamente, anulá-lo *sub silentio*, ou evitar a pergunta – o último é o menos responsável).

direito, possibilitando a mudança do entendimento com relação à matéria submetida à decisão.

Obviamente, a regra é a vinculação aos precedentes (CPC, artigo 926), contraforte de proteção às injustiças, ineficiências e outras fraquezas que podem pairar sobre o processo judicial se os magistrados inovarem em cada ponto da interpretação da legislação, com completa discricionariedade e sem respeito à sabedoria judicial conquistada e cultivada ao longo do tempo nas decisões pretéritas.[463]

A esse respeito, a própria jurisprudência do Superior Tribunal de Justiça, a partir do atual Código Processo Civil, extrai como dever da parte a suscitação e a discussão de precedentes que eventualmente se aplicam ao tema objeto da postulação (*candor toward the Court* ou *duty to disclose adverse authority*),[464] inclusive sancionando como litigância de má-fé a omissão na problematização do precedente.[465]

É certo: a segurança jurídica impõe o respeito aos pronunciamentos dos órgãos competentes no âmbito das respectivas atribuições, zelando

---

[463] GÁLIO, Morgana Henicka. *Overruling:* a superação do precedente no direito brasileiro. Florianópolis: Empório do direito, 2016.

[464] "PROCESSUAL CIVIL. ADMINISTRATIVO. ATUALIZAÇÃO DE QUINTOS INCORPORADOS. MANUTENÇÃO DE PAGAMENTO APÓS JULGAMENTO ADMINISTRATIVO. ERRO OPERACIONAL. IRRELEVÂNCIA. TESE REPETITIVA N. 1.009/STJ. INAPLICABILIDADE. MODULAÇÃO TEMPORAL EXPRESSA. INVOCAÇÃO DE PRECEDENTE VINCULANTE MANIFESTAMENTE INAPLICÁVEL. VIOLAÇÃO DOS DEVERES DE COOPERAÇÃO, BOA-FÉ E LEALDADE PROCESSUAL. PRINCÍPIO *CANDOR TOWARD THE COURT* (CANDURA PERANTE A CORTE). *DUTY TO DISCLOSE ADVERSE AUTHORITY* (DEVER DE EXPOSIÇÃO DE PRECEDENTE VINCULANTE ADVERSO). DESCABIMENTO MANIFESTO DA INSURGÊNCIA. MULTA. 1. O desconto de valores recebidos de boa-fé pelo servidor, quando decorrentes de erro operacional da administração, só é possível nos casos distribuídos após a publicação do acórdão em que se fixou a Tese de Recurso Repetitivo n. 1.009/STJ. 2. Em sistemas processuais com modelo de precedentes amadurecido, reconhece-se a exigência não só de que os patronos articulem os fatos conforme a verdade, mas que exponham à Corte até mesmo precedentes contrários à pretensão do cliente deles. Evidentemente, não precisam concordar com os precedentes adversos, mas devem apresentá-los aos julgadores, desenvolvendo argumentos de distinção e superação. Trata-se do princípio da candura perante a Corte (*candor toward the Court*) e do dever de expor precedente vinculante adverso (*duty to disclose adverse authority*). 3. O presente caso não exige tamanha densidade ética. No entanto, não se pode ter como razoável que a parte sustente a pretensão em precedente manifestamente contrário ao caso em tela, apontando-o como vinculante em hipótese que teve sua incidência patentemente excluída, por força de modulação, omitindo-se sobre a existência da exceção. 4. A invocação do precedente vinculante na hipótese temporal expressamente excluída de sua incidência pelo próprio julgamento controlador configura violação dos deveres de lealdade, de boa-fé e de cooperação processual, ensejando a aplicação da multa do art. 1.021, § 4º, do CPC/2015, ante manifesta inadmissibilidade. 5. Agravo interno a que se nega provimento, com imposição de multa, fixada em 5% do valor atualizado da causa." (STJ, AgInt nos EDcl no RMS n. 34.477/DF, rel. Min. Og Fernandes, Segunda Turma, julgado em 21/6/2022, DJe de 27/6/2022.)

[465] "6. A jurisprudência do STJ tratando do caso concreto é pacífica há bastante tempo. A necessidade de afetar o tema como repetitivo se deve à insistência da administração pública na interposição de recursos trazendo a mesma temática repetidas vezes a esta Corte. Após firmar-se o precedente vinculante em recurso repetitivo, os tribunais locais terão o instrumental para evitar a subida de recursos ao STJ, e o Poder Judiciário deverá considerar como litigância de má- fé a eventual postulação contra precedente vinculante" (STJ, RECURSO ESPECIAL n. 1903883 – CE, Rel. Min. Og Fernandes).

pela isonomia que pressupõe o tratamento uniforme aos jurisdicionados, sendo pautado em sua dimensão ética de responsabilidade.[466]

A passagem de Ulisses, na Odisseia de Homero,[467] normalmente utilizada como metáfora sobre o papel desempenhado pelas constituições na democracia,[468] serve também ao tema dos precedentes. Não devemos sucumbir ao canto das sereias, fazendo pouco da segurança jurídica derivada do respeito aos precedentes, que serve de verdadeira amarra ao mastro da nau do direito que irrompe o mar, por vezes revolto, dos anseios e das paixões sociais.

Verdade seja, por vezes necessário, como já visto, que o precedente seja superado, ainda quando isso dê flanco ao argumento de corrosão da segurança jurídica. O direito também não pode ser engessado ou enclausurado definitivamente, em tentativa vã de se encapsular a realidade indiretamente (no que regulamentada pelo direito).[469] Os exemplos são inúmeros e dificilmente enumeráveis. Basta pensar que grande parte da jurisprudência brasileira formada no século passado sobre as relações de gênero, família etc. não encontram qualquer eco na atual realidade

---

466 WEBER, Max. *Ciência e política:* duas vocações. Trad. Leonicas Hegenberg e Octany Silveira da Mota. 4. ed. São Paulo: Cultrix, 1998. p. 113. "O fato de o direito, tal como o concebemos, não poder menosprezar a segurança jurídica e dever, por esta razão, evitar a subjetividade e a arbitrariedade, o fato de constituir um empreendimento público – pois o juiz recebe sua autoridade do Estado, que lhe confere competência e poder – impede identificar, pura e simplesmente, o que é justo segundo o direito com o que parece justo a um indivíduo." (PERELMAN, Chaïm. *Lógica jurídica*: nova retórica. Tradução Vergínia K. Pupi. 2. ed. São Paulo: Martins Fontes, 2004. p. 98). Impõe-se que nos demos claramente conta do fato seguinte: toda a atividade orientada segunda a ética pode ser subordinada a duas máximas inteiramente diversas e irredutivelmente opostas. Pode orientar-se segundo a ética da responsabilidade ou segundo a ética da convicção. Isso não quer dizer que a ética da convicção equivalha a ausência de responsabilidade e a ética da responsabilidade, a ausência de convicção. Não se trata disso, evidentemente. Não obstante, há oposição profunda entre a atitude de quem se conforma às máximas da ética da convicção – diríamos, em linguagem religiosa, 'O cristão cumpre seu dever e, quanto aos resultados da ação, confia em Deus' – e a atitude de quem se orienta pela ética da responsabilidade, que diz: "Devemos responder pelas previsíveis consequências de nossos atos".

467 "Primeiramente, hás de de ir ter às Sereias, que todos os homens que se aproximam dali, com encantos prender têm por hábito. Quem quer que, por ignorância, vá ter às Sereais, e o canto delas ouvir, nunca mais a mulher nem os tenros filhinhos hão de saudá-lo contentes, por não mais voltar para casa. Enfeitiçado será pela voz das Sereias maviosas. Elas se encontram num prado; ao redor se lhe veem muitos ossos de corpos de homens desfeitos, nos quais se engrouvinha a epiderme. Passa de largo, mas tapa os ouvidos de todos os sócios com cera doce amolgada, porque nenhum deles o canto possa escutar. Mas tu próprio, se ouvi-las quiseres, é força que pés e mão no navio ligeiro te amarrem os sócios, em torno ao mastro, de pé, com possantes calabres seguro, para que possas as duas sereias ouvir com deleite. Se lhes pedires, porém, ou ordenares, que os cabos te soltem, devem mais forte amrras à volta do corpo apertar-te" (HOMERO. Odisseia. Trad. Carlos Alberto Nunes. 25. ed. Rio de Janeiro: Nova Fronteira, 2015. p. 204).

468 ELSTER, Jon. Ulysses and the Sirens. *Studies in Rationality and Irrationality*. Cambridge: Cambridge University Press, 1984.

469 "Com efeito, apesar de desejada, a segurança jurídica decorrente da fixação da tese não pode ser um óbice intransponível para a sua superação ou revisão, caso tal tese se torne inadequada ou inefetiva, o que pode ocorrer pela evolução natural da sociedade, do sistema jurídico, das condições políticas, culturais, dentre outros fatores, como, inclusive, o erro da tese jurídica" (TEMER, Sofia. *Incidente de resolução de demandas repetitivas*. Salvador: Juspodivm, 2016. p. 253).

jurisprudencial, quando não se apresentem como capítulos tristes da marcha da evolução social.

A superação dos precedentes dinamiza o sistema jurídico.

A estabilidade, a previsibilidade e a calculabilidade cedem frente à necessidade de evolução, colocando-se em primeiro plano a flexibilidade e a adaptabilidade, tudo em desfavor da petrificação. O direito incide sobre a realidade cambiante e móvel, pelo que não pode ser estático.

A par disso, surge então a questão de quando o precedente deve ser superado, mais propriamente as razões que permitam seu afastamento definitivo enquanto padrão decisório.

Em texto histórico sobre a questão, Jerrold H. Israel[470] oferece claro panorama das situações em que os precedentes têm sido superados: em virtude da inconsistência da regra do precedente às situações atuais (modificações próprias ao decurso do tempo – defasagem do precedente) (*i*); a própria ausência de eficácia do precedente para bem regular a vida faz como que ele seja abandonado (lições da experiência – falta de vigor frente à experiência) (*ii*); a consideração de ausência de razão correta no precedente, pois fruto de uma escolha errada (precedente errado) (*iii*); inconsistência do precedente frente às decisões posteriormente tomadas, que minaram a regra que o subjaz (inconsistência do precedente) (*iv*).

Na experiência da Suprema Corte dos Estados Unidos da América, as mudanças das condições (defasagem do precedente), sua inadequação para servir como regra (lições de experiência), a consideração sobre sua própria incorreção (precedente errado) e, finalmente, sua inconsistência perante outros pronunciamentos tem sido a base das decisões sobre a superação.[471]

Veja-se, a Suprema Corte, indicando a possibilidade de superação de precedente quanto envolvida mudança importante nas circunstâncias no mundo exterior, negou a existência de tal ruptura no caso Randall *v.* Sorrell, 548 U.S. 230 (2006).[472]

---

[470] ISRAEL, Jerrold H. The "Art" of Overruling, 1963 SUP. CT. REV. 211, 214 n.15.

[471] No recentíssimo caso *Dobbs, State Health Officer of The Mississippi Department Of Health, et al. v. Jackson Women's Health Organization et al.*, o Justice Kavanaugh propugnou: *"The history of stare decisis in this Court establishes that a constitutional precedent may be overruled only when (i) the prior decision is not just wrong, ut is egregiously wrong, (ii) the prior decision has caused significant negative jurisprudential or realworld consequences, and (iii) overruling the prior decision would not unduly upset legitimate reliance interests"*. ("A história da decisão de olhar fixamente neste Tribunal estabelece que um precedente constitucional só pode ser anulado quando (i) a decisão anterior não é apenas errada, mas também muito errada, (ii) a decisão anterior tiver causado uma jurisprudência negativa significativa ou um mundo real consequências, e (iii) a anulação da decisão anterior não perturbar indevidamente interesses legítimos de confiança").

[472] *"We cannot find in the respondents' claims any demonstration that circumstances have changed so radically as to undermine Buckley's critical factual assumptions."* (*Justice* Breyer) ("Não podemos encontrar nas reivindicações nenhuma demonstração de que as circunstâncias tenham mudado tão radicalmente a ponto de minar as suposições factuais críticas de Buckley").

No precedente Vieth *v.* Jubelirer, 541 US 267 (2004), afastou a aplicabilidade de precedente anterior (Davis *v.* Bandemer (1986)), que se provou impraticável e fundado em decisão mal fundamentada.[473]

Ainda, afastou a aplicação de precedente minado por decisões posteriores, em Patterson *v.* McLean Credit Union, 485 U.S. 617 (1988), não deixando de consignar: *"These actions do not mean that the Court has been insensitive to considerations of stare decisis, but only that we recognize it as 'a principle of policy, and not a mechanical formula'"*.[474]

Justamente, essas diretrizes são observadas em diferentes dinâmicas pela Suprema Corte, em seus precedentes mais marcantes, controversos e decisivos.

Por exemplo, um dos mais repudiados precedentes da Suprema Corte Americana, Korematsu *v.* United States, 323 U.S. 214 (1944), no qual se permitiu a recolocação em campos de concentração de nipo-americanos por questões de segurança nacional, é amplamente desacreditado e rejeitado pelas decisões posteriores, em virtude de sua incorreção coetânea, como bem expressa a recente decisão no caso Trump *v.* Hawaii, 585 U.S. (2018).[475]

---

473 *"Considerations of stare decisis do not compel us to allow Bandemer to stand. That case involved an interpretation of the Constitution, and the claims of stare decisis are at their weakest in that field, where our mistakes cannot be corrected by Congress.* See Payne *v.* Tennessee, 501 U. S. 808, 828 (1991). *They are doubly weak in Bandemer because the majority's inability to enunciate the judicially discernible and manageable standard that it thought existed (or did not think did not exist) presaged the need for reconsideration in light of subsequent experience. And they are triply weak because it is hard to imagine how any action taken in reliance upon Bandemer could conceivably be frustrated–except the bringing of lawsuits, which is not the sort of primary conduct that is relevant. While we do not lightly overturn one of our own holdings, when governing decisions are unworkable or are badly reasoned, 'this Court has never felt constrained to follow precedent'"*. Id., at 827 (*quoting* Smith *v.* Allwright, 321 U. S. 649, 665 (1944)). *Eighteen years of essentially pointless litigation have persuaded us that Bandemer is incapable of principled application. We would therefore overrule that case, and decline to adjudicate these political gerrymandering claims."* (*JUSTICE* SCALIA) ("Considerações sobre *stare decisis* não nos obrigam a permitir que a Bandemer permaneça. Esse caso envolveu uma interpretação da Constituição, e as reivindicações de *stare decisis* são mais fracas nesse campo, onde nossos erros não podem ser corrigidos pelo Congresso. Ver Payne *v.* Tennessee, 501 U. S. 808, 828 (1991). Eles são duplamente fracos em Bandemer porque a incapacidade da maioria de enunciar o padrão judicialmente discernível e gerenciável que ela pensava existir (ou não achava que não existia) pressagiou a necessidade de reconsideração à luz da experiência subsequente. E eles são triplamente fracos porque é difícil imaginar como é possível frustrar qualquer ação tomada com base na Bandemer – exceto a abertura de ações judiciais, que não é o tipo de conduta principal que seja relevante. Embora não derrubemos levemente uma de nossas próprias participações, "quando decisões de governo são impraticáveis ou mal fundamentadas, 'este Tribunal nunca se sentiu obrigado a seguir um precedente'". Id., p. 827 (citando Smith *v.* Allwright, 321 US 649, 665 (1944)). Dezoito anos de litígios essencialmente inúteis nos convenceram de que a Bandemer é incapaz de aplicar princípios. Portanto, anularíamos esse caso e recusaríamos julgar essas reivindicações políticas de *gerrymandering*.").

474 "Essas ações não significam que a Corte tenha sido insensível a considerações de *stare decisis*, mas apenas que a reconhecemos como 'um princípio de política, e não uma fórmula mecânica'".

475 "A realocação forçada de cidadãos americanos para campos de concentração, única e explicitamente com base na raça, é objetivamente ilegal e fora do escopo da autoridade presidencial. (...) A referência da dissidência a Korematsu, no entanto, oferece a esta Corte a oportunidade de expressar o que já é óbvio: Korematsu estava gravemente errado no dia em que foi decidido, foi anulado no tribunal da história e – para ser claro – 'não tem lugar na lei sob a Constituição.'". *The forcible relocation of U. S. citizens to concentration camps, solely and explicitly on the basis of race, is objectively unlawful and outside*

Outrossim, a dita infame[476] decisão proferida em Dred Scott *v.* Sandford, 60 US 393 (1856), por meio da qual a Suprema Corte placitou a escravidão, ao declarar a inconstitucionalidade de legislação que bania a escravidão nos novos territórios e negar a legitimidade dos "ex-escravos" postular perante os tribunais federais (ausência de cidadania americana) visando à liberdade;[477] foi posteriormente retificada, por sua incorreção, pelas Décima Terceira[478] e Décima Quarta[479] Emendas à Constituição Americana, assim como o ato de emancipação[480] em 1863 assinado por Abraham Lincoln.[481]

A regra chancelada em Plessy *v.* Ferguson, 163 US 537 (1896), também envolvendo escravidão, que afirmou a doutrina "separado, mas igual"[482] sob a perspectiva da Décima Quarta Emenda, foi posteriormente superada, por seu manifesto erro subjacente, em Brown *v.* Board of Education of Topeka, 347, U.S. 483 (1954), lembrando que existe Brown II, 349 U.S. 294 (1955), por meio do qual se implementou a política de segregação nas escolas públicas.[483] Note-se que a questão de uma eventual

---

the scope of Presidential authority. (...) The dissent's reference to Korematsu, however, affords this Court the opportunity to make express what is already obvious: Korematsu was gravely wrong the day it was decided, has been overruled in the court of history, and –to be clear– "has no place in law under the Constitution".

[476] Há uma cisão nos livros de história estadunidenses. Para tanto, ver: JOBIM, Marco Félix. *Medidas estruturantes*: da Suprema Corte Estadunidense ao Supremo Tribunal Federal. 2ª ed. Porto Alegre: Livraria do Advogado, 2022.

[477] Em suma, Dred Scott era um escravo nascido na Virgínia, sendo que viveu em llinois e Wisconsin com sua família. Com base no fato de ter sido legalmente emancipado, por causa de sua residência em territórios livres (*once free, always free*), buscou afirmar sua liberdade ao retornar ao Estado do Missouri.

[478] "Emenda XIII. Seção 1. Não haverá, nos Estados Unidos ou em qualquer lugar sujeito a sua jurisdição, nem escravidão, nem trabalhos forçados, salvo como punição de um crime pelo qual o réu tenha sido devidamente condenado. Seção 2. O Congresso terá competência para fazer executar este artigo por meio das leis necessárias".

[479] "Emenda XIV. Seção 1. Todas as pessoas nascidas ou naturalizadas nos Estados Unidos, e sujeitas a sua jurisdição, são cidadãos dos Estados Unidos e do Estado onde tiverem residência. Nenhum Estado poderá fazer ou executar leis restringindo os privilégios ou as imunidades dos cidadãos dos Estados Unidos, nem poderá privar qualquer pessoa de sua vida, liberdade ou bens sem o devido processo legal, ou negar a qualquer pessoa sob sua jurisdição igual proteção das leis".

[480] ATO DE EMANCIPAÇÃO. Notícia disponível em: <https://www.dw.com/pt-br/1863-estados-unidos-abolem-a-escravid%C3%A3o/a-372001>. Acesso 17 maio 2020.

[481] Para conhecer melhor a história, ler: GOODWIN, Doris Kearns. *Lincoln.* 5. ed. Trad. Waldéa Barcellos. Rio de Janeiro: Record, 2013.

[482] Tratava-se de lei da Louisiana conhecida como Lei de Carro Separado. Esta lei exigia que as ferrovias fornecessem carros separados e outras acomodações para brancos e afro-americanos. A expressão "separados mais iguais" surge na dissidência do *JUSTICE* HARLAN: *"By the Louisiana statute the validity of which is here involved, all railway companies (other than street railroad companies) carrying passengers in that State are required to have separate but equal accommodations for white and colored persons (...)."* ("Pelo estatuto da Louisiana cuja validade está aqui envolvida, todas as empresas ferroviárias (exceto as ferrovias de rua) que transportam passageiros naquele Estado são obrigadas a ter acomodações separadas, mas iguais para pessoas brancas e coloridas (...)").

[483] Sobre as diferentes questões e ajustes nessa política implementadas pela Suprema Corte em uma série de decisões, vale a pena ler o rico relato de WOODWARD, Bob; SCOTT, Armstrong. *Por detrás da suprema corte.* São Paulo: Saraiva, 1985.

superação de precedentes é tão significativa no sistema estadunidense que parte da doutrina aponta que Brown não superou Plessy, como se verifica nas palavras de David M. O'Brien.[484]

Ainda, o precedente estabelecido em Bowers *v.* Hardwick, 478 EUA 186 (1986), por meio do qual se permitia a criminalização pelos Estados de condutas sexuais envolvendo casais do mesmo sexo, restou superada em Lawrence *v.* Texas, 539 EUA 558 (2003), ocasião em que se teve por inconstitucional a lei do Texas que criminalizou relações homossexuais adultas e consensuais por violarem a cláusula do devido processo da Décima Quarta Emenda.

Entre outros inúmeros casos, não pode ser olvidada a controvérsia em torno do tema do aborto, os diferentes ajustes realizados em tal âmbito por meio de precedentes e posteriormente sua própria superação. Em Roe *v.* Wade, 410 US 113 (1973),[485] decidiu-se pela possibilidade da realização do aborto até que o feto se torne viável (viabilidade significa para a decisão a capacidade de viver fora do útero, que geralmente se dá entre 24 e 28 semanas após a concepção), com base no direito à privacidade contido na cláusula do devido processo da Décima Quarta Emenda. O precedente foi mantido[486] no julgamento Planned Parenthood

---

[484] O'BRIEN, David M. *Precedents and Courts*. In SARLET, Ingo W.; JOBIM, Marco Félix. Precedentes. Florianópolis, SC: Tirant lo Blanch, 2018. p. 33. Escreve: *"So too, a supreme court may to overrule even watershed precedentes but hold that they no longer apply in certain áreas or to particular cases and controversies. Thereby, They set aside questions about the continued application of those precedents in the Other Fields. The Warren Court did so in holding (but without overruling) the doctrine of 'separated but equal' no longer applied to dual public schools for blacks and whites. Rather than a sweeping ruling reversing* Plessy *v.* Ferguson (1896), in Brown *v.* Board of Education (1954), *the Court merely (almost off handedly) observed in Brown that Plessy's doctrine of 'separated but equal' no longer applied to the segregated public schools. Questions about racial segregation in other areas of public accommodations – hotel, restaurants, etc. – were thus letf for another day"*.

[485] Sobre o tema: TOOBIN, Jeffrey. *Os nove:* por dentro do mundo secreto da suprema corte. São Paulo: Saraiva, 2018.

[486] *"(i) Overruling Roe's central holding would not only reach an unjustifiable result under stare decisis principles, but would seriously weaken the Court's capacity to exercise the judicial power and to function as the Supreme Court of a Nation dedicated to the rule of law. Where the Court acts to resolve the sort of unique, intensely divisive controversy reflected in Roe, its decision has a dimension not present in normal cases and is entitled to rare precedential force to counter the inevitable efforts to overturn it and to thwart its implementation. Only the most convincing justification under accepted standards of precedent could suffice to demonstrate that a later decision overruling the first was anything but a surrender to political pressure and an unjustified repudiation of the principle on which the Court staked its authority in the first instance. Moreover, the country's loss of confidence in the Judiciary would be underscored by condemnation for the Court's failure to keep faith with those who support the decision at a cost to themselves. A decision to overrule Roe's essential holding under the existing circumstances would address error, if error there was, at the cost of both profound and unnecessary damage to the Court's legitimacy and to the Nation's commitment to the rule of law."* ("(i) A anulação da participação central de Roe não apenas alcançaria um resultado injustificável sob os princípios *stare decisis*, mas enfraqueceria seriamente a capacidade da Corte de exercer o poder judicial e de funcionar como a Suprema Corte de uma nação dedicada ao império da lei. Quando a Corte atua para resolver o tipo de controvérsia única e intensamente dividida refletida em Roe, sua decisão tem uma dimensão que não está presente em casos normais e tem direito a uma força precedente rara para conter os inevitáveis esforços para derrubá-la e impedir sua implementação. Somente a justificativa mais convincente sob os padrões aceitáveis de precedente poderia ser suficiente para

of Southeastern Pa. *v.* Casey, 505 US 833 (1992). Reconheceu-se expressamente que manter Roe *v.* Wade prestigiava a segurança jurídica. Em contrapartida, afirmou-se o direito do Estado de proteger a vida do feto, estabelecendo que as leis que restringem o aborto devem ser avaliadas a partir de um padrão de sobrecarga indevida (*standard* interpretativo). Seriam inconstitucionais quando sobrecarregassem, de forma a esvaziar, o exercício da opção pelo aborto. A questão foi novamente enfocada durante a apreciação do Box *v.* Planned Parenthood of Indiana and Kentucky, Inc., 587 U.S. (2019), no qual se reconheceu ao Estado interesse legítimo na destinação adequada dos restos fetais. Tratava-se de uma lei de indiana que mudou a definição de resíduos infecciosos e patológicos, impedindo assim que se incinerassem restos fetais com subprodutos cirúrgicos. O tema permaneceu insepulto no contexto norte-americano, envolvendo inclusive discussões sobre a composição da Suprema Corte, a divisão entre democratas (liberais) e republicanos (conservadores), tendencialmente pró e contra o aborto. Passo seguinte, mesmo já prevalecendo uma maioria virtual de conservadores na Suprema Corte, no *June Medical Services,* LLC *v.* Russo, 591 U.S. (2020), foi declarada a inconstitucionalidade de lei da Lousiana que restringia na prática os médicos aptos à realização de aborto (*admitting privileges*). Porém, a maioria foi alcançada com o voto do *Chief Justice* Roberts, que se ateve à aplicação de precedente anterior sobre lei texana de igual teor (Whole Woman's Health *v.* Hellerstedt, 579 U.S. (2016)), tecendo diversas considerações sobre a necessidade de observância do *stare decisis*,[487] ainda que tenha sido um dos dissidentes no

demonstrar que uma decisão posterior anulando a primeira não era uma renúncia à pressão política e um repúdio injustificado ao princípio no qual a Corte empenhou sua autoridade em primeira instância. Além disso, a perda de confiança do país no Judiciário seria ressaltada pela condenação do fato de a Corte não ter mantido fé naqueles que apoiam a decisão a um custo para eles próprios. Uma decisão de anular a participação essencial de Roe nas circunstâncias existentes resolveria o erro, se houvesse erro, à custa tanto de danos profundos e desnecessários à legitimidade da Corte quanto ao comprometimento da Nação com o estado de direito").

[487] *"Stare decisis ("to stand by things decided") is the legal term for fidelity to precedent. Black's Law Dictionary 1696 (11th ed. 2019). It has long been 'an established rule toabide by former precedents, where the same points come again in litigation; as well to keep the scale of justice even and steady, and not liable to waver with every new judge'sopinion"*. 1. W. Blackstone, *Commentaries on the Laws of England* 69 (1765). *This principle is grounded in a basic humility that recognizes today's legal issues are often not so different from the questions of yesterday and that we arenot the first ones to try to answer them. Because the "private stock of reason... in each man is small,... individu-als would do better to avail themselves of the general bank and capital of nations and of ages"*. 3 E. Burke, *Reflections on the Revolution in France* 110 (1790). *Adherence to precedent is necessary to "avoid an arbi-trary discretion in the courts." The Federalist* nº 78, p. 529 (J. Cooke ed. 1961) (A. Hamilton). *The constraint of precedent distinguishes the judicial "method and philoso-phy from those of the political and legislative process"*. Jackson, *Decisional Law and Stare Decisis*, 30 A. B. A. J. 334 (1944). *The doctrine also brings pragmatic benefits. Respect forprecedent "promotes the evenhanded, predictable, and con-sistent development of legal principles, fosters reliance on judicial decisions, and contributes to the actual and per-ceived integrity of the judicial process."* Payne *v.* Tennessee, 501 U. S. 808, 827 (1991). *It is the "means by which we ensure that the law will not merely change erratically, but will develop in a principled and intelligible fashion"*. Vasquez *v.* Hillery, 474 U. S. 254, 265 (1986). *In that way, "stare decisis is an old friend of the common lawyer"*. Jackson, supra, at 334. *Stare decisis is not an "inexorable command"*. Ramos *v.* Louisiana, 590 U. S. ——, —— (2020) (*slip op.*, at 20) (*internal quotation marks omitted*). *But*

precedente utilizado como paradigma. Isto é, propugou a observância de precedente para o qual não concorreu em sua formação, mas que por força do *stare decisis* deve ser observado.[488] Em outra oportunidade, novamente em caso envolvendo o aborto, a Suprema Corte concedeu liminar para suspender decisão de Tribunal Distrital, mesmo não tendo sido

---

for precedent to meananything, the doctrine must give way only to a rationale that goes beyond whether the case was decided correctly.The Court accordingly considers additional factors beforeoverruling a precedent, such as its adminstrability, its fit with subsequent factual and legal developments, and the reliance interests that the precedent has engendered. See Janus *v.* State, *County, and Municipal Employees*, 585 U. S. ——, —— —— (2018) (*slip op.*, at 34–35). *Stare decisis principles also determine how we handle a decision that itself departed from the cases that came be-fore it. In those instances, "[r]emaining true to an 'intrinsically sounder' doctrine established in prior cases better serves the values of stare decisis than would following" the recent departure.* Adarand Constructors, Inc. *v.* Peña, 515 U. S. 200, 231 (1995) (*plurality opinion*). *Stare decisis is pragmatic and contextual, not "a mechanical formula of ad-herence to the latest decision."* Helvering *v.* Hallock, 309 U. S. 106, 119 (1940)." ("*Stare decisis* ("manter as coisas decididas") é o termo legal para fidelidade ao precedente. *Dicionário da Lei de Black* 1696 (11ª ed. 2019). Há muito tempo é "uma regra estabelecida para respeitar precedentes anteriores, quando vêm os mesmos pontos novamente em litígio, bem como para manter a escala da justiça uniforme e constante, e não sujeita a vacilar com cada nova opinião de um juiz". 1 W. Blackstone, *Comentários sobre as Leis da Inglaterra* 69 (1765). Este princípio é fundado em uma base de humildade que reconhece as questões legais de hoje muitas vezes não são tão diferentes das questões de ontem e que somos não os primeiros a tentar respondê-los. Porque o "o estoque privado de de razão... em cada homem é pequeno... os indivíduos fariam melhor se valessem-se do banco geral e capital das nações e de todas as idades". 3 E. Burke, *Reflexões sobre a revolução na França* 110 (1790). A adesão ao precedente é necessária para "evitar uma arbitrária discricionariedade nos tribunais. "*The Federalist* nº 78, p. 529 (J. Cooke ed. 1961) (A. Hamilton). A restrição de precedente distingue o "método judicial e a filosofia daqueles do processo político e legislativo". Jackson, *Lei Decisional e Decisão Stare*, 30 ABAJ 334 (1944). A doutrina também traz benefícios pragmáticos. Respeito por precedente "promove o justo, previsível e contra desenvolvimento consistente de princípios legais, promove a confiança em decisões judiciais, e contribui para o real e por integridade do processo judicial". Payne *v.* Tennessee, 501 US 808,827 (1991). É o "meio pelo qual nós garantimos que a lei não mudará apenas erraticamente, mas irá se desenvolver de uma forma inteligível e baseada em princípios". Vasquez *v.* Hillery , 474 US 254, 265 (1986). Dessa forma, "*Stare decisis* é um velho amigo do advogado comum". Jack Filho, supra, em 334. *Stare decisis* não é um "comando inexorável". Ramos *v.* Louisiana , 590 US ——, —— (2020) (*slip op.*, em 20) (interaspas finais omitidas). Mas para precedente significar qualquer coisa, a doutrina deve dar lugar apenas a uma razão isso vai além do fato de o caso ter sido decidido corretamente. O Tribunal, portanto, considera fatores adicionais antes anular um precedente, como sua administrabilidade, seu ajuste com os desenvolvimentos factuais e legais subsequentes, e o confiança de interesses que o precedente gerou. Vejo Janus *v.* Funcionários estaduais, municipais e municipais, 585 EUA ——, —— —— (2018) (*bilhete op.*, Em 34-35). Os princípios do *Stare decisis* também determinam como lidamos com uma decisão que se afastou dos casos que se tornaram antes disso. Nesses casos, "[r]emanece verdadeiro para uma 'intrínseca doutrina mais sólida 'estabelecida em casos anteriores melhor atende aos valores de stare decisis do que seguir para uma ruptura recente. Adarand Constructors, Inc. *v.* Peña , 515 US 200, 231 (1995) (opinião plural). *Stare decisis* é pragmática e contextual, não "uma fórmula mecânica de adesão à última decisão". Helvering *v.* Hallock, 309 US 106,19 (1940).

488 "*Stare decisis instructs us to treat like cases alike. The result in this case is controlled by our decision four yearsago invalidating a nearly identical Texas law. The Louisiana law burdens women seeking previability abortions to the same extent as the Texas law, according to factual findings that are not clearly erroneous. For that reason, I concur in the judgment of the Court that the Louisiana law is unconstitutional.*" ("Stare decisis nos instrui a tratar casos semelhantes. O resultado, neste caso, é controlado por nossa decisão há quatro anos invalidando uma lei quase idêntica do Texas. A lei de Lousiana sobrecarrega as mulheres que procuram abortos previsíveis na mesma medida que a lei do Texas, de acordo com a constatação factual das informações que não estão claramente erradas. Por esse motivo, concordo com o julgamento do Tribunal de que a lei da Louisiana é inconstitucional.").

ainda analisado o *writ of certiorari*[489] na origem. Anote-se, a suspensão de liminar de tribunal inferior é medida excepcionalíssima. No caso, o Tribunal Distrital entendeu indevida a exigência pelo FDA (*Food and Drug Administration*), de as mulheres retirarem pessoalmente os medicamentos abortivos no curso da pandemia da COVID-19. Isso imporia uma carga significativa para as mulheres, oferecendo um obstáculo substancial. Todavia, a decisão foi suspensa, pelo que, por ora, a Suprema Corte manteve a exigência da retirada pessoal dos medicamentos. Em meio ao quadragésimo nono aniversário do precedente Roe *v.* Wade, a questão voltou a ser debatida intensamente, a par da legislação texana que proibiu aborto após aproximadamente seis semanas da gravidez (batimento cardíaco fetal detectável), criminalizou qualquer pessoa que "ajude ou seja cúmplice" de tal aborto e permitiu que qualquer cidadão entre com uma ação por danos contra essas pessoas (United States *v.* Texas (2021)). Embora a discussão tenha resvalado para discussões sobre a responsa-

---

[489] A Competência da Suprema Corte Americana tem previsão Constitucional (artigo 3, Seção 2: "*In all cases affecting ambassadors, other public ministers and consuls, and those in which a state shall be party, the Supreme Court shall have original jurisdiction. In all the other cases before mentioned, the Supreme Court shall have appellate jurisdiction, both as to law and fact, with such exceptions, and under such regulations as the Congress shall make*" – "Em todos os casos que afetem embaixadores, outros ministros públicos e cônsules, e naqueles em que um Estado seja parte, a Suprema Corte terá jurisdição originária. Em todos os outros casos mencionados, a Suprema Corte terá jurisdição em grau de recurso, tanto de direito quanto de fato, com as exceções e segundo os regulamentos que o Congresso estabelecer."). Podemos assim sistematizar referida competência: a) competência originária sobre questões envolvendo embaixadores, outros ministros, cônsules ou os estados-membros; b) recursal em apelações (*mandatory appeal*) com âmbito angusto, em virtude da *Supreme Court Case Selections Act 1988*; c) certificação (*certification*) de escassa utilização, consistente no envio de uma questão de direito por tribunal de segunda instância à Corte Suprema buscando instrução sobre a decisão adequada de questão; e d) *writ of certiorari* via pela qual normalmente desaguam os recursos para Corte Suprema. Trata-se basicamente de uma petição de um *writ* a *certiorari* apresentada pela parte dita prejudicada quanto à decisão da Corte inferior (FINE, Toni M. *Introdução ao sistema jurídico anglo-americano*. São Paulo: Martins Fontes, 2019. p. 37/38 – GARNER, Bryan A. *Black's law dictionary*. Tenth edition. Estados Unidos: Thomson Reuters, 2014. p. 275/276). Nesta via, a Suprema Corte tem ampla discricionariedade para reexaminar uma causa, sendo que necessário, para que a causa seja submetida à decisão da Suprema Corte, voto de quatro dos nove *justices* para aceitação do caso (conceder o *writ*). Predomina ampla discricionariedade nessa admissão, não sendo propriamente uma questão de direito, como expressa a Regra 10 do *Rules of the Supreme Court of the United States*: "*Review on a writ of certiorari is not a matter of right, but of judicial discretion. A petition for a writ of certiorari will be granted only for compelling reasons.*" – A revisão do título de *certiorari* não é questão de direito, mas de discrição judicial. Uma petição de *certiorari* será concedida apenas por motivos imperiosos."). Por vezes, a negativa de concessão do *certiorari* serve como indicado da intenção da Corte Suprema em preservar um precedente, bem como sua concessão a possibilidade de superação do precedente. A discricionaridade abrange também a possibilidade de selecionar as questões que irá apreciar no âmbito do processo, como definido em *Olmstead v. Estados Unidos*, 277 EUA 438 (1928) (*limited grant of certiorari*). O paralelo com a repercussão geral para admissão do recurso extraordinário pelo nosso Supremo Tribunal Federal deve ser visto com reservas. Embora aqui também bastem quatro ministros para reconhecerem a repercussão geral e admitirem o processamento do recurso extraordinário (artigo 102, § 3º, da Constituição da República Federativa do Brasil de 1988), existem balizas para tal reconhecimento (questões relevantes do ponto de vista econômico, político, social ou jurídico que ultrapassem os interesses subjetivos do processo – CPC, artigo 1.035, § 1º). Além do mais, pelo número de Ministros de cada Corte em consideração, o quórum da Suprema Corte Americana para admissão é mais elevado (4 em 9 *Justices*) do que o do Supremo Tribunal Federal (4 em 11). De fato, "*the rule of four*" se aplica aos dois tribunais.

bilização de funcionários estatais, o *Chief Justice* Roberts não deixou de observar que a lei, em sua trama de estrategemas, teve o propósito de anular decisões do tribunal, colocando em risco todo o sistema constitucional (Whole Woman's Health *v.* Jackson).[490] A temática foi novamente enfrentada pela Suprema Corte Americana no contexto da Lei do Mississipi, "Lei da Idade Gestacionária", que, com poucas exceções, proibiu abortos após quinze semanas de gestação. Dessa vez, no Dobbs, *State Health Officer of The Mississippi Department Of Health, et al. v. Jackson Women's Health Organization et al.*, superou-se então Roe *v.* Wade e Planned Parenthood *v.* Casey. A decisão considerou Roe *v.* Wade um erro infame, como aquele cometido em Plessy *v.* Ferguson (*"separate but equal"* – supra): *"Like the infamous decision in Plessy v. Ferguson, Roe was also egregiously wrong and on a collision course with the Constitution from the day it was decided"*.[491] O Tribunal assentou que o direito ao aborto não estava profundamente enraizado na história e na tradição da nação (*"The Court finds that the right to abortion is not deeply rooted in the Nation's history and tradition"*), bem como não protegido pela Décima Quarta Emenda (*"The Court finds the Fourteenth Amendment clearly does not protect the right to an abortion"*). Mesmo considerando a necessidade de preservação dos precedentes (*stare decisis*[492]), enunciou-se a superação com base em cinco fatores: 1) a natureza do erro do tribunal (*"The nature of the Court's error"*), já que a decisão entrou em rota de colisão com a Constituição (*"Roe was also egregiously wrong and on a collision course with the Constitution from the day it was decided"*); 2) a qualidade das razões externadas no precedente (*"The quality of the reasoning"*), incorretas historicamente, sendo que ajustes deveriam ser realizados competiriam pelo poder legislativo; 3) a própria ineficácia do precedente em bem regrar a situação (*"Workability"*), na medida em que não aplicado de forma segura e con-

---

490 *"The clear purpose and actual effect of S. B. 8 has been to nullify this Court's rulings. It is, however, a basic principle that the Constitution is the "fundamental and paramount law of the nation," and "[i]t is emphatically the province and duty of the judicial department to say what the law is"*. Marbury *v.* Madison, 1 Cranch 137, 177 (1803). *Indeed, "[i]f the legislatures of the several states may, at will, annul the judgments of the courts of the United States, and destroy the rights acquired under those judgments, the constitution itself becomes a solemn mockery."* United States *v.* Peters, 5 Cranch 115, 136 (1809). *The nature of the federal right infringed does not matter; it is the role of the Supreme Court in our constitutional system that is at stake."*

491 "Como a infame decisão em Plessy *v.* Ferguson, Roe também estava terrivelmente errado e em rota de colisão com a Constituição desde o dia em que foi decidido".

492 Como indicou o Justice Kavanaugh: *"The principle of stare decisis requires respect for the Court's precedents and for the accumulated wisdom of the judges who have previously addressed the same issue. Stare decisis is rooted in Article III of the Constitution and is fundamental to the American judicial system and to the stability of American law. Adherence to precedent is the norm, and stare decisis imposes a high bar before this Court may overrule a precedent. This Court's history shows, however, that stare decisis is not absolute, and indeed cannot be absolute."* (O princípio do *stare decisis* exige o respeito pelos precedentes do Tribunal e pela sabedoria acumulada dos juízes que trataram anteriormente da mesma questão. O stare decisis tem as suas raízes no Artigo III da Constituição e é fundamental para o sistema judicial americano e para a estabilidade do direito americano. A adesão a precedentes é a norma, e o *stare decisis* impõe uma alta perante este Tribunal pode anular um precedente. A história deste Tribunal mostra, contudo, que o *stare decisis* não é absoluto, e na verdade não pode ser absoluto").

sistente (exequibilidade); 4) efeito sobre outras áreas do direito (*"Effect on other areas of law"*), no que teria levado à distorção em doutrinas jurídicas, com consequências prejudiciais; 5) Ausência de confiança concreta no precedente criado (*"Reliance interests"*), porque não compõe a "liberdade ordenada". Assim, considerando ser o aborto uma profunda questão moral,[493] remeteu tal regulação dos Estados: (*"Abortion presents a profound moral question. The Constitution does not prohibit the citizens of each State from regulating or prohib- iting abortion. Roe and Casey arrogated that authority. The Court overrules those decisions and returns that authority to the people and their elected representatives."*).[494]

Na Inglaterra, em virtude de a Câmara dos Lordes (*House of Lords*) ter negado a possibilidade de reverter decisões tomadas anteriormente, pois do mesmo nível das que seriam proferidas atualmente, redigiu-se uma Declaração de Prática por parte do *Lord* Gardiner, em 26 de julho de 1966, conferindo autoridade à Câmara dos Lordes para decidir sobre questões anteriores (*The Practice Statement de 1966*).[495] A ideia era permitir o desenvolvimento do direito e evitar injustiças individuais.

---

493 *"Abortion presents a profound moral issue on which Americans hold sharply conflicting views. Some believe fervently that a human person comes into being at conception and that abortion ends an innocent life. Others feel just as strongly that any regulation of abortion invades a woman's right to control her own body and prevents women from achieving full equality. Still others in a third group think that abortion should be allowed under some but not all circumstances, and those within this group hold a variety of views about the particular restrictions that should be imposed."* ("O aborto apresenta uma profunda questão moral sobre a qual os americanos têm opiniões fortemente conflituosas. Alguns acreditam fervorosamente que uma pessoa humana nasce na concepção e que o aborto põe fim a uma vida inocente. Outros sentem igualmente que qualquer regulamentação do aborto invade o direito da mulher a controlar o seu próprio corpo e impede a mulher de alcançar a plena igualdade. Outros ainda num terceiro grupo pensam que o aborto deveria ser permitido em algumas mas não em todas as circunstâncias, e os que pertencem a este grupo têm uma variedade de opiniões sobre as restrições particulares que deveriam ser impostas").

494 "O aborto apresenta uma profunda questão moral. A Constituição não proíbe que os cidadãos de cada Estado regulamentem ou proíbam o aborto. Roe e Casey arrogaram essa autoridade. A Corte anula essas decisões e devolve essa autoridade ao povo e a seus representantes eleitos".

495 *"Their Lordships regard the use of precedent as an indispensable foundation upon which to decide what is the law and its application to individual cases. It provides at least some degree of certainty upon which individuals can rely in the conduct of their affairs, as well as a basis for orderly development of legal rules. Their Lordships nevertheless recognize that too rigid adherence to precedent may lead to injustice in a particular case and also unduly restrict the proper development of the law. They propose therefore, to modify their present practice and, while treating former decisions of this house as normally binding, to depart from a previous decision when it appears right to do so. In this connection they will bear in mind the danger of disturbing retrospectively the basis on which contracts, settlement of property, and fiscal arrangements have been entered into and also the especial need for certainty as to the criminal law. This announcement is not intended to affect the use of precedent elsewhere than in this House."* ("Seus lordes consideram o uso do precedente como um fundamento indispensável sobre o qual decidir qual é a lei e sua aplicação a casos individuais. Ele fornece pelo menos algum grau de certeza sobre o qual os indivíduos podem confiar na condução de seus negócios, bem como uma base para o desenvolvimento ordenado de regras legais. Seus Lordes, no entanto, reconhecem que a adesão rígida demais ao precedente pode levar à injustiça em um caso particular e também restringir indevidamente o desenvolvimento adequado da lei. Propõem, portanto, modificar sua prática atual e, ao mesmo tempo em que tratam as decisões anteriores dessa assembleia como normalmente vinculantes, afastar-se de uma decisão anterior quando parece certo fazê-lo. A este respeito, terão em conta o perigo de perturbar retroativamente as bases em que os

Já em 1968, a Câmara dos Lordes em *Conway v Rimmer*, utilizando tal poder, anulou o precedente Duncan *v.* Cammell Laird & Co. (1942),[496] sendo que, da mesma forma, no Herrington *v.* British Railways Board (1972), por considerar inadequado o precedente Robert Addie & Sons (Collieries), Ltd. *v.* Dumbreck, (1929).[497]

Na realidade brasileira, já tivemos importantes precedentes objeto de superação, ainda que não utilizando o vocabulário próprio ao tema, cujo resultado foram edições de teses absolutamente inconciliáveis (alteração do entendimento em sentido diametralmente opostos), como exemplificam os enunciados de Súmula n°s 263 e 293 do Superior Tribunal de Justiça.[498]

Em uma gestação de nove meses, a jurisprudência do Superior Tribunal de Justiça se alterou em cento e oitenta graus literalmente, no que se refere à descaracterização do contrato de arrendamento mercantil pelo pagamento do valor residual garantido.[499] Na espécie, o que se depreende do conjunto de precedentes que levou à edição dos enunciados de súmula, é que não se consideraram os aspectos tributários na solução conferida pela primeira súmula (ausência de integridade da súmula[500]), o que foi decisivo na enunciação que se seguiu.

---

contratos, a liquidação de propriedade e os acordos fiscais foram celebrados, bem como a necessidade especial de certeza quanto ao direito penal. Este anúncio não tem a intenção de afetar o uso de precedentes em outros lugares do que nesta Câmara").

[496] "Meus senhores, parece-me que essa decisão vinculava o Tribunal de Recurso no presente processo. Os Lordes têm, no entanto, uma liberdade que não foi possuída pelo Tribunal de Recurso. Embora o precedente seja um fundamento indispensável para decidir qual é a lei, talvez haja momentos em que a saída do precedente seja do interesse da justiça e do desenvolvimento adequado da lei. Cheguei à conclusão de que agora é correto deixar a decisão no caso de Duncan". *My Lords, it seems to me that that decision was binding upon the Court of Appeal in the present case. Your Lordships have, however, a freedom which was not possessed by the Court of Appeal. Though precedent is an indispensable foundation upon which to decide what is the law, there may be times when a departure from precedent is in the interests of justice and the proper development of the law. I have come to the conclusion that itis now right to depart from the decision in Duncan's case.*

[497] "Mas o direito comum é uma entidade em desenvolvimento, à medida que os juízes o desenvolvem, e enquanto seguirmos o método bem testado de avançar de acordo com os princípios, à medida que surgirem novos fatos e mudanças na sociedade, estamos certamente fazendo o que o Parlamento pretende fazer." *But the common law is a developing entity as the judges develop it, and so long as we follow the well-tried method of moving forward in accordance with principle as fresh facts emerge and changes in society occur, we are surely doing what Parliament intends we should do.*

[498] Súmula 263. A cobrança antecipada do valor residual (VRG) descaracteriza o contrato de arrendamento mercantil, transformando-o em compra e venda a prestação. Súmula 293. A cobrança antecipada do valor residual garantido (VRG) não descaracteriza o contrato de arrendamento mercantil.

[499] Basicamente, o contrato de arrendamento mercantil envolve a locação do bem e a promessa de compra e venda. Ao final do contrato, o arrendatário pode devolver o bem, pactuar nova locação ou implementar a opção de sua compra. O exercício da opção de compra se dá normalmente com o pagamento do valor residual garantido. Por conta disso, parte da doutrina e jurisprudência tinham o contrato descaracterizado para compra e venda a prazo quando durante seu curso era exercida a opção de compra pelo pagamento parcelado do valor residual garantido.

[500] "(...) exige que as normas públicas da comunidade sejam criadas e vistas, na medida do possível, de modo a expressar um sistema único e coerente de justiça e equidade na correta proporção. Uma

Novamente exemplificando, o Supremo Tribunal Federal enfrentou, no âmbito das Ações Declaratórias de Constitucionalidade (ADCs) n°s 43 e 44,[501] a questão de (in)firmar o precedente estabelecido no *Habeas Corpus* (HC) 126.292,[502] relativo à prisão em segunda instância, que

---

instituição que aceite esse ideal às vezes irá, por esta razão, afastar-se da estreita linha das decisões anteriores, em busca de fidelidade aos princípios concebidos como mais fundamentais a esse sistema como um todo." (DWORKIN, Ronald. *O Império do Direito*. São Paulo: Martins Fontes, 1999).

[501] Referidas ADC's tiveram seu pedido liminar indeferido: "MEDIDA CAUTELAR NA AÇÃO DECLARATÓRIA DE CONSTITUCIONALIDADE. ART. 283 DO CÓDIGO DE PROCESSO PENAL. EXECUÇÃO DA PENA PRIVATIVA DE LIBERDADE APÓS O ESGOTAMENTO DO PRONUNCIAMENTO JUDICIAL EM SEGUNDO GRAU. COMPATIBILIDADE COM O PRINCÍPIO CONSTITUCIONAL DA PRESUNÇÃO DE INOCÊNCIA. ALTERAÇÃO DE ENTENDIMENTO DO SUPREMO TRIBUNAL FEDERAL NO JULGAMENTO DO HC 126.292. EFEITO MERAMENTE DEVOLUTIVO DOS RECURSOS EXTRAORDINÁRIOS E ESPECIAL. REGRA ESPECIAL ASSOCIADA À DISPOSIÇÃO GERAL DO ART. 283 DO CPP QUE CONDICIONA A EFICÁCIA DOS PROVIMENTOS JURISDICIONAIS CONDENATÓRIOS AO TRÂNSITO EM JULGADO. IRRETROATIVIDADE DA LEI PENAL MAIS GRAVOSA. INAPLICABILIDADE AOS PRECEDENTES JUDICIAIS. CONSTITUCIONALIDADE DO ART. 283 DO CÓDIGO DE PROCESSO PENAL. MEDIDA CAUTELAR INDEFERIDA. 1. No julgamento do Habeas Corpus 126.292/SP, a composição plenária do Supremo Tribunal Federal retomou orientação antes predominante na Corte e assentou a tese segundo a qual "A execução provisória de acórdão penal condenatório proferido em grau de apelação, ainda que sujeito a recurso especial ou extraordinário, não compromete o princípio constitucional da presunção de inocência afirmado pelo artigo 5º, inciso LVII da Constituição Federal". 2. No âmbito criminal, a possibilidade de atribuição de efeito suspensivo aos recursos extraordinário e especial detém caráter excepcional (art. 995 e art. 1.029, § 5º, ambos do CPC c/c art. 3º e 637 do CPP), normativa compatível com a regra do art. 5º, LVII, da Constituição da República. Efetivamente, o acesso individual às instâncias extraordinárias visa a propiciar a esta Suprema Corte e ao Superior Tribunal de Justiça exercer seus papéis de estabilizadores, uniformizadores e pacificadores da interpretação das normas constitucionais e do direito infraconstitucional. 3. Inexiste antinomia entre a especial regra que confere eficácia imediata aos acórdãos somente atacáveis pela via dos recursos excepcionais e a disposição geral que exige o trânsito em julgado como pressuposto para a produção de efeitos da prisão decorrente de sentença condenatória a que alude o art. 283 do CPP. 4. O retorno à compreensão emanada anteriormente pelo Supremo Tribunal Federal, no sentido de conferir efeito paralisante a absolutamente todas decisões colegiadas prolatadas em segundo grau de jurisdição, investindo os Tribunais Superiores em terceiro e quarto graus, revela-se inapropriado com as competências atribuídas constitucionalmente às Cortes de cúpula. 5. A irretroatividade figura como matéria atrelada à aplicação da lei penal no tempo, ato normativo idôneo a inovar a ordem jurídica, descabendo atribuir ultratividade a compreensões jurisprudenciais cujo objeto não tenha reflexo na compreensão da ilicitude das condutas. Na espécie, o debate cinge-se ao plano processual, sem reflexo, direto, na existência ou intensidade do direito de punir, mas, tão somente, no momento de punir. 6. Declaração de constitucionalidade do art. 283 do Código de Processo Penal, com interpretação conforme à Constituição, assentando que é coerente com a Constituição o principiar de execução criminal quando houver condenação assentada em segundo grau de jurisdição, salvo atribuição expressa de efeito suspensivo ao recurso cabível. 7. Medida cautelar indeferida." (ADC 43 MC, Relator(a): Min. MARCO AURÉLIO, Relator(a) p/ Acórdão: Min. EDSON FACHIN, Tribunal Pleno, julgado em 05/10/2016, PROCESSO ELETRÔNICO DJe-043 DIVULG 06-03-2018 PUBLIC 07-03-2018).

[502] "CONSTITUCIONAL. *HABEAS CORPUS*. PRINCÍPIO CONSTITUCIONAL DA PRESUNÇÃO DE INOCÊNCIA (CF, ART. 5º, LVII). SENTENÇA PENAL CONDENATÓRIA CONFIRMADA POR TRIBUNAL DE SEGUNDO GRAU DE JURISDIÇÃO. EXECUÇÃO PROVISÓRIA. POSSIBILIDADE. 1. A execução provisória de acórdão penal condenatório proferido em grau de apelação, ainda que sujeito a recurso especial ou extraordinário, não compromete o princípio constitucional da presunção de inocência afirmado pelo artigo 5º, inciso LVII da Constituição Federal. 2. Habeas corpus denegado." (HC 126292, Relator(a): Min. TEORI ZAVASCKI, Tribunal Pleno, julgado em 17/02/2016, PROCESSO ELETRÔNICO DJe-100 DIVULG 16-05-2016 PUBLIC 17-05-2016).

já havia revogado precedente anteriormente firmado no HC 84.078.[503]

---

[503] "*HABEAS CORPUS*. INCONSTITUCIONALIDADE DA CHAMADA "EXECUÇÃO ANTECIPADA DA PENA". ART. 5º, LVII, DA CONSTITUIÇÃO DO BRASIL. DIGNIDADE DA PESSOA HUMANA. ART. 1º, III, DA CONSTITUIÇÃO DO BRASIL. 1. O art. 637 do CPP estabelece que "[o] recurso extraordinário não tem efeito suspensivo, e uma vez arrazoados pelo recorrido os autos do traslado, os originais baixarão à primeira instância para a execução da sentença". A Lei de Execução Penal condicionou a execução da pena privativa de liberdade ao trânsito em julgado da sentença condenatória. A Constituição do Brasil de 1988 definiu, em seu art. 5º, inciso LVII, que "ninguém será considerado culpado até o trânsito em julgado de sentença penal condenatória". 2. Daí que os preceitos veiculados pela Lei n. 7.210/84, além de adequados à ordem constitucional vigente, sobrepõem-se, temporal e materialmente, ao disposto no art. 637 do CPP. 3. A prisão antes do trânsito em julgado da condenação somente pode ser decretada a título cautelar. 4. A ampla defesa, não se a pode visualizar de modo restrito. Engloba todas as fases processuais, inclusive as recursais de natureza extraordinária. Por isso a execução da sentença após o julgamento do recurso de apelação significa, também, restrição do direito de defesa, caracterizando desequilíbrio entre a pretensão estatal de aplicar a pena e o direito, do acusado, de elidir essa pretensão. 5. Prisão temporária, restrição dos efeitos da interposição de recursos em matéria penal e punição exemplar, sem qualquer contemplação, nos "crimes hediondos" exprimem muito bem o sentimento que EVANDRO LINS sintetizou na seguinte assertiva: "Na realidade, quem está desejando punir demais, no fundo, no fundo, está querendo fazer o mal, se equipara um pouco ao próprio delinqüente". 6. A antecipação da execução penal, ademais de incompatível com o texto da Constituição, apenas poderia ser justificada em nome da conveniência dos magistrados – não do processo penal. A prestigiar-se o princípio constitucional, dizem, os tribunais [leia-se STJ e STF] serão inundados por recursos especiais e extraordinários e subseqüentes agravos e embargos, além do que "ninguém mais será preso". Eis o que poderia ser apontado como incitação à "jurisprudência defensiva", que, no extremo, reduz a amplitude ou mesmo amputa garantias constitucionais. A comodidade, a melhor operacionalidade de funcionamento do STF não pode ser lograda a esse preço. 7. No RE 482.006, relator o Ministro Lewandowski, quando foi debatida a constitucionalidade de preceito de lei estadual mineira que impõe a redução de vencimentos de servidores públicos afastados de suas funções por responderem a processo penal em razão da suposta prática de crime funcional [art. 2º da Lei n. 2.364/61, que deu nova redação à Lei n. 869/52], o STF afirmou, por unanimidade, que o preceito implica flagrante violação do disposto no inciso LVII do art. 5º da Constituição do Brasil. Isso porque – disse o relator – "a se admitir a redução da remuneração dos servidores em tais hipóteses, estar-se-ia validando verdadeira antecipação de pena, sem que esta tenha sido precedida do devido processo legal, e antes mesmo de qualquer condenação, nada importando que haja previsão de devolução das diferenças, em caso de absolvição". Daí porque a Corte decidiu, por unanimidade, sonoramente, no sentido do não recebimento do preceito da lei estadual pela Constituição de 1.988, afirmando de modo unânime a impossibilidade de antecipação de qualquer efeito afeto à propriedade anteriormente ao seu trânsito em julgado. A Corte que vigorosamente prestigia o disposto no preceito constitucional em nome da garantia da propriedade não a deve negar quando se trate da garantia da liberdade, mesmo porque a propriedade tem mais a ver com as elites; a ameaça às liberdades alcança de modo efetivo as classes subalternas. 8. Nas democracias mesmo os criminosos são sujeitos de direitos. Não perdem essa qualidade, para se transformarem em objetos processuais. São pessoas, inseridas entre aquelas beneficiadas pela afirmação constitucional da sua dignidade (art. 1º, III, da Constituição do Brasil). É inadmissível a sua exclusão social, sem que sejam consideradas, em quaisquer circunstâncias, as singularidades de cada infração penal, o que somente se pode apurar plenamente quando transitada em julgado a condenação de cada qual Ordem concedida." (HC 84078, Relator(a): Min. EROS GRAU, Tribunal Pleno, julgado em 05/02/2009, DJe-035 DIVULG 25-02-2010 PUBLIC 26-02-2010 EMENT VOL-02391-05 PP-01048). Como registro histórico, deve ser lembrado que antes a jurisprudência do Supremo Tribunal Federal se direcionava pela admissibilidade da prisão sem o trânsito em julgado, como é expressivo o histórico HC 68.726: "*HABEAS CORPUS*. SENTENÇA CONDENATÓRIA MANTIDA EM SEGUNDO GRAU. MANDADO DE PRISÃO DO PACIENTE. INVOCAÇÃO DO ART. 5, INCISO LVII, DA CONSTITUIÇÃO. CÓDIGO DE PROCESSO PENAL, ART. 669. A ordem de prisão, em decorrência de decreto de custodia preventiva, de sentença de pronuncia ou de decisão de órgao julgador de Segundo Grau e de natureza processual e concerne aos interesses de garantia da aplicação da lei penal ou de execução da pena imposta, após o devido processo legal. Não conflita com o art. 5, inciso lvii, da Constituição. de acordo com o par. 2 do art. 27 da Lei n 8.038/1990, os recursos extraordinário e especial são recebidos no efeito devolutivo. mantida, por unanimidade, a sentença

Aliás, em respeito ao precedente estabelecido no HC 126.292, rejeitou-se o pedido de liberdade provisória do ex-Presidente Lula, no famoso HC 152.752.[504]

Esse último julgado, além de sua importância histórica pelo paciente envolvido, tem a singularidade de que o voto decisivo se pautou no argumento de se respeitar o precedente, mesmo diante de convicção pessoal em sentido diverso, tudo visando ao resguardo a isonomia na aplicação do direito, tendo trecho decisivo no voto da Ministra Rosa Weber:[505]

---

condenatória, contra a qual o réu apelara em liberdade, exauridas estao as instancias ordinarias criminais, não sendo, assim, ilegal o mandado de prisão que órgão julgador de segundo grau determina se expeca contra o réu. *Habeas corpus* indeferido." (HC 68726, Relator(a): Min. NÉRI DA SILVEIRA, Tribunal Pleno, julgado em 28/06/1991, DJ 20-11-1992 PP-21612 EMENT VOL-01685-01 PP-00209).

[504] "*HABEAS CORPUS*. MATÉRIA CRIMINAL. EXECUÇÃO PROVISÓRIA DA PENA. IMPETRAÇÃO EM SUBSTITUIÇÃO A RECURSO ORDINÁRIO CONSTITUCIONAL. COGNOSCIBILIDADE. ATO REPUTADO COATOR COMPATÍVEL COM A JURISPRUDÊNCIA DO STF. ILEGALIDADE OU ABUSO DE PODER. INOCORRÊNCIA. ALEGADO CARÁTER NÃO VINCULANTE DOS PRECEDENTES DESTA CORTE. IRRELEVÂNCIA. DEFLAGRAÇÃO DA ETAPA EXECUTIVA. FUNDAMENTAÇÃO ESPECÍFICA. DESNECESSIDADE. PEDIDO EXPRESSO DA ACUSAÇÃO. DISPENSABILIDADE. PLAUSIBILIDADE DE TESES VEICULADAS EM FUTURO RECURSO EXCEPCIONAL. SUPRESSÃO DE INSTÂNCIA. ORDEM DENEGADA. 1. Por maioria de votos, o Tribunal Pleno assentou que é admissível, no âmbito desta Suprema Corte, impetração originária substitutiva de recurso ordinário constitucional. 2. O *habeas corpus* destina-se, por expressa injunção constitucional (art. 5°, LXVIII), à tutela da liberdade de locomoção, desde que objeto de ameaça concreta, ou efetiva coação, fruto de ilegalidade ou abuso de poder. 3. Não se qualifica como ilegal ou abusivo o ato cujo conteúdo é compatível com a compreensão do Supremo Tribunal Federal, sobretudo quando se trata de jurisprudência dominante ao tempo em que proferida a decisão impugnada. 4. Independentemente do caráter vinculante ou não dos precedentes, emanados desta Suprema Corte, que admitem a execução provisória da pena, não configura constrangimento ilegal a decisão que se alinha a esse posicionamento, forte no necessário comprometimento do Estado-Juiz, decorrente de um sistema de precedentes, voltado a conferir cognoscibilidade, estabilidade e uniformidade à jurisprudência. 5. O implemento da execução provisória da pena atua como desdobramento natural da perfectibilização da condenação sedimentada na seara das instâncias ordinárias e do cabimento, em tese, tão somente de recursos despidos de automática eficácia suspensiva, sendo que, assim como ocorre na deflagração da execução definitiva, não se exige motivação particularizada ou de índole cautelar. 6. A execução penal é regida por critérios de oficialidade (art. 195, Lei n. 7.210/84), de modo que sua inauguração não desafia pedido expresso da acusação. 7. Não configura reforma prejudicial a determinação de início do cumprimento da pena, mesmo se existente comando sentencial anterior que assegure ao acusado, genericamente, o direito de recorrer em liberdade. 8. Descabe ao Supremo Tribunal Federal, para fins de excepcional suspensão dos efeitos de condenação assentada em segundo grau, avaliar, antes do exame pelos órgãos jurisdicionais antecedentes, a plausibilidade das teses arguidas em sede de recursos excepcionais. 9. Ordem denegada." (HC 152752, Relator(a): Min. EDSON FACHIN, Tribunal Pleno, julgado em 04/04/2018, PROCESSO ELETRÔNICO DJe-127 DIVULG 26-06-2018 PUBLIC 27-06-2018).

[505] Posteriormente, no âmbito do julgamento definitivo das Ações Declaratórios de Constitucionalidade n°s 43 e 44, a insigne Ministra Rosa Weber compôs a maioria para em nova alteração da jurisprudência assentar a necessidade do exaurimento das instâncias (trânsito em julgado) para o início de cumprimento de pena. Isso porque, como consignou a Ministra, as referidas ações declaratórias seriam locais próprios para o reexame da temática: "Daí porque, longe de representar qualquer mudança de posição, reafirmo, estou sendo coerente tanto com minha compreensão sobre o tema de fundo, como também com minha compreensão sobre o funcionamento apropriado, a responsabilidade institucional e o papel desejável a ser desempenhado por uma Corte Constitucional que exerce a fiscalização abstrata da validade da leis e atos normativos ao mesmo tempo em que detém competências originárias (reporto-me em particular ao habeas corpus) e recursais (judicial review) para se pronunciar sobre casos de índole subjetiva, a partir de um peculiar sistema de

Ora bem, o papel dos precedentes não objetiva a resolução de casos individuais, mas certamente regrar a conduta de indivíduos e de órgãos decisórios, objetivando a uniformidade na aplicação do precedente.

Como visto, a ética[506] da responsabilidade, que pauta a aplicação dos precedentes, afasta que maiorias episódicas possam afetar sua cadeia de desdobramento,[507] ainda que o dissenso na votação seja indicativo da possibilidade de sua queda.[508]

Posta assim a questão, a superação de um precedente é sua retirada do ordenamento jurídico,[509] predispondo em seu lugar uma nova decisão, em virtude de sua defasagem (i), falta de vigor frente à experiência (ii), por sua própria incorreção coetânea (iii) ou inconsistência atual (iv). O precedente se encontra obsoleto, desgastado, incorreto, injusto ou inadequado.

Não se pretende erigir um conceito rígido das hipóteses de superação dos precedentes, pois isso limitaria indevidamente outras situações nas quais o fenômeno poderá ocorrer, numa inútil tentativa de represamento da realidade. Todo conceito traz consigo uma limitação, por

---

precedentes. Pois bem. O presente julgamento de mérito das ações declaratórias de constitucionalidade nº 43, 44 e 54, em sede de fiscalização abstrata e objetiva das leis, é, como sempre ressaltei, o *lócus* procedimental adequado para que esta Corte se posicione sobre a execução provisória da pena em face do disposto no art. 283 do CPP e à luz do art. 5º, LXII, da Constituição da República." Assim, o fato de carecer o *decisum* proferido no regime repercussão geral de efeito vinculante em sentido estrito não é suficiente, na minha visão, para autorizar seja simplesmente dispensada a sua observância. Trata-se, no mínimo, de precedente da Corte que deve ser reconhecido, pelo menos, como ponto de partida, como indicador da forma de interpretar o Direito. A doutrina do precedente, hoje acolhida no art. 927 do Código de Processo Civil de 2015, estabelece um padrão de equidade e coerência normativa decisória – previsibilidade e fortalecimento da instituição – para o exercício da jurisdição. O respeito ao precedente judicial baseia-se na premissa fundamental de que decidir casos similares de modo semelhante integra o próprio conceito de justiça, na dimensão da equidade.

506 Para uma melhor compreensão, ler: MARINONI, Luiz Guilherme. *A ética dos precedentes*. 4. ed. São Paulo: Revista dos Tribunais, 2019.

507 Uma possibilidade em tal situação é a aplicação do precedente com a enunciação da discordância de entendimento (*disapprove precedent*), permitindo a continuidade do debate: "Em caso de discordância do precedente, tanto em primeira instância quanto em segunda instância, de acordo com o *disapprove precedent* (*ressalva de entendimento*), poderá o julgador constar *sua manifestação de não concordância com o precedente, mesmo seguindo a decisão vinculativa*. Verificamos que aqui não é o *overruling* ou um *voto vencido*, mas sim seguir o 'precedente' vinculante afirmando o motivo da desaprovação. É, assim, criar um forte diálogo argumentativo para fundamentar a necessidade de *alteração* ou *superação* do 'precedente' da forma que vem sendo aplicado" (FUGA, Bruno Augusto Sampaio. Superação de precedentes: da necessária via processual e o uso da reclamação para superar e interpretar precedentes. Londrina, PR: Toth. 2020, p.348).

508 Por vezes, os juízes vencidos antes exploram os votos divididos em precedentes vulneráveis e aproveitam a discórdia anterior da Corte para pôr fim a um precedente. *Vide* LEROY, Michael H. *Death of a precedent*: Should justices rethink their consensus norms?, 43 Hofstra L. Rev. 377.

509 "Os tribunais podem abandonar a sua interpretação anterior porque se convenceram que era incorrecta, que assentava em falsas suposições ou em conclusões não suficientemente seguras. Mas ao tomar em consideração o factor temporal, pode também resultar que uma interpretação que antes era correcta agora não o seja." (LARENZ, Karl. *Metodologia da ciência do direito*. 6. ed. Trad. José Lamego. Lisboa: Fundação Calouste Gulbenkian, 2012. p. 498).

vezes insustentável e indesejável. Perceba-se, indispensável sua ligação com a realidade, já que as generalizações conceituais prestam contas ao mundo. De toda forma, a categorização ora realizada possibilita o estabelecimento de uma unidade para uma diversidade de fenômenos, oportunizando um conhecimento geral que transcende as particularidades.[510]

A defasagem do precedente se dá quando a regra estabelecida por ele não dá conta da realidade em curso, em virtude de uma alteração paradigmática das condições jurídicas, sociais, políticas ou econômicas que serviram de base a sua formação.[511] Já se mencionou, como exemplo, que boa parte da jurisprudência formada em meados do século passado nas questões envolvendo gênero e relações familiares não são aplicáveis atualmente, porquanto não oferecem padrões decisórios corretos frente ao contexto social atual.

A falta de vigor do precedente se tem na sua ineficácia em regular a vida, pela própria incapacidade de a regra estabelecida bem normar os comportamentos humanos. Veja-se, a incapacidade de o Supremo Tribunal Federal fazer prevalecer sua jurisprudência sobre a utilização da algema, objeto do enunciado de súmula vinculante nº 11,[512] haja vista que o pretenso enunciado vinculante não consegue se impor por dife-

---

510 "A *categorização* é o ato de identificar uma coisa (objeto, propriedade, indivíduo, situação) como membro de uma categoria simples ou complexa (isto é, construída por combinação de categorias simples. A categorização permite fazer inferências. Quando possuímos um conceito é porque adquirimos conhecimento por meio de exemplos ou por combinações de conceitos elementares. Uma vez adquirido, o conceito se instala na memória: ele permite organizar os conhecimentos e recordá-los facilmente. Desse modo, tais conceitos nos dão a possibilidade de sustentar ou rejeitar afirmações *a priori* (justificáveis pelo conteúdo conceitual) ou a *posteriori* (justificáveis pela experiência" (HARDY-VALLÉ, Benoit. *Que é um conceito?* Trad. Marcos Bagno. São Paulo: Parábola, 2013. p. 101). HEGENBERG registra com exatidão: "[...] o homem chega a certas generalizações que lhe são indispensáveis pafra explicar, predizer e retrodizer os fenômenos, que perdem assim o catáter 'caótico' de que se revestem, a um primeiro exame, para serem 'integrados' em sistemas criados precisamente com o objetivo de permitir aquele ajuste intelectual com o meio" (HEGENBERG, Leonidas. Definições: termos teóricos e significados. São Paulo: Cultrix, 1974. p. 15).

511 "De entre os factores que dão motivo a uma revisão e, com isso, frequentemente, a uma modificação da interpretação anterior, cabe uma importância proeminente à alteração da situação normativa. Trata-se a este propósito de que as relações fácticas ou usos que o legislador histórico tinha perante si e em conformidade aos quais projectou a sua regulação, para os quais tinha pensado, variaram de tal modo que a norma dada deixou de se <ajustar> às novas relações. É o factor temporal que se faz notar aqui. Qualquer lei está, como facto histórico, em relação actuante com seu tempo. Mas o tempo também não está em quietude; o que no momento da génese da lei actuava de modo determinado, desejado pelo legislador, pode posteriormente actuar de um modo que nem sequer o legislador previu, nem, se o pudesse, ter previsto, estaria disposto a aprovar." (LARENZ, Karl. *Metodologia da ciência do direito.* 6. ed. Trad. José Lamego. Lisboa: Fundação Calouste Gulbenkian, 2012. p. 495).

512 "Súmula vinculante 11: Só é lícito o uso de algemas em casos de resistência e de fundado receio de fuga ou de perigo à integridade física própria ou alheia, por parte do preso ou de terceiros, justificada a excepcionalidade por escrito, sob pena de responsabilidade disciplinar, civil e penal do agente ou da autoridade e de nulidade da prisão ou do ato processual a que se refere, sem prejuízo da responsabilidade civil do Estado".

rentes circunstâncias, quase sempre referíveis à complexidade das situações que envolvem a restrição na liberdade das pessoas.[513]

A incorreção coetânea do precedente é verificada quando o próprio tribunal considera incorreta a regra jurídica estatuída naquele, não por fatos supervenientes, mas considerando o próprio quadro factual-jurídico contemporâneo a sua formatação. A superação aqui tem como base a correção de equívoco presente no precedente então cristalizado. A discussão sobre a possibilidade de prisão após a decisão de segunda instância, como se verificam dos acórdãos colacionados (supra), oferece um bom exemplo dessa possibilidade. Nas idas e vindas de tais decisões, não se discutem fatos ou elementos jurídicos novos, mas a adequada interpretação de um quadro, por assim dizer, permanente. A discussão está baseada na (in)correção do precedente frente a tal quadro.

Finalmente, a inconsistência atual do precedente parte do seu confronto com decisões posteriores, a demonstrar que o precedente então estabelecido, embora consistente no passado, não se justifica mais no presente, pois não subsiste perante outras decisões do próprio tribunal. O precedente sofre aqui de uma ausência de integridade superveniente, na medida em que não se encaixa mais no padrão decisório estabelecido pelo tribunal. São aquelas decisões que a comunidade sabe que não seriam novamente repetidas pelo tribunal. À guisa de comprovação, basta lembrar a linha de precedentes do Supremo Tribunal Federal que interditava a competência estadual no âmbito do comércio interestadual ou, quando envolvido meio ambiente, a edição de normas contrastantes com aquelas editadas pela União.[514] A partir de uma nova compreensão

---

513 "AGRAVO REGIMENTAL. RECLAMAÇÃO. ALEGADA OFENSA À SÚMULA VINCULANTE 11. INEXISTÊNCIA NO CASO CONCRETO. DECRETAÇÃO DE NULIDADE DE ATO JUDICIAL EXIGE COMPROVAÇÃO DO PREJUÍZO PARA A PARTE. AGRAVO REGIMENTAL A QUE SE NEGA PROVIMENTO. 1. O número reduzido de policiais para garantir a segurança dos presentes durante a realização de ato judicial é argumento legítimo para autorizar o excepcional uso de algemas 2. Apenas se anula ato judicial se ficar comprovado o prejuízo para a parte, o que não é o caso dos autos. 3. Agravo regimental a que se nega provimento." (STF, Rcl 19501 AgR, Relator(a): Min. ALEXANDRE DE MORAES, Primeira Turma, julgado em 20/02/2018, PROCESSO ELETRÔNICO DJe-049 DIVULG 13-03-2018 PUBLIC 14-03-2018).

514 "AÇÃO DIRETA DE INCONSTITUCIONALIDADE. LEI PAULISTA. PROIBIÇÃO DE IMPORTAÇÃO, EXTRAÇÃO, BENEFICIAMENTO, COMERCIALIZAÇÃO, FABRICAÇÃO E INSTALAÇÃO DE PRODUTOS CONTENDO QUALQUER TIPO DE AMIANTO. GOVERNADOR DO ESTADO DE GOIÁS. LEGITIMIDADE ATIVA. INVASÃO DE COMPETÊNCIA DA UNIÃO. 1. Lei editada pelo Governo do Estado de São Paulo. Ação direta de inconstitucionalidade proposta pelo Governador do Estado de Goiás. Amianto crisotila. Restrições à sua comercialização imposta pela legislação paulista, com evidentes reflexos na economia de Goiás, Estado onde está localizada a maior reserva natural do minério. Legitimidade ativa do Governador de Goiás para iniciar o processo de controle concentrado de constitucionalidade e pertinência temática. 2. Comercialização e extração de amianto. Vedação prevista na legislação do Estado de São Paulo. Comércio exterior, minas e recursos minerais. Legislação. Matéria de competência da União (CF, artigo 22, VIII e XIII). Invasão de competência legislativa pelo Estado-membro. Inconstitucionalidade. 3. Produção e consumo de produtos que utilizam amianto crisotila. Competência concorrente dos entes federados. Existência de norma federal em vigor a regulamentar o tema (Lei 9.055/95). Conseqüência. Vício formal da lei paulista,

sobre a necessidade de proteção eficiente da saúde e do meio ambiente, inclusive reconhecendo o processo de inconstitucionalidade incidental da legislação federal (processo de inconstitucionalização), passa-se a admitir a edição de legislação estadual no particular desde que promova uma melhor proteção dos bens em jogo.[515]

---

por ser apenas de natureza supletiva (CF, artigo 24, §§ 1º e 4º) a competência estadual para editar normas gerais sobre a matéria. 4. Proteção e defesa da saúde pública e meio ambiente. Questão de interesse nacional. Legitimidade da regulamentação geral fixada no âmbito federal. Ausência de justificativa para tratamento particular e diferenciado pelo Estado de São Paulo. 5. Rotulagem com informações preventivas a respeito dos produtos que contenham amianto. Competência da União para legislar sobre comércio interestadual (CF, artigo 22, VIII). Extrapolação da competência concorrente prevista no inciso V do artigo 24 da Carta da República, por haver norma federal regulando a questão." (ADI 2656, Relator(a): Min. MAURÍCIO CORRÊA, Tribunal Pleno, julgado em 08/05/2003, DJ 01-08-2003 PP-00107 EMENT VOL-02117-35 PP-07412).

[515] "AÇÃO DIRETA DE INCONSTITUCIONALIDADE. ART. 2º, *CAPUT* E PARÁGRAFO ÚNICO, DA LEI Nº 9.055/1995. EXTRAÇÃO, INDUSTRIALIZAÇÃO, UTILIZAÇÃO, COMERCIALIZAÇÃO E TRANSPORTE DO ASBESTO/AMIANTO E DOS PRODUTOS QUE O CONTENHAM. AMIANTO CRISOTILA. LESIVIDADE À SAÚDE HUMANA. ALEGADA INEXISTÊNCIA DE NÍVEIS SEGUROS DE EXPOSIÇÃO. LEGITIMIDADE ATIVA AD CAUSAM. ASSOCIAÇÃO NACIONAL DOS PROCURADORES DO TRABALHO – ANPT. ASSOCIAÇÃO NACIONAL DOS MAGISTRADOS DA JUSTIÇA DO TRABALHO – ANAMATRA. ART. 103, IX, DA CONSTITUIÇÃO DA REPÚBLICA. REPRESENTATIVIDADE NACIONAL. PERTINÊNCIA TEMÁTICA. MÉRITO. AMIANTO. VARIEDADE CRISOTILA (ASBESTO BRANCO). FIBRA MINERAL. CONSENSO MÉDICO ATUAL NO SENTIDO DE QUE A EXPOSIÇÃO AO AMIANTO TEM, COMO EFEITO DIRETO, A CONTRAÇÃO DE DIVERSAS E GRAVES MORBIDADES. RELAÇÃO DE CAUSALIDADE. RECONHECIMENTO OFICIAL. PORTARIA Nº 1.339/1999 DO MINISTÉRIO DA SAÚDE. POSIÇÃO DA ORGANIZAÇÃO MUNDIAL DA SAÚDE – OMS. RISCO CARCINOGÊNICO DO ASBESTO CRISOTILA. INEXISTÊNCIA DE NÍVEIS SEGUROS DE EXPOSIÇÃO. LIMITES DA COGNIÇÃO JURISDICIONAL. QUESTÃO JURÍDICO-NORMATIVA E QUESTÕES DE FATO. ANÁLISE DA JURISPRUDÊNCIA. ART. 2º DA LEI Nº 9.055/1995. FONTE POSITIVA DA AUTORIZAÇÃO PARA EXPLORAÇÃO ECONÔMICA DO ASBESTO CRISOTILA. LEI Nº 9.976/2000. LEGISLAÇÃO FEDERAL ESPECÍFICA E POSTERIOR. INDÚSTRIA DE CLORO. USO RESIDUAL. TRANSIÇÃO TECNOLÓGICA. SITUAÇÃO ESPECÍFICA NÃO ALCANÇADA PELA PRESENTE IMPUGNAÇÃO. TOLERÂNCIA AO USO DO AMIANTO CRISOTILA NO ART. 2º DA LEI Nº 9.055/1995. EQUACIONAMENTO. LIVRE INICIATIVA. DIGNIDADE DA PESSOA HUMANA. VALOR SOCIAL DO TRABALHO. DIREITO À SAÚDE. DIREITO AO MEIO AMBIENTE ECOLOGICAMENTE EQUILIBRADO. DESENVOLVIMENTO ECONÔMICO, PROGRESSO SOCIAL E BEM-ESTAR COLETIVO. LIMITES DOS DIREITOS FUNDAMENTAIS. COMPATIBILIZAÇÃO. ARTS. 1º, IV, 170, *CAPUT*, 196 E 225, *CAPUT* E § 1º, V, DA CF. AUDIÊNCIA PÚBLICA (ADI 3.937/SP) E *AMICI CURIAE*. CONTRIBUIÇÕES AO DEBATE. JURISPRUDÊNCIA DO ÓRGÃO DE APELAÇÃO DA ORGANIZAÇÃO INTERNACIONAL DO COMÉRCIO – OMC. PROIBIÇÃO À IMPORTAÇÃO DE ASBESTO. MEDIDA JUSTIFICADA. ART. XX DO ACORDO GERAL SOBRE TARIFAS E COMÉRCIO – GATT. PROTEÇÃO DA VIDA E DA SAÚDE HUMANA. CONVENÇÕES NºS 139 E 162 DA OIT. CONVENÇÃO DE BASILEIA SOBRE O CONTROLE DE MOVIMENTOS TRANSFRONTEIRIÇOS DE RESÍDUOS PERIGOSOS E SEU DEPÓSITO. REGIMES PROTETIVOS DE DIREITOS FUNDAMENTAIS. SUPRALEGALIDADE. COMPROMISSOS INTERNACIONAIS. INOBSERVÂNCIA. ART. 2º DA LEI Nº 9.055/1995. PROTEÇÃO INSUFICIENTE. ARTS. 6º, 7º, XXII, 196 E 225 DA CONSTITUIÇÃO DA REPÚBLICA. QUÓRUM CONSTITUÍDO POR NOVE MINISTROS, CONSIDERADOS OS IMPEDIMENTOS. CINCO VOTOS PELA PROCEDÊNCIA E QUATRO VOTOS PELA IMPROCEDÊNCIA. ART. 97 DA CONSTITUIÇÃO DA REPÚBLICA. ART. 23 DA LEI Nº 9.868/1999. NÃO ATINGIDO O QUÓRUM PARA PRONÚNCIA DA INCONSTITUCIONALIDADE DO ART. 2º DA LEI Nº 9.055/1995. 1. Evidenciada a representatividade nacional das entidades de classe autoras, nos moldes do art. 103, IX, da Constituição da República e do art. 2º, IX, da Lei nº 9.868/1999. Atendido o requisito da pertinência temática, presente a correlação entre a norma impugnada e as finalidades institucionais das associações autoras. Discussão envolvendo matéria ínsita ao campo de atuação

institucional tanto da magistratura do trabalho quanto dos membros do Ministério Público do Trabalho, a saber, a alegada existência de consenso médico-científico no tocante ao efeito prejudicial da exploração do amianto crisotila para a saúde dos trabalhadores da indústria e da mineração, questão de saúde, higiene e segurança do trabalho. Precedente: ADI 5458 (Relator Ministro Luiz Fux, Tribunal Pleno, DJe 02.8.2017). Preliminar de ilegitimidade ativa ad causam rejeitada. 2. O consenso médico atual identifica, para além de qualquer dúvida razoável, a contração de diversas doenças graves como efeito direto da exposição ao amianto. A Portaria nº 1.339/1999 do Ministério da Saúde imprime reconhecimento oficial à relação de causalidade entre a exposição ao asbesto ou amianto, inclusive da variedade crisotila, e as seguintes doenças: neoplasia maligna do estômago, neoplasia maligna da laringe, neoplasia maligna dos brônquios e do pulmão, mesotelioma da pleura, mesotelioma do peritônio, mesotelioma do pericárdio, placas epicárdicas ou pericárdicas, asbestose, derrame pleural e placas pleurais. 3. Posição oficial da Organização Mundial da Saúde – OMS no sentido de que: (a) todos os tipos de amianto causam câncer no ser humano, não tendo sido identificado limite algum para o risco carcinogênico do crisotila; (b) o aumento do risco de desenvolvimento de câncer tem sido observado mesmo em populações submetidas a níveis muito baixos de exposição; (c) o meio mais eficiente de eliminar as doenças relacionadas ao mineral é eliminar o uso de todos os tipos de asbesto. 4. Risco significativo de exposição presente não apenas na cadeia produtiva do amianto, mas também para familiares que vivem com trabalhadores desse setor, para a população nas proximidades de minas e indústrias de amianto, para a população consumidora de produtos finais contendo amianto na composição e para pessoas expostas a rejeitos ou descartes de materiais contendo amianto. Quadro justificador da adoção de instrumentos normativos, nos planos doméstico e internacional, voltados ao controle e eliminação progressiva do uso do amianto. 5. Limites da cognição jurisdicional. Residem fora da alçada do Supremo Tribunal Federal os juízos de natureza técnico-científica sobre questões de fato, acessíveis pela investigação técnica e científica, como a nocividade ou o nível de nocividade da exposição ao amianto crisotila e a viabilidade da sua exploração econômica segura. A tarefa da Corte – de caráter normativo – há de se fazer inescapavelmente embasada nas conclusões da comunidade científica – de natureza descritiva. Questão jurídica a decidir: se, em face do que afirma o consenso médico e científico atual, a exploração do amianto crisotila, na forma como autorizada pela Lei nº 9.055/1995, é compatível com a escolha política, efetuada pelo Poder Constituinte, de assegurar, a todos os brasileiros, os direitos à saúde e à fruição de um meio ambiente ecologicamente equilibrado. Precedente: ADPF 101 (Relatora Ministra Carmen Lúcia, Tribunal Pleno, DJe 24.6.2009). 6. Análise da jurisprudência: ADI 2.396/MS, Relatora Ministra Ellen Gracie, Tribunal Pleno, DJ 01.8.2003; ADI 2.656/SP, Relator Ministro Maurício Corrêa, Tribunal Pleno, DJ 01.8.2003; ADI 3.937-MC/SP, Relator Ministro Marco Aurélio, Tribunal Pleno, DJ 10.10.2008. Art. 2º da Lei nº 9.055/1995 como fonte positiva da autorização para a extração, a industrialização, a comercialização e a utilização do asbesto/amianto da variedade crisotila (asbesto branco). 7. O uso residual e transitório do amianto crisotila na indústria química para a obtenção de cloro pelo processo de eletrólise com diafragma de amianto é disciplinado em legislação específica e posterior à Lei nº 9.055/1995 (Lei nº 9.976/2000), não objeto da presente impugnação. 8. Legitimidade constitucional da tolerância ao uso do amianto crisotila, como estampada no preceito impugnado, equacionada à luz da livre iniciativa, da dignidade da pessoa humana, do valor social do trabalho, do direito à saúde e do direito ao meio ambiente ecologicamente equilibrado. Desenvolvimento econômico, progresso social e bem-estar coletivo. A Constituição autoriza a imposição de limites aos direitos fundamentais quando necessários à conformação com outros direitos fundamentais igualmente protegidos. O direito fundamental à liberdade de iniciativa (arts. 1º, IV, e 170, *caput*, da CF) há de ser compatibilizado com a proteção da saúde e a preservação do meio ambiente. Precedente: AC 1.657, Tribunal Pleno, Relator Ministro Cezar Peluso, DJe 30.8.2007. Dever estatal de agir positivamente quanto à regulação da utilização, na indústria, de matérias-primas comprovadamente nocivas à saúde humana. A cláusula constitucional da proteção à saúde constrange e ampara o legislador – Federal, Estadual, Distrital e Municipal – ao excluir previamente certos arranjos normativos, com ela incompatíveis, do leque de escolhas políticas possíveis, ao mesmo tempo em que cria uma esfera de legitimação para intervenções político-normativas que, democraticamente legitimadas, traduzem inferências autorizadas pelo preceito constitucional. 9. O art. 225, § 1º, V, da CF (a) legitima medidas de controle da produção, da comercialização e do emprego de técnicas, métodos e substâncias que comportam risco para a vida, a qualidade de vida e o meio ambiente, sempre que necessárias, adequadas e suficientes para assegurar a efetividade do direito fundamental ao meio ambiente ecologicamente equilibrado; (b) deslegitima, por insuficientes, medidas incapazes de aliviar satisfatoriamente o risco gerado para a vida, para a qualidade de vida e para

De modo amplo sobre o tema, Daniel Mitidiero aduz ser a superação uma resposta conferida pelo Poder Judiciário ao já desgastado precedente, sendo que sua manutenção no sistema é flertar com a insegurança jurídica e outros importantes institutos jurídicos.[516]

o meio ambiente; e (c) ampara eventual vedação, banimento ou proibição dirigida a técnicas, métodos e substâncias, quando nenhuma outra medida de controle se mostrar efetiva. 10. Contribuições ao debate trazidas em audiência pública (ADI 3.937/SP) e por *amici curiae*. Estado da arte da pesquisa médico-científica. Dados e subsídios técnicos a referendar, no seu conjunto, a conclusão de que, no estágio atual, o conhecimento científico acumulado permite afirmar, para além da dúvida razoável, a nocividade do amianto crisotila à saúde humana e ao meio ambiente. Consenso técnico e científico hoje estabelecido, no tocante às premissas fáticas de que (i) todos os tipos de amianto provocam câncer, não tendo sido identificado nenhum limite para o risco carcinogênico do crisotila, e (ii) a sua substituição, para os usos regulados pela Lei nº 9.055/1995, se mostra absolutamente viável sob o aspecto econômico. 11. Convenção nº 139 da OIT, sobre a Prevenção e o Controle de Riscos Profissionais causados pelas Substâncias ou Agentes Cancerígenos. Convenção nº 162 da OIT, sobre o uso do asbesto. Resolução da OIT sobre o Asbesto (2006). Convenção de Basileia sobre o Controle de Movimentos Transfronteiriços de Resíduos Perigosos e seu Depósito. Status de supralegalidade dos regimes protetivos de direitos fundamentais. Inobservância das obrigações, assumidas no plano internacional, de (i) promover a redução dos níveis de exposição de forma consistente e progressiva, (ii) substituir, sempre que possível, o uso do amianto crisotila por materiais menos perigosos e (iii) reduzir a geração de resíduos perigosos ao mínimo possível. 12. A jurisprudência do Órgão de Apelação da Organização Internacional do Comércio – OMC é no sentido de que a proibição à importação de asbesto e de produtos que o contenham, em legislação doméstica, é consistente com acordos celebrados no âmbito da OMC, não configura discriminação arbitrária nem injustificada, tampouco restrição disfarçada ao comércio internacional, e tem amparo no Artigo XX do Acordo Geral sobre Tarifas e Comércio – GATT, que autoriza medidas restritivas ao comércio que sejam necessárias para proteger a vida ou a saúde humana, no Acordo sobre a Aplicação de Medidas Sanitárias e Fitossanitárias e no Acordo Sobre Barreiras Técnicas ao Comércio. 13. À luz do conhecimento científico acumulado sobre a extensão dos efeitos nocivos do amianto para a saúde e o meio ambiente e à evidência da ineficácia das medidas de controle nela contempladas, a tolerância ao uso do amianto crisotila, tal como positivada no art. 2º da Lei nº 9.055/1995, não protege adequada e suficientemente os direitos fundamentais à saúde e ao meio ambiente equilibrado (arts. 6º, 7º, XXII, 196, e 225 da CF), tampouco se alinha aos compromissos internacionais de caráter supralegal assumidos pelo Brasil e que moldaram o conteúdo desses direitos, especialmente as Convenções nºˢ 139 e 162 da OIT e a Convenção de Basileia. Juízo de procedência da ação no voto da Relatora. 14. Quórum de julgamento constituído por nove Ministros, considerados os impedimentos. Cinco votos pela procedência da ação direta, a fim de declarar a inconstitucionalidade, por proteção deficiente, da tolerância ao uso do amianto crisotila, da forma como encartada no art. 2º da Lei nº 9.055/1995, em face dos arts. 7º, XXII, 196 e 225 da Constituição da República. Quatro votos pela improcedência. Não atingido o quórum de seis votos (art. 23 da Lei nº 9.868/1999), maioria absoluta (art. 97 da Constituição da República), para proclamação da constitucionalidade ou inconstitucionalidade do dispositivo impugnado, a destituir de eficácia vinculante o julgado. 15. Ação direta de inconstitucionalidade conhecida e, no mérito, não atingido o quórum exigido pelo art. 97 da Constituição da República para a pronúncia da inconstitucionalidade do art. 2º da Lei nº 9.055/1995." (ADI 4066, Relator(a): Min. ROSA WEBER, Tribunal Pleno, julgado em 24/08/2017, PROCESSO ELETRÔNICO DJe-043 DIVULG 06-03-2018 PUBLIC 07-03-2018).

516 MITIDIERO, Daniel. *Precedentes:* da persuasão à vinculação. São Paulo: Revista dos Tribunais, 2016. p. 119/120. A superação total de um precedente (*overruling*) constitui a resposta judicial ao desgaste da sua congruência social e da sua consistência sistêmica ou a um evidente equívoco na sua solução. Quando o precedente carece de congruência e consistência ou é evidentemente equivocado, os princípios básicos que sustentam a regra do *stare decisis* – segurança jurídica, liberdade e igualdade – deixam de autorizar a sua replicabilidade (*replicability*), com o que deve ser superado, sob pena de estancar-se o processo de contínua evolução do Direito. Essa conjugação é tida pela doutrina como a norma básica para superação de precedentes (*basic overruling principle*).

Tenha-se presente que o precedente pode ser superado total (*overruling*[517]) ou parcialmente (*overriding ou modifying*[518]), técnicas de *judicial departure*,[519] desde que o padrão decisório não seja mais adequado.[520] O norte apontado pelo precedente não leva mais a lugar seguro, pelo que necessária uma alteração completa do curso ou apenas uma correção de mirada.[521]

Em si, a alteração parcial do precedente não é substância distinta da envolvida na revogação total, apenas circunscrevendo em raio menor a alteração da regra paradigmática como reforça Ronaldo Cramer,[522] calhando, novamente, transcrever o ensinamento de Daniel Mitidiero.[523]

A revogação parcial é fundada na necessidade de compatibilizar o precedente com alguma situação estabelecida posteriormente, permitindo a desvinculação do caso em julgamento. O *overriding* se asseme-

[517] Para melhor compreensão, recomenda-se: HANSFORD, Thomas G.; SPRIGGS II, James F. *The politics of precedent on the U. S. Supreme Court*. New Jersey: Princeton University Press, 2006. p. 79-92.

[518] PEREIRA, Bernardo Augusto da Costa. *Os precedentes judiciais e a razoável duração do processo: uma análise a partir da teoria do direito como integridade de Ronald Dworkin* Rio de Janeiro: Lumen Juris, 2017. p. 104: "Através do overriding, também conhecido como modifying fora dos Estados Unidos da América, é possível limitar a incidência do precedente, vez que não mais se aplica em sua totalidade no caso".

[519] TEIXEIRA, Yuri Guerzet. *Precedentes judiciais:* entre normas e decisões. Curitiba: Juruá, 2015. p. 103: "*Judicial departure* é o gênero de técnicas que permitem a não aplicação de um precedente judicial".

[520] "O sistema de precedentes exige indispensavelmente tais aberturas sistêmicas, no que possibilitam sua oxigenação e consequentemente sua própria manutenção. A rigidez na aplicação do sistema de precedentes levaria a sua ruptura, porquanto se mostraria incapaz de absorver e moldar as novas exigências do devir. Os precedentes, portanto, não podem servir de obstáculo ao desenvolvimento do direito, tornando o presente refém perpétuo do passado, projetando um futuro já desbotado." (GAJARDONI, Fernando da Fonseca; Dellore, Luiz; ROQUE, André Vasconcelos; OLIVEIRA JÚNIOR, Zulmar Duarte de. *Execução e recursos:* comentários ao CPC de 2015. Rio de Janeiro: Forense; São Paulo: Método, 2017. p. 592).

[521] "A força da regra de decisão, enquanto precedente, é perceptível não apenas nos casos em que o tribunal repetidamente aplica uma regra criada em decisão anterior, mas também nos casos em que ele a estende a casos com novas características, ou nos casos nos quais, em razão da existência de uma nova característica, essa extensão não é realizada." (ALEXY. *Teoria dos direitos fundamentais*, p. 557).

[522] CRAMER, Ronaldo. *Precedentes judiciais:* teoria e dinâmica. Rio de Janeiro: Forense, 2016. p. 153. Além disso, vista como um tipo de superação, a superação parcial segue as mesmas regras da superação total, especialmente a modulação de efeitos da alteração, em prol da segurança jurídica, como se verá no próximo item. No mesmo sentido: CIMARDI, Cláudia Aparecida. *A jurisprudência uniforme e os precedentes no novo Código de Processo Civil brasileiro*. São Paulo: Revista dos Tribunais, 2015. p. 322-331.

[523] MITIDIERO, Daniel. *Precedentes:* da persuasão à vinculação. São Paulo: Revista dos Tribunais, 2016. p. 119. A alteração parcial de um precedente (*overturning*) pode ocorrer mediante a sua transformação (*transformation*) ou reescrita (*overriding*). Isso porque para promoção da unidade prospectiva do Direito pode não ser oportuna ou necessária a superação total do precedente. Há transformação quando a corte, sem negar formalmente o precedente, isto é, sem admitir desgaste ou equívoco da antiga solução reconfigura-o parcialmente, tomando em consideração aspectos fático-jurídicos não tidos por relevantes na decisão anterior. Em tese, a transformação serve para alterar em parte o precedente com a produção de resultado com ele compatível. Há reescrita quando a corte redefine o âmbito de incidência do precedente. O precedente é normalmente reescrito com o fim de restringir o seu âmbito de aplicação. A partir da reescrita algo que não foi considerado na decisão anterior é sopesado e aí o seu alcance é comprimido.

lha ao *distinguishing*; porém naquele a diferenciação feita não extingue a consistência das razões anteriormente utilizadas, que permanecem a ser invocadas, contudo, sob a perspectiva de novas e relevantes circunstâncias, como lembra Taís Schilling Ferraz.[524]

A propósito, a superação do precedente deve ser considerada um evento significativo, porque consiste em uma mudança do padrão normativo.[525] A revogação de um precedente influencia potencialmente nas relações políticas, sociais, jurídicas e econômicas, pois os jurisdicionados ajustam seu comportamento com base nos referenciais estabelecidos pelos precedentes.

5.1. Superação explícita

Temos a superação explícita quando o tribunal declara abertamente estar revisando o precedente para declaradamente revogá-lo, na medida em que não representa mais o entendimento da Corte no tema que o subjaz.

Retira-se do julgado superado o verniz de precedente, passando ele para o plano histórico, não servindo mais como referência de decisão para novos julgamentos. Compõe obviamente a história das decisões da Corte sobre determinado tema, porém, deixa de influir no presente ou no futuro como padrão decisório, conforme já observado por Michael H Leroy.[526]

---

[524] FERRAZ, Taís Schilling. *O precedente na jurisdição constitucional:* construção e eficácia no julgamento da questão com repercussão geral. São Paulo: Saraiva, 2017. p. 313.

[525] Preside aí o princípio da inércia: "De fato, a inércia permite contar com o normal, o habitual, o real, o atual e valorizá-lo, quer se trate de uma situação existente, de uma opinião admitida ou de um estado de desenvolvimento contínuo e regular. A mudança, em compensação, deve ser justificada; uma decisão, uma vez tomada, só pode ser alterada por razões suficientes". "É graças a inércia que a técnica da coisa julgada é prolongada, por assim dizer, pela técnica do precedente. A repetição do precedente só difere da continuação de um estado existente porque os fatos são encarados como algo descontínuo. Por essa óptica ligeiramente diferente, continuamos a ver a inércia em atividade: assim como é preciso dar a prova da utilidade de mudar um estado de coisas, é preciso dar a prova da oportunidade de mudar de conduta diante de uma situação que se repete." (PERELMAN, Chaïm; OLBRECHTS-TYTECA, Lucie. *Tratado da argumentação:* a nova retórica. Trad. Maria Ermantina de Almeida Prado Galvão. São Paulo: WMF Martins Fontes, 2014. p. 120 e 121, respectivamente). Igualmente, aplica-se a máxima da permanência cartesiana: "Minha segunda máxima consistia em ser o mais firme e decidido possível em minhas ações e em não seguir menos constantemente do que se fossem muito seguras as opiniões mais duvidosas, sempre que eu me tivesse decidido a tanto." (DESCARTES, René. *Discurso do método.* Tradução Ciro Mioranza. São Paulo: Lafonte, 2017. p. 32).

[526] LEROY, Michael H. *Overruling Precedent*: "A Derelict in the Stream of the Law", 66 *SMU L. Rev.* 711. (A Suprema Corte invalida seus precedentes de muitas maneiras – muitas vezes por nuances ou desvios, como quando restringe a aplicação de um precedente – e, em raras ocasiões, por declarações abertas que invalidam o caso. Evidentemente, o Tribunal prefere defender o princípio do *stare decisis*). *The Supreme Court invalidates its precedents in many ways – often by nuance or deflection, as when it narrows the application of a precedent – and on rare occasions, by overt statements that overrule the case. Of course, the Court prefers to uphold the principle of stare decisis.*

O ideal é que toda e qualquer superação se faça às claras, à luz do dia, facilitando a percepção de sua revogação e da inserção de um novo padrão decisório sobre a questão. Como a revogação do precedente se dará no âmbito da fundamentação de uma decisão, que se apresenta de forma analítica e, por vezes, com contornos multifacetários, importante que a superação seja comunicada da melhor maneira possível.

Logo, é de se preferir a superação explícita, na medida em que protege a confiança legítima dos jurisdicionados, a segurança jurídica, demarcando claramente para a comunidade o fim da vigência de determinada orientação decisória.

Aliás, a clareza na indicação da superação facilita sua absorção pela comunidade jurídica, principalmente pelos atores que deverão considerar a alteração do entendimento, diminuindo consideravelmente a margem de inobservância inadvertida daquela superação.

Em um plano ótimo, a decisão que revoga o padrão decisório deve indicar, em sua fundamentação, de forma clara e indubitável, a superação do precedente e outros que tais.

A título de exemplo, aplicando a técnica de superação de forma explícita, o Superior Tribunal de Justiça apontou a superação do entendimento de que se aplicaria o prazo de cinco anos (previsto para ação popular) para ações coletivas de consumo.[527] Para fins de visualização,

[527] "PROCESSUAL CIVIL E CONSUMIDOR. RECURSO ESPECIAL. EMBARGOS DE DECLARAÇÃO. OMISSÃO, CONTRADIÇÃO OU OBSCURIDADE. NÃO INDICAÇÃO. SÚMULA 284/STF. AÇÃO COLETIVA DE CONSUMO. SUJEIÇÃO À PASSAGEM DO TEMPO. APURAÇÃO CONCEITUAL. DIREITO SUBJETIVO. PRETENSÃO. DIREITO ABSTRATO DE AÇÃO. TEORIA DA ACTIO NATA. VIÉS SUBJETIVO. ILÍCITO EXTRACONTRATUAL. EFETIVA POSSIBILIDADE DE EXERCÍCIO DA PRETENSÃO. CONHECIMENTO DOS ELEMENTOS DA LESÃO E DO DANO. 1. Ação coletiva de consumo por meio da qual questiona a venda de suplemento alimentar sem registro na ANVISA e a prática de propaganda enganosa, em virtude de o produto ser apresentado ao público consumidor como se possuísse propriedades medicinais. 2. O propósito recursal consiste em determinar se: a) ocorreu negativa de prestação jurisdicional; b) existe prazo para o ajuizamento de ação coletiva de consumo e c) se, na hipótese concreta, o pedido de instauração de inquérito civil representou marco apto a autorizar o início do fluxo de lapso temporal para o exercício do direito processual ou do direito material. 3. Recurso especial interposto em: 09/08/2016; conclusão ao Gabinete em: 11/01/2018; aplicação do CPC/15. 4. A ausência de expressa indicação de obscuridade, omissão ou contradição nas razões recursais enseja o não conhecimento do recurso especial. 5. O direito subjetivo é a extensão prática, concreta e de direito material da previsão genérica do direito objetivo que define a possibilidade de um indivíduo exigir de outro um certo agir, pressupondo, pois, a intersubjetividade. 7. A pretensão, que também pertence ao direito material, está ligada intimamente à responsabilidade (*haftung*), se relacionando à exigibilidade da prestação. 8. O direito subjetivo nasce com o estabelecimento da relação jurídica, com a previsão com base no direito objetivo do nascimento dos feixes obrigacionais, ao passo que a pretensão somente surge no momento em que a prestação, decorrente do direito subjetivo, passa a ser exigível, com sua violação. 9. No Estado Democrático de Direito, em virtude do monopólio estatal da violência, há o desdobramento do direito de ação, e a consequente a previsão de um direito processual e abstrato de agir de titularidade de qualquer sujeito e que é dirigido ao Estado, para a obtenção da prestação jurisdicional. 10. O direito público subjetivo e processual de ação deve ser considerado, em si, imprescritível, haja vista ser sempre possível requerer a manifestação do Estado sobre um determinado direito e obter a prestação jurisdicional, mesmo que ausente, por absoluto, o direito material. 11. O máximo que

colhem-se duas passagens expressivas do voto da Relatora.[528] Claro, melhor seria que fosse expresso também na ementa do julgado a superação do precedente, facilitando, como dito, a comunicação com os utentes sobre a superação do padrão decisório anterior e o estabelecimento de um novo e entendimento.

O Supremo Tribunal Federal, no caso envolvendo a prescrição do Fundo de Garantia por Tempo de Serviço (FGTS), antes reconhecida como trintenária, reconduzindo-a para o prazo quinquenal, deixou clara a superação do entendimento anterior, inclusive modulando prospectivamente os efeitos da decisão.[529]

---

pode que ocorrer é a impossibilidade da satisfação de uma determinada pretensão por meio de um específico procedimento processual, ante a passagem do tempo qualificada pela inércia do titular, caracterizadora da preclusão, o que, todavia, não impossibilita, em absoluto, o uso da específica ação ou procedimento. 12. A ação do tempo somada à inércia do titular tem, portanto, em regra, relação unicamente com a pretensão de direito material. 13. Pelo viés objetivo da teoria da *actio* nata, a prescrição começa a correr com a violação do direito, assim que a prestação se tornar exigível. 14. Por outro lado, segundo a vertente subjetiva da *actio* nata, a contagem do prazo prescricional exige a efetiva inércia do titular do direito, a qual somente se verifica diante da inexistência de óbices ao exercício da pretensão e a partir do momento em que o titular tem ciência inequívoca do dano, de sua extensão, e da autoria da lesão. 15. Segundo a jurisprudência desta Corte, a aplicação da *actio* nata sob a vertente subjetiva é excepcional, somente cabível nos ilícitos extracontratuais. Precedentes. 16. Embora o inquérito civil tenha por objetivo apurar indícios para dar sustentação a uma eventual ação coletiva, a fim de que não se ingresse em demanda por denúncia infundada, sua instauração não é obrigatória, podendo o autor coletivo pela presença de elementos suficientes para o imediato exercício do direito de ação. Precedentes. 16. Na hipótese concreta, o Tribunal de origem concluiu que somente ao final do inquérito civil o Ministério Público se convenceu da natureza enganosa da publicidade. Assim, rever esse posicionamento demandaria o reexame de fatos e provas, vedado pela Súmula 7/STJ. 17. Ademais, como se trata de ilícito extracontratual, o termo inicial do prazo prescricional somente é contabilizado a partir do efetivo conhecimento de todos os elementos da lesão, por aplicação da teoria da *actio* nata sob viés subjetivo, da forma como concluiu o Tribunal de origem. 18. Recurso especial parcialmente conhecido e, no ponto, não provido." (REsp 1736091/PE, Rel. Ministra NANCY ANDRIGHI, TERCEIRA TURMA, julgado em 14/05/2019, DJe 16/05/2019).

[528] É, assim, necessária a superação (*overruling*) da atual orientação jurisprudencial desta Corte, pois não há razão para se limitar o uso da ação coletiva ou desse especial procedimento coletivo de enfrentamento de interesses individuais homogêneos, coletivos em sentido estrito e difusos, sobretudo porque o escopo desse instrumento processual é o tratamento isonômico e concentrado de lides de massa relacionadas a questões de direito material que afetem uma coletividade de consumidores, tendo como resultado imediato beneficiar a economia processual. (...). Ressalte-se, por fim, ser desnecessário, para a revisão dessa orientação, a observância de procedimento específico, haja vista que o único entendimento fixado sob o rito dos repetitivos pela e. Segunda Seção é o de que "no âmbito do Direito Privado, é de cinco anos o prazo prescricional para ajuizamento da execução individual em pedido de cumprimento de sentença proferida em Ação Civil Pública" (REsp 1273643/PR, Segunda Seção, DJe 04/04/2013), não havendo, assim, tese repetitiva sobre prazo para ajuizamento de ação coletiva de consumo de conhecimento.

[529] Recurso extraordinário. Direito do Trabalho. Fundo de Garantia por Tempo de Serviço (FGTS). Cobrança de valores não pagos. Prazo prescricional. Prescrição quinquenal. Art. 7º, XXIX, da Constituição. Superação de entendimento anterior sobre prescrição trintenária. Inconstitucionalidade dos arts. 23, § 5º, da Lei 8.036/1990 e 55 do Regulamento do FGTS aprovado pelo Decreto 99.684/1990. Segurança jurídica. Necessidade de modulação dos efeitos da decisão. Art. 27 da Lei 9.868/1999. Declaração de inconstitucionalidade com efeitos ex nunc. Recurso extraordinário a que se nega provimento. (RE 522897, Relator(a): Min. GILMAR MENDES, Tribunal Pleno, julgado em 16/03/2017, ACÓRDÃO ELETRÔNICO DJe-217 DIVULG 25-09-2017 PUBLIC 26-09-2017).

Outrossim, anunciando a superação do entendimento condensando no enunciado de sua Súmula nº 563,[530] o Supremo Tribunal Federal afastou a existência de hierarquia na cobrança judicial dos créditos da dívida pública da União aos Estados e Distrito Federal e esses aos Municípios, por descumprimento, entre outros, do princípio federativo.[531]

5.2. Superação implícita

Em contraposição ao já anunciado, bem se depreende que a superação implícita ocorre quando o tribunal acaba por revogar, implicitamente, um precedente, sem que tenha enunciado claramente tal revogação. Aqui a superação se dá pela incompatibilidade lógica do sentido enunciado no julgamento que se realiza com aquele discurso enunciado no precedente implicitamente afetado.

A regra fundamental da coerência do discurso prático[532] impede que se tenha como vigente precedente que enuncia "O (obrigatório)" quando outro posterior enuncia "V (proibido)"[533] para idêntica situação.

---

[530] "O concurso de preferência a que se refere o parágrafo único do art. 187 do Código Tributário Nacional é compatível com o disposto no art. 9º, inciso I, da Constituição Federal.".

[531] ARGUIÇÃO DE DESCUMPRIMENTO DE PRECEITO FUNDAMENTAL. CONSTITUCIONAL. TRIBUTÁRIO. PARÁGRAFO ÚNICO DO ART. 187 DO CÓDIGO TRIBUTÁRIO NACIONAL. PARÁGRAFO ÚNICO DO ART. 29 DA LEI N. 6.830/1980. CONCURSO DE PREFERÊNCIA ENTRE OS ENTES FEDERADOS NA COBRANÇA JUDICIAL DOS CRÉDITOS TRIBUTÁRIOS E NÃO TRIBUTÁRIOS. INCOMPATIBILIDADE DAS NORMAS IMPUGNADAS COM A CONSTITUIÇÃO DA REPÚBLICA DE 1988. AFRONTA AO INC. III DO ART. 19 DA CONSTITUIÇÃO. ARGUIÇÃO JULGADA PROCEDENTE. 1. A arguição de descumprimento de preceito fundamental viabiliza a análise de constitucionalidade de normas legais pré-constitucionais insuscetíveis de conhecimento em ação direta de inconstitucionalidade. Precedentes. 2. A autonomia dos entes federados e a isonomia que deve prevalecer entre eles, respeitadas as competências estabelecidas pela Constituição, é fundamento da Federação. O federalismo de cooperação e de equilíbrio posto na Constituição da República de 1988 não legitima distinções entre os entes federados por norma infraconstitucional. 3. A definição de hierarquia na cobrança judicial dos créditos da dívida pública da União aos Estados e Distrito Federal e esses aos Municípios descumpre o princípio federativo e contraria o inc. III do art. 19 da Constituição da República de 1988. 4. Cancelamento da Súmula n. 563 deste Supremo Tribunal editada com base na Emenda Constitucional n. 1/69 à Carta de 1967. 5. Arguição de descumprimento de preceito fundamental julgada procedente para declarar não recepcionadas pela Constituição da República de 1988 as normas previstas no parágrafo único do art. 187 da Lei n. 5.172/1966 (Código Tributário Nacional) e no parágrafo único do art. 29 da Lei n. 6.830/1980 (Lei de Execuções Fiscais). (ADPF 357, Relator(a): CÁRMEN LÚCIA, Tribunal Pleno, julgado em 24/06/2021, PROCESSO ELETRÔNICO DJe-200 DIVULG 06-10-2021 PUBLIC 07-10-2021).

[532] ALEXY, Robert. *Teoria discursiva do direito*. Organização Alexandre Travessoni Gomes Trivisonno. 3. ed. Rio de Janeiro: Forense, 2019. p. 47/48. Fala-se aqui da coerência no sentido de consistência lógica e não enquanto compatibilidade (de uma decisão, de uma norma ou da narração dos fatos), em relação a valores, princípios e teorias (ATIENZA, Manuel. *Curso de argumentação jurídica*. Tradução Claudia Roesler. São Paulo: Alteridade, 2017. p. 133).

[533] "Na proposição normativa ou deôntica, o dever-ser (que se triparte nas modalidades *O, P, V*, obrigatório, permitido e proibido) é constitutivo da estrutura formal, é o operador específico que conduz à proposição deôntica." (VILANOVA, Lourival. *As estruturas lógicas e o sistema de direito positivo*. 4. ed. São Paulo: Noeses, 2010. p. 35).

Inegavelmente, a superação implícita na prática importa em diversos problemas, uma vez que dificulta a atuação dos atores no interpretar a persistência do precedente frente ao novo *dictum* pronunciado, como reforça Michael J Gerhardt.[534]

Nessa medida, se a partir do resultado de um julgamento for possível identificar que a razão subjacente ao precedente anterior foi contraditada, ainda que não seja explicitada tal contradição na decisão, teremos a superação implícita.

Em caso emblemático, o Supremo Tribunal Federal permitiu a abertura de processo criminal contra parlamentar por ofensas irrogadas no recinto da Câmara de Deputados, em virtude de não se relacionarem ao exercício do mandato parlamentar.[535] No caso, não se fez referência

---

[534] GERHARDT, Michael J. *The Role of Precedent in Constitutional Decisionmaking and Theory*, 60 Geo. Wash. L. Rev. 68. ("A Suprema Corte pode anular ou enfraquecer precedentes através de decisões explícitas, sobrescritos *sub silentio*, ou decisões subseqüentes que reduzam ou distingam precedentes ao ponto de anulação prática. (...) Ao enfraquecer os precedentes através de meios inconsistentes, a Corte pode confundir o público, a comunidade jurídica e os juízes subseqüentes quanto ao status e suas verdadeiras intenções em relação a tais decisões"). The Supreme Court can overturn or otherwise weaken precedents through explicit overrulings, overrulings sub silentio, or subsequent decisionmaking that narrows or distinguishes precedents to the point of practical nullification. (...) By weakening precedents through inconsistent means, the Court can confuse the public, the legal community, and subsequent Justices as to the status of, and its real intentions, regarding such decisions.

[535] "PENAL. DENÚNCIA E QUEIXA-CRIME. INCITAÇÃO AO CRIME, INJÚRIA E CALÚNIA. TRANSAÇÃO PENAL. NÃO OFERECIMENTO. MANIFESTAÇÃO DE DESINTERESSE PELO ACUSADO. IMUNIDADE PARLAMENTAR. INCIDÊNCIA QUANTO ÀS PALAVRAS PROFERIDAS NO RECINTO DA CÂMARA DOS DEPUTADOS. ENTREVISTA. AUSENTE CONEXÃO COM O DESEMPENHO DA FUNÇÃO LEGISLATIVA. INAPLICABILIDADE DO ART. 53 DA CONSTITUIÇÃO FEDERAL. PREENCHIMENTO DOS REQUISITOS DO ART. 41 DO CÓDIGO DE PROCESSO PENAL QUANTO AOS DELITOS DE INCITAÇÃO AO CRIME E DE INJÚRIA. RECEBIMENTO DA DENÚNCIA E REJEIÇÃO PARCIAL DA QUEIXA-CRIME, QUANTO AO CRIME DE CALÚNIA. 1. Os Tratados de proteção à vida, à integridade física e à dignidade da mulher, com destaque para a Convenção Interamericana para Prevenir, Punir e Erradicar a Violência contra a Mulher – 'Convenção de Belém do Pará' (1994); a Convenção sobre a Eliminação de Todas as Formas de Discriminação contra a Mulher – 'Carta Internacional dos Direitos da Mulher' (1979); além das conferências internacionais sobre a mulher realizadas pela ONU – devem conduzir os pronunciamentos do Poder Judiciário na análise de atos potencialmente violadores de direitos previstos em nossa Constituição e que o Brasil se obrigou internacionalmente a proteger. 2. Os direitos humanos, na jurisprudência do Supremo Tribunal Federal, são analisados sob o enfoque de que 'em matéria de direitos humanos, a interpretação jurídica há de considerar, necessariamente, as regras e cláusulas do direito interno e do direito internacional, cujas prescrições tutelares se revelam – na interconexão normativa que se estabelece entre tais ordens jurídicas – elementos de proteção vocacionados a reforçar a imperatividade do direito constitucionalmente garantido' (HC 82.424, Tribunal Pleno, Rel. Min. Moreira Alves, rel. para Acórdão Min. Maurício Corrêa, j. 17/09/2003, DJ 19/03/2004). 3. A Lei Maria da Penha inaugurou o novel paradigma que culminou, recentemente, no estabelecimento de pena mais grave o Feminicídio, não admite que se ignore o pano de fundo aterrador que levou à edição dessas normas, voltadas a coibir as cotidianas mortes, lesões e imposições de sofrimento físico e psicológico à mulher. Não é por outro motivo que o art. 6º da Lei 11.340/2006 estabelece que 'A violência doméstica e familiar contra a mulher constitui uma das formas de violação dos direitos humanos' e que, em seu art. 7º, o mesmo diploma preveja a proteção da mulher contra 'a violência psicológica, entendida como qualquer conduta que lhe cause dano emocional e diminuição da auto-estima ou que lhe prejudique e perturbe o pleno desenvolvimento ou que vise degradar ou controlar suas ações, comportamentos, crenças e decisões, mediante ameaça, constrangimento, humilhação, manipulação, isolamento, vigilância constante, perseguição contu-

maz, insulto, chantagem, ridicularização, exploração e limitação do direito de ir e vir ou qualquer outro meio que lhe cause prejuízo à saúde psicológica e à autodeterminação'. 4. Discursos que relativizam a gravidade e a abjeção do crime sexual contribuem para agravar a vitimização secundária produzida pelo estupro, porquanto a característica principal do sistema processual penal é um profundo desinteresse pela vítima. Deveras, conforme pesquisa de Claire Sherman Thomas, a defesa do criminoso sexual tende a justificar a conduta violenta por meio da atribuição de culpa à própria vítima. 5. A violência sexual deve ser lida como um processo consciente de intimidação pelo qual todos os homens mantêm todas as mulheres em estado de medo, sendo certo que o estupro é um crime não de luxúria, mas sim de exercício de violência e poder, conforme conceituação de aceitação internacional formulada por Susan Brownmiller. 6. O direito exerce importante papel na construção social das diversas e variadas subjetividades, donde decorre a necessidade de os operadores jurídicos considerarem a realidade das relações sociais, com o fim de consolidar um olhar distinto diante da discriminação e da violência que caracterizam as relações de gênero no país. 7. A incitação ao crime, enquanto delito contra a paz pública, traduz afronta a bem jurídico diverso daquele que é ofendido pela prática efetiva do crime objeto da instigação. 8. A incitação ao crime abrange tanto a influência psíquica, com o objetivo de fazer surgir no indivíduo (determinação ou induzimento) o propósito criminoso antes inexistente, quanto a instigação propriamente dita, que reforça eventual propósito existente. Consectariamente, o tipo penal do art. 286 do Código Penal alcança qualquer conduta apta a provocar ou a reforçar a intenção da prática criminosa. Na valiosa lição de Nelson Hungria, incita a prática do crime aquele que atira a primeira pedra contra a mulher adúltera. 9. *In casu*, (i) o parlamentar é acusado de incitação ao crime de estupro, ao afirmar que não estupraria uma Deputada Federal porque ela 'não merece'; (ii) o emprego do vocábulo 'merece', no sentido e contexto presentes no caso sub judice, teve por fim conferir a este gravíssimo delito, que é o estupro, o atributo de um prêmio, um favor, uma benesse à mulher, revelando interpretação de que o homem estaria em posição de avaliar qual mulher 'poderia' ou 'mereceria' ser estuprada. 10. A relativização do valor do bem jurídico protegido – a honra, a integridade psíquica e a liberdade sexual da mulher – pode gerar, naqueles que não respeitam as normas penais, a tendência a considerar mulheres que, por seus dotes físicos ou por outras razões, aos olhos de potenciais criminosos, 'mereceriam' ser vítimas de estupro. 11. O desprezo demonstrado pelo bem jurídico protegido (dignidade sexual) reforça e incentiva a perpetuação dos traços de uma cultura que ainda subjuga a mulher, com potencial de instigar variados grupos a lançarem sobre a própria vítima a culpa por ser alvo de criminosos sexuais, deixando, a depender da situação, de reprovar a violação sexual, como seria exigível mercê da expectativa normativa. 12. As recentes notícias de estupros coletivos reforçam a necessidade de preocupação com discursos que intensifiquem a vulnerabilidade das mulheres. 13. *In casu*, (i) a entrevista concedida a veículo de imprensa não atrai a imunidade parlamentar, porquanto as manifestações se revelam estranhas ao exercício do mandato legislativo, ao afirmar que 'não estupraria' Deputada Federal porque ela 'não merece'; (ii) o fato de o parlamentar estar em seu gabinete no momento em que concedeu a entrevista é fato meramente acidental, já que não foi ali que se tornaram públicas as ofensas, mas sim através da imprensa e da internet; (iii) a campanha "#eu não mereço ser estuprada", iniciada na internet em seguida à divulgação das declarações do Acusado, pretendeu expor o que se considerou uma ofensa grave contra as mulheres do país, distinguindo-se da conduta narrada na denúncia, em que o vocábulo 'merece' foi empregado em aparente desprezo à dignidade sexual da mulher. 14. (i) A incitação ao crime, por consubstanciar crime formal, de perigo abstrato, independe da produção de resultado naturalístico. (ii) A idoneidade da incitação para provocar a prática de crimes de estupro e outras violências, físicas ou psíquicas, contra as mulheres, é matéria a ser analisada no curso da ação penal. (iii) As declarações narradas na denúncia revelam, em tese, o potencial de reforçar eventual propósito existente em parte daqueles que ouviram ou leram as declarações, no sentido da prática de violência física e psíquica contra a mulher, inclusive novos crimes contra a honra de mulheres em geral. (iv) Conclusão contrária significaria tolerar a reprodução do discurso narrado na inicial e, consequentemente, fragilizar a proteção das mulheres perante o ordenamento jurídico, ampliando sua vitimização. 15. (i) A imunidade parlamentar incide quando as palavras tenham sido proferidas do recinto da Câmara dos Deputados: 'Despiciendo, nesse caso, perquirir sobre a pertinência entre o teor das afirmações supostamente contumeliosas e o exercício do mandato parlamentar' (Inq. 3814, Primeira Turma, Rel. Min. Rosa Weber, unânime, j. 07/10/2014, DJE 21/10/2014). (ii) Os atos praticados em local distinto escapam à proteção da imunidade, quando as manifestações não guardem pertinência, por um nexo de causalidade, com o desempenho das funções do mandato parlamentar. 16. A incitação ao crime, mercê da pena máxima de seis meses prevista no art. 286 do Código Penal, se enquadra no conceito de crime de menor potencial ofensivo, à luz do art. 61 da Lei 9.099/95. 17. Os benefícios previstos nos arts. 76 e 89 da Lei nº 9.099/95 não à jurisprudência assente da Suprema Corte no sentido de que a imunidade no âmbito do recinto parlamentar é absoluta, independentemente de nexo etiológico com o exercício da atividade parlamentar (pertinência).[536] O fato é que, independentemente de não ter enunciado essa revisão da jurisprudência, a partir do julgado que quebrou essa relação absoluta entre a imunidade e o *locus* em que proferida a ofensa, passou-se a ser considerada, neste âmbito de atuação (Casa Parlamentar), essa (in)existência de pertinência.[537] Interessante que, em julgados cronologi-

---

podem ser concedidos pelo Poder Judiciário sem que o titular da ação penal tenha oferecido a proposta (Inq. 3438, Primeira Turma, Rel. Min. Rosa Weber, unânime, DJE 10/02/2015). Consecteriamente, abre-se a fase de análise da viabilidade da denúncia, máxime quando o acusado manifesta desinteresse na transação penal. 18. O concurso formal, in foco, justifica o julgamento conjunto da queixa-crime oferecida por crimes de injúria e calúnia. 19. À luz das premissas teóricas anteriormente estabelecidas na análise do tipo penal do art. 286 do Código Penal, verifica-se a adequação da conduta ao tipo penal objetivo do crime de injúria, diante da exposição da imagem da Querelante à humilhação pública, preenchendo, ainda, o elemento subjetivo do art. 140 do Código Penal, concretizado no *animus injuriandi* e no *animus offendendi*. 20. A dúvida razoável sobre ter sido a resposta proporcional a eventuais ofensas sofridas não restou comprovada, porquanto não foi mencionada expressamente qualquer provocação pessoal, direta e censurável da Querelante ao Querelado, na data dos fatos narrados na Inicial da Queixa-Crime. 21. O crime de calúnia somente se configura quando seja atribuída à vítima a prática de fato criminoso específico, com intenção de ofender sua reputação (INQ 2084, Tribunal Pleno, Rel. Min. Carlos Velloso, DJ 09/09/2005), por isso que, no caso *sub examine*, a inicial da Queixa-Crime deve ser parcialmente rejeitada, porquanto não narra de que maneira a afirmação do Deputado, de que teria sido chamado de "estuprador" pela Querelante, poderia ter ofendido a honra da Deputada Federal. 22. *Ex positis*, à luz dos requisitos do art. 41 do Código de Processo Penal, recebo a denúncia pela prática, em tese, de incitação ao crime; e recebo parcialmente a queixa-crime, apenas quanto ao delito de injúria. Rejeito a Queixa-Crime quanto à imputação do crime de calúnia." (Inq 3932, Relator(a): Min. LUIZ FUX, Primeira Turma, julgado em 21/06/2016, ACÓRDÃO ELETRÔNICO DJe-192 DIVULG 08-09-2016 PUBLIC 09-09-2016).

[536] "EMENTA QUEIXA. CRIME CONTRA A HONRA. CALÚNIA, DIFAMAÇÃO E INJÚRIA. IMUNIDADE PARLAMENTAR. ART 53, *CAPUT*, DA CONSTITUIÇÃO DA REPÚBLICA. INCIDÊNCIA DA REGRA IMUNIZANTE MESMO QUANDO AS PALAVRAS FOREM PROFERIDAS FORA DO RECINTO DO PARLAMENTO. APLICABILIDADE AO CASO CONCRETO, POIS AS SUPOSTAS OFENSAS PROFERIDAS GUARDAM PERTINÊNCIA COM O EXERCÍCIO DA ATIVIDADE PARLAMENTAR. OFENSAS IRROGADAS NO RECINTO DO PARLAMENTO. CARÁTER ABSOLUTO DA IMUNIDADE. PRECEDENTES. 1. A regra do art. 53, *caput*, da Constituição da República contempla as hipóteses em que supostas ofensas proferidas por parlamentares guardem pertinência com suas atividades, ainda que as palavras sejam proferidas fora do recinto do Congresso Nacional. Essa imunidade material tem por finalidade dotar os membros do Congresso Nacional da liberdade necessária ao pleno exercício da atividade parlamentar. 2. A atividade parlamentar, para além da típica função legislativa, engloba o controle da administração pública (art. 49, X, da CR), razão pela qual os congressistas, ao alardearem práticas contrárias aos princípios reitores da probidade e moralidade administrativas, encontram-se realizando atividade que se insere no âmbito de suas atribuições constitucionais. 3. A regra do art. 53, *caput*, da CR confere ao parlamentar uma proteção adicional ao direito fundamental, de todos, à liberdade de expressão, previsto no art. 5º, IV e IX, da CR. Mesmo quando evidentemente enquadráveis em hipóteses de abuso do direito de livre expressão, as palavras dos parlamentares, desde que guardem pertinência com a atividade parlamentar, estarão infensas à persecução penal. 4. Configura-se, na jurisprudência do Supremo Tribunal Federal, como absoluta a imunidade material parlamentar quando as palavras tidas por ofensivas forem proferidas no recinto do Parlamento, dispensando-se a configuração da pertinência entre as ofensas irrogadas e o exercício da atividade parlamentar. Precedentes. 5. Queixa rejeitada. "(Inq 4177, Relator(a): Min. EDSON FACHIN, Primeira Turma, julgado em 12/04/2016, ACÓRDÃO ELETRÔNICO DJe-124 DIVULG 15-06-2016 PUBLIC 16-06-2016).

[537] "Queixa-crime. Ação penal privada. Competência originária. Crimes contra a honra. Calúnia. Injúria. Difamação. 2. Art. 53 da Constituição Federal. Imunidade parlamentar material. A imunidade

camente posteriores, voltou-se a assentar a imunidade absoluta por opinião emitida no espaço parlamentar sem mencionar qualquer restrição no precedente.[538]

Perceba-se, a superação implícita se dá por uma inadvertida aplicação dos precedentes, pois o tribunal acaba por revogar ou restringir um precedente sem que se dê conta propriamente do fato. Pelo senso de responsabilidade institucional dos juízes, acaso cientes da revogação de uma linha decisória anterior, certamente tal constaria da nova decisão.

Diversamente disso ocorre na designada "anulação furtiva" (*stealth overruling*), em que existe um tratamento insincero por parte do tribunal quanto aos seus precedentes. Às vezes, pelos ônus políticos decorrentes da revogação de um precedente, o tribunal, sem declarar expressamente, atuaria predatoriamente contra ele, diminuindo-lhe sensivelmente o alcance por formas indiretas.[539] Embora se possa dizer que a anulação furtiva facilite o exercício da função contramajoritária, permitindo que o tribunal realize sua função sem se preocupar com repercussões na opinião pública, os danos marginais derivados de uma atuação subliminar contra o precedente são muito mais graves do que os eventuais ganhos.[540]

é absoluta quanto às manifestações proferidas no interior da respectiva casa legislativa. O parlamentar também é imune em relação a manifestações proferidas fora do recinto parlamentar, desde que ligadas ao exercício do mandato. Precedentes. Possível reinterpretação da imunidade material absoluta, tendo em vista a admissão de acusação contra parlamentar em razão de palavras proferidas no recinto da respectiva casa legislativa, mas supostamente dissociadas da atividade parlamentar – PET 5.243 e INQ 3.932, rel. min. Luiz Fux, julgados em 21.6.2016. Caso concreto em que, por qualquer ângulo que se interprete, as declarações estão abrangidas pela imunidade. Declarações proferidas pelo Deputado Federal querelado no Plenário da Câmara dos Deputados. Palavras proferidas por ocasião da prática de ato tipicamente parlamentar – voto acerca da autorização para processo contra a Presidente da República. Conteúdo ligado à atividade parlamentar. 3. Absolvição por atipicidade da conduta." (Pet 6156, Relator(a): Min. GILMAR MENDES, Segunda Turma, julgado em 30/08/2016, PROCESSO ELETRÔNICO DJe-207 DIVULG 27-09-2016 PUBLIC 28-09-2016).

538 "DIREITO CIVIL. EMBARGOS DE DECLARAÇÃO RECEBIDOS COMO AGRAVO INTERNO NO RECURSO EXTRAORDINÁRIO. IMUNIDADE PARLAMENTAR. PRECEDENTE. 1. A jurisprudência do Supremo Tribunal Federal é no sentido de que a imunidade parlamentar material incide de forma absoluta quanto às declarações proferidas no recinto do Parlamento e os atos praticados em local distinto escapam à proteção absoluta da imunidade somente quando não guardarem pertinência com o desempenho das funções do mandato parlamentar. 2. Esta Corte entende que, embora indesejáveis, as ofensas pessoais proferidas no âmbito da discussão política, respeitados os limites trazidos pela própria Constituição, não são passíveis de reprimenda judicial. Imunidade que se caracteriza como proteção adicional à liberdade de expressão, visando a assegurar a fluência do debate público e, em última análise, a própria democracia. 3. Embargos de declaração recebidos como agravo interno a que se nega provimento." (RE 443953 ED, Relator(a): Min. ROBERTO BARROSO, Primeira Turma, julgado em 19/06/2017, ACÓRDÃO ELETRÔNICO DJe-143 DIVULG 29-06-2017 PUBLIC 30-06-2017).

539 FRIEDMAN, Barry. The Wages of Stealth Overruling (With Particular Attention to Miranda *v.* Arizona), 99 Geo. L.J. 1. Vide ainda: RE, Richard M. NARROWING PRECEDENT IN THE SUPREME COURT, 114. *Colum. L. Rev.* 1861.

540 "Assim como no *transformation*, no *stealth overruling* (superação furtiva) não há a aplicação do precedente (nega-se o conteúdo dele). A marca registrada do *stealth overruling* é que os juízes estão perfeitamente conscientes de que estão aplicando o *overruling*, mas escondem o fato de que estão

De outra parte, não se pode confundir a superação implícita com a *transformation* (transformação do precedente), mesmo que nas duas hipóteses não exista manifestação de forma clara da Corte quanto à superação do precedente. Enquanto na superação implícita tem-se um novo precedente, incompatível com o anterior não expressamente revogado, na transformação o precedente é incompatível com o anterior, mas há uma tentativa de compatibilizar o alcance de ambos.

Por vezes, a dita transformação seria apenas fictícia, artificializando uma compatibilidade entre decisões, devolvendo para o futuro a questão de manutenção ou não da linha de precedentes, pelo que a técnica deve ser vista com reserva.

5.3. Quem pode superar um precedente?

A questão merece ser mais bem articulada, retratando a temática a partir do ordenamento jurídico positivo. Basicamente, a cogitação sobre a superação do precedente se dá na perspectiva de quem pode realizar tal atividade (*quis*), com base no direito positivo.

Não tem sabor de novidade dizer que o direito cria suas próprias realidades, não obviamente desconhecendo ou dando as costas para o real,[541] mas no que apreendem o mundo e lhe dão sentido próprio para fins de aplicação da regra jurídica.

Diz-se isso para novamente ressaltar que o nosso direito positivo estabelece um rol de precedentes qualificados, predispostos no artigo 927 do Código de Processo Civil, os quais, como anteriormente visto, impõem-se ao aplicador do direito.[542]

Pois bem, a superação do precedente se consolida quando o juiz, vinculado aprioristicamente aos seus fundamentos determinantes, antevê a possibilidade do seu afastamento por conta de uma defasagem

---

fazendo isso. O motivo provável é evitar publicidade. O *stealth overruling* é quando os juízes que fazem isso sabem, de tal forma que suas decisões são de fato 'dissimuladas'. A questão de se anular (*overruling*) um precedente requer uma análise delicada e os juízes estão perfeitamente conscientes de que é indecoroso para eles mudar constantemente o significado da Constituição, especialmente quando isso parece refletir apenas uma mudança no número de membros da Corte. Por outro lado, há o problema de ficar preso a decisões erradas se os juízes não os revogarem." (FUGA, Bruno Augusto Sampaio. *Superação de precedentes*: da necessária via processual e o uso da reclamação para superar e interpretar precedentes. Londrina, PR: Thoth. 2020, p. 111 - 112).

541 Para ficarmos no exemplo acadêmico, não teria sentido uma Lei que revogasse a "Lei da Gravidade".

542 KELSEN, Hans. *Teoria pura do direito.* Trad. João Baptista Machado. 6. ed. São Paulo: Martins Fontes, 1998. p. 277/278. Um tribunal, especialmente um tribunal de última instância, pode receber competência para criar, através da sua decisão, não só uma norma individual, apenas vinculante para o caso *sub judice*, mas também normas gerais. Isto é assim quando a decisão judicial cria o chamado precedente judicial, quer dizer: quando a decisão judicial do caso concreto é vinculante para a decisão dos casos idênticos.

(i), falta de vigor frente à experiência (ii), sua incorreção coetânea (iii) ou inconsistência atual (iv).

Ainda assim, pela própria urdidura do ordenamento jurídico, pela lógica inerente ao sistema, a retirada de voz do precedente somente pode ocorrer por quem lhe verbalizou.

Veja-se, o precedente vincula o órgão que realiza sua galvanização (vinculação horizontal), mas também aqueles submetidos a ele em virtude da hierarquia institucional do Poder Judiciário (vinculação vertical – tribunal inferior e juízes).

A submissão dos juízes e tribunais aos precedentes é uma decorrência natural do exercício da competência na formação daqueles, tanto pela submissão ao poder constitucionalmente estabelecido de uniformização do ordenamento jurídico (artigos 102 e 105 da Constituição,[543] por exemplo), quanto pela hierarquia inerente aos tribunais, sobre a qual está construído o sistema recursal (competência funcional recursal).

Logo, escandindo o artigo 927 do Código de Processo Civil,[544] compete ao Supremo Tribunal Federal superar os precedentes constitucionais por si proferidos (incisos I, II, III e IV do artigo 927), enquanto ao Superior Tribunal de Justiça, aquelas com base na legislação infraconstitucional (incisos III e IV do artigo 927). Ainda, cabem aos tribunais em

---

[543] "Art. 102. Compete ao Supremo Tribunal Federal, precipuamente, a guarda da Constituição, cabendo-lhe: (...). III – julgar, mediante recurso extraordinário, as causas decididas em única ou última instância, quando a decisão recorrida: a) contrariar dispositivo desta Constituição; b) declarar a inconstitucionalidade de tratado ou lei federal; c) julgar válida lei ou ato de governo local contestado em face desta Constituição. d) julgar válida lei local contestada em face de lei federal. (...). Art. 105. Compete ao Superior Tribunal de Justiça: (...). III – julgar, em recurso especial, as causas decididas, em única ou última instância, pelos Tribunais Regionais Federais ou pelos tribunais dos Estados, do Distrito Federal e Territórios, quando a decisão recorrida: a) contrariar tratado ou lei federal, ou negar-lhes vigência; b) julgar válido ato de governo local contestado em face de lei federal; c) der a lei federal interpretação divergente da que lhe haja atribuído outro tribunal".

[544] "Art. 927. Os juízes e os tribunais observarão: I – as decisões do Supremo Tribunal Federal em controle concentrado de constitucionalidade; II – os enunciados de súmula vinculante; III – os acórdãos em incidente de assunção de competência ou de resolução de demandas repetitivas e em julgamento de recursos extraordinário e especial repetitivos; IV – os enunciados das súmulas do Supremo Tribunal Federal em matéria constitucional e do Superior Tribunal de Justiça em matéria infraconstitucional; V – a orientação do plenário ou do órgão especial aos quais estiverem vinculados. § 1º Os juízes e os tribunais observarão o disposto no art. 10 e no art. 489, § 1º, quando decidirem com fundamento neste artigo. § 2º A alteração de tese jurídica adotada em enunciado de súmula ou em julgamento de casos repetitivos poderá ser precedida de audiências públicas e da participação de pessoas, órgãos ou entidades que possam contribuir para a rediscussão da tese. § 3º Na hipótese de alteração de jurisprudência dominante do Supremo Tribunal Federal e dos tribunais superiores ou daquela oriunda de julgamento de casos repetitivos, pode haver modulação dos efeitos da alteração no interesse social e no da segurança jurídica. § 4º A modificação de enunciado de súmula, de jurisprudência pacificada ou de tese adotada em julgamento de casos repetitivos observará a necessidade de fundamentação adequada e específica, considerando os princípios da segurança jurídica, da proteção da confiança e da isonomia. § 5º Os tribunais darão publicidade a seus precedentes, organizando-os por questão jurídica decidida e divulgando-os, preferencialmente, na rede mundial de computadores.".

geral reverem a orientação dos respectivos plenários ou órgãos especiais.

Para uma melhor compreensão, a superação do precedente, qualquer que seja o motivo, é propriamente objeto de reconhecimento pelo órgão julgador em tese submetido a sua dicção pela vinculação horizontal. Esse órgão que editou o precedente para si (vínculo horizontal) e para os demais órgãos jurisdicionais que estão sob seu guarda-chuva jurisdicional (vínculo vertical), pode realizar a superação do precedente.

É um sistema que se baseia no pilar da coerência: quem tem competência para formar e estabelecer o precedente qualificado é também o tribunal competente para tolher sua eficácia e propor a mudança.

Ao superar o precedente, o tribunal aplica autorização implícita, subjacente à regra jurídica que permite editá-lo, de promover sua retirada do mundo jurídico, como já se depreende do artigo 489, § 1º, inciso VI, do Código de Processo Civil,[545] bem como do artigo 927, §§ 2º, 3º e 4º, deste Código.[546]

É a teoria dos poderes implícitos (*implied powers*) – para manter o significado convencionado –, resultante da constatação de que a outorga de poder para a realização de determinada finalidade importa no deferimento, implícito, dos meios necessários à realização dos fins que lhe foram atribuídos.

Conferida uma atribuição, nela se consideram envolvidos, implicitamente, todos os meios necessários para sua execução regular. Princípio de que a concessão dos fins[547] importa a concessão dos meios.[548]

---

545 "Art. 489. (...). § 1º Não se considera fundamentada qualquer decisão judicial, seja ela interlocutória, sentença ou acórdão, que: (...) VI – deixar de seguir enunciado de súmula, jurisprudência ou precedente invocado pela parte, sem demonstrar a existência de distinção no caso em julgamento ou a superação do entendimento. (...)".

546 "Art. 927. Os juízes e os tribunais observarão: (...). § 2º A alteração de tese jurídica adotada em enunciado de súmula ou em julgamento de casos repetitivos poderá ser precedida de audiências públicas e da participação de pessoas, órgãos ou entidades que possam contribuir para a rediscussão da tese. § 3º Na hipótese de alteração de jurisprudência dominante do Supremo Tribunal Federal e dos tribunais superiores ou daquela oriunda de julgamento de casos repetitivos, pode haver modulação dos efeitos da alteração no interesse social e no da segurança jurídica. § 4º A modificação de enunciado de súmula, de jurisprudência pacificada ou de tese adotada em julgamento de casos repetitivos observará a necessidade de fundamentação adequada e específica, considerando os princípios da segurança jurídica, da proteção da confiança e da isonomia. (...).".

547 HAMILTON, Alexander; MADISON, James; JAY, John. *O federalista:* pensamento político. Traduzido por Ricardo Rodrigues Gama. 2. ed. Campinas: Russell, 2005. p. 285. Nenhum axioma se verifica mais claramente na lei ou na razão do que o seguinte: sempre que os fins o exigirem, os meios são justificados; sempre que é concedido o poder para alguém fazer uma coisa, pressupõe-se que na concessão estão incluídos todos os poderes particulares necessários para cumprimento da missão.

548 No particular, existe precedente histórico da Suprema Corte Americana, McCulloch *v.* Maryland, 17 US 316 (1819).

E aí, via de regra, os tribunais e juízes verticalmente vinculados ao precedente, predispostos no plano inferior do estrato jurisdicional, não podem superar precedentes das cortes superiores e de vértice.[549]

Nessa ordem de ideias, não exaure a questão o exame da competência hierárquica (vertical) para revogação do precedente, pois temos que considerar a competência do tribunal com relação ao tema em questão. Exemplificando, os tribunais regionais federais não possuem competência para superar entendimento consolidado por tribunal de justiça estadual em determinada matéria,[550] conquanto estejam por assim dizer no mesmo plano da régua jurisdicional.

Consequentemente, a rigor, em nosso arcabouço institucional, o Supremo Tribunal Federal deveria respeitar os precedentes estabelecidos pelo Superior Tribunal de Justiça na interpretação da legislação infraconstitucional. O fato de o Supremo Tribunal Federal, às vezes, funcionar como instância revisora de decisões do Superior Tribunal de Justiça (artigo 102, inciso II, da Constituição) não exclui a proeminência desse Superior Tribunal na definição no melhor sentido e alcance da legislação não constitucional (artigo 105, inciso III, da Constituição).

5.4. Superação antecipada (*anticipatory overruling*)[551]

Os juízes e tribunais vinculados ao precedente de forma vertical podem deixar de aplicá-lo mediante a utilização da técnica de superação antecipada (*anticipatory overruling*[552]). Em outras palavras, anunciar na decisão, que nega a aplicação do precedente, que ele está para ser revogado (e por isso não será aplicado), na medida em que se apresentam fundamentos idôneos que levarão, em projeção, a sua superação pelo tribunal que o estabeleceu.[553]

Como dito anteriormente, o artigo 927 estipula o que se tem convencionado designar por vinculação horizontal e vertical ao precedente. A vinculação opera perante os próprios julgadores que editaram o precedente pretérito (vinculação horizontal), como também aos que estão

549 Sobre o tema, ler: TARUFFO, Michele. *Il vertice ambiguo*. Saggi sulla Cassazione. Bologna: Il Mulino, 1991.

550 GALIO, Morgana Henicka. *Overruling:* a superação do precedente no direito brasileiro. Florianópolis: Empório do Direito, 2016. p. 236.

551 Sobre o tema: JOBIM, Marco Félix; OLIVEIRA JÚNIOR, Zulmar Duarte de. Ultrapassando o precedente: *anticipatory overruling*. *Revista de processo*. São Paulo, v. 285, nov. 2018. p. 341 e seguintes.

552 CÂMARA, Alexandre Freitas. *Levando os padrões decisórios a sério*. São Paulo: Atlas, 2018.

553 MARINONI, Luiz Guilherme. *Precedentes Obrigatórios*. 4. ed. São Paulo: Revista dos Tribunais, 2016.

submetidos ao órgão prolator do precedente em virtude da hierarquia institucional do Poder Judiciário (vinculação vertical – tribunais inferiores e juízes de piso). E, no mais das vezes, só o tribunal que editou o precedente pode revogá-lo.

Logo, na normalidade dos casos, não havendo diferença significativa entre a questão apreciada no precedente e aquela que se apresenta no feito em trâmite, o precedente deve ser seguido pelos juízes e tribunais (CPC, artigo 927). Porém, não raramente, o próprio tribunal donde proveio o precedente dá sinais de sua superação (embora isso não tenha sido pronunciado explicitamente como juízo rescisório que alcance sua eficácia), como, por exemplo, quando seus membros integrantes deixam de segui-lo, comprometendo assim sua eficácia.

Justamente, em tais situações, temos que o juiz ou o tribunal verticalmente vinculado ao precedente pode enunciar sua superação por antecipação (*anticipatory overruling*), permitindo novo debate sobre o precedente então firmado.

A expressão advém da atuação das Cortes de Apelação estadunidenses, que empregam a técnica pelo menos desde 1942,[554] no que tange à superação dos precedentes da Suprema Corte.[555] Cuida-se, então, de fenômeno identificado como antecipação da provável revogação de precedente por parte da Suprema Corte.[556]

Observe-se, como registro, que a própria Suprema Corte já negou a possibilidade de aplicação da referida técnica, em *Rodriguez de Quijas v. Shearson/Am. Express, Inc., 490 U.S. 477, 481 (1989)*, momento em que o *Justice* Kennedy averbou tal posição.[557]

Verdade seja, em nosso contexto, por força do artigo 489, § 1°, inciso VI, do Código de Processo Civil, é conferido aos juízes e tribunais inferiores deixarem de seguir o precedente quando apontem o estado de superação do entendimento pelo tribunal competente.

---

[554] MACÊDO, Lucas Buril de. *Precedentes judiciais e o direito processual civil.* 2. ed. Salvador: Juspodivm, 2017. p. 304/305.

[555] MARINONI, Luiz Guilherme. *Precedentes Obrigatórios.* 4. ed. São Paulo: Revista dos Tribunais, 2016. p. 260 e seguintes.

[556] BRADFORD, C. Steven Anticipatory. *Following Dead Precedent:* The Supreme Court's Ill-Advised Rejection of Anticipatory Overruling, 59 Fordham L. Rev. 39. SHANNON, Bradley Scott. *Overruled by implication*, 33 Seattle U. L. Rev. 151.

[557] "Nós não sugerimos que a Corte de Apelações, por sua própria autoridade, deveria ter tomado a iniciativa de renunciar a *Wilko.* Se um precedente deste Tribunal tem aplicação direta em um caso, ainda parece basear-se em razões rejeitadas em alguma outra linha de decisões, a Corte de Apelações deve seguir o caso que controla diretamente, deixando a este Tribunal a prerrogativa de anular suas próprias decisões". *We do not suggest that the Court of Appeals, on its own authority, should have taken the step of renouncing Wilko. If a precedent of this Court has direct application in a case, yet appears to rest on reasons rejected in some other line of decisions, the Court of Appeals should follow the case which directly controls, leaving to this Court the prerogative of overruling its own decisions.*

Essa intelecção é reforçada pelo artigo 927, que só trabalha com precedentes formados pelos tribunais, aos quais o juiz está verticalmente vinculado. Logo, a inteligência que emana da autorização concedida aos juízes e contida, *contrario sensu*, no art. 489, § 1º, inciso VI, do Código, é a possibilidade de os juízes ou tribunais inferiores não aplicarem o precedente qualificado enunciando sua superação antecipada (*anticipatory overruling*).

Como ao juiz e ao tribunal inferior não é dado superar o precedente emanado pela Corte competente, cabe-lhe, quando muito, a possibilidade de enunciar sua superação antecipada, nos termos do inciso VI do § 1º do artigo 489 do Código de Processo Civil: "VI – deixar de seguir enunciado de súmula, jurisprudência ou precedente invocado pela parte, sem demonstrar a existência de distinção no caso em julgamento ou a superação do entendimento".

Duas são as situações que nos parecem permitir que os juízes e os tribunais inferiores antecipem a superação do precedente: quando o Tribunal competente para superar o precedente já venha decidindo de forma diferente ao estabelecido neste (embora não tenha revogado expressamente o precedente); e na hipótese de o Tribunal, que editou o precedente, dar sinais de que irá superá-lo por sua inadequação atual (*technique of sinaling*).

Perceba-se, a superação antecipada constitui medida de não aplicação do precedente pelo juiz ou tribunal inferior, porque se verifica que o tribunal superior que o fixou não o aplica ou irá alterá-lo. Isto é, o precedente está enfraquecido (*weaking precedents*[558]). O não emprego do precedente não se dá por adivinhação.[559] O juiz ou tribunal inferior adota essa medida com base em recentes indicativos do tribunal superior que implicam a debilidade da eficácia do precedente, como discorre Galio quando escreve sobre o tema.[560]

Porém, a técnica de antecipação da superação não pode servir para o juiz negar o próprio precedente estabelecido pelo órgão competente. O *anticipatory overruling* não deve ser mote para que o juiz rivalize com o entendimento do tribunal estabelecido no precedente.

558 GERHARDT, Michael J. *The power of precedent*. New York: Oxford University Press, 2008. p. 36/40.

559 CRAMER, Ronaldo. *Precedentes Judiciais*: Teoria e Dinâmica. Rio de Janeiro: Forense, 2016. p. 158.

560 GALIO, Morgana Henicka. *Overruling*: a superação do precedente no direito brasileiro. Florianópolis: Empório do Direito, 2016. p. 251. A superação antecipada (*antecipatory overruling*) ocorre quando os juízes de instâncias inferiores procedem à alteração da regra (*rule*) por entenderem que há grande possibilidade de ser alterada por uma corte superior. Entretanto, a utilização da antecipação no julgamento não provoca a revogação da norma contida no precedente, pois somente corte superior tem competência para fazê-lo. Trata-se de método de julgamento desenvolvido a partir da atuação excepcional e antecipada das cortes de apelação norte-americanas com relação à superação dos precedentes da Suprema Corte.

Ao contrário, a técnica supõe que o juiz dialogue com o tribunal, já que, por meio do *anticipatory*, ele expressa propriamente o que se tem como o futuro entendimento do último.[561] O juiz serve propriamente de porta-voz, sem mandato, do tribunal competente para superar o precedente, já que prenuncia a alteração do entendimento antes firmado por este.[562]

5.5. Superação do precedente pelo Poder Legislativo

Pode o Legislativo superar precedentes emanados pelo Poder Judiciário? Melhor ainda, o Poder Legislativo pode retificar precedentes do Poder Judiciário mediante alterações legislativas que impactam a base, a *ratio decidendi*, de tais precedentes?

Tem-se aqui tema imbricado claramente com a harmonia e a separação dos poderes, o esquema *checks and balances* ou a fórmula francesa *le pouvoir arrête lê pouvoir* estruturados em nosso texto constitucional.[563]

O Legislativo, o Executivo e o Judiciário são poderes independentes e harmônicos entre si, pelo que se interditam, regra geral, ingerências recíprocas.

A própria Declaração dos Direitos do Homem e do Cidadão de 1789, em seu artigo 16 estabelece: "qualquer sociedade em que não esteja assegurada a garantia dos direitos, nem estabelecida a separação dos poderes, não tem Constituição".

A Constituição da República Federativa do Brasil de 1988, em consonância com tal diretriz, explicitou: "Art. 2º São Poderes da União, independentes e harmônicos entre si, o Legislativo, o Executivo e o Judiciário".

---

[561] "Como uma espécie de síntese das possibilidades argumentativas da antecipação da superação do precedente, tem-se a identificação, por parte das cortes inferiores, de uma forte possibilidade de superação, por parte da corte superior do precedente ora em análise. Não importa, no geral, a opinião da Corte inferior sobre o precedente, mas sim a da Corte superior, que ainda não revogou o precedente, mas parece que está na iminência de fazê-lo. É uma espécie de exercicio de previsibilidade pelos tribunais inferiores, que se antecipam à manifestação do tribunal competente para a superação, tendo o objetivo de contribuir com a evolução do direito e aumento da flexibilidade do stare decisis." (PEIXOTO, Ravi. *Superação do precedente e segurança jurídica*. 4. ed. Salvador: Juspodivim. 2019, p. 290).

[562] JOBIM, Marco Félix; OLIVEIRA JÚNIOR, Zulmar Duarte de. Ultrapassando o precedente: anticipatory overruling. In: *Revista de Processo – Repro*. Ano 43. n. 285. Novembro de 2018. São Paulo: Revista dos Tribunais, 2018. p. 357.

[563] Valida a advertência de Cappelletti: "A separação dos poderes na América é melhor caracterizada como 'pesos e contrapesos' e sobre este princípio está reservado aos tribunais a função extremamente importante de rever atos do legislativo e da administração. *Séparation des Pouvoirs* no estilo francês, ao contrário, implicava que o judiciário deveria a qualquer preço assumir um papel totalmente subserviente, estritamente diverso do papel da atividade dos órgãos públicos." (CAPPELLETTI, *Repudiando Montesquieu?* A Expansão e a Legitimidade da "Justiça Constitucional", p. 271).

Nada obstante, a separação dos poderes não importa em isolamento dos poderes estatais ou ainda em alheamento recíproco, em compartimentação estanque dos poderes.

Já em Montesquieu a separação dos Poderes não implica o total afastamento, nem mesmo a intransponibilidade destes, mas sim em distinção funcional, permitindo uma atuação equilibrada.

Preciso o paralelo de Maximiliano: "no corpo do homem, não há no Estado isolamento de órgãos, e, sim, especialização de funções".[564]

Deveras, a ideia subjacente à separação dos Poderes é evitar a concentração destes em só órgão, com franco prejuízo ao postulado da liberdade do cidadão, como expressou Montesquieu.[565]

Ao contrário de uma rígida separação dos Poderes, o que deve existir é uma divisão de trabalho entre eles, para que atuem em clima de perfeito equilíbrio, em constante moderação, evitando o solapamento de um pelo outro. Em uma República inexistem poderes supremos ou absolutos, sobretudo sobreposto aos demais, já que os poderes constituídos e autorizados pela Constituição se colocam em plano de paridade e equilíbrio.

Aliás, não existe modelo universal de separação dos poderes, uma vez que a cada sociedade política corresponde modelo próprio, particular e adequado a sua compleição histórica, como bem já indicado pelo Ministro Sepúlveda Pertence.[566]

À vista disso, o substrato teórico que serviu a disjungir o exercício dos poderes em vários órgãos (Legislativo, Executivo e o Judiciário), justifica o próprio sistema de contenções e compensações entre tais Poderes no exercício das respectivas atribuições.

---

564 MAXIMILIANO, Carlos. *Comentários à constituição brasileira*. 3. ed. Porto Alegre: Livraria do Globo, 1929. p. 304.

565 MONTESQUIEU. *O espírito das leis*. Tradução Pedro Vieira Mota. 5. ed. São Paulo: Saraiva, 1998. p. 167/168. A liberdade política em um cidadão é aquela tranquilidade de espírito que provém da convicção de que cada um tem da sua segurança. Para ter-se essa liberdade, precisa que o Governo seja tal que cada cidadão não possa temer outro. Quando na mesma pessoa ou no mesmo corpo de Magistratura, o Poder Legislativo é reunido ao Executivo, não há liberdade. Porque pode temer-se que o mesmo Monarca ou o mesmo Senado faça leis tirânicas para executá-las tiranicamente. Também não haverá liberdade se o Poder de Julgar não estiver separado do Legislativo e do Executivo. Se estivesse junto com o Legislativo, o poder sobre a vida e a liberdade dos cidadãos seria arbitrário: pois o Juiz seria legislador. Se estivesse junto com o Executivo, o Juiz poderia ter a força de um opressor. Estaria tudo perdido se um mesmo homem, ou um mesmo corpo de principais ou de nobres, ou do Povo, exercesse estes três poderes: o de fazer as leis; o de executar as resoluções públicas; e o de julgar os crimes ou as demandas dos particulares.

566 ADin nº 98, do Mato Grosso. Relator Ministro Sepúlveda Pertence. Tribunal Pleno. O princípio da separação e independência dos Poderes não possui uma fórmula universal apriorística e completa: por isso, quando erigido, no ordenamento brasileiro, em dogma constitucional de observância compulsória pelos Estados-Membros, o que a estes se há de impor como padrão não sao concepções abstratas ou experiências concretas de outros países, mas sim o modelo brasileiro vigente de separação e independência dos Poderes, como concebido e desenvolvido na Constituição da República.

Alie-se a tal caracterização a circunstância de que em nossa realidade os precedentes são dimensionados pelo direito positivo, pelo que qualquer alteração neste certamente impacta a base daqueles.

Assim, ao contrário de ser vedado – sendo em alguns casos até desejável –, viável que o Poder Legislativo edita alterações legislativas que impactarão diretamente os precedentes, levando inclusive à superação.

Isso pode ocorrer tanto de forma implícita, com a alteração das diretrizes legislativas que basearam a formatação da *ratio decidendi* do precedente, como, por vezes, de maneira explícita e deliberada objetivando propriamente corrigir e retificar determinado padrão decisório.

Tal é próprio da democracia, na qual compete primariamente aos representantes eleitos pelo povo as escolhas sobre os marcos que guiarão o futuro da nação (artigos 1º, parágrafo único,[567] e 44[568] da Constituição).

Tanto é assim, que a própria Constituição não subordina o Poder Legislativo às decisões proferidas no controle concentrado de constitucionalidade, tal como faz com o Poder Executivo, nos termos do artigo 102, § 2º,[569] da Constituição da República da Federativa do Brasil.

Da história da Suprema Corte Americana podemos rememorar que o infeliz julgamento[570] de Dred Scott *v.* Sandford, 60 US 393 (1856), no qual aquela acabou por chancelar a escravidão, foi corrigido pelas Décima Terceira[571] e Décima Quarta[572] Emendas à Constituição Americana.

Na nossa realidade constitucional também não são estranhos esses ajustes, pelos quais o Legislativo, em verdadeiro diálogo institucional,

---

567 Art. 1º A República Federativa do Brasil, formada pela união indissolúvel dos Estados e Municípios e do Distrito Federal, constitui-se em Estado Democrático de Direito e tem como fundamentos: [...] Parágrafo único. Todo o poder emana do povo, que o exerce por meio de representantes eleitos ou diretamente, nos termos desta Constituição.

568 Art. 44. O Poder Legislativo é exercido pelo Congresso Nacional, que se compõe da Câmara dos Deputados e do Senado Federal. Parágrafo único. Cada legislatura terá a duração de quatro anos.

569 § 2º As decisões definitivas de mérito, proferidas pelo Supremo Tribunal Federal, nas ações diretas de inconstitucionalidade e nas ações declaratórias de constitucionalidade produzirão eficácia contra todos e efeito vinculante, relativamente aos demais órgãos do Poder Judiciário e à administração pública direta e indireta, nas esferas federal, estadual e municipal.

570 Vide nota de rodapé nº 459 (supra).

571 "Emenda XIII Seção 1. Não haverá, nos Estados Unidos ou em qualquer lugar sujeito a sua jurisdição, nem escravidão, nem trabalhos forçados, salvo como punição de um crime pelo qual o réu tenha sido devidamente condenado. Seção 2. O Congresso terá competência para fazer executar este artigo por meio das leis necessárias".

572 "Emenda XIV Seção 1. Todas as pessoas nascidas ou naturalizadas nos Estados Unidos, e sujeitas a sua jurisdição, são cidadãos dos Estados Unidos e do Estado onde tiverem residência. Nenhum Estado poderá fazer ou executar leis restringindo os privilégios ou as imunidades dos cidadãos dos Estados Unidos, nem poderá privar qualquer pessoa de sua *vida, liberdade ou* bens sem o devido processo legal, ou negar a qualquer pessoa sob sua jurisdição igual proteção das leis".

corrige as decisões do Supremo Tribunal Federal, a partir de apresentação de perspectiva diversa, o que é saudável em um ambiente democrático, permeado por diferentes visões de mundo concorrentes no espaço público.

Assim se deu, por exemplo, na questão da cláusula de barreira partidária, declarada inconstitucional pelo Supremo Tribunal Federal[573] quando da Lei n. 9.096, de 1995,[574] e atualmente reproposta na nova redação conferida ao § 3º do artigo 17 da Constituição da República.[575]

Da mesma forma, a questão concernente aos precatórios. A solução preconizada pela Emenda Constitucional nº 62[576] de 2009, para resgate de seu passivo histórico, após ser declarada inconstitucional[577]

---

[573] "PARTIDO POLÍTICO – FUNCIONAMENTO PARLAMENTAR – PROPAGANDA PARTIDÁRIA GRATUITA – FUNDO PARTIDÁRIO. Surge conflitante com a Constituição Federal lei que, em face da gradação de votos obtidos por partido político, afasta o funcionamento parlamentar e reduz, substancialmente, o tempo de propaganda partidária gratuita e a participação no rateio do Fundo Partidário. NORMATIZAÇÃO – INCONSTITUCIONALIDADE – VÁCUO. Ante a declaração de inconstitucionalidade de leis, incumbe atentar para a inconveniência do vácuo normativo, projetando-se, no tempo, a vigência de preceito transitório, isso visando a aguardar nova atuação das Casas do Congresso Nacional." (ADI 1351, Relator(a): Min. MARCO AURÉLIO, Tribunal Pleno, julgado em 07/12/2006, DJ 30-03-2007 PP-00068 EMENT VOL-02270-01 PP-00019 REPUBLICAÇÃO: DJ 29-06-2007 PP-00031 RTJ VOL-00207-01 PP-00116).

[574] BRASIL. Lei n. 9.096. Disponível em: <http://www.planalto.gov.br/ccivil_03/leis/l9096.htm>. Acesso 17 maio 2020.

[575] Art. 17. É livre a criação, fusão, incorporação e extinção de partidos políticos, resguardados a soberania nacional, o regime democrático, o pluripartidarismo, os direitos fundamentais da pessoa humana e observados os seguintes preceitos: § 3º Somente terão direito a recursos do fundo partidário e acesso gratuito ao rádio e à televisão, na forma da lei, os partidos políticos que alternativamente. I – obtiverem, nas eleições para a Câmara dos Deputados, no mínimo, 3% (três por cento) dos votos válidos, distribuídos em pelo menos um terço das unidades da Federação, com um mínimo de 2% (dois por cento) dos votos válidos em cada uma delas; ou II – tiverem elegido pelo menos quinze Deputados Federais distribuídos em pelo menos um terço das unidades da Federação.

[576] EMENDA CONSTITUCIONAL N. 62. Disponível em: <http://www.planalto.gov.br/ccivil_03/constituicao/Emendas/Emc/emc62.htm>. Acesso 17 maio 2020.

[577] "DIREITO CONSTITUCIONAL. REGIME DE EXECUÇÃO DA FAZENDA PÚBLICA MEDIANTE PRECATÓRIO. EMENDA CONSTITUCIONAL Nº 62/2009. INCONSTITUCIONALIDADE FORMAL NÃO CONFIGURADA. INEXISTÊNCIA DE INTERSTÍCIO CONSTITUCIONAL MÍNIMO ENTRE OS DOIS TURNOS DE VOTAÇÃO DE EMENDAS À LEI MAIOR (CF, ART 60, § 2º). CONSTITUCIONALIDADE DA SISTEMÁTICA DE 'SUPERPREFERÊNCIA' A CREDORES DE VERBAS ALIMENTÍCIAS QUANDO IDOSOS OU PORTADORES DE DOENÇA GRAVE. RESPEITO À DIGNIDADE DA PESSOA HUMANA E À PROPORCIONALIDADE. INVALIDADE JURÍDICO-CONSTITUCIONAL DA LIMITAÇÃO DA PREFERÊNCIA A IDOSOS QUE COMPLETEM 60 (SESSENTA) ANOS ATÉ A EXPEDIÇÃO DO PRECATÓRIO. DISCRIMINAÇÃO ARBITRÁRIA E VIOLAÇÃO À ISONOMIA (CF, ART. 5º). INCONSTITUCIONALIDADE DA SISTEMÁTICA DE COMPENSAÇÃO DE DÉBITOS INSCRITOS EM PRECATÓRIOS EM PROVEITO EXCLUSIVO DA FAZENDA PÚBLICA. EMBARAÇO À EFETIVIDADE DA JURISDIÇÃO (CF, ART. 5º, XXXV), DESRESPEITO À COISA JULGADA MATERIAL (CF, ART. 5º XXXVI), OFENSA À SEPARAÇÃO DOS PODERES (CF, ART. 2º) E ULTRAJE À ISONOMIA ENTRE O ESTADO E O PARTICULAR (CF, ART. 1º, *CAPUT*, C/C ART. 5º, *CAPUT*). IMPOSSIBILIDADE JURÍDICA DA UTILIZAÇÃO DO ÍNDICE DE REMUNERAÇÃO DA CADERNETA DE POUPANÇA COMO CRITÉRIO DE CORREÇÃO MONETÁRIA. VIOLAÇÃO AO DIREITO FUNDAMENTAL DE PROPRIEDADE (CF, ART. 5º, XXII). INADEQUAÇÃO MANIFESTA ENTRE MEIOS E FINS. INCONSTITUCIONALIDADE DA UTILIZAÇÃO DO RENDIMENTO DA CADERNETA

DE POUPANÇA COMO ÍNDICE DEFINIDOR DOS JUROS MORATÓRIOS DOS CRÉDITOS INSCRITOS EM PRECATÓRIOS, QUANDO ORIUNDOS DE RELAÇÕES JURÍDICO-TRIBUTÁRIAS. DISCRIMINAÇÃO ARBITRÁRIA E VIOLAÇÃO À ISONOMIA ENTRE DEVEDOR PÚBLICO E DEVEDOR PRIVADO (CF, ART. 5º, *CAPUT*). INCONSTITUCIONALIDADE DO REGIME ESPECIAL DE PAGAMENTO. OFENSA À CLÁUSULA CONSTITUCIONAL DO ESTADO DE DIREITO (CF, ART. 1º, *CAPUT*), AO PRINCÍPIO DA SEPARAÇÃO DE PODERES (CF, ART. 2º), AO POSTULADO DA ISONOMIA (CF, ART. 5º, *CAPUT*), À GARANTIA DO ACESSO À JUSTIÇA E A EFETIVIDADE DA TUTELA JURISDICIONAL (CF, ART. 5º, XXXV) E AO DIREITO ADQUIRIDO E À COISA JULGADA (CF, ART. 5º, XXXVI). PEDIDO JULGADO PROCEDENTE EM PARTE. 1. A aprovação de emendas à Constituição não recebeu da Carta de 1988 tratamento específico quanto ao intervalo temporal mínimo entre os dois turnos de votação (CF, art. 62, § 2º), de sorte que inexiste parâmetro objetivo que oriente o exame judicial do grau de solidez da vontade política de reformar a Lei Maior. A interferência judicial no âmago do processo político, verdadeiro locus da atuação típica dos agentes do Poder Legislativo, tem de gozar de lastro forte e categórico no que prevê o texto da Constituição Federal. Inexistência de ofensa formal à Constituição brasileira. 2. Os precatórios devidos a titulares idosos ou que sejam portadores de doença grave devem submeter-se ao pagamento prioritário, até certo limite, posto metodologia que promove, com razoabilidade, a dignidade da pessoa humana (CF, art. 1º, III) e a proporcionalidade (CF, art. 5º, LIV), situando-se dentro da margem de conformação do legislador constituinte para operacionalização da novel preferência subjetiva criada pela Emenda Constitucional nº 62/2009. 3. A expressão "na data de expedição do precatório", contida no art. 100, §2º, da CF, com redação dada pela EC nº 62/09, enquanto baliza temporal para a aplicação da preferência no pagamento de idosos, ultraja a isonomia (CF, art. 5º, *caput*) entre os cidadãos credores da Fazenda Pública, na medida em que discrimina, sem qualquer fundamento, aqueles que venham a alcançar a idade de sessenta anos não na data da expedição do precatório, mas sim posteriormente, enquanto pendente este e ainda não ocorrido o pagamento. 4. A compensação dos débitos da Fazenda Pública inscritos em precatórios, previsto nos §§ 9º e 10 do art. 100 da Constituição Federal, incluídos pela EC nº 62/09, embaraça a efetividade da jurisdição (CF, art. 5º, XXXV), desrespeita a coisa julgada material (CF, art. 5º, XXXVI), vulnera a Separação dos Poderes (CF, art. 2º) e ofende a isonomia entre o Poder Público e o particular (CF, art. 5º, *caput*), cânone essencial do Estado Democrático de Direito (CF, art. 1º, *caput*). 5. O direito fundamental de propriedade (CF, art. 5º, XXII) resta violado nas hipóteses em que a atualização monetária dos débitos fazendários inscritos em precatórios perfaz-se segundo o índice oficial de remuneração da caderneta de poupança, na medida em que este referencial é manifestamente incapaz de preservar o valor real do crédito de que é titular o cidadão. É que a inflação, fenômeno tipicamente econômico-monetário, mostra-se insuscetível de captação apriorística (ex ante), de modo que o meio escolhido pelo legislador constituinte (remuneração da caderneta de poupança) é inidôneo a promover o fim a que se destina (traduzir a inflação do período). 6. A quantificação dos juros moratórios relativos a débitos fazendários inscritos em precatórios segundo o índice de remuneração da caderneta de poupança vulnera o princípio constitucional da isonomia (CF, art. 5º, *caput*) ao incidir sobre débitos estatais de natureza tributária, pela discriminação em detrimento da parte processual privada que, salvo expressa determinação em contrário, responde pelos juros da mora tributária à taxa de 1% ao mês em favor do Estado (ex vi do art. 161, § 1º, CTN). Declaração de inconstitucionalidade parcial sem redução da expressão 'independentemente de sua natureza', contida no art. 100, § 12, da CF, incluído pela EC nº 62/09, para determinar que, quanto aos precatórios de natureza tributária, sejam aplicados os mesmos juros de mora incidentes sobre todo e qualquer crédito tributário. 7. O art. 1º-F da Lei nº 9.494/97, com redação dada pela Lei nº 11.960/09, ao reproduzir as regras da EC nº 62/09 quanto à atualização monetária e à fixação de juros moratórios de créditos inscritos em precatórios incorre nos mesmos vícios de juridicidade que inquinam o art. 100, §12, da CF, razão pela qual se revela inconstitucional por arrastamento, na mesma extensão dos itens 5 e 6 supra. 8. O regime 'especial' de pagamento de precatórios para Estados e Municípios criado pela EC nº 62/09, ao veicular nova moratória na quitação dos débitos judiciais da Fazenda Pública e ao impor o contingenciamento de recursos para esse fim, viola a cláusula constitucional do Estado de Direito (CF, art. 1º, *caput*), o princípio da Separação de Poderes (CF, art. 2º), o postulado da isonomia (CF, art. 5º), a garantia do acesso à justiça e a efetividade da tutela jurisdicional (CF, art. 5º, XXXV), o direito adquirido e à coisa julgada (CF, art. 5º, XXXVI). 9. Pedido de declaração de inconstitucionalidade julgado procedente em parte." (ADI 4357, Relator(a): Min. AYRES BRITTO, Relator(a) p/ Acórdão: Min. LUIZ FUX, Tribunal Pleno, julgado em 14/03/2013, ACÓRDÃO ELETRÔNICO DJe-188 DIVULG 25-09-2014 PUBLIC 26-09-2014).

em decisão que sofreu inúmeros ajustes por suas consequências,[578] foi novamente objeto de deliberação legislativa por intermédio das Emendas Constitucionais nºs 94[579] de 2016 e 99[580] de 2017. Idêntica situação ocorreu quando da edição da Emenda Constitucional nº 45, que determinou a precedência da remoção frente à promoção por antiguidade ou merecimento na carreira da magistratura.[581]

---

578 "QUESTÃO DE ORDEM. MODULAÇÃO TEMPORAL DOS EFEITOS DE DECISÃO DECLARATÓRIA DE INCONSTITUCIONALIDADE (LEI 9.868/99, ART. 27). POSSIBILIDADE. NECESSIDADE DE ACOMODAÇÃO OTIMIZADA DE VALORES CONSTITUCIONAIS CONFLITANTES. PRECEDENTES DO STF. REGIME DE EXECUÇÃO DA FAZENDA PÚBLICA MEDIANTE PRECATÓRIO. EMENDA CONSTITUCIONAL Nº 62/2009. EXISTÊNCIA DE RAZÕES DE SEGURANÇA JURÍDICA QUE JUSTIFICAM A MANUTENÇÃO TEMPORÁRIA DO REGIME ESPECIAL NOS TERMOS EM QUE DECIDIDO PELO PLENÁRIO DO SUPREMO TRIBUNAL FEDERAL. 1. A modulação temporal das decisões em controle judicial de constitucionalidade decorre diretamente da Carta de 1988 ao consubstanciar instrumento voltado à acomodação otimizada entre o princípio da nulidade das leis inconstitucionais e outros valores constitucionais relevantes, notadamente a segurança jurídica e a proteção da confiança legítima, além de encontrar lastro também no plano infraconstitucional (Lei nº 9.868/99, art. 27). Precedentes do STF: ADI nº 2.240; ADI nº 2.501; ADI nº 2.904; ADI nº 2.907; ADI nº 3.022; ADI nº 3.315; ADI nº 3.316; ADI nº 3.430; ADI nº 3.458; ADI nº 3.489; ADI nº 3.660; ADI nº 3.682; ADI nº 3.689; ADI nº 3.819; ADI nº 4.001; ADI nº 4.009; ADI nº 4.029. 2. *In casu*, modulam-se os efeitos das decisões declaratórias de inconstitucionalidade proferidas nas ADIs nº 4.357 e 4.425 para manter a vigência do regime especial de pagamento de precatórios instituído pela Emenda Constitucional nº 62/2009 por 5 (cinco) exercícios financeiros a contar de primeiro de janeiro de 2016. 3. Confere-se eficácia prospectiva à declaração de inconstitucionalidade dos seguintes aspectos da ADI, fixando como marco inicial a data de conclusão do julgamento da presente questão de ordem (25.03.2015) e mantendo-se válidos os precatórios expedidos ou pagos até esta data, a saber: (i) fica mantida a aplicação do índice oficial de remuneração básica da caderneta de poupança (TR), nos termos da Emenda Constitucional nº 62/2009, até 25.03.2015, data após a qual (a) os créditos em precatórios deverão ser corrigidos pelo Índice de Preços ao Consumidor Amplo Especial (IPCA-E) e (b) os precatórios tributários deverão observar os mesmos critérios pelos quais a Fazenda Pública corrige seus créditos tributários; e (ii) ficam resguardados os precatórios expedidos, no âmbito da administração pública federal, com base nos arts. 27 das Leis nº 12.919/13 e nº 13.080/15, que fixam o IPCA-E como índice de correção monetária. 4. Quanto às formas alternativas de pagamento previstas no regime especial: (i) consideram-se válidas as compensações, os leilões e os pagamentos à vista por ordem crescente de crédito previstos na Emenda Constitucional nº 62/2009, desde que realizados até 25.03.2015, data a partir da qual não será possível a quitação de precatórios por tais modalidades; (ii) fica mantida a possibilidade de realização de acordos diretos, observada a ordem de preferência dos credores e de acordo com lei própria da entidade devedora, com redução máxima de 40% do valor do crédito atualizado. 5. Durante o período fixado no item 2 acima, ficam mantidas (i) a vinculação de percentuais mínimos da receita corrente líquida ao pagamento dos precatórios (art. 97, § 10, do ADCT) e (ii) as sanções para o caso de não liberação tempestiva dos recursos destinados ao pagamento de precatórios (art. 97, §10, do ADCT). 6. Delega-se competência ao Conselho Nacional de Justiça para que considere a apresentação de proposta normativa que discipline (i) a utilização compulsória de 50% dos recursos da conta de depósitos judiciais tributários para o pagamento de precatórios e (ii) a possibilidade de compensação de precatórios vencidos, próprios ou de terceiros, com o estoque de créditos inscritos em dívida ativa até 25.03.2015, por opção do credor do precatório. 7. Atribui-se competência ao Conselho Nacional de Justiça para que monitore e supervisione o pagamento dos precatórios pelos entes públicos na forma da presente decisão." (ADI 4425 QO, Relator(a): Min. LUIZ FUX, Tribunal Pleno, julgado em 25/03/2015, PROCESSO ELETRÔNICO DJe-152 DIVULG 03-08-2015 PUBLIC 04-08-2015).

579 CONSTITUCIONAL 94. Disponível em: <http://www.planalto.gov.br/ccivil_03/constituicao/Emendas/Emc/emc94.htm>. Acesso 17 maio 2020

580 CONSTITUCIONAL 99. Disponível em: <http://www.planalto.gov.br/ccivil_03/constituicao/Emendas/Emc/emc99.htm>. Acesso 17 maio 2020.

581 "AÇÃO DIRETA DE INCONSTITUCIONALIDADE. LEI COMPLEMENTAR 59/2001 DO ESTADO DE MINAS GERAIS. MAGISTRATURA. CARREIRA. PRECEDÊNCIA DA REMOÇÃO.

Mais ainda, o Supremo Tribunal Federal enunciou isso explicitamente na tese firmada no Recurso Extraordinário n.º 1116485, Relator Ministro Luiz Fux, quando enunciou: "1. A revogação ou modificação do ato normativo em que se fundou a edição de enunciado de súmula vinculante acarreta, em regra, a necessidade de sua revisão ou cancelamento pelo Supremo Tribunal Federal, conforme o caso".[582]

CONSTITUCIONALIDADE. IMPROCEDÊNCIA DO PEDIDO. 1. Com o advento da Emenda Constitucional 45/2004, o Poder Constituído Reformador quis introduzir idêntica sistemática da promoção (inciso II), em relação à remoção a pedido ou à permuta de magistrados da mesma entrância (inciso VIII-A), ao determinar que fossem observadas, no que couber, as alíneas "a", "b", "c" e "e" do inciso II do art. 93 da CF. 2. O critério para aferição de antiguidade é o efetivo exercício no cargo correspondente da magistratura naquela entrância (art. 80, § 1º, I, da Loman) e não entre todas as entrâncias. 3. Após a EC 45/2004, nas carreiras das magistratura federal e estadual, a remoção sempre precederá à promoção por antiguidade ou merecimento, por força do inciso VIII-A do art. 93 da CF. 4. Pedido julgado improcedente." (ADI 6609, Relator(a): RICARDO LEWANDOWSKI, Relator(a) p/ Acórdão: GILMAR MENDES, Tribunal Pleno, julgado em 19-10-2023, PROCESSO ELETRÔNICO DJe-s/n DIVULG 06-12-2023 PUBLIC 07-12-2023).

[582] "RECURSO EXTRAORDINÁRIO COM REPERCUSSÃO GERAL RECONHECIDA. TEMA 477. CONSTITUCIONAL E PENAL. LEI DE EXECUÇÃO PENAL (LEI Nº 7.210/84). ARTIGO 127. ALTERAÇÃO PROMOVIDA PELA LEI Nº 12.433/11. PERDA DE DIAS REMIDOS. LIMITAÇÃO DE 1/3. DISCUSSÃO QUANTO À NECESSIDADE DE REVISÃO OU CANCELAMENTO DA SÚMULA VINCULANTE Nº 9. ALEGAÇÃO DE OFENSA AOS ARTIGOS 5º, XLVI, E 93, IX, DA CF/88. NÃO OCORRÊNCIA. PERSPECTIVA INTERINSTITUCIONAL NA ANÁLISE DAS ATRIBUIÇÕES DO SUPREMO TRIBUNAL FEDERAL DE EDIÇÃO DE SÚMULAS VINCULANTES E DO CONGRESSO NACIONAL DE EDIÇÃO DE ATOS NORMATIVOS QUE POSSAM, EVENTUALMENTE, CONTRAPOR AO QUE ANTERIORMENTE AFIRMADO EM ENUNCIADO DE SÚMULA VINCULANTE. PLURALISMO DOS INTÉRPRETES DA LEI FUNDAMENTAL. AUSÊNCIA DE SUPREMACIA JUDICIAL. TEORIA DOS DIÁLOGOS CONSTITUCIONAIS. POSTURA DEFERENTE, EM REGRA, DO JUDICIÁRIO EM FACE DA PROMULGAÇÃO DE LEI SUPERVENIENTE DE CONTEÚDO DIVERGENTE. CASO CONCRETO. REAFIRMAÇÃO DA CONSTITUCIONALIDADE DA PERDA DOS DIAS REMIDOS DECORRENTE DA PRÁTICA DE FALTA GRAVE. REVISÃO OU CANCELAMENTO DA SÚMULA VINCULANTE Nº 9. VIA ADEQUADA. LEI Nº 11.417/06, ART. 5º. PROPOSTAS DE SÚMULA VINCULANTES NºS 60 E 64. RECURSO EXTRAORDINÁRIO DESPROVIDO, COM FIXAÇÃO DE TESE. 1. Ancorado no princípio da separação dos Poderes, o exercício da jurisdição constitucional deve pressupor seu papel dentro do arranjo institucional democrático erigido pela Constituição que interpreta, sob pena de solapar as contribuições igualmente relevantes das instituições político-representativas, que assumem um papel igualmente legítimo e relevante na construção dos significados constitucionais. 2. À luz do marco teórico dos diálogos institucionais, revela-se necessário o compartilhamento da tarefar de interpretar o sentido da Constituição, sem que se afirme a qualquer órgão a prevalência abstrata de assumir sempre a última palavra. 3. A interpretação constitucional deve perpassar por um processo de construção plural entre os Poderes estatais e os diversos segmentos da sociedade civil organizada, como um mecanismo contínuo, ininterrupto e republicano de construção de significados no qual cada um dos players envolvidos contribui ao embate dialógico, com suas capacidades específicas, sem se arvorar como intérprete único e exclusivo da Constituição, em busca do aperfeiçoamento de soluções democráticas às questões de interesse público. 4. In casu, revela-se constitucional o art. 127 da Lei de Execuções penais (Lei nº 7.210/1984), conforme a redação atribuída pela Lei nº 12.433/2011, ao fixar limite temporal à perda de dias remidos, em consequência da prática de falta grave. 5. Recurso extraordinário a que se NEGA PROVIMENTO. 6. Proposta de Tese de Repercussão Geral: 1. A revogação ou modificação do ato normativo em que se fundou a edição de enunciado de súmula vinculante acarreta, em regra, a necessidade de sua revisão ou cancelamento pelo Supremo Tribunal Federal, conforme o caso. 2. É constitucional a previsão legislativa de perda dos dias remidos pelo condenado que comete falta grave no curso da execução penal." (RE 1116485, Relator(a): LUIZ FUX, Tribunal Pleno, julgado em 01-03-2023, PROCESSO ELETRÔNICO REPERCUSSÃO GERAL - MÉRITO DJe-s/n DIVULG 20-04-2023 PUBLIC 24-04-2023).

O Superior Tribunal de Justiça também reconheceu a superação de sua jurisprudência a partir de alteração legislativa empreendida pelo Código de Processo Civil, notadamente quanto à inviabilidade de alteração equitativa de honorários advocatícios fixados de forma excessiva. A discussão se deu no âmbito da Corte Especial nos REsp nº 1.850.512/SP, 1.877.883/SP, 1.906.618/SP e 1.906.623/SP, todos relatados pelo Ministro Og Fernandes, julgado sem 16/3/2022, DJe de 31/5/2022, sob o tema nº 1076, oportunidade que explicitou: "Entende-se como perfeitamente legítimo ao Poder Legislativo editar nova regulamentação legal em sentido diverso do que vinham decidindo os tribunais. Cabe aos tribunais interpretar e observar a lei, não podendo, entretanto, descartar o texto legal por preferir a redação dos dispositivos decaídos. A atuação do legislador que acarreta a alteração de entendimento firmado na jurisprudência não é fenômeno característico do Brasil, sendo conhecido nos sistemas de *Common Law* como *overriding*".

Bom é dizer, nada impede que um tema objeto de precedente seja revisitado pelo Poder Legislativo, ainda que para alterar a solução até então atribuída à questão pelo Poder Judiciário. Teríamos uma espécie de defasagem do precedente, que perde sua substância, a base, a *ratio decidendi*, pela mudança do paradigma legislativo que levou à sua formação.

De ver, o Legislativo em tais circunstâncias normalmente enunciará uma desatualização do programa normativo estatuído pelo precedente, funcionando a atuação legislativa como causa eficiente da alteração do precedente, em virtude dos anseios da sociedade pela mudança. Nada mais, do que o próprio exercício de mediação democrática inerente ao Poder Legislativo.

Bem observado o fenômeno, a alteração legislativa não revogará simplesmente o precedente. Mas ao dispor sobre a matéria em sentido diferente daquele, acabará consequentemente levando ao reexame da temática, oferecendo ainda novo material jurídico a permitir e justificar sua modificação.

Claro, a situação assume tons mais graves quando envolvida a interpretação dada pelo Supremo Tribunal Federal para cláusulas pétreas constitucionais – insuscetíveis pois de serem alcançadas pela atividade legisferante (artigo 60, § 4º, da Constituição) –, mormente pelo papel assumido pela Corte Suprema como guardiã da Constituição Federal (artigo 102).

Nada obstante, igualmente nessas matérias o legislador pode desafiar a interpretação constitucional do Supremo, apresentando novos problemas legislativos, mesmo quando "contrários" aos precedentes estabelecidos, do que resultará a afirmação do padrão decisório anterior (precedente) ou sua alteração (via superação).

Exemplar no particular é a discussão da progressão de regime na hipótese de prática de crime hediondo frente ao postulado da individualização da pena (artigo 5º, inciso XLVI, da Constituição). Após o Supremo Tribunal Federal alterar sua jurisprudência,[583] que antes admitia a vedação de progressão, para entender inconstitucional o cumprimento integralmente fechado, foi novamente submetido ao temário pelo legislador. Isso porque, com a Lei 11.464[584] de 2007, preconizava-se então o início do cumprimento da pena fosse obrigatoriamente em regime fechado, ao que respondeu o Supremo negativamente, declarando inconstitucional a inovação legislativa.

5.6. Institutos afins à superação dos precedentes

Não é novidade dizer que entre o branco e o preto existem tonalidades intermediárias, zonas intersecionais cinzas, que ora se aproximam de um, ora de outro.

Como a disciplina dos precedentes e os institutos relativos a esta nascem de uma prática jurisprudencial, seus conceitos bases foram galvanizados no cadinho dos casos, mediante a identificação de características principais, seu halo, mas que não excluem fenômenos periféricos, posteriormente igualmente classificados.

Pois bem, na prática dos precedentes, além do fenômeno do *overruling*, passaram-se a manejar técnicas que alteravam, em alguma medida, o precedente cotejado, sem, porém, revogá-lo especificamente. Obviamente, tais técnicas têm uma relação próxima com a superação, estão em suas franjas, visto que, a partir do seu emprego, o precedente não será aplicado em sua conformação pretérita.[585] Portanto, em alguma medida superado.

583 "PENA – REGIME DE CUMPRIMENTO – PROGRESSÃO – RAZÃO DE SER. A progressão no regime de cumprimento da pena, nas espécies fechado, semi-aberto e aberto, tem como razão maior a ressocialização do preso que, mais dia ou menos dia, voltará ao convívio social. PENA – CRIMES HEDIONDOS – REGIME DE CUMPRIMENTO – PROGRESSÃO – ÓBICE – ARTIGO 2º, § 1º, DA LEI Nº 8.072/90 – INCONSTITUCIONALIDADE – EVOLUÇÃO JURISPRUDENCIAL. Conflita com a garantia da individualização da pena – artigo 5º, inciso XLVI, da Constituição Federal – a imposição, mediante norma, do cumprimento da pena em regime integralmente fechado. Nova inteligência do princípio da individualização da pena, em evolução jurisprudencial, assentada a inconstitucionalidade do artigo 2º, § 1º, da Lei nº 8.072/90." (HC 82959, Relator(a): Min. MARCO AURÉLIO, Tribunal Pleno, julgado em 23/02/2006, DJ 01-09-2006 PP-00018 EMENT VOL-02245-03 PP-00510 RTJ VOL-00200-02 PP-00795)

584 BRASIL. Disponível em: <http://www.planalto.gov.br/ccivil_03/_Ato2007-2010/2007/Lei/L11464.htm>. Acesso 17 maio 2020.

585 Alguns utilizam a expressão "*overturning*" (derrubada ou reviravolta) para explicitar o gênero das técnicas de revogação dos precedentes (vide EISENBERG, Melvin Aron. *The nature of the common law*. Cambridge: Harvard University, 1991. p. 104 e seguintes).

5.6.1. *Overriding*

Em dimensão diversa do *overruling*, com menor horizontalidade, o *overriding* atua sobre o precedente para diminuir seu campo de incidência, a zona de luz (halo) sobre o qual atua.

Em resumo, podemos dizer que o *overriding* é uma superação parcial, na medida em que o precedente não será mais aplicado para a gama de fatos que anteriormente abarcava sem distinções (um caso especial de desvinculação desses fatos[586]), pois alguns deixaram de se orientar pelo seu espectro. Abstratamente explicita Macêdo como se daria o *overriding*.[587]

Cogitemos: em precedentes, o Superior Tribunal de Justiça reconheceu a aplicação do princípio da *surrectio*[588] no direito civil,[589]

---

[586] EISENBERG, Melvin Aron. *The nature of the common law*. Cambridge: Harvard University, 1991. p. 135. MARINONI aproxima o *overriding* do *distinguishing* (MARINONI, Luiz Guilherme. *Precedentes Obrigatórios*. 1. ed. São Paulo: Editora Revista dos Tribunais, 2016. p. 246). Semelhantemente: "A outra técnica de superação de precedente é o *overriding*, que deve ocorrer quando tribunal apenas desejar limitar o âmbito de incidência de um precedente em razão da superveniência de outra regra ou princípio legal. Aqui não há revogação por completo ou substituição por outro precedente, como ocorre no *overruling*. Há, em verdade, uma aproximação entre essa técnica de superação e o *distinguishing*." (DONIZETTI, Elpídio. *Curso Didático de Direito Processual Civil*. 22. ed. São Paulo: Atlas, 2019. p. 1273). "O *overriding* é um caso de desvinculação (*hiving off*) mediante *distinção consistente*." (FUGA, op. cit., p. 105).

[587] MACÊDO, Lucas Buril. *Precedentes Judiciais e o Direito Processual Civil*. 2. ed. Bahia: Editora Juspodivm, 2017. p. 302. Imagine-se o precedente A, com a respectiva norma *a*, aplicável aos fatos X, Y e Z, e o posterior precedente B, com a respectiva norma *b*, aplicável ao fato W; existiria o *overriding* caso o tribunal, por exemplo, restringisse a aplicação de A em favor de B, dizendo que nos fatos Z não incide mais *a*, mas sim *b*. Há a redução de uma norma antiga em favor da ampliação de uma norma nova.

[588] A *surrectio* importa na criação de novas posições jurídico-positivas, em virtude da qual surge um benefício para outra parte derivado da conduta da contraparte (MENEZES CORDEIRO, Antônio Manuel da Rocha e. *Da boa-fé no direito civil*. 4ª reimpressão. Coimbra: Almedina, 2011. p. 812 e seguintes; RODOVALHO, Thiago. *Abuso de direito e direito subjetivos*. São Paulo: Revista dos Tribunais, 2011; MARTINS-COSTA, Judith. *A boa-fé no direito privado*: critérios para sua aplicação. 2. ed. São Paulo: Saraiva, 2018. p. 722 e seguintes; JOBIM, Marcio Félix. *Confiança e contradição*: a proibição do comportamento contraditório no direito privado. Porto Alegre: Livraria do Advogado, 2015).

[589] "RECURSO ESPECIAL. AÇÃO DE COBRANÇA DE ALUGUÉIS. DISTINÇÃO ENTRE OS CONTRATOS DE LOCAÇÃO E DE COMODATO. ABUSO DE DIREITO DO PROPRIETÁRIO DO BEM MÓVEL. 1. Nos termos do Código Civil, dá-se o contrato de locação quando uma parte (locador, senhorio ou arrendador) se obriga a ceder o uso e gozo de bem infungível à outra (locatário, inquilino ou arrendatário), por tempo determinado ou não, mediante certa retribuição (artigo 565). Cuida-se de negócio jurídico bilateral, oneroso e comutativo, figurando o preço como um de seus elementos essenciais, assim como a coisa (que se aluga) e o consentimento das partes. 2. Assim como a locação, o comodato (espécie do gênero empréstimo) compreende a cessão do uso e gozo de bem infungível a terceiro (o comodante cede a coisa ao comodatário). Contudo, há diferença fundamental entre os aludidos pactos: a onerosidade da locação em contraposição à gratuidade do comodato. 3. Em razão da gratuidade do comodato – ressalvada a existência do comodato modal –, outra característica distinta da locação sobressai: cuida-se de contrato unilateral, pois o comodante atribui uma vantagem concreta ao comodatário sem estabelecer uma contraprestação equivalente. Nada obstante, o comodatário, e somente ele, assume obrigações que, indiretamente, importarão em benefício ao comodante, tais como a conservação do bem, o qual deverá ser restituído ao final do termo estipulado. 4. Na espécie, a ocorrência da cessão do uso e gozo da balsa chamada "Cidade de Bragança" à Petrobrás revela-se incontroversa, assim como a inexistência de contrato escrito entre as partes (nem de comodato nem

pelo que aplicável, em tese, nas relações jurídicas em geral; posteriormente, esse Tribunal Superior[590] afastou tal princípio das relações familiares civis, sustentando que estas se regem por princípios diversos (*v.g.* autonomia da vontade).

---

de locação). Nada obstante, a proprietária da balsa reclama o pagamento de aluguéis, ao passo que a Petrobrás pugna pela inexistência de dívida, alegando que a utilização ocorreu a título de comodato, em virtude da parceria comercial estabelecida entre as partes (contratação de fretes com a autora). 5. Como de sabença, a boa-fé objetiva constitui relevante vetor interpretativo dos contratos (artigo 113 do Código Civil). Nada obstante, tal cláusula geral não pode resultar na transmutação de um pacto válido em outro, sem atentar para os elementos essenciais de cada um, máxime quando inexistente indício mínimo de prova apta a fundamentar a prestação jurisdicional requerida pela parte. Ademais, o diploma civilista erigiu o silêncio – não falar ou não fazer – como modalidade de manifestação da vontade, apta à produção de efeitos jurídicos (artigo 111). 6. Sob essa ótica, o fato jurídico extraído da utilização de bem infungível de terceiro demonstra a ocorrência de uma cessão de uso e gozo da coisa, mas não é capaz de, por si só, caracterizá-la como locação, consoante defendido no acórdão recorrido. Tal uso, ao revés, pode, sim, traduzir hipótese de comodato, cuja prova da gratuidade decorre, principalmente, do silêncio do proprietário da balsa que, ao notificar a Petrobrás sobre a aquisição do bem, não formulou qualquer pretensão voltada ao recebimento de aluguéis. Limitou-se a assinalar que a balsa continuaria como píer, sem especificar qualquer pacto antecedente a ser prorrogado nem demonstrar, explicitamente, sua intenção de estabelecer uma relação jurídica locatícia, máxime sendo consabido que o comodato não pode ser convertido em locação de forma unilateral. 7. Ademais, a inexistência de qualquer pagamento pela ré, durante sete anos, sem qualquer prova de irresignação da autora, torna muito pouco crível a alegação de que firmado um contrato de locação entre as partes. Nesse contexto, sobressai evidente a indagação sobre qual seria o motivo para o silêncio, durante tantos anos, da suposta credora, se a dívida vultosa (R$ 2.199.687,00 – dois milhões, cento e noventa e nove mil, seiscentos e oitenta e sete reais) deveria, hipoteticamente, vencer-se a cada mês. Por outro turno, o argumento trazido pela Petrobrás, acerca da existência de parceria comercial justificadora da gratuidade da cessão da balsa – contratação de fretes de mercadorias que poderia caracterizar hipótese de comodato modal –, parece mesmo mais plausível que a versão dada pela autora, tendo em vista as circunstâncias fáticas delineadas nas instâncias ordinárias. 8. Outrossim, o citado comportamento da autora – que informou a Petrobrás sobre a aquisição da balsa, mas não requereu qualquer valor a título de aluguel, limitando-se a garantir a continuidade da cessão –, somado ao longo decurso do tempo (sete anos) sem qualquer cobrança da suposta dívida, configura as figuras da supressio e da surrectio. Assim, caso realmente tivesse sido instaurada uma relação locatícia entre as partes, o longo transcurso do tempo teria, de um lado, suprimido a faculdade jurídica da autora de cobrança de aluguéis e, de outro lado, criado uma situação de vantagem para a Petrobrás, legitimando sua alegação da existência de uma cessão não remunerada (o comodato). 9. Recurso especial provido a fim de julgar improcedente a pretensão de cobrança de aluguéis. (REsp 1309800/AM, Rel. Ministro LUIS FELIPE SALOMÃO, QUARTA TURMA, julgado em 22/08/2017, DJe 21/09/2017).

[590] "RECURSO ESPECIAL. DIREITO CIVIL E PROCESSUAL CIVIL. EXECUÇÃO DE ALIMENTOS. TÍTULO EXECUTIVO. AUSÊNCIA. COISA JULGADA MATERIAL. OBSERVÂNCIA. OBRIGAÇÃO ALIMENTAR. TEORIA DO ABUSO DE DIREITO. SURRECTIO. INAPLICABILIDADE. PAGAMENTO. AUTONOMIA PRIVADA. MERA LIBERALIDADE. 1. Recurso especial interposto contra acórdão publicado na vigência do Código de Processo Civil de 2015 (Enunciados Administrativos nºs 2 e 3/STJ). 2. Controvérsia acerca da possibilidade ou não de, com fundamento na teoria do abuso do direito e na *surrectio*, perpetuar obrigação alimentar assumida por longo período a título de mera liberalidade pelo alimentante já exonerado da dívida. 3. Não há falar em ilicitude na conduta do recorrente por inexistência de previsibilidade de pagamento eterno dos alimentos, especialmente porque ausente relação obrigacional. 4. É cediço que a execução desamparada em título judicial ou extrajudicial é nula. 5. Na hipótese, inviável a manutenção do dever alimentar em virtude do decurso do prazo fixado em acordo homologado em juízo e pela existência de coisa julgada refutando a dívida. 6. Recurso especial provido." (REsp 1789667/RJ, Rel. Ministro PAULO DE TARSO SANSEVERINO, Rel. p/ Acórdão Ministro RICARDO VILLAS BÔAS CUEVA, Terceira Turma, julgado em 13/08/2019, DJe 22/08/2019).

Perceba-se, na hipótese especulada, não estão revogados os precedentes que determinam a aplicação da *surrectio* no direito civil, principalmente no direito obrigacional geral. O que se fez foi retirar uma massa de fatos (relações familiares) do âmbito de incidência da *surrectio*. A exclusão de aplicação do precedente se fez a partir de uma distinção, pela qual esses fatos são excluídos da abrangência do precedente, por exigirem tratamento diverso.

Assemelha-se a medida a uma revogação parcial, mas não se constitui efetivamente em uma, porquanto não se cogita da invalidação do precedente, mas apenas da inaplicabilidade da integralidade do paradigma a determinado caso. O paradigma e suas razões continuam aplicáveis aos casos não objeto do decote, pelo que o *overriding* mantém o precedente para os fatos que não abrange, enquanto submete os fatos recortados a outros padrões decisórios.

A possibilidade de superação parcial (*overriding*) encontra-se subentendida na possibilidade de revogação total, predisposta no artigo 927, §§ 2º, 3º e 4º, do Código de Processo Civil. Pode ser compreendida tanto pela máxima de quem pode o mais pode o menos (*a maiori, ad minus – in eo quod plus est semper inest et minus*), quanto e principalmente da teoria de poderes implícitos (quem pode estabelecer o precedente tem o poder de alterá-lo).

5.6.2. *Transformation*

Tem-se por transformação a constatação de uma prática realizada no âmbito do *common law*, pela qual o tribunal sem revogar formalmente o precedente, nega-o de forma substancial (conteúdo).[591]

Nessas ocasiões busca o tribunal a compatibilização entre o precedente reconfigurado (transformado) em seu conteúdo com o anteriormente emanado, o que se apresenta mais como tentativa aparente de se afirmar uma continuidade do que foi efetivamente rompido.

Temos aqui propriamente uma superação de fundo do precedente, enquanto se pretende manter a aparência de tranquilidade na superfície, visando, supostamente, a prestigiar a segurança jurídica derivada da manutenção do *status quo*, como refere Galio.[592]

Em tese, nessa situação, o tribunal está aplicando o precedente, dizendo-o incidente sobre a situação, mas na motivação expressa uma

[591] EISENBERG, Melvin Aron. *The nature of the common law*. Cambridge: Harvard University, 1991. p. 243

[592] GALIO, Morgana Henicka. *Overruling*: a superação do precedente no direito brasileiro. Florianópolis: Empório do Direito, 2016. p. 246. A utilização da transformação tem o objetivo de não perturbar a segurança do precedente, enfatizando sua estabilidade ao manter a ideia, ainda que artificial, de que o precedente está sendo respeitado.

alteração do conteúdo do precedente. Isto é, por debaixo do carimbo de sua aplicação, existe uma alteração do seu conteúdo, visando a sua aplicação atual, que equivale a revogar seu sentido e alcance anterior. Isso porque, o conteúdo reconfigurando não é compatível com aquele até então subjacente ao precedente transformado.

O tribunal afirma uma coisa, mas de fato faz outra,[593] notadamente supera implicitamente ao precedente anterior, ainda que em tese enuncie sua continuidade.[594]

Conquanto se vise a fazer coro à segurança jurídica, advinda da manutenção em tese do precedente, a transformação não é uma prática profícua,[595] na medida em que dificulta a aplicação posterior do precedente alterado, sendo que também não contribui para o desenvolvimento do direito. Em situações assim, melhor que o tribunal realize a superação do precedente, assumindo o dever argumentativo inerente a tal atividade.

Demais disso, a suposta segurança jurídica derivada da manutenção da capa do precedente é meramente ilusória, pois se desfaz quando de sua posterior aplicação e necessariamente o cotejo de seu conteúdo: "Não fosse isso, a claridade do *overruling* tem maior probabilidade de levar a um coerente desenvolvimento dos precedentes do que a deliberadamente opaca natureza da transformation".[596]

5.6.3. Signaling

A "técnica da sinalização" (*technique of signaling*) é uma forma de o tribunal manter a aplicação do precedente em um determinado caso, prestando homenagem à segurança jurídica e à isonomia, mas sem se

[593] MACÊDO, Lucas Buril. *Precedentes Judiciais e o Direito Processual Civil.* 2. ed. Bahia: Juspodivm, 2017. p. 275.

[594] Nas palavras escorreitas de MONTANS: "Trata-se, na verdade, de uma superação disfarçada: o tribunal diz que está seguindo determinado precedente, mas, ao aplicá-lo ao novo caso concreto, cria nova decisão, com nova *ratio decidendi.* Em outras palavras, diz que está fazendo uma coisa (seguir o precedente) e está fazendo outra (criar nova norma jurídica). Essa atitude do tribunal gera insegurança jurídica (pois não se está respeitando na prática o precedente), e ofende o sistema jurídico (pois alega que determinado precedente está sendo utilizado como fonte de direito e na verdade está criando nova decisão sob novo e autônomo fundamento)." (SÁ, Renato Montans. *Manual de direito processual civil.* 4. ed. São Paulo: Saraiva, 2019. p. 1312-1313).

[595] Pertinente a crítica: "Há também quem faça menção à transformation, que seria uma técnica pela qual o tribunal, embora deixe de aplicar o precedente, tenta compatibilizar as duas orientações. Trata-se de um *implied overruling* ao quadrado, no sentido de que, além de revogar a orientação anterior de forma implícita, ainda tenta compatibilizá-la com o novo precedente. Assim, ambas as técnicas consistem em ofensas ao dever de coerência, decorrente do artigo 926." (DIDIER JUNIOR, Fredie; BRAGA, Paula Sarno; OLIVEIRA, Rafael Alexandria. *Curso de direito processual civil:* teoria da prova, direito probatório, ações probatórias, decisão, precedente, coisa julgada e antecipação dos efeitos da tutela. 10. ed. 2. tir. Salvador: Juspodivm, 2015. v. 2, p. 495).

[596] MARINONI, Luiz Guilherme. *Precedentes Obrigatórios.* 4. ed. São Paulo: Revista dos Tribunais, 2016. p. 245.

comprometer com suas razões determinantes, pois já apresenta discordância no particular com o padrão decisório que deflui dele.[597] Como lembra Luiz Guilherme Marinoni, não se trata da *distinguishing*, tampouco de revogação em razão da segurança jurídica.[598]

Aplica-se o julgamento anterior (precedente), sinalizando sua potencial revogação para o futuro, já que se patenteia a perda de consistência desse padrão decisório.

A sinalização serve como uma comunicação à sociedade de que o padrão decisório então vigorante sobre determinada questão (precedente) será objeto de revisitação no futuro. Adota-se tal conduta porque se entende que, bem ou mal, o precedente serviu de orientação e pautou a conduta da sociedade, pelo que a ruptura do padrão decisório, a pretexto de sua qualificação, causaria mais prejuízos imediatos do que benefícios.

A comunicação serve propriamente a tal objetivo, como procedimento preparatório ao *overruling*, para que no futuro a comunidade, já não tão segura sobre a higidez desse padrão decisório, receba a superação sem maiores solavancos.[599]

A sinalização assinala (perdoe-se o trocadilho) a perda de credibilidade do precedente como pauta de conduta e de orientação aos indivíduos, esvaziando qualquer pretensão de segurança jurídica ou proteção à confiança fundada em tal precedente. A desconfiança manifestada pelo tribunal, através da sinalização, esmaece a confiança da sociedade

[597] "O *undermining* é técnica utilizada semelhante a sinalização praticada pelas cortes Inglesas. No *undermining* um precedente é esvaziado para assim, desobrigar os julgadores de casos posteriores a seguirem o precedente." (FUGA, Bruno Augusto Sampaio. *Superação de precedentes*: da necessária via processual e o uso da reclamação para superar e interpretar precedentes. Londrina, PR: Thoth. 2020, p. 118).

[598] FUGA, op. cit., p. 237. Nesta situação, o tribunal tem consciência de que o *distinguishing* não é possível, pois a solução que se pretende dar à questão é logicamente incompatível com a *ratio decidendi* do precedente. A exceção que derivaria do *distinguishing* não guardaria lógica com a manutenção do precedente. Não obstante, também sabe a corte que a revogação do precedente, diante das particularidades da situação, estará colocando em risco a segurança jurídica, mediante a negação da previsibilidade então outorgada à comunidade. Mantém-se o precedente unicamente em virtude da segurança jurídica, da previsibilidade dada aos jurisdicionados e da confiança que o Estado deve tutelar, ainda que não se duvide de que a sua manutenção está em desacordo com o ideal de direito prevalente à época

[599] Em tema que guarda pertinência, esclarece CABRAL: "Com efeito, a técnica do julgamento-alerta permite ao órgão decisório estatal não só cumprir seu dever de continuidade, operando transições suaves entre dois regramentos, como ainda facilita a verificação futura da tutela individual da confiança legítima. Ao operar o anúncio público, alertando sobre a possível revisão do entendimento jurisprudencial, o tribunal *transfere* o risco dos prejuízos pela alteração da estabilidade para o particular. Portanto, caso programe suas atividades com base no entendimento que venha a ser alterado, o indivíduo não poderá alegar expectativas legítimas dignas de proteção porque sua conduta, a partir do momento do anúncio público, fora tomada assumindo o risco da mudança." (CABRAL, Antônio do Passo. A técnica do julgamento alerta na mudança da jurisprudência consolidada. *Revista de Processo*, São Paulo, *v.* 38, n. 221, jul-2013. p. 36).

no precedente. Instaura-se novamente o estado de incerteza quanto ao tema objeto do precedente.

Anote-se, a sinalização não pode ser confundida com a superação do precedente com eficácia prospectiva. Nesta, o precedente é revogado, porém se modula tal revogação para que ela tenha eficácia futura, nos termos do artigo 927, § 3º, do Código de Processo Civil. Na sinalização, o precedente é mantido no presente e continua vigorando para o futuro, embora exista uma promessa, uma enunciação, de sua potencial superação no vindouro. Essa promessa mina a credibilidade do precedente, mas não impede que ele no futuro seja novamente mantido ou, efetivamente, superado.

Ocorrendo a sinalização por parte do tribunal, indicando a superação do precedente, viável suscitar a aplicação do artigo 1.040, §§ 1º, 2º e 3º, do Código de Processo Civil,[600] para que a parte que esteja litigando com o precedente em via de decair apresente desistência do seu processo.

[600] "Art. 1.040. Publicado o acórdão paradigma: (...). § 1º A parte poderá desistir da ação em curso no primeiro grau de jurisdição, antes de proferida a sentença, se a questão nela discutida for idêntica à resolvida pelo recurso representativo da controvérsia. § 2º Se a desistência ocorrer antes de oferecida contestação, a parte ficará isenta do pagamento de custas e de honorários de sucumbência. § 3º A desistência apresentada nos termos do § 1º independe de consentimento do réu, ainda que apresentada contestação".

6. Procedimento para superação do precedente no novo CPC

A superação dos precedentes pode ocorrer de diversos modos, de forma incidental em um processo ou mesmo por meio de procedimento destinado a tal finalidade,[601] a depender do tipo de precedente envolvido (recurso repetitivo, súmula vinculante, decisão em controle concentrado de constitucionalidade[602] etc.).

---

[601] A título de exemplo, os enunciados de súmula vinculante estabelecem procedimento próprio para sua revisão, nos termos do artigo 103-A, § 2º, da Constituição da República e como debulhado pela Lei nº 11.417, de 2006.

[602] O Supremo Tribunal Federal já admitiu a revisão do decidido em sede de controle concentrado de constitucionalidade no âmbito da reclamação, funcionando esta como meio para superação do entendimento (*overruling*), às vezes refletindo até a mutação constitucional, como desdobramento de sua própria eficácia rescisória. Colhe-se do voto do Relator Ministro Gilmar Mendes, na Reclamação nº 4.374, Tribunal Pleno: "(...). 3. Reclamação como instrumento de (re)interpretação da decisão proferida em controle de constitucionalidade abstrato. (...). O STF, no exercício da competência geral de fiscalizar a compatibilidade formal e material de qualquer ato normativo com a Constituição, pode declarar a inconstitucionalidade, incidentalmente, de normas tidas como fundamento da decisão ou do ato que é impugnado na reclamação. Isso decorre da própria competência atribuída ao STF para exercer o denominado controle difuso da constitucionalidade das leis e dos atos normativos. A oportunidade de reapreciação das decisões tomadas em sede de controle abstrato de normas tende a surgir com mais naturalidade e de forma mais recorrente no âmbito das reclamações. É no juízo hermenêutico típico da reclamação – no 'balançar de olhos' entre objeto e parâmetro da reclamação – que surgirá com maior nitidez a oportunidade para evolução interpretativa no controle de constitucionalidade. Com base na alegação de afronta a determinada decisão do STF, o Tribunal poderá reapreciar e redefinir o conteúdo e o alcance de sua própria decisão. E, inclusive, poderá ir além, superando total ou parcialmente a decisão-parâmetro da reclamação, se entender que, em virtude de evolução hermenêutica, tal decisão não se coaduna mais com a interpretação atual da Constituição". Sobre o tema: "Reclamação como meio próprio à oxigenação do precedente qualificado. No transcurso de diversos julgamentos de reclamações sobre o descumprimento de decisões proferidas em sede de controle de constitucio- nalidade abstrato, o Supremo Tribunal Federal, implícita ou explicitamente, redimensionou os próprios pronun- ciamentos objetos das reclamações, as decisões proferidas nas ações de controle concentrado (paradigmas do controle). Isto é, a partir da reclamação, a Corte Suprema temperou os rigores do caso anterior ou, mesmo, ampliava suas consequências, funcionando a reclamação como meio para superação do entendimento (*overruling*), às vezes refletindo até a mutação constitucional, como desdobramento de sua própria eficácia rescisória." (GAJARDONI, Fernando da Fonseca; DELLORE, Luiz; ROQUE, André Vasconcelos; OLIVEIRA JÚNIOR, Zulmar Duarte de. Comentários ao Código de Processo Civil. 4. Rio de Janeiro: Forense, 2021. p. 1443). Em idêntico sentido: "Ou seja, além dos comandos historicamente bem definidos, a Reclamação pode ir além, servindo como mecanismo de oxigenação dos precedentes qualificados, o que permite fazer valer a autoridade das decisões vinculantes, mas também redimensionar seu raio de alcance e, inclusive, promover a superação dos entendimentos" (DE NADAL, João Eduardo. *Reclamação constitucional*: garantia, observância e superação dos precedentes judiciais. Belo Horizonte: Casa do Direito, 2020. p. 277). Vide ainda DAL MONTE, Douglas Anderson. *Reclamação no CPC/2015*: hipóteses de cabimento, procedimento e tutela provisória. Florianópolis: Empório do Direito, 2016. p. 93.

Ainda assim, convém ressaltar, o Código de Processo Civil oferece algumas pegadas do caminho a ser trilhado na alteração (superação) do precedente, como se depreende do artigo 927, §§ 2º e 4º, do Código de Processo Civil.[603]

Linhas gerais, fica clara a necessidade de ampliação dos debatedores da tese, bem como a necessidade de fundamentação reforçada (adequada e específica) que considere os princípios da segurança jurídica, da proteção da confiança e da isonomia, como já antes afirmado por Neil Maccormick.[604]

A primeira diretriz a ser observada no procedimento de revisão do precedente tem relação com a ampliação do debate, com a realização de audiências públicas e a participação de pessoas, órgãos ou entidades que possam contribuir para a rediscussão da tese.

Isso permite a expansão da eficácia da decisão, para além das partes diretamente envolvidas, pelo que o mecanismo deve ser poroso à participação de terceiros no debate. Também aqui se permite a participação dos amigos da corte (artigo 138[605] do Código de Processo Civil).

Objetiva-se a ampliação democrática do debate, em abertura procedimental que equalize o *deficit* de legitimidade democrática do

---

[603] Art. 927. Os juízes e os tribunais observarão: (...). § 2º A alteração de tese jurídica adotada em enunciado de súmula ou em julgamento de casos repetitivos poderá ser precedida de audiências públicas e da participação de pessoas, órgãos ou entidades que possam contribuir para a rediscussão da tese. (...). § 4º A modificação de enunciado de súmula, de jurisprudência pacificada ou de tese adotada em julgamento de casos repetitivos observará a necessidade de fundamentação adequada e específica, considerando os princípios da segurança jurídica, da proteção da confiança e da isonomia. (....).

[604] MACCORMICK, Neil. *Retórica e o Estado de Direito:* uma teoria da argumentação jurídica. Trad. Conrado Hübner Mendes e Marcos Paulo Veríssimo. Rio de Janeiro: Elsevier, 2008. p. 339. Um procedimento decisório razoável é a única solução apropriada para desacordos interpessoais, situação em que todos ou a maioria dos afetados pela decisão aceitam que o desacordo é de fato razoável, e não simplesmente a face gentil dos poderosos direcionada àqueles com menor poder. Portanto, é inerente a tal procedimento a produção de determinação jurídica, operando (no mínimo) caso a caso. Os direitos ou infrações das partes, e as respectivas ações judiciais ou penalidades estabelecidas após tal debate são, ou se tornam pelo ato mesmo da decisão, os direitos ou responsabilidades jurídicas daquelas partes nos termos firmados pela opinião majoritária (ou, quando possível unânime) do tribunal em questão. Sob um sistema de precedentes vinculantes ou persuasivos, tais decisões também transcendem cada caso particular e são recebidas como criadoras do Direito ou como decisões que interpretam e determinam o Direito como autoridade, na medida em que se aplicam a qualquer outra pessoa dentro daquela jurisdição.

[605] Art. 138. O juiz ou o relator, considerando a relevância da matéria, a especificidade do tema objeto da demanda ou a repercussão social da controvérsia, poderá, por decisão irrecorrível, de ofício ou a requerimento das partes ou de quem pretenda manifestar-se, solicitar ou admitir a participação de pessoa natural ou jurídica, órgão ou entidade especializada, com representatividade adequada, no prazo de 15 (quinze) dias de sua intimação. § 1º A intervenção de que trata o *caput* não implica alteração de competência nem autoriza a interposição de recursos, ressalvadas a oposição de embargos de declaração e a hipótese do § 3º. § 2º Caberá ao juiz ou ao relator, na decisão que solicitar ou admitir a intervenção, definir os poderes do *amicus curiae*. § 3º O *amicus curiae* pode recorrer da decisão que julgar o incidente de resolução de demandas repetitivas.

processo, tal qual se dá em maior relevo nas Leis 9.882/99[606] e 9.868/99,[607] caucionando a atuação processual contra o risco democrático.

Como já se disse, a sociedade pluralista e democrática exige a oxigenação da interpretação, com a ampliação democrática dos debatedores, como bem defendido por Peter Härbele quando trata da comunidade de intérpretes.[608]

Ainda, a revestir o precedente de maior estabilidade, o dever de motivação para superação do precedente é vertical, devendo sua superação ser objeto de fundamentação adequada e específica.

Seria escusado dizer, o dever de motivação é inerente à atividade jurisdicional, sob pena de nulidade do ato decisório (artigo 93, inciso IX, da Constituição), como bem explicitado pelo artigo 489 do Código de Processo Civil. Mesmo porque, o provimento jurisdicional, por ser um ato de vontade, e não de imposição de vontade arbitrária, para ser legítimo, enquanto ato estatal, tem na obrigatoriedade da motivação sua característica fundamental.[609] É o primado do Estado que se justifica (*accountability*).[610]

O dever de motivação dos atos jurisdicionais é um dos mais transcendentes do direito processual civil, projetando-se, e ao mesmo tempo sendo reflexo, no direito ao contraditório e na ampla defesa, no postulado da imparcialidade e da independência do magistrado, sendo, propriamente, consectário do Estado Democrático de Direito.

Demais disso, a exigência de motivação das decisões jurisdicionais não tem consequências meramente processuais (endoprocessuais), invadindo a própria seara da política judiciária, inserindo-se como fator de legitimação do exercício do poder jurisdicional (eficácia extraprocessual).

Pois bem, na superação do precedente, tal motivação tem que ser ainda mais contundente, sendo adequada e específica.

---

606 Dirponível em: <http://www.planalto.gov.br/ccivil_03/leis/l9882.htm>.

607 Idem.

608 HÄRBELE, Peter. *Hermenêutica constitucional*. a sociedade aberta dos intérpretes da constituição; contribuição para a interpretação pluralista e "procedimental" da constituição. Trad. Gilmar Ferreira Mendes. Porto Alegre. Fabris, 2002. p. 13. (...) no processo de interpretação constitucional estão potencialmente vinculados todos os órgãos estatais, todas as potências públicas, todos os cidadãos e grupos, não sendo possível estabelecer-se um elenco cerrado ou fixado com *numerus clausus* de intérpretes da Constituição.

609 GAJARDONI, Fernando da Fonseca; DELLORE, Luiz; ROQUE, André Vasconcelos; OLIVEIRA JÚNIOR, Zulmar Duarte de. *Processo de conhecimento e cumprimento de sentença:* comentários ao CPC de 2015. 2. ed. rev. e atual. Rio de Janeiro: Forense; São Paulo: Método, 2018. p. 548 e seguintes).

610 Para compreender melhor o significado da palavra, recomenda-se: MITIDIERO, Daniel (coord.). *Accountability e transparência da justiça civil*: uma análise comparada. São Paulo: Revista dos Tribunais, 2019.

Adequada enquanto apresente as razões pelas quais o precedente está sendo superado, a indicação precisa da existência de motivo para o *overruling* do precedente, em virtude de sua defasagem, da falta de vigor frente à experiência, por sua própria incorreção coetânea ou inconsistência atual.

Específica no que se relaciona ao fato da alteração do precedente (defasagem, da falta de vigor, incorreção coetânea ou inconsistência atual), com a situação colocada à apreciação. Não basta a alegação genérica de um móvel para a alteração do precedente, mas indispensável que tal alegação seja secundada por sua especificação frente aos elementos apresentados no caso concreto que está levando à superação. A demonstração pormenorizada e relacionada à situação que indique a defasagem do precedente, sua falta de vigor ante a experiência, a incorreção de suas razões pretéritas ou sua atual inconsistência. A superação exige um dever de argumentação substancial que a justifique.

Ainda, tal motivação deverá considerar os vetores da segurança jurídica, da proteção à confiança e da isonomia no procedimento de superação do precedente, os quais servirão de contrapeso para evitar a alteração do precedente.

Nada mais lógico, na medida em que os precedentes servem à segurança jurídica e à isonomia, permitindo que os padrões decisórios sejam observados pelos indivíduos, naturalizados no tráfego jurídico e internalizados na vida em comunidade.

A segurança jurídica (*Rechtssicherheit*) é princípio-mater da Constituição, verdadeira vértebra do Estado Democrático de Direito, como consta da cabeça do artigo 5º, compondo ainda, em parelho com o princípio da legalidade, o próprio espectro do Estado de Direito.[611]

Exatamente, a segurança jurídica[612] é o mínimo de previsibilidade necessária que o Estado de Direito deve reconhecer e oferecer a todo e qualquer indivíduo, a respeito de quais são as normas de convivência que ele deve observar e com base nas quais pode travar relações jurídicas válidas e eficazes.

---

[611] "O ponto de partida, porém, para a correta interpretação e aplicação desse preceito está em que a segurança jurídica é um valor constitucional que se qualifica como subprincípio do princípio maior do Estado de Direito, ao lado e no mesmo nível hierárquico do outro subprincípio do Estado de Direito, que é o da legalidade. Segurança jurídica e legalidade são, sabidamente, os dois pilares de sustentação do Estado de Direito" (SILVA, Almiro do Couto e. O princípio da segurança jurídica (proteção à confiança) no direito público brasileiro e o direito da administração pública de anular seus próprios atos administrativos: o prazo decadencial do art. 54 da lei do processo administrativo da União (Lei nº 9.784/99). *Revista de Direito Administrativo*, vol. 237, jul.-set. 2004. p. 280).

[612] Para uma visão mais ampla sobre o tema, ver: ÁVILA, Humberto. *Teoria da segurança jurídica*. 4. ed. São Paulo: Malheiros Editores, 2016.

Ademais, uma das faces mais relevantes da segurança jurídica é seu reflexo subjetivo, o princípio da proteção à confiança (*Vertrauensschutz*), sendo manifestação específica daquela, tutelando situações individualizadas, como já observado por J. J. Gomes Canotilho.[613]

Outrossim, a isonomia[614] é direito fundamental do indivíduo estabelecido no plano constitucional (artigo 5º, inciso I), sendo ainda reconhecido universalmente (artigo 1º da Declaração Universal dos Direitos do Homem).

O reconhecimento da igualdade,[615] como consequência, impõe o tratamento uniforme ao indivíduo na lei (legislador) e na sua aplicação (intérprete): "as leis devem ser executadas sem olhar às pessoas" (*Anschütz*). *Ubi eadem ratio, ibi eadem legis dispositio*: onde existe a mesma razão fundamental, prevalece a mesma regra de Direito. Os casos idênticos regem-se por disposições idênticas.

Justamente, emprego transcendente da igualdade se dá na aplicação uniforme dos precedentes para situações idênticas pelo Poder Judiciário, como estabelece o artigo 926 do Código.

O Código Civil Português tem uma disposição importante neste particular: "Artigo 8º (Obrigação de julgar e dever de obediência à lei) [...] 3. Nas decisões que proferir, o julgador terá em consideração todos os casos que mereçam tratamento análogo, a fim de obter uma interpretação e aplicação uniformes do direito".

Pois bem, no âmbito da discussão sobre a superação dos precedentes, tais vetores devem ser necessariamente considerados, inclusive eventualmente para obstar sua superação.

Por vezes, a internalização do precedente na comunidade jurídica foi tão profunda, o padrão decisório está tão arraigado no tráfego jurí-

---

613 CANOTILHO, J. J. Gomes. *Direito constitucional*. 4. ed. Coimbra: Almedina, 2000. p. 256. O homem necessita de segurança para conduzir, planificar e conformar autónoma e responsavelmente sua vida. Por isso, desde cedo se consideravam os princípios da segurança jurídica e da protecção da confiança como elementos constitutivos do Estado de direito.

614 MELLO, Celso Antônio Bandeira de. *O conteúdo jurídico do princípio da igualdade*. 3. ed. São Paulo: Malheiros, 2014

615 A igualdade de tratamento só ocorre quando são tratados igualmente os iguais e desigualmente os desiguais. Há muito se percebeu que aplicar a mesma régua para medir pessoas posicionadas em níveis diferentes perpetua injustiças e erige distorções. Aristóteles, em sua Ética a Nicômaco, observava agudamente: "Se as pessoas não são iguais, não receberão coisas iguais; mas isso é origem de disputas de queixas (como quando iguais têm recebem partes desiguais, ou quando desiguais recebem partes iguais)" (ARISTÓTELES. *Ética a Nicômaco*. Trad. de Pietro Nassetti. São Paulo: Martin Claret, 2001). Rui Barbosa, na sua famosa e multicitada Oração aos Moços, proferida quando paraninfo da Faculdade de Direito de São Paulo em 1920, averbou: "A regra da igualdade não consiste senão em quinhoar desigualmente aos desiguais, na medida em que se desigualam. Nesta desigualdade social, proporcionada à desigualdade natural, é que se acha a verdadeira lei da igualdade. O mais são desvarios da inveja, do orgulho, ou da loucura. Tratar com desigualdade a iguais, ou a desiguais com igualdade, seria desigualdade flagrante, e não igualdade real" (BARBOSA, Ruy. *Oração aos moços*. São Paulo: Martin Claret, 2003. p. 19).

dico, que inviável se faz alterar o precedente, já que galvanizado pela segurança jurídica. O precedente, no que concretiza uma regra jurídica, tem um valor particular que merece ser protegido.

Da mesma forma, deve-se proteger a confiança depositada pelos indivíduos no precedente, quando concretamente pautaram sua conduta em tal padrão decisório, evitando-se a surpresa pela alteração do programa normativo por ele predisposto.[616]

Finalmente, quando um precedente tenha sido aplicado de maneira uniforme, em uma miríade de casos sem diferenças relevantes, alcançando um sem-número de pessoas, a continuidade de sua aplicação se justifica em prol da isonomia, evitando-se que uma massa de indivíduos tenha uma régua decisória diferente da aplicada para outros. Todo o regramento do Código relativo aos casos repetitivos é uma demonstração da cabal preocupação do legislador quanto ao tratamento idêntico para situações iguais (CPC, artigo 928).[617]

Portanto, a superação do precedente deve tanto ser cotejada na perspectiva da existência concreta de hipótese que a justifique de forma adequada e específica, quanto na dimensão da existência de outros fundamentos que obstem tal superação, a despeito de existir fundamento adequado e específico para tanto. A segurança jurídica, a proteção à confiança e a isonomia devem sempre ser objeto de exame quando em mesa a possibilidade de superação do precedente, podendo impedir, por si só, a superação do precedente ou, quando menos, justificar sua alteração prospectiva.

6.1. Modulação temporal na superação do precedente

Cada vez mais presente no ordenamento jurídico brasileiro, refletida na prática jurisprudencial, a possiblidade do juiz modelar ou calibrar as consequências de sua decisão, até mesmo projetando-as para o futuro, sendo expressão mais recente disso a Lei nº 13.665, de 2018 (regula-

[616] Deve-se evitar a atuação *banana boat*, como ressaltado no voto do Ministro Humberto Gomes de Barros: "Nas praias de Turismo, pelo mundo afora, existe um brinquedo em que uma enorme bóia, cheia de pessoas é arrastada por uma lancha. A função do piloto dessa lancha é fazer derrubar as pessoas montadas no dorso da bóia. Para tanto, a lancha desloca-se em linha reta e, de repente, descreve curvas de quase noventa graus. O jogo só termina, quando todos os passageiros da bóia estão dentro do mar. Pois bem, o STJ parece ter assumido o papel do piloto dessa lancha. Nosso papel tem sido derrubar os jurisdicionados." (STJ, AgRg no REsp 382.736/SC, Rel. Ministro CASTRO MEIRA, Rel. p/ Acórdão Ministro FRANCISCO PEÇANHA MARTINS, PRIMEIRA SEÇÃO, julgado em 08/10/2003, DJ 25/02/2004, p. 91).

[617] Art. 928. Para os fins deste Código, considera-se julgamento de casos repetitivos a decisão proferida em: I – incidente de resolução de demandas repetitivas; II – recursos especial e extraordinário repetitivos. Parágrafo único. O julgamento de casos repetitivos tem por objeto questão de direito material ou processual.

mentada pelo Decreto nº 9.830, de 2019), que alterou a Lei de Introdução às Normas de Direito Brasileiro (Decreto-Lei nº 4.657, de 1942).

As decisões são dúcteis.[618]

Historicamente, considerando nossa realidade, a discussão sobre a quebra de condicionalidade entre a declaração de injuridicidade e suas consequências (inclusive *ex radice*), remonta ao controle concentrado de constitucionalidade.

Entrementes, a discussão passava pela concepção da teoria da nulidade original do ato inconstitucional, o que consequentemente adjudicava efeitos retroativos à decisão (*ex tunc*), para alcançar o ato no seu nascedouro. Nos idos de 1977, o Supremo Tribunal Federal já roçava[619] a questão na perspectiva de que a inconstitucionalidade poderia levar a anulabilidade do ato, com efeitos futuros (*ex nunc* – a partir do ato declaratório),[620] em virtude também da presunção de constitucionalidade da lei e de sua aplicação contínua e reiterada no tempo. Na verdade, podem-se colher votos nesse sentido, como o proferido pelo Ministro Leitão de Abreu.[621]

---

618 DUARTE, Zulmar. Decisões Dúcteis: Novos Padrões Decisórios da LINDB. Disponível: <http://genjuridico.com.br/2019/04/10/decisoes-ducteis-novos-padroes-decisorios-da-lindb/>; Acesso: 3-jan-2020.

619 "DECLARAÇÃO, PELO PLENÁRIO DO SUPREMO TRIBUNAL FEDERAL, DA INCONSTITUCIONALIDADE DO DEC.-LEI N. 322, DE 7 DE ABRIL DE 1967 (RTJ 44/54). ACÓRDÃO QUE, NÃO OBSTANTE ESSA DECISÃO, APLICOU, EM FAVOR DO LOCADOR, REGRAS CONTIDAS NESSE ATO LEGISLATIVO. NATUREZA DA DECISÃO QUE PRONUNCIA A INCONSTITUCIONALIDADE DE LEI. SEU CARÁTER CONSTITUTIVO E SUA EFICACIA RETROATIVA. CASO EM QUE NÃO HÁ FALAR-SE NA PRESUNÇÃO, EM QUE SE ACHARIA O AGENTE, DE HAVER CONCLUIDO CONTRATO SOB A PROTEÇÃO DA LEI DECLARADA INCONSTITUCIONAL. RECURSO EXTRAORDINÁRIO CONHECIDO E PROVIDO." (RE 79343, Relator(a): Min. LEITÃO DE ABREU, Segunda Turma, julgado em 31/05/1977, DJ 02-09-1977 PP-05970 EMENT VOL-01068-02 PP-00553 RTJ VOL-00082-02 PP-00791).

620 KELSEN se inclinava pela validade da lei até a declaração de inconstitucionalidade: "Nesta hipótese, i.e., no caso de uma lei inconstitucional, é, todavia, de considerar que, pelo direito positivo, a chamada lei 'inconstitucional' possa ser válida, sua validade pode, porém, ser abolida num processo especial previsto pela Constituição, porventura pela decisão de um tribunal especial." (KELSEN, Hans. *Teoria geral das normas.* Tradução e revisão de José Florentino Duarte. Porto Alegre: Sergio Antonio Fabris Editor, 1986. p. 161). A professora TERESA ARRUDA ALVIM menciona julgado anterior (RE 78594, Relator(a): Min. BILAC PINTO, Segunda Turma, julgado em 07/06/1974, DJ 04-11-1974 PP-08176 EMENT VOL-00965-02 PP 00523), em que teria ocorrido uma espécie de modulação (ALVIM, Teresa Arruda. *Modulação:* na alteração da jurisprudência firme ou de precedentes vinculantes. São Paulo: Revista dos Tribunais, 2019. p. 14). Porém, neste julgado, a questão foi abordada mais na perspectiva do "funcionário de fato", como reconhecido no âmbito do direito administrativo, do que propriamente sobre a possibilidade de modulação da decisão.

621 Tenho que procede a tese, consagrada pela corrente discrepante, a que se refere o "Corpus Juris Secundum", de que a lei inconstitucional é um fato eficaz, ao menos antes da determinação da inconstitucionalidade, podendo ter consequências que não é lícito ignorar. A tutela da boa-fé exige que, em determinadas circunstâncias, notadamente quando, sob a lei ainda não declarada inconstitucional, se estabeleceram relações entre o particular e o poder público, se apure, prudencialmente, até que ponto a retroatividade da decisão, que decreta a inconstitucionalidade, pode atingir, prejudicando-o, o agente que teve por legítimo o ato e, fundado nele, operou na presunção de que estava procedendo sob o amparo do direito objetivo.

A situação se planificou a partir das Leis nos 9.868, de 1999,[622] e 9.882, de 1999, as quais preveem expressamente a possibilidade de modulação da decisão proferida pelo Supremo Tribunal Federal no controle concentrado de constitucionalidade, respectivamente os artigos 27[623] e 11.[624]

---

[622] A Lei foi declarada constitucional pelo Supremo Tribunal Federal: "AÇÕES DIRETAS DE INCONSTITUCIONALIDADE N. 2.154/DF E 2.258/DF. CONSTITUCIONAL. AUSÊNCIA DE INCONSTITUCIONALIDADE POR OMISSÃO RESULTANTE DO VETO DO PRESIDENTE DA REPÚBLICA AOS TEXTOS NORMATIVOS INICIALMENTE CONSTANTES DO ART. 17 E DOS §§ 1º E 2º DO ART. 18 DO PROJETO DE LEI CONVERTIDO NA LEI N. 9.868/1999, QUE REGULAVA A INTERVENÇÃO DO AMICUS CURIAE NA AÇÃO DE CONTROLE ABSTRATO. CONSTITUCIONALIDADE DA PARTE FINAL DO ART. 26 DA LEI N. 9.868/199 QUE VEDA O AJUIZAMENTO DE AÇÃO RESCISÓRIA CONTRA DECISÃO PROFERIDA EM AÇÕES DE CONTROLE ABSTRATO. CONTITUCIONALIDADE DA PARTE FINAL DO § 2º DO ART. 11 DA LEI N. 9.868/1999 QUE PREVÊ A POSSIBILIDADE DE SE DEIXAR DE APLICAR A LEGISLAÇÃO ANTERIOR À IMPUGNADA NA AÇÃO DE CONTROLE ABSTRATO. O ART. 21 DA LEI N. 9.868/1999 NÃO OFENDE A GARANTIA AO JUIZ NATURAL. DECLARADA A CONSTITUCIONALIDADE DO ART. 27 DA LEI N. 9.868/1999 QUE AUTORIZA A MODULAÇÃO, PELO SUPREMO TRIBUNAL FEDERAL, DOS EFEITOS DA DECLARAÇÃO DE INCONSTITUCIONALIDADE. AÇÕES DIRETAS JULGADAS IMPROCEDENTES. 1. O reconhecimento de legitimidade constitucional, pelo Supremo Tribunal Federal, de textos normativos vetados pelo Presidente da República, notadamente quando fundamentado o veto em juízo de conveniência, poderia consignar a este Supremo Tribunal um verdadeiro poder de interferência positiva na ordem legislativa. Afastada a arguição de inconstitucionalidade por omissão quanto ao veto aposto ao art. 17 e §§ 1º e 2º do art. 18 da lei impugnada. 2. É constitucional e responde a imperativos de segurança jurídica a parte final do art. 26 da Lei n. 9.868/1999 que veda o ajuizamento de ação rescisória contra decisão proferida em ações de controle abstrato as quais, por sua própria natureza, repelem a desconstituição por rescisória. 3. Constitucionalidade da parte final do § 2º do artigo 11 da Lei n. 9.868/1999 que estabelece que, salvo expressa manifestação em sentido contrário, a concessão da medida cautelar torna aplicável a legislação anterior. 4. O art. 21 da Lei n. 9.868/1999 não ofende a garantia ao juiz natural. O preceito visa assegurar a eficácia da futura decisão do Supremo Tribunal, que, cuidando de aferir a constitucionalidade, ou não, de lei ou ato normativo, é, por excelência, o juízo natural da questão. A norma não desloca do juiz para o Supremo Tribunal o julgamento da causa, mas, apenas, o da questão de constitucionalidade, que lhe cabe decidir com eficácia para todos e efeito vinculante. 5. Mesmo antes do advento da Lei n. 9.868/1999 este Supremo Tribunal tinha mitigado a aplicação da teoria da nulidade em casos pontuais preservando alguns dos efeitos produzidos pela norma declarada inconstitucional. 6. Ao proceder à modulação de efeitos da declaração de inconstitucionalidade, este Supremo Tribunal pondera entre preceitos constitucionais com a finalidade de preservar a unidade da Constituição e os princípios da segurança jurídica e da confiança no sistema jurídico. 7. É de responsabilidade deste Supremo Tribunal Federal a efetivação dos direitos fundamentais pelas prestações positivas, a demonstrar a insuficiência do modelo de nulidade da lei inconstitucional para a proteção desses direitos. 1. Ações diretas de inconstitucionalidade julgadas improcedentes." (ADI 2154, Relator(a): DIAS TOFFOLI, Relator(a) p/ Acórdão: CÁRMEN LÚCIA, Tribunal Pleno, julgado em 03-04-2023, PROCESSO ELETRÔNICO DJe-s/n DIVULG 19-06-2023 PUBLIC 20-06-2023).

[623] Art. 27. Ao declarar a inconstitucionalidade de lei ou ato normativo, e tendo em vista razões de segurança jurídica ou de excepcional interesse social, poderá o Supremo Tribunal Federal, por maioria de dois terços de seus membros, restringir os efeitos daquela declaração ou decidir que ela só tenha eficácia a partir de seu trânsito em julgado ou de outro momento que venha a ser fixado.

[624] Art. 11. Ao declarar a inconstitucionalidade de lei ou ato normativo, no processo de arguição de descumprimento de preceito fundamental, e tendo em vista razões de segurança jurídica ou de excepcional interesse social, poderá o Supremo Tribunal Federal, por maioria de dois terços de seus membros, restringir os efeitos daquela declaração ou decidir que ela só tenha eficácia a partir de seu trânsito em julgado ou de outro momento que venha a ser fixado.

Essa técnica passou a ser aplicada indistintamente também quando envolvido o controle difuso de constitucionalidade,[625] na medida em que não existe razão para diferenciação das situações, sendo a limitação dos efeitos um apanágio do controle judicial de constitucionalidade (direto ou incidental).

Igual problema, em época mais distante, apresentou-se na prática judiciária estadunidense. Observe-se, a disseminação da opinião de que a lei inconstitucional não é lei – a expressão "lei inconstitucional" seria uma *contradictio in terminis*[626] –, e a aplicação da doutrina cognitiva da função do juiz (juízes apenas descobrem a lei anterior), levam à eficácia retroativa plena de qualquer alteração do precedente.[627]

---

[625] A questão foi formulada no seguinte precedente do Supremo Tribunal Federal: "RECURSO EXTRAORDINÁRIO. MUNICÍPIOS. CÂMARA DE VEREADORES. COMPOSIÇÃO. AUTONOMIA MUNICIPAL. LIMITES CONSTITUCIONAIS. NÚMERO DE VEREADORES PROPORCIONAL À POPULAÇÃO. CF, ARTIGO 29, IV. APLICAÇÃO DE CRITÉRIO ARITMÉTICO RÍGIDO. INVOCAÇÃO DOS PRINCÍPIOS DA ISONOMIA E DA RAZOABILIDADE. INCOMPATIBILIDADE ENTRE A POPULAÇÃO E O NÚMERO DE VEREADORES. INCONSTITUCIONALIDADE, INCIDENTER TANTUM, DA NORMA MUNICIPAL. EFEITOS PARA O FUTURO. SITUAÇÃO EXCEPCIONAL. 1. O artigo 29, inciso IV da Constituição Federal, exige que o número de Vereadores seja proporcional à população dos Municípios, observados os limites mínimos e máximos fixados pelas alíneas a, b e c. 2. Deixar a critério do legislador municipal o estabelecimento da composição das Câmaras Municipais, com observância apenas dos limites máximos e mínimos do preceito (CF, artigo 29) é tornar sem sentido a previsão constitucional expressa da proporcionalidade. 3. Situação real e contemporânea em que Municípios menos populosos têm mais Vereadores do que outros com um número de habitantes várias vezes maior. Casos em que a falta de um parâmetro matemático rígido que delimite a ação dos legislativos Municipais implica evidente afronta ao postulado da isonomia. 4. Princípio da razoabilidade. Restrição legislativa. A aprovação de norma municipal que estabelece a composição da Câmara de Vereadores sem observância da relação cogente de proporção com a respectiva população configura excesso do poder de legislar, não encontrando eco no sistema constitucional vigente. 5. Parâmetro aritmético que atende ao comando expresso na Constituição Federal, sem que a proporcionalidade reclamada traduza qualquer afronta aos demais princípios constitucionais e nem resulte formas estranhas e distantes da realidade dos Municípios brasileiros. Atendimento aos postulados da moralidade, impessoalidade e economicidade dos atos administrativos (CF, artigo 37). 6. Fronteiras da autonomia municipal impostas pela própria Carta da República, que admite a proporcionalidade da representação política em face do número de habitantes. Orientação que se confirma e se reitera segundo o modelo de composição da Câmara dos Deputados e das Assembléias Legislativas (CF, artigos 27 e 45, § 1º). 7. Inconstitucionalidade, incidenter tantun, da lei local que fixou em 11 (onze) o número de Vereadores, dado que sua população de pouco mais de 2600 habitantes somente comporta 09 representantes. 8. Efeitos. Princípio da segurança jurídica. Situação excepcional em que a declaração de nulidade, com seus normais efeitos ex tunc, resultaria grave ameaça a todo o sistema legislativo vigente. Prevalência do interesse público para assegurar, em caráter de exceção, efeitos pro futuro à declaração incidental de inconstitucionalidade. Recurso extraordinário conhecido e em parte provido." (RE 197917, Relator(a): Min. MAURÍCIO CORRÊA, Tribunal Pleno, julgado em 06/06/2002, DJ 07-05-2004 PP-00036 EMENT VOL-02150-03 PP-00368).

[626] *"[T]he inconstitutional statute is not law at all"* (WILLOUGHBY, Westel Woodbury. *The Constitutional Law of the United States*, New York, 1910, v. 1, p. 9/10

[627] *"[T]he subsequent judges do not pretend to make new law, but to vindicate the old one from misrepresentation. For if it be found that the former statement is manifestly absurd or unjust, it is declared not that such a sentence was bad law, but that it was not law."* (DUFOUR, Thomas J. THE PROPER APPLICATION OF JUDICIAL DECISIONS OVERRULING ESTABLISHED TORT DOCTRINES, 65 B.U.L. Rev. 315). ("Os juízes subseqüentes não pretendem fazer nova lei, mas reivindicar a antiga de falsas declarações. Pois se for descoberto que a declaração anterior é manifestamente absurda ou injusta, não se declara que tal sentença foi uma má lei, mas isso não era lei".).

Nada obstante, a questão da segurança jurídica foi percebida como barreia de contenção ao deságue da eficácia para o passado das decisões, evitando-se a aplicação dos brocardos *fiat iustitia, pereat mundus*[628] e *summum ius, summa iniuria*.[629]

Em 1848, a Suprema Corte de Ohio, ao declarar a invalidade da legislação de divórcio, resguardou da eficácia da decisão aqueles divórcios já realizados ao abrigo da disposição (Bingham *v.* Miller, 17 Ohio 445 (1848)).

À sua vez, a Suprema Corte Americana, em 1863, utilizou tal técnica para manter a validade de títulos emitidos com base em legislação considerada inconstitucional, porquanto a decisão: "não pode ter efeito sobre transações em passado, no entanto, pode afetar aqueles no futuro" (Gelpcke *v.* Cidade de Dubuque, 68 US 175 (1863)).[630]

No sempre lembrado Great Northern Ry. Co. *v.* Sunburst Oil & Refining Co., 287 U.S. 358 (1932), a Suprema Corte dos Estados Unidos assentou a possibilidade de aplicação prospectiva do precedente, bastando lembrar os escritos do *Justice* Cardozo.[631]

---

628 "faça-se justiça, ainda que o mundo pereça".

629 "o máximo do direito, o máximo da injustiça".

630 "1. *By a series of decisions of the Supreme Court of Iowa prior to that, A.D. 1859, in State of Iowa v. County of Wapello, 13 Ia. 388, the right of the legislature of that state to authorize municipal corporations to subscribe to railroads extending beyond the limits of the city or county and to issue bonds accordingly was settled in favor of the right, and those decisions, meeting with the approbation of this Court and being in harmony with the adjudications of sixteen states of the Union, will be regarded as a true interpretation of the constitution and laws of the state so far as relate to bonds issued and put upon the market during the time that those decisions were in force. The fact that the said Supreme Court of Iowa now bolds that those decisions were erroneous and ought not to have been made, and that the legislature of the state had no such power as former courts decided that they had, can have no effect upon transactions in the past, however it may affect those in the future.*" ("1. Por uma série de decisões do Supremo Tribunal de Iowa anteriores a 1859 dC, no Estado de Iowa *v.* Condado de Wapello, 13 IA. 388, o direito da legislatura daquele estado de autorizar empresas municipais a subscrever ferrovias que ultrapassam os limites da cidade ou município e emitir títulos em conformidade, foi estabelecido em favor do direito e dessas decisões, reunidas com a aprovação deste Tribunal e em harmonia com os julgamentos de dezesseis estados da União, será considerada uma verdadeira interpretação da constituição e das leis do estado, no que se refere a títulos emitidos e colocados no mercado durante o tempo em que essas decisões estavam em vigor. O fato de a referida Suprema Corte de Iowa agora ousar que essas decisões fossem errôneas e não deviam ter sido tomadas, e que o legislador do estado não tinha o poder que os antigos tribunais decidiram que tinham, não pode ter efeito sobre transações em passado, no entanto, pode afetar aqueles no futuro.").

631 ("Este é um caso em que um tribunal se recusou a tornar a sua decisão retroativa, e a posição de romance é tomada de que a Constituição dos Estados Unidos é violada pela recusa. Achamos que a Constituição Federal não tem voz sobre o assunto. Um estado, ao definir os limites da aderência ao precedente, pode escolher entre o princípio da operação à frente e o da relação para trás. Pode-se dizer que as decisões de seu mais alto tribunal, embora posteriormente rejeitadas, são, no entanto, legais para transações intermediárias."). *This is a case where a court has refused to make its ruling retroactive, and the novel stand is taken that the Constitution of the United States is infringed by the refusal. We think the Federal Constitution has no voice upon the subject. A state, in defining the limits of adherence to precedent, may make a choice for itself between the principle of forward operation and that of relation backward. It may say that decisions of its highest court, though later overruled, are law nonetheless for intermediate transactions.*

Ainda, no Linkletter *v.* Walker, 381 U.S. 618 (1965), a Suprema Corte Americana expressou claramente: "(c) The Constitution neither prohibits nor requires retroactive effect, and in each case, the Court determines whether retroactive or prospective application is appropriate".[632]

Recentemente, tal Suprema Corte negou a possibilidade de nova interpretação ao texto normativo ser aplicada retroativamente no âmbito criminal, no caso *Jones v. Hendrix, Warden*.[633]

Bom exemplo dessa prática se colhe do acórdão proferido pelo Supremo Tribunal Federal, nas Ações Declaratórias de Constitucionalidade n.os 58 e 59 e nas Ações Diretas de Inconstitucionalidade n.os 5867 e 6021, ao declarar a inconstitucionalidade da taxa referencial para correção monetária de débitos trabalhistas e depósitos recursais na justiça do trabalho, modulou a decisão para preservar pagamentos já realizados utilizando tal paradigma de correção monetária: "[...] 8. A fim de garantir segurança jurídica e isonomia na aplicação do novo entendimento, fixam-se os seguintes marcos para modulação dos efeitos da decisão: (i) são reputados válidos e não ensejarão qualquer rediscussão, em ação em curso ou em nova demanda, incluindo ação rescisória, todos os pagamentos realizados utilizando a TR (IPCA-E ou qualquer outro índice), no tempo e modo oportunos (de forma extrajudicial ou judicial, inclusive depósitos judiciais) e os juros de mora de 1% ao mês, assim como devem ser mantidas e executadas as sentenças transitadas em julgado que expressamente adotaram, na sua fundamentação ou no dispositivo, a TR (ou o IPCA-E) e os juros de mora de 1% ao mês; (ii) os processos em curso que estejam sobrestados na fase de conhecimento, independentemente de estarem com ou sem sentença, inclusive na fase recursal, devem ter aplicação, de forma retroativa, da taxa Selic (juros e correção monetária), sob pena de alegação futura de inexigibilidade de título judicial fundado em interpretação contrária ao posicionamento do STF (art. 525, §§ 12 e 14, ou art. 535, §§ 5º e 7º, do CPC. 9. Os parâmetros fixados neste julgamento aplicam-se aos processos, ainda que transitados em julgado, em que a sentença não tenha consignado manifestação expressa quanto aos índices de correção monetária e taxa de juros (omissão expressa ou simples consideração de seguir os critérios legais). 10. Ação Declaratória de Constitucionalidade e Ações Diretas de Inconstitucionalidade julgadas parcialmente procedentes." (ADC 58, Relator(a): GILMAR MENDES,

---

[632] "(c) A Constituição não proíbe nem exige efeito retroativo e, em cada caso, a Corte determina se a aplicação retroativa ou prospectiva é apropriada".

[633] *"Consistent with the Eighth Circuit's reasoning, we hold that §2255(e)'s saving clause does not permit a prisoner asserting an intervening change in statutory interpretation to circumvent AEDPA's restrictions on second or successive §2255 motions by filing a §2241 petition"* ("Consistente com o raciocínio do Oitavo Circuito, sustentamos que a cláusula de salvaguarda do §2255 (e) não permite que um prisioneiro as impondo uma mudança intermediária na interpretação legal para contornar as restrições da AEDPA em segundas ou sucessivas §2255 moções apresentando uma petição §2241"9.

Tribunal Pleno, julgado em 18/12/2020, PROCESSO ELETRÔNICO DJe-063 DIVULG 06-04-2021 PUBLIC 07-04-2021).

Ainda, a Suprema Corte, na ação direta e de inconstitucionalidade n.º 5.529, do Distrito Federal, Relator DIAS TÓFFOLI, Tribunal Pleno, quando, ao declarar a inconstitucionalidade de dispositivo que estendia o prazo de vigência de patentes na hipótese de demora administrativa para apreciação do pedido (acúmulo de pedidos de patentes (*backlog*) – artigo 40, parágrafo único, da Lei nº 9.279, de 1996), modulou a eficácia da decisão.

Isso porque, a declaração pura e simples de inconstitucionalidade do referido dispositivo alcançaria patentes até então vigentes (pela extensão do prazo do referido parágrafo único do artigo 40), que, no dia seguinte, ficariam ao desabrigo de proteção jurídica (a disposição vigorou por cerca de 25 anos): "[...] 18. Modulação dos efeitos da decisão, conferindo-se efeitos ex nunc, a partir da publicação da ata deste julgamento, de forma a se manterem as extensões de prazo concedidas com base no preceito legal, preservando-se, assim, a validade das patentes já concedidas e ainda vigentes em decorrência da aplicação do aludido preceito. Ficam ressalvadas da modulação (i) as ações judiciais propostas até o dia 7 de abril de 2021 (data da concessão parcial da medida cautelar no presente processo) e (ii) as patentes que tenham sido concedidas com extensão de prazo relacionadas a produtos e processos farmacêuticos, bem como a equipamentos e/ou materiais de uso em saúde. A ambas as situações se aplica o efeito ex tunc, o que resultará na perda das extensões de prazo concedidas com base no parágrafo único do art. 40 da LPI, devendo ser respeitados os prazos de vigência das patentes estabelecidos no caput do art. 40 da Lei 9.279/1996 e resguardados eventuais efeitos concretos já produzidos em decorrência da extensão de prazo das referidas patentes." (ADI 5529, Relator(a): DIAS TOFFOLI, Tribunal Pleno, julgado em 12/05/2021, PROCESSO ELETRÔNICO DJe-174 DIVULG 31-08-2021 PUBLIC 01-09-2021).

Outrossim, em caso envolvendo a discussão sobre o ente federado titular da tributação (Estado ou Município), e a própria natureza da exação (ICMS ou ISS), preservou os tributos já recolhidos incorretamente, modulando a decisão: "a) impossibilitar a repetição de indébito do ICMS incidente sobre operações com softwares em favor de quem recolheu esse imposto até a véspera da data da publicação da ata de julgamento do mérito, vedando, nesse caso, que os municípios cobrem o ISS em relação aos mesmos fatos geradores; b) impedir que os estados cobrem o ICMS em relação aos fatos geradores ocorridos até a véspera da data da publicação da ata de julgamento do mérito. Ficam ressalvadas (i) as ações judiciais em curso, inclusive de repetição de indébito e execuções fiscais em que se discutam a incidência do ICMS e (ii) as hipóteses de comprovada bitributação, caso em que o contribuinte terá direito à repetição do indébito do ICMS. Por sua vez, incide o ISS no caso de não recolhimento do ICMS ou do ISS, em relação aos fatos geradores ocorridos até a véspera da data da publicação da ata de julgamento do mérito".

Pois bem, se quando envolvida a violação mais vertical ao ordenamento jurídico, em que a ilegalidade assume o *status* da inconstitucionalidade, possível a modulação, esta também se faz viável nos demais casos de injuridicidade (teoria de poderes implícitos – quem pode alterar o precedente, pode submeter tal alteração para o futuro. Da mesma forma, se é possível decretar a nulidade de forma radical, viável sua decretação em menor intensidade (*a maiori, ad minus – in eo quod plus est semper inest et minus*)

É nesse contexto que se insere o preceito enxertado no § 3º do artigo 927 do Código de Processo Civil quando dispõe que "na hipótese de alteração de jurisprudência dominante do Supremo Tribunal Federal e dos tribunais superiores ou daquela oriunda de julgamento de casos repetitivos, pode haver modulação dos efeitos da alteração no interesse social e no da segurança jurídica".

Em larga medida, o dispositivo permite a calibração da eficácia da decisão, para que as alterações de jurisprudência sejam realizadas sem aplicação retroativa (*prospective overruling*), limitando sua aplicação (*limited prospectivity*), sem prejuízo da regra geral ser a eficácia *ex tunc*. Em algumas situações, sequer os fatos sob apreciação na ocasião da conclusão pela necessidade de superação de um precedente anterior serão alcançados pela nova interpretação. Trata-se de *pure prospective overruling*.[634]

Entra em jogo aqui novamente ponderações quanto à segurança jurídica e proteção à confiança, como delineados nesse estudo, bem como sobre o interesse social. A conjugação de tais valores com o dogma da sanção de nulidade, com todas suas consequências, pela presença de injuridicidade. Veja-se, não se trata de negar a superação do precedente, mas apenas de projetar a eficácia de sua alteração para o futuro,[635] o que encontra esclarecimento na escrita de Daniel Mitidiero.[636]

---

634 FERRAZ, Taís Schilling. *O precedente na jurisdição constitucional:* construção e eficácia no julgamento da questão com repercussão geral. São Paulo: Editora Saraiva, 2017. p. 311.

635 PEIXOTO, Ravi. *Superação do precedente e segurança jurídica*. Bahia: Editora Juspodivm, 2015.

636 MITIDIERO, Daniel. *Precedentes:* da persuasão à vinculação. São Paulo: Revista dos Tribunais, 2016. p. 141. Ainda que sinalizada adequadamente, a superação do precedente pode acarretar a violação da confiança legítima e da igualdade de todos perante o Direito. Justamente por essa razão – e para proteção da confiança depositada no precedente e para preservação da igualdade – é possível que a superação de determinado precedente tenha eficácia apenas prospectiva (*propesctive overruling*), atuando apenas com eficácia *ex nunc*. Trata-se de modulação de eficácia erigida para promoção da segurança jurídica e da igualdade, princípio de vigência inquestionável na nossa ordem constitucional. A autorização para superação do precedente no direito brasileiro com eficácia apenas pro futuro decorre da do art. 927, § 3º, do CPC, devidamente interpretado à luz dos prin-

Como já refletido, a segurança jurídica e a proteção à confiança se comprazem em previsibilidade, que o indivíduo conheça as regras do jogo, as normas de convivência que ele deve observar e com base nas quais se pode conduzir no tráfego jurídico.

Sem dúvida, a alteração abrupta de um padrão decisório, internalizado na mundividência jurídica, rompe com a segurança jurídica, afetando justas expectativas dos indivíduos sobre a legitimidade e a observância da razão jurídica imanente àquele.

Posta assim a questão, na alteração de precedentes, viável considerar a possibilidade de que tal alteração se dê com eficácia *ex nunc* (*prospective overruling*),[637] considerando a segurança jurídica e o interesse social existentes.

A segurança jurídica no que o precedente, como integrante do ordenamento jurídico, oferece orientação sobre a regra de conduta a ser observada pela sociedade, pelo que sua superação tendencialmente produz incerteza e insegurança jurídica.

O interesse social deve ser também considerado no particular, às vezes no que se contrapõe ao interesse individual de manutenção/alteração do *status quo* (segurança jurídica), para que no exame da modulação se verifique se a alteração no padrão decisório, desde o passado, não importa em mais desajustes do que benefícios diretos.[638]

---

cípios da igualdade e da segurança jurídica (art. 5º, I e XXXVI, CF), especialmente no que tange à necessidade de cognoscibilidade e de confiabilidade da ordem jurídica como condições imprescindíveis para existência do Estado Constitucional.

637 PEIXOTO, Ravi. *Superação do precedente e segurança jurídica.* Bahia: Editora Juspodivm, 2015. p. 311 e seguintes.

638 O Supremo Tribunal Federal tem considerado em tal exame inclusive eventuais impactos orçamentários na arrecadação estatal, propugnando a modulação parelha com a legislação orçamentária: "[...] Desde já, já esclareço que modifico a proposta anteriormente por mim elaborada, a fim de se estabelecer que a decisão da Corte produza efeitos não a partir do início do exercício financeiro de 2022 (como havia eu sugerido na última sessão), mas sim a partir de 2024 , primeiro exercício financeiro regido pelo próximo plano plurianual (PPA) de cada unidade federada. Para efeito de facilitar a apreciação dessa proposta, retomo os argumentos dos quais me utilizei na última sessão de julgamento deste caso e, após, acrescento novos elementos, os quais me convenceram pela necessidade de se postergar o início da produção dos efeitos da decisão da Corte. Em relação ao ICMS sobre energia elétrica, verifica-se que a adoção da tese de repercussão geral acima impactará, de maneira relevante, as finanças de diversos estados, sendo certo, afora isso, que várias unidades federadas editaram leis em dissonância com tal tese, gerando receitas e expectativas de receitas até então tidas legítimas. No tocante ao ICMS sobre telecomunicações, consignei que a legislação questionada não acompanhou a evolução econômico-social (paulatinamente, os serviços de telecomunicação passaram a ser contratados por pessoas com menor capacidade contributiva), tornando-se, com o passar do tempo, inconstitucional. Em seguida, aduzi ser extremamente difícil estabelecer qual seria o momento exato em que a lei teria passado a ser inconstitucional. Além disso, realcei que a lei questionada continuou a ser aplicada, com presunção de constitucional, gerando receitas e expectativas de receitas para o Estado de Santa Catarina. Note-se que esse ou aquele argumento também pode ser aplicado em relação às legislações de outros estados ou mesmo do Distrito Federal." (RE 714139, Relator Ministro DIAS TOFFOLI).

Precisamente, na decisão de modulação, a segurança jurídica e o interesse social devem ser conjugados na obtenção de ponto ótimo que permita a alteração do precedente, minimizando os danos marginais decorrentes da alteração de rumos empreendida.

Não tem sido raro em tal consideração a análise do tempo de vigência do ato questionado, e a própria iniciativa para sua impugnação, na medida em que são índices que permitem averiguar o status da segurança jurídica na preteridade e na contemporaneidade do curso de eficácia do ato, bem como a projeção da posteridade do ordenamento jurídico sem ele.[639]

---

[639] "Direito constitucional e administrativo. Ação direta de inconstitucionalidade. Prazo decadencial para o exercício do poder de autotutela pela Administração Pública estadual. 1. Ação direta contra o art. 10, I, da Lei nº 10.177/1998, do Estado de São Paulo, que estabelece o prazo decadencial de 10 (dez) anos para anulação de atos administrativos reputados inválidos pela Administração Pública estadual. 2. Lei estadual que disciplina o prazo decadencial para o exercício da autotutela pela administração pública local não ofende a competência da União Federal para legislar sobre direito civil (art. 22, I, CF/1988) ou para editar normas gerais sobre licitações e contratos (art. 22, XXVII, CF/1988). Trata-se, na verdade, de matéria inserida na competência constitucional dos estados-membros para legislar sobre direito administrativo (art. 25, § 1º, CF/1988). 3. O dispositivo impugnado não viola os princípios constitucionais da segurança jurídica e da razoabilidade. O prazo decenal não é arbitrário e não caracteriza, por si só, instabilidade das relações jurídicas ou afronta às legítimas expectativas dos particulares na imutabilidade de situações jurídicas consolidadas com o decurso do tempo. Esse é, inclusive, o prazo prescricional geral do Código Civil (art. 205) e de desapropriação indireta (Tema 1.019, STJ), dentre outros inúmeros exemplos no ordenamento jurídico brasileiro. 4. Sem embargo, o prazo quinquenal consolidou-se como marco temporal geral nas relações entre o Poder Público e particulares (v., e.g., o art. 1º do Decreto nº 20.910/1932 e o art. 173 do Código Tributário Nacional), e esta Corte somente admite exceções ao princípio da isonomia quando houver fundamento razoável baseado na necessidade de remediar um desequilíbrio entre as partes. 5. Os demais estados da Federação aplicam, indistintamente, o prazo quinquenal para anulação de atos administrativos de que decorram efeitos favoráveis aos administrados, seja por previsão em lei própria ou por aplicação analógica do art. 54 da Lei nº 9.784/1999. Não há fundamento constitucional que justifique a situação excepcional do Estado de São Paulo, impondo-se o tratamento igualitário nas relações Estado-cidadão. 6. A presente ADI foi ajuizada somente em 2018 e o art. 10, I, da Lei nº 10.177/1998 vem sendo aplicado há décadas pela Administração Pública paulista, tendo servido de base à anulação de diversos atos administrativos. A declaração de nulidade, com efeitos ex tunc, do dispositivo ora impugnado acarretaria enorme insegurança jurídica no Estado de São Paulo, com potencial de (i) refazimento de milhares de atos administrativos cuja anulação já se consolidou no tempo, (ii) ampla e indesejável litigiosidade nas instâncias ordinárias e (iii) provável impacto econômico em momento de grave crise financeira que assola o país, tendo em vista que os atos anulados haviam produzido efeitos favoráveis aos administrados 7. Desse modo, impõe-se a modulação dos efeitos desta decisão (art. 27 da Lei nº 9.868/1999), para que (i) sejam mantidas as anulações já realizadas pela Administração até a publicação da ata do julgamento de mérito desta ação direta (23.04.2021), desde que tenham observado o prazo de 10 (dez) anos; (ii) seja aplicado o prazo decadencial de 10 (dez) anos aos casos em que, em 23.04.2021, já havia transcorrido mais da metade do tempo fixado na lei declarada inconstitucional (aplicação, por analogia, do art. 2.028 do Código Civil); e (iii) para os demais atos administrativos já praticados, seja o prazo decadencial de 5 (cinco) anos contado a partir da publicação da ata do julgamento de mérito desta ação (23.04.2021). 8. Procedência do pedido, com a declaração de inconstitucionalidade do art. 10, I, da Lei nº 10.177/1998, do Estado de São Paulo, modulando-se os efeitos na forma acima descrita." (ADI 6019, Relator(a): MARCO AURÉLIO, Relator(a) p/ Acórdão: ROBERTO BARROSO, Tribunal Pleno, julgado em 12/05/2021, PROCESSO ELETRÔNICO DJe-134 DIVULG 05-07-2021 PUBLIC 06-07-2021).

Para além da projeção para o futuro que, em estudo recente de Daniel Mitiero,[640] aposta quando o tema é de precedente, que a técnica correta nela não seria a da modulação de efeitos, mas o da superação para frente, pode ocorrer de se aplicar o precedente de forma retroativa (*retrospective overruling*), de forma plena ou limitada (*full retroaction* ou *limited retroaction*).[641]

Conquanto não desejável a edição de precedente ou sua superação com eficácia retroativa,[642] na medida em que ofensiva à estabilidade e à previsibilidade em que se assenta inclusive o sistema de respeito aos precedentes,[643] tal só encontra limite no inciso XXXVI do artigo 5º da Constituição: "XXXVI – a lei não prejudicará o direito adquirido, o ato jurídico perfeito e a coisa julgada;" sendo que o Supremo Tribunal Federal já decidiu com base em tal perspectiva.[644]

---

640 MITIDIERO, Daniel. *Superação para frente e modulação de efeitos*: precedente e controle de constitucionalidade no direito brasileiro. São Paulo: Revista dos Tribunais, 2021. p. 81. Escreve: "Partindo da distinção entre decisão e precedente, fica clara a necessidade de separar superação para frente de modulação de efeitos. Enquanto a decisão de constitucionalidade enfrenta uma controvérsia particular e gera um comando igualmente particularizado, o precedente, nada obstante generalizado a partir de uma controvérsia, produz uma prescrição geral, replicável e universalizável. Vale dizer: a decisão de constitucionalidade – e eventual modulação de efeitos – tem por objeto a validade de determinada norma em relação à Constituição. Essa é a controvérsia particular enfrentada pela decisão. O precedente – e eventual superação para frente – tem por objeto a outorga de sentido ao texto e a definição do alcance da norma. Aliás, nada obsta que a decisão moduladora de efeitos de uma decisão em recurso extraordinário sirva como basee para a formação de u precedente. Sendo dois conceitos diferentes, ressai evidente a necessidade de particularizar o respectivo tratamento".

641 ALVIM, Teresa Arruda. *Modulação:* na alteração da jurisprudência firme ou de precedentes vinculantes. São Paulo: Revista dos Tribunais, 2019. p. 113/114.

642 "O princípio da irretroatividade é um filho do progresso; estratificou-se evolutivamente; portanto, embora impando de modernismo, retrógrados se revelam os que se insurgem contra ele. Primitivamente imperava a irrestrita aplicabilidade da lei aos fatos anteriores. (...). A irretroatividade constitui a regra. A retroatividade é exceção; como tal, cumpre entendê-la e aplicá-la; deve achar-se expressamente imposta; ou resultar da natureza, da própria essência do novo direito; enfim, ser reconhecível com segurança o mandamento ou preceito em tal sentido; interpreta-se estritamente; na dúvida, não se observa o retrocesso, prevalece o Direito comum." (MAXIMILIANO, Carlos. *Direito intertemporal.* São Paulo: Freitas Bastos, 1946. p. 50).

643 FERRAZ, Taís Schilling. O precedente na jurisdição constitucional: construção e eficácia no julgamento da questão com repercussão geral. São Paulo: Editora Saraiva, 2017. p. 311.

644 RECURSO EXTRAORDINÁRIO. REPERCUSSÃO GERAL. DIREITO CONSTITUCIONAL E ELEITORAL. ELEIÇÕES 2012. PREFEITO. HIPÓTESES DE INELEGIBILIDADE. ART. 14, § 9º, DA CONSTITUIÇÃO DA REPÚBLICA DE 1988. MORALIDADE PARA O EXERCÍCIO DE MANDATOS ELETIVOS, CONSIDERADA A VIDA PREGRESSA DO CANDIDATO. CONDENAÇÃO EM AÇÃO DE INVESTIGAÇÃO JUDICIAL ELEITORAL POR ABUSO DE PODER COMETIDO NA CONDIÇÃO DE DETENTOR DE CARGO ELETIVO. DECLARAÇÃO DE INELEGIBILIDADE POR TRÊS ANOS. APLICABILIDADE DOS PRAZOS PREVISTOS NA LC Nº 135/2010. INEXISTÊNCIA DE ULTRAJE À IRRETROATIVIDADE DAS LEIS E À COISA JULGADA. MODIFICAÇÃO DO REGIME JURÍDICO ELEITORAL. INEXISTÊNCIA DE REGIME DUAL DE INELEGIBILIDADES NA LEI COMPLEMENTAR Nº 64/90. TODAS AS CAUSAS RESTRITIVAS CONTEMPLADAS NO ART. 1º, INCISO I, DA LC Nº 64/90, CONSUBSTANCIAM EFEITOS REFLEXOS A SEREM AFERIDOS QUANDO DA FORMALIZAÇÃO DO REGISTRO DE CANDIDATURA. O ART. 22, XIV, DA LC Nº 64/90, NÃO TRADUZ HIPÓTESE AUTÔNOMA DE INELEGIBILIDADE (SANÇÃO). REPRODUÇÃO NO RITO PROCEDIMENTAL DA AIJE DA CAUSA CONSTANTE DO ART. 1º, INCISO I, ALÍNEA D, DA LC Nº 64/90. INTERPRETAÇÃO SISTÊMICO-TELEOLÓGICA DO ESTATUTO

DAS INELEGIBILIDADES. RECURSO EXTRAORDINÁRIO DESPROVIDO. 1. O exercício legítimo do ius honorum (i.e., direito de ser votado) encontra balizamentos e limites no modelo insculpido pelo constituinte de 1988, que não contemplou um direito amplo de elegibilidade, ao consignar, de um lado, a necessidade de preenchimento das condições de elegibilidade, e, de outro, a não incursão em quaisquer das hipóteses de inelegibilidade, constitucionais ou legais complementares. 2. As limitações ao direito de ser votado fundam-se nos princípios constitucionais da moralidade e da probidade, considerada a vida pregressa do candidato, da normalidade e da legitimidade das eleições contra a influência do poder econômico ou o abuso do exercício de função, cargo ou emprego na administração direta ou indireta, a teor do que preconiza o art. 14, § 9º, da Lei Fundamental de 1988. 3. A inelegibilidade do art. 22, XIV, da Lei Complementar nº 64/90, não encerra sanção, porquanto a procedência dos pedidos deduzidos em ação de investigação judicial eleitoral se assemelha, quanto aos efeitos jurídico-eleitorais, às demais hipóteses das alíneas do art. 1º, I. 4. A causa restritiva ao exercício do ius honorum judicialmente reconhecida, com espeque no art. 22, XIV, produz seus efeitos na esfera jurídico-eleitoral do condenado, se – e somente se – o pretenso candidato formalizar requerimento de registro de candidatura em pleitos vindouros, ou, em se tratando de recurso contra a expedição do diploma, nas hipóteses de inelegibilidades infraconstitucionais supervenientes. 5. O art. 22, XIV, da LC nº 64/90, reproduz no rito procedimental da Ação de Investigação Judicial Eleitoral (AIJE) a inelegibilidade da alínea d, especificamente indicando os comandos impostos ao juiz nas hipóteses de condenação por abuso de poder econômico, abuso de poder de autoridade e pelo uso indevido dos meios de comunicação (i.e., cassação do diploma e declaração de inelegibilidade), sem introduzir qualquer hipótese autônoma de inelegibilidade. 6. O legislador eleitoral complementar incorreu em manifesta atecnia ao afirmar que a inelegibilidade do art. 22, XIV, encerraria sanção, máxime porque a natureza jurídica de instituto é efetivamente perquirida a partir da análise dos efeitos jurídicos que efetivamente dele advêm. 7. O art. 22, XIV, da LC nº 64/90, em sua exegese literal, não veicula peremptoriamente inelegibilidade-sanção, na medida em que referido dispositivo apresenta – e impõe – dois comandos contraditórios ao magistrado, em eventual condenação por abuso de poder político e econômico: de um lado, determina que seja declarada a inelegibilidade, o que pressupõe que essa situação jurídica preexiste e está apenas sendo reconhecida judicialmente; e, por outro lado, comina a sanção de inelegibilidade, pressupondo que é a sentença que constituirá esse novo estado jurídico, pressupondo que é a sentença que declarará esse novo estado jurídico. 8. A interpretação lógico-sistemática do regime jurídico das inelegibilidades rechaça o caráter sancionatório do art. 22, XIV, uma vez que a condenação em ações de impugnação de mandato eletivo atrai, reflexamente, a restrição do art. 1º, I, *d*, da LC nº 64/90. Seria um contrassenso lógico afirmar que a procedência do pedido em outra ação (AIJE), que visa igualmente a apurar abusos de poder econômico, consigne uma hipótese de inelegibilidade-sanção. 9. O art. 1º, inciso I, alínea *d*, do Estatuto das Inelegibilidades, é o fundamento normativo para reconhecer, reflexamente, a restrição à cidadania passiva em decorrência de condenação exclusivamente por uso indevido dos meios de comunicação (efeitos reflexos ou secundários), embora a literalidade da alínea *d* refira-se apenas a abuso de poder político ou econômico. 10. *In casu*, a) a controvérsia jurídica travada cinge-se em perquirir se há, ou não, ofensa às garantias constitucionais da coisa julgada e da irretroatividade da lei gravosa, *ex vi*, respectivamente, do art. 5º, XXXVI e XL, nas hipóteses de aumento de prazo de 3 (três) para 8 (oito) anos da inelegibilidade prevista no art. 22, XIV, da LC nº 64/90, em razão de condenação por abuso de poder político ou econômico, quando (i) se verificara o trânsito em julgado e (ii) ocorrera o exaurimento do prazo de 3 anos, tal como disposto na redação primeva do indigitado preceito. b) Em consequência, verificado o exaurimento do prazo de 3 (três) anos, previsto na redação originária do art. 22, XIV, por decisão transitada em julgado, é perfeitamente possível que o legislador infraconstitucional proceda ao aumento dos prazos, o que impõe que o agente da conduta abusiva fique inelegível por mais 5 (cinco) anos, totalizando os 8 (oito) anos, sem que isso implique ofensa à coisa julgada, que se mantém incólume; c) A racionalidade subjacente ao julgamento das ADCs nº 29 e nº 30 deve ser aplicada tout court ao art. 22, XIV, e à alínea *d* (sobre a qual a Corte já se pronunciou), razão pela qual, sob a dogmática constitucional, a extensão dos prazos de inelegibilidade do art. 22, XIV, da Lei da Ficha Limpa, justamente porque não versa sanção. d) Destarte, não revela ofensa à retroatividade máxima, de ordem a fulminar a coisa julgada, mesmo após o exaurimento dos 3 (três) anos inicialmente consignados na decisão judicial passada em julgado que reconhece a prática de poder político ou econômico (reconhecimento este que, aí sim, faz exsurgir a inelegibilidade). Trata-se, em vez disso, de exemplo acadêmico de retroatividade inautêntica (ou retrospectividade). Da impossibilidade de modulação dos efeitos do pronunciamento 11. A modulação temporal encerra técnica de decisão ínsita à declaração de inconstitucionalidade, máxime porque sua *ratio essendi* consiste em preservar situações jurídicas consolidadas durante o período em que a

Ora bem, como o precedente estabelece uma regra jurídica a ser observada pelos indivíduos, o regramento relativo à sua aplicação para o passado deve observar os mesmos condicionantes impostos à lei.[645]

lei ou ato normativo reputados por inconstitucionais produziram efeitos. 12. *In casu*, a) não houve declaração de inconstitucionalidade ou mesmo interpretação conforme do art. 22, XIV, da Lei Complementar nº 64/90. b) Diversamente, a Suprema Corte assentou a constitucionalidade do aludido preceito, cuja exegese não destoa daquela aplicada pelo Tribunal Superior Eleitoral nas eleições de 2012, 2014 e 2016. 13. A modulação temporal se justifica, de igual modo, nas hipóteses de viragem jurisprudencial, ante os efeitos normativos decorrentes da fixação de precedentes, os quais acarretam uma expectativa legítima aos cidadãos, os quais pautam suas condutas orientados pelo entendimento até então consolidado. 14. No caso sub examine, a) A jurisprudência remansosa de 2012, 2014 e 2016 (Caso Tianguá, para o qual eu fiquei redator para o acórdão) não chancelava a pretensão aduzida pelo Recorrente. b) Portanto, a Suprema Corte apenas e tão só endossou a jurisprudência pacífica do TSE. Por tal razão, descabe cogitar expectativa legítima dos candidatos que estão exercendo seus respectivos mandatos de permanecerem no cargo. 15. A modulação acarretará o afastamento imediato dos agentes políticos que estejam ocupando ilegitimamente os mandatos, ainda que isso implique o recálculo de coeficiente eleitoral. 16. No caso vertente, a) Os candidatos que se encontravam em situação análoga à do Recorrente deram causa à renovação do pleito, na medida em que concorreram cientes de que a jurisprudência remansosa assentava a sua inelegibilidade. b) Os aludidos candidatos estão no cargo por força de cautelares concedidas, em sentido contrário à jurisprudência então pacífica do TSE (2012, 2014 e 2016), que foi corroborada pela Suprema Corte nesse julgamento. c) Como corolário, não se pode admitir que uma cautelar, deferida em sentido diametralmente oposto ao entendimento cristalizado no TSE, possa consolidar situações jurídicas quando há centenas, senão milhares, de pronunciamentos Colegiados do TSE e dos TREs, desde 2012, no sentido da jurisprudência que se consolidou nesta Corte. d) Os custos econômicos de celebração do novo pleito não justificam a manutenção dos candidatos eleitos no cargo, uma vez que o legislador ordinário, ao engendrar o modelo de novas eleições, ponderou esses riscos alusivos ao dispêndio de recursos, ancorado em seu amplo espaço de conformação de definir e redefinir arranjos normativos inerentes ao funcionamento do processo político-eleitoral. e) Os custos políticos também desabonam o acolhimento da modulação, porquanto geraria um caos social e profunda instabilidade política admitir a manutenção de agentes políticos investidos no mandato por um pleito viciado na origem por ultraje tanto aos bens jurídicos tutelados pela axiologia eleitoral (no caso de ilícitos) quanto ao descumprimento das regras alusivas às hipóteses de inelegibilidade (no caso em que se deferem pedidos de registro de candidatos manifestamente inaptos a concorrerem no prélio). 17. Por esse conjunto de argumentos, rejeita-se a modulação. 18. Fixada a seguinte tese de repercussão geral no RE nº 929.670/DF: "A condenação por abuso do poder econômico ou político em ação de investigação judicial eleitoral transitada em julgado, *ex vi* do art. 22, XIV, da LC nº 64/90, em sua redação primitiva, é apta a atrair a incidência da inelegibilidade do art. 1º, inciso I, alínea d, na redação dada pela LC nº 135/2010, aplicando-se a todos os processos de registro de candidatura em trâmite". 19. Ex positis, voto pelo DESPROVIMENTO do recurso extraordinário. (RE 929670, Relator(a): Min. RICARDO LEWANDOWSKI, Relator(a) p/ Acórdão: Min. LUIZ FUX, Tribunal Pleno, julgado em 01/03/2018, ACÓRDÃO ELETRÔNICO REPERCUSSÃO GERAL – MÉRITO DJe-076 DIVULG 11-04-2019 PUBLIC 12-04-2019).

645 O Ministro Ricardo Lewandowski, em decisão monocrática, relativamente a aplicação para o passado da alteração jurisprudencial sobre o prazo prescricional para demanda de repetição de indébito, acentuou: "Nesse particular, penso que toda inflexão jurisprudencial que importe restrição a direitos dos cidadãos – como é o caso da definição do termo a quo do prazo prescricional – deve observar, para sua aplicação, certa regra de transição para produção de seus efeitos, levando em consideração os comportamentos então tidos como legítimos, porquanto praticados em conformidade com a orientação prevalecente, em homenagem ao princípio da segurança jurídica e aos postulados da lealdade, da boa-fé e da confiança legítima, sobre os quais se assenta o próprio Estado Democrático de Direito. [...] Destarte, consideradas as balizas objetivas do caso vertente, penso que deve incidir à hipótese a mesma ratio decidendi dos julgados acima colacionados, de forma a resguardar-se o princípio da segurança jurídica, de índole constitucional, bem como os postulados da lealdade, da boa-fé e da confiança legítima, os quais conformam o Estado Democrático de Direito e impedem a aplicação retroativa da nova orientação jurisprudencial ao caso em tela" (ADPF n.º 248-DF, Relator Ministro Ricardo Lewandowski).

O Ministro José Carlos Moreira Alves claramente acentuou a abrangência irrestrita do dispositivo constitucional, em seu voto vencedor prolatado na Ação Declaratória de Inconstitucionalidade nº 403/DF:[646] "Esse preceito constitucional se aplica a toda e qualquer lei infraconstitucional, sem qualquer distinção entre lei de direito público e lei de direito privado, ou entre lei de ordem pública e lei dispositiva".

Logo, a alteração do precedente poderá ser aplicada retroativamente desde que não prejudique o direito adquirido, o ato jurídico perfeito e a coisa julgada.[647] Isto é, vedada a retroatividade máxima.

Questão interessante surge quando existe divergência entre os tribunais de superposição (por exemplo, STF e STJ), a respeito de matérias que tenham imbricamento constitucional e infraconstitucional, notadamente sobre os reflexos dessa divergência na perspectiva da modulação. Perceba-se, nosso texto constitucional coloca como intérprete último da Constituição o Supremo Tribunal Federal (artigo 102), enquanto cabe ao Superior Tribunal de Justiça a uniformização da interpretação infraconstitucional em sentido geral (artigo 105).

Obviamente, em tal situação, há de prevalecer o critério da hierarquia diretamente ligado à competência do órgão jurisdicional para conhecer da questão substanciada, ou seja, o tribunal competente para dar a última palavra sobre o tema cabe definir se é ou não caso de modulação, no que deve ser seguido pelos demais tribunais (vinculação vertical – CPC, artigos 926 e 927).

O Superior Tribunal de Justiça vem assim decidindo: "[...] 4. Tendo a jurisprudência deste STJ sido construída em interpretação de princípio constitucional, urge inclinar-se esta Casa ao decidido pela Corte Suprema competente para dar a palavra final em temas de tal jaez, notadamente em havendo julgamento de mérito em sede de repercussão geral.

---

646 "Ação direta de inconstitucionalidade. – Se a lei alcançar os efeitos futuros de contratos celebrados anteriormente a ela, será essa lei retroativa (retroatividade mínima) porque vai interferir na causa, que é um ato ou fato ocorrido no passado. – O disposto no artigo 5, XXXVI, da Constituição Federal se aplica a toda e qualquer lei infraconstitucional, sem qualquer distinção entre lei de direito público e lei de direito privado, ou entre lei de ordem pública e lei dispositiva. Precedente do S.T.F. – Ocorrência, no caso, de violação de direito adquirido. A taxa referencial (TR) não é índice de correção monetária, pois, refletindo as variações do custo primário da captação dos depósitos a prazo fixo, não constitui índice que reflita a variação do poder aquisitivo da moeda. Por isso, não há necessidade de se examinar a questão de saber se as normas que alteram índice de correção monetária se aplicam imediatamente, alcançando, pois, as prestações futuras de contratos celebrados no passado, sem violarem o disposto no artigo 5, XXXVI, da Carta Magna. – Também ofendem o ato jurídico perfeito os dispositivos impugnados que alteram o critério de reajuste das prestações nos contratos já celebrados pelo sistema do Plano de Equivalência Salarial por Categoria Profissional (PES/CP). Ação direta de inconstitucionalidade julgada procedente, para declarar a inconstitucionalidade dos artigos 18, *caput* e §§ 1 e 4; 20; 21 e parágrafo único; 23 e parágrafos; e 24 e parágrafos, todos da Lei n. 8.177, de 1 de maio de 1991." (ADI 493, Relator(a): Min. MOREIRA ALVES, Tribunal Pleno, julgado em 25/06/1992, DJ 04-09-1992 PP-14089 EMENT VOL-01674-02 PP-00260 RTJ VOL-00143-03 PP-00724).

647 Art. 5º, XXXVI – a lei não prejudicará o direito adquirido, o ato jurídico perfeito e a coisa julgada.

5. Muito embora tenha havido mudança de orientação jurisprudencial deste STJ, não é possível, para o caso, a modulação de efeitos tendo em vista que: 1º) a jurisprudência dentro do próprio STJ sempre foi controvertida quanto ao tema, alcançando pacificação somente quando do julgamento do próprio recurso representativo da controvérsia REsp nº 1.396.488/SC julgado em 25.02.2015, havendo curta vigência deste; e 2º) em casos onde a alteração da jurisprudência do Superior Tribunal de Justiça - STJ deriva de adequação a julgado posterior proferido pelo Supremo Tribunal Federal – STF (*overruling* vertical) a modulação de efeitos deve seguir a mesma solução dada também pelo STF, sob pena de permanecer a situação que se quer evitar de duplicidade de soluções judiciais para uma mesma questão, a fomentar insegurança jurídica (os Tribunais inferiores não saberão qual posicionamento seguir para o período), ineficiência da prestação jurisdicional (pois a parte prejudicada irá interpor recurso extraordinário/especial para afastar ou garantir a modulação) e desigualdade no tratamento dos jurisdicionados (pois o processo sofrerá solução diferente de acordo com o tribunal destinatário do recurso final). 6. Ou seja, se o STF decidiu pela modulação, solução idêntica há que ser adotada pelo STJ. Se o STF decidiu pela impossibilidade de modulação, do mesmo modo a impossibilidade há que ser acatada pelo STJ. Nesse sentido, a própria decisão sobre a modulação (positiva ou negativa) vincula posto que também dotada de repercussão geral, tudo também com o escopo de se evitar a litigância temerária. Mas se o STF simplesmente não se manifestou a respeito da modulação, resta a possibilidade de o STJ modular os efeitos de seu novo posicionamento, sendo que essa mesma modulação poderá ser objeto de recurso ao STF, a fim de que a jurisprudência das duas Cortes Superiores seja ali uniformizada. 7. No caso concreto, o STF, no julgamento do RE nº 723.651/PR (Repercussão Geral Tema n. 643), após assentar a tese de que "Incide o imposto de produtos industrializados na importação de veículo automotor por pessoa natural, ainda que não desempenhe atividade empresarial e o faça para uso próprio", após extenso debate negou expressamente o pedido de modulação de efeitos. A solução há que ser seguida também pelo STJ pelos motivos alinhavados. 8. Recurso especial não provido." (REsp 1570531/CE, Rel. Ministro MAURO CAMPBELL MARQUES, SEGUNDA TURMA, julgado em 04/02/2020, DJe 10/02/2020).

Finalmente, pensamos que a questão da modulação da superação precedente deve ser um tópico, um capítulo propriamente, do julgamento em que isso ocorra, seja para negar sua realização, seja para dimensioná-la concretamente.

Isso porque, essa é uma questão passível de ser conhecida de ofício, na medida em que assim imposto pelo artigo 927, § 3º, do Código de Processo Civil, razão por que permite e justifica a interposição de embargos de declaração[648] – ponto omisso (CPC, artigo 1.022[649]). Por isso assiste razão as palavras de Teresa Arruda Alvim quando afirma sobre a possibilidade de o Tribunal modular com pedido expresso, pois atende o *decisium* a interesses públicos.[650]

Ademais, o quórum para deliberação da superação será o mesmo exigido para decisão que fixou o precedente. Portanto, de maioria simples, salvo quando exigido qualificado na forma do artigo 97[651] da Constituição da República, bem como em leis especiais (Leis nos 9.868, de 1999 e 9.882, de 1999) – *lex posterior generalis non derogat priori speciali.*[652]

---

648 Sobre o tema dos embargos de declaração, recomenda-se: FERNANDES, Luís Eduardo Simardi. *Embargos de declaração*: efeitos infringentes, prequestionamento e outros aspectos polêmicos. 5. ed. São Paulo: Revista dos Tribunais, 2020.

649 "EMBARGOS DECLARATÓRIOS. LEI ESTADUAL 12.373/2011, COM REDAÇÃO DADA PELA LEI 14.025/2018 DO ESTADO DA BAHIA. CUSTAS JUDICIAIS. INOCORRÊNCIA DOS VÍCIOS APONTADOS. MODULAÇÃO DE EFEITOS EM EMBARGOS DE DECLARAÇÃO. AUSÊNCIA DE EXCEPCIONALIDADE. EMBARGOS REJEITADOS. 1. O acórdão embargado enfrentou e decidiu, de maneira integral e com fundamentação suficiente, toda a controvérsia veiculada na inicial, reafirmando a jurisprudência reiterada do SUPREMO TRIBUNAL FEDERAL. 2. Embargos de declaração não se prestam a veicular inconformismo com a decisão tomada, nem permitem que as partes impugnem a justiça do que foi decidido, pois tais objetivos são alheios às hipóteses de cabimento típicas do recurso (art. 1.022 do CPC/2015). 3. A jurisprudência do SUPREMO TRIBUNAL FEDERAL admite o conhecimento de embargos declaratórios para a modulação da eficácia das decisões proferidas em controle concentrado de constitucionalidade, desde que comprovada suficientemente hipótese de singular excepcionalidade (ADI 3.601 ED, Rel. Min. DIAS TOFFOLI, Tribunal Pleno, DJe de 15/12/2010). 4. Ausência, no caso, de razões de segurança jurídica e interesse social (art. 27 da Lei 9.868/1999) a justificar a excepcional modulação dos efeitos da declaração de inconstitucionalidade. 5. Embargos de Declaração rejeitados." (ADI 5720 ED, Relator(a): Min. ALEXANDRE DE MORAES, Tribunal Pleno, julgado em 11/11/2019, PROCESSO ELETRÔNICO DJe-260 DIVULG 27-11-2019 PUBLIC 28-11-2019). No mesmo sentido: "EMBARGOS DE DECLARAÇÃO EM RECURSO EXTRAORDINÁRIO COM REPERCUSSÃO GERAL. EXCLUSÃO DO ICMS DA BASE DE CÁLCULO DO PIS E CONFINS. DEFINIÇÃO CONSTITUCIONAL DE FATURAMENTO/RECEITA. PRECEDENTES. AUSÊNCIA DE OMISSÃO, CONTRADIÇÃO OU OBSCURIDADE DO JULGADO. PRETENSÃO DE REDISCUSSÃO DA MATÉRIA. IMPOSSIBILIDADE JURÍDICA. MODULAÇÃO DOS EFEITOS. ALTERAÇÃO DE JURISPRUDÊNCIA COM EFEITOS VINCULANTES E ERGA OMNES. IMPACTOS FINANCEIROS E ADMINISRTATIVOS DA DECISÃO. MODULAÇÃO DEFERIDA DOS EFEITOS DO JULGADO, CUJA PRODUÇÃO HAVERÁ DE SE DAR DESDE 15.3.2017 – DATA DE JULGAMENTO DE MÉRITO DO RECURSO EXTRAORDINÁRIO 574.706 E FIXADA A TESE COM REPERCUSSÃO GERAL DE QUE "O ICMS NAO COMPÕE A BASE DE CÁLCULO PARA FINS DE INCIDÊNCIA DO PIS E DA COFINS" –, RESSALVADAS AS AÇÕES JUDICIAIS E PROCEDIMENTOS ADMINISTRATIVOS PROTOCOLADAS ATÉ A DATA DA SESSÃO EM QUE PROFERIDO O JULGAMENTO DE MÉRITO. EMBARGOS PARCIALMENTE ACOLHIDOS." (RE 574706 ED, Relator(a): CÁRMEN LÚCIA, Tribunal Pleno, julgado em 13/05/2021, PROCESSO ELETRÔNICO DJe-160 DIVULG 10-08-2021 PUBLIC 12-08-2021).

650 ALVIM, Teresa Arruda. *Modulação:* na alteração da jurisprudência firme ou de precedentes vinculantes. São Paulo: Revista dos Tribunais, 2019. p. 154. "Entretanto, o Tribunal pode modular, ainda que não tenha havido pedido a respeito. A decisão sobre modulação de efeitos atende a interesses públicos já que, normalmente, se refere predominantemente, aos efeitos da *carga normativa* das decisões, i.e., das decisões, *enquanto precedentes*".

651 Art. 97. Somente pelo voto da maioria absoluta de seus membros ou dos membros do respectivo órgão especial poderão os tribunais declarar a inconstitucionalidade de lei ou ato normativo do Poder Público.

652 "2) Conflito entre o critério de especialidade e o cronológico: esse conflito tem lugar quando uma norma anterior-especial é incompatível com uma norma posterior-geral. Tem-se conflito porque, aplicando o critério de especialidade, dá-se preponderância à primeira norma, aplicando o critério

Ao arremate, pela correta inteligência do artigo 939 do Código de Processo Civil, os eventualmente vencidos no julgamento de mérito sobre a superação do precedente devem deliberar sobre a modulação.

Sempre que possível, deve-se dar primazia ao colegiado, multiplicando os pontos de vista sobre a situação, a necessidade ou não de se modular a eficácia da decisão, a conjugação da preservação da segurança jurídica com a eficácia própria do direito em discussão.

CARNELUTTI observava com exatidão: "[...] o colegiado tende a suprir as deficiências de cada um de seus membros e, por isso mesmo, a proporcionar um sujeito da função judicial dotado do maior número de qualidades".[653]

A votação não se dará sobre o acerto da solução da questão, sobre a qual ficaram vencidos, mas sim sobre a necessidade de modulação, que observa paradigmas próprios (segurança jurídica e interesse público).

---

cronológico, dá-se prevalência à segunda. Também aqui foi transmitida uma regra geral, que soa assim: *Lex posterior generalis non derogat priori speciali*. Com base nessa regra, o conflito entre critério de especialidade e critério cronológico deve ser resolvido em favor do primeiro: a lei geral sucessiva não tira do caminho a lei especial precedente." (BOBBIO, Norberto. *Teoria do ordenamento jurídico*. 10. ed. Tradução Maria Celeste Cordeiro Leite dos Santos. Brasília: Editora Universidade de Brasília, 1999. p. 108).

653 CARNELUTTI, Francesco. *Sistema de direito processual civil*. Trad. Hiltomar Martins de Oliveira. São Paulo: Classic Book, 2000. v. 2. p. 286.

Considerações finais

O Código de Processo Civil brasileiro não pode e não deve ser interpretado em tiras. Não se trata de uma legislação que possa ser lida sem uma coesão, a partir de sua normatividade fundamental, o que já foi alvo de diversos trabalhos doutrinários, evitando-se, aqui, maiores digressões sobre o tema.

Também não se pode dar as costas ao momento e ao modo legislativo, iniciado em 2009 pelo ato do então Presidente do Congresso Nacional, Senador José Sarney, nomeados diversos processualistas para darem conta de um novo texto processual,[654] renovado, para dar conta, dentre tantas coisas, da efetividade e da eficiência da jurisdição. A pergunta é: a quem serve um Poder Judiciário inefetivo e ineficiente? Todos que lidam com o estudo do processo devem se fazer esse questionamento a partir de 2015? Muitos o fizeram antes, sendo essas vozes ouvidas no novo modelo processual brasileiro.

Se é certo que a eficiência e a efetividade são nortes perseguidos pelo legislador, fica muito fácil fazer a afirmação de que não há como existir um modelo de processo eficiente e efetivo sem segurança jurídica, o que, em muito, tem a ver com a estabilidade das decisões judiciais e sua unidade do Direito. Um direito que não é igualmente aplicável para todos, em casos semelhantes, que demandam a mesma solução, fomenta inconformidade e injustiça, pilares que sustentam a própria vontade dos envolvidos.

Mas também é certo que o direito não pode ser imutável.[655] Um direito engessado, estagnado, pode gerar tanta ou mais inconformidade e injustiça que um direito não efetivado. Por isso, uma das grandes soluções do CPC/2015 é apostar em duas grandes técnicas processuais para que o direito não paralise: a distinção e a superação.

---

[654] Para se conhecer um pouco mais da história que levou ao processo legislativo, ver: DIAS, Ronaldo Brêtas de Carvalho. *Fundamentos e inovações do Código de Processo Civil*. Belo Horizonte, São Paulo: D'Plácido, 2020. p. 13.

[655] Sobre o tema, cristalina a posição de: PINHEIRO, Victor Marcel. *Decisões vinculantes do STF*: a cultura dos precedentes. São Paulo: Almedina, 2021. p. 231. Escreve: "A segunda conclusão aponta que as decisões vinculantes não são instrumento da petrificação da interpretação constitucional. Eles podem ser revogados pela legislação ou pela própria corte que os estatuiu para que suas rationes decidendi deixem de ser obrigatórias".

Neste trabalho, ambas as técnicas processuais restaram estudas, demonstrando como deverá ser a vida do profissional do direito no Século XXI. Aquele que não dominar, minimamente, a distinção e a superação, assim como as demais técnicas que lhes seguem, será alguém que, possivelmente, estará atrasado na convivência com o novo modelo de processo civil brasileiro e o modo como se poderá escapar da aplicação de um *standard* decisório (distinção) ou no modo como se tentará reformar um *standard* decisório (superação). É debruçado nesses temas, basicamente, o estudo. Outras questões *a latere* foram levantadas e, com elas, materiais teóricos foram citados para consulta mais aprofundada. Dificilmente, talvez ao lado das tutelas provisórias e dos negócios processuais, outro tema ganhou tanto relevo na doutrina brasileira. No fechamento dessa primeira edição da obra, tentou-se abordar o maior número possível de livros nacionais, sabendo os autores, até pelos temas de fundo, que alguns ficaram de fora do estudo, mas devem ser, de alguma forma, referidos[656] para complementação dos estudos, eis que dotados de vontades e ideias indispensáveis ao debate.

[656] Eis alguns desses livros ainda não citados no texto, sem contar os inúmeros artigos publicados em revistas, mas não esgotando a existência de todas as obras já publicadas sobre o tema no Brasil: OLIVEIRA, Weber Luiz de. *Precedentes judiciais na administração pública*: limites e possibilidades de aplicação. 2. ed. Salvador: Juspodivm, 2019; CAMILOTTI, José Renato. *Precedentes judiciais em matéria tributária no STF*: pragmática da aplicação das súmulas vinculantes e os critérios de verificação para aplicação e distinção. São Paulo: Noeses, 2018; RESENDE, Cauã Baptista Pereira de. *Precedentes judiciais e a efetividade dos direitos fundamentais*. São Paulo: LTr80, 2016; CARNEIRO JÚNIOR, Amilcar Araújo. *A contribuição dos precedentes judiciais para a efetividade dos direitos fundamentais*. Brasília, Gazeta Jurídica, 2012; MANCUSO, Rodolfo de Camargo. *Sistema brasileiro de precedentes*: natureza, eficácia e operacionalidade. 2. ed. São Paulo: Revista dos Tribunais, 2016; MONNERAT, Fábio Victor da Fonte. *Súmulas e precedentes qualificados*: técnicas de formação e aplicação. São Paulo: Saraiva Jur, 2019; CARVALHO, Gustavo Marinho de. *Precedentes administrativos no direito brasileiro*. São Paulo: Contracorrente, 2015; LIMA, Manoel Pedro Ribas de. *Precedentes versus ponderação*: contradição interna do Código de Processo Civil. Curitiba: Juruá, 2018; MARIANI, Rômulo Gress. *Precedentes na arbitragem*. Belo Horizonte: Fórum, 2018; MINGATI, Vinícius Secanfen. *Reclamação (neo)constitucional*: precedentes, segurança jurídica e os juizados especiais. Brasília: Gazeta Jurídica, 2013; SARLET, Ingo Wolfgang; JOBIM, Marco Félix (orgs.). *Precedentes judiciais*: diálogos transnacionais. São Paulo: Tirant lo Blanch, 2018; MENDES, Bruno Cavalcanti Angelin. *Precedentes judiciais vinculantes*: a eficácia dos motivos determinantes da decisão na cultura jurídica: Curitiba: Juruá, 2014; LIMA JÚNIOR, Cláudio Ricardo. *Precedentes judiciais no processo civil brasileiro*: aproximação entre *civil law* e *common law* e aplicabilidade do *stare decisis*. Rio de Janeiro: Lumen Juris, 2015; ROMÃO, Pablo Freire; PINTO, Eduardo Régis Girão de Castro. *Precedente judicial no novo Código de Processo Civil*: tensão entre segurança e dinâmica do direito. Curitiba: Juruá, 2015; ANDREASSA JUNIOR, Gilberto. *Ativismo judicial & teoria dos precedentes*: integração dos poderes e coerência nas decisões do judiciário. Curitiba: Juruá, 2015; PANUTTO, Peter. *Precedentes judiciais vinculantes*: o sistema jurídico-processual brasileiro antes e depois do Código de Processo Civil de 2015 (Lei nº 13.105, de 16 de março de 2015). São Paulo: Empório do Direito, 2017; CATHARINA, Alexandre de castro. *Movimentos sociais e a construção dos precedentes judiciais*. Curitiba: Juruá, 2015; NUNES, Dierle; MENDES, Aluísio; JAYME, Fernando Gonzaga (orgs.). *A nova aplicação da jurisprudência e precedentes no CPC/2015*: estudos em homenagem à professora Teresa Arruda Alvim, São Paulo: Revista dos Tribunais, 2017; XAVIER, Carlos Eduardo Rangel. *Reclamação constitucional e precedentes judiciais*: contributo a um olhar sobre o novo Código de Processo civil de acordo com a lei 13.256/2016. São Paulo: Revista dos Tribunais, 2016; LUVIZOTTO, Juliana Cristina. *Precedentes administrativos & vinculação a atividade administrativa*. Curitiba: Juruá, 2016; CARVALHO, Thúlio Mesquita Teles de. *Precedentes judiciais vinculantes e conceitos jurídicos indeterminados*. Fortaleza:

Então, buscar soluções pela via do direito comparado, principalmente com o que esse deu certo e pudemos aprender com isso, realizando uma leitura crítica quando da assunção de seus institutos, parece ser, em época de novos horizontes processuais, o que de melhor se pode realizar. Isso se mostra, mais do que nunca, urgente, nas técnicas da distinção e da superação no ordenamento jurídico brasileiro, necessitando uma compreensão bastante acurada para poder aplicá-las em solo brasileiro.

Mesmo que não se parta de uma certeza se conceitos jurídicos são universalizáveis, parece ser cediço que distinguir e superar, verbos que indicam no caso diferenciação e renovação em suas ações, são conceitos que podem ter essa pretensão universalizável[657] e, assim, como pensa Fredie Didier Jr.[658] Sobre eles, que chamam de conceitos lógico-jurídicos, possa existir, então, aplicação deles em nosso sistema, com as devidas ressalvas.

Por isso a opção por escrever essa obra, para que consiga ser um guia útil, mas com segurança, da aplicação dessas técnicas, para alcançar ao profissional do direito e às partes as melhores ferramentas que o CPC/2015 positivou para se poder trabalhar com um modelo processual

---

Edição do Autor, 2018; CAMPOS, Fernando Teófilo. *Precedentes judiciais*: técnicas de dinâmica e prática. Curitiba: Appris, 2019; MOTTA, Otávio verdi. *Justificação da decisão judicial*: a elaboração da motivação e a formação de precedente. São Paulo: Revista dos Tribunais, 2015; OLIVEIRA, *Paulo Mendes de*. Coisa julgada e precedente: limites temporais e as relações jurídicas de trato continuado. São Paulo: Revista dos Tribunais, 2015; CERQUEIRA, Vinícius Nascimento. *Fundamentos da decisão no novo CPC*: o contraditório forte e os precedentes. São Paulo: Paco, 2014; PAULA, Tatiana. *Superação do precedente judicial*: uma análise à luz do contraditório. Rio de Janeiro: Lumen Juris, 2019; FEIO, Thiago Alves. *Precedentes vinculantes*: ativismo judicial e (in)segurança jurídica. Rio de Janeiro: Lumen Juris, 2018; ROSSI, Júlio César. *Precedentes à brasileira*: a jurisprudência vinculante no CPC e no novo CPC. São Paulo: Atlas, 2015; BEDRAN, Rodrigo Marcos. *A vinculação dos precedentes no novo Código de Processo Civil brasileiro*. Rio de Janeiro: Lumen Juris, 2018; ALMEIDA, Francisco Provázio Lara de. *Modulação de efeitos temporais na formação e na superação dos precedentes judiciais*. Rio de Janeiro: Lumen Juris, 2018; SOUZA, Marcelo Alves Dias de. *Do precedente judicial à súmula vinculante*. Curitiba: Juruá, 2006; MENDES, I'talo Fioravanti Sabo (org.). *O direito em precedentes judiciais*. Rio de Janeiro: Lumen Juris, 2018; SALES, Teresa Helena. *O amicus curiae e a consolidação de precedentes na vigência do Código de Processo Civil de 2015*. Rio de Janeiro: Lumen Juris, 2018; KREBS, Hélio Ricardo Diniz. *Sistema de precedentes e direitos fundamentais*. São Paulo: Revista dos Tribunais, 2015; PORTELA, João Filho de Almeida. *O precedente obrigatório e o dilema entre garantias constitucionais e a estandartização do direito*. Salvador: Juspodivm, 2018; TOMAZ, Mateus Rocha. *Fundamentação, precedentes e Constituição*: panoramas e críticas sobre o Código de Processo Civil de 2015. Rio de Janeiro: Lumen Juris, 2018; FIORAVANTI, Marcos Serra Netto. *A arbitragem e os precedentes judiciais. observância, respeito ou vinculação?* Rio de Janeiro: Lumen Juris, 2018; BACELAR, Guilherme Patrício de. *Precedentes vinculantes em recursos extraordinário e em especial repetitivos*. Rio de Janeiro: Lumen Juris, 2015; FUGA, Bruno Augusto Sampaio (org.). *Precedentes judiciais no processo civil*: estudos avançados em suas diversas perspectivas. Londrina, PR: Thoth, 2021.

[657] MARINONI, Luiz Guilherme; ARENHART, Sérgio Cruz, MITIDIERO; Daniel. *Novo curso de processo civil*: teoria do processo civil. São Paulo: Revista dos Tribunais, 2015. v. 1. Como abordam os autores, não se está a defender a existência de toda uma teoria universal, mas, apenas, a ideia de distinção como a colocada no artigo.

[658] DIDIER JR., Fredie. *Sobre a teoria geral do processo, essa desconhecida*. Salvador: Juspodivm, 2012.

que passa a vincular decisões judiciais da forma como o fez, embora ainda seja um caminho culturamente a ser perseguido.[659]

[659] LAVOYER, Luciana Castilho. *STJ e os precedentes*: sua cultura e identidade. Brasília: Trampolin, 2020. p. 2016. Escreve ao falar sobre o tema: "A conclusão da pesquisa é a de não assimilação no sentido completo do termo precedente como apresentado pelo Código de Processo Civil. O Tribunal ainda atua na crença (verdade afirmadapela organização – cultura) na jurisprudência pacificada como atividade d interpretação da lei para a solução de casos, cuja reiteração gera uniformidade, porém sem ser dotada de força vinculante. E que a força para sua observância pelos demais Tribunais vem do movimento de inúmeros julgados no mesmo sentido para gerar o convencimento. Cabe ressaltar que em vários votos o termo precedente foi utilizado com o significado de julgado antrior e estava próximo do recurso linguístico de enumeração com vários julgados no mesmo sentido da escolha feita no caso apresentado, demonstrando a identidade do órgão em relação ao enunciado precedente como instrumento retórico para demonstração de autoridade nas decisões e não como fonte de direito".

Referencial teórico

ABBOUD, Georges. *Processo constitucional brasileiro.* São Paulo: Revista dos Tribunais, 2016.

ALENCAR, Mário Soares de. *Jurisprudência e racionalidade*: o precedente judicial como elemento de coerência do sistema jurídico brasileiro. Curitiba: Juruá, 2018.

ALEXY, Robert. *Teoria discursiva do direito.* Organização Alexandre Travessoni Gomes Trivisonno. 3. ed. Rio de Janeiro: Forense, 2019.

——; *Teoria dos direitos fundamentais.* Trad. Virgílio Afonso da Silva. 2. ed. 4. tir. São Paulo: Malheiros, 2015.

ALMEIDA, Francisco Provázio Lara de. *Modulação de efeitos temporais na formação e na superação dos precedentes judiciais.* Rio de Janeiro: Lumen Juris, 2018.

ALMEIDA, Kalil Sauaia Boahid Mello. *Precedentes e unidade do direito no Superior Tribunal de Justiça*: da decisão do caso ao precedente, do amplo acesso ao Tribunal à relevância da questão federal. Londrina, PR: Thoth, 2023.

ALVIM, J. E. Carreira. *Comentários ao novo Código de Processo Civil*: Lei 13.105/15: volume 7 – arts. 464 a 527. Curitiba: Juruá, 2015.

ALVIM, Teresa Arruda. *A fundamentação das sentenças e dos acórdãos.* Curitiba, PR: Direito Contemporâneo, 2023.

——. *Modulação:* na alteração da jurisprudência firme ou de precedentes vinculantes. São Paulo: Revista dos Tribunais, 2019.

AMARAL, Guilherme Rizzo. *Judicial precedent and arbitration* – are arbitrators boundy by judicial precedent? A comparative study of UK, US and Brazilian Law and Practice. London: Wildy, Simmmonsds & Hill Publishing, 2017.

ANDRADE, Érico; THEODORO JÚNIOR, Humberto. *Precedentes no processo brasileiro.* Rio de Janeiro: Forense, 2021.

ANDRADE, Fábio Siebeneichler de. *Da codificação*: crônica de um conceito. Porto Alegre: Livraria do Advogado, 1997.

ANDREASSA JUNIOR, Gilberto. *Ativismo judicial & teoria dos precedentes*: integração dos poderes e coerência nas decisões do judiciário. Curitiba: Juruá, 2015.

——. *Precedentes judiciais e colegiaidade*: a reforma no procedimento deliberativo dos tribunais como pressuposto para uma efetiva aplicação dos institutos. Londrina, PR: Thoth, 2021.

ANDREWS, Neil. *O moderno processo civil*: formas judiciais e alternativas de resolução de conflitos da Inglaterra. 2. ed. Teresa Arruda Alvim Wambier (orientação e revisão da tradução). São Paulo: Revista dos Tribunais, 2012.

ANTONIN SCALIA. Disponível em: <https://www.oyez.org/justices/antonin_scalia>. Acesso 23 maio 2020.

ARENHART, Sérgio Cruz. *Perfis da tutela inibitória coletiva.* São Paulo: Revista dos Tribunais, 2003.

——; OSNA, Gustavo. *Curso de processo civil coletivo.* São Paulo: Revista dos Tribunais, 2019.

ARISTÓTELES. *Ética a Nicômaco.* Trad. de Pietro Nasseti. São Paulo: Martin Claret, 2001.

ATAÍDE JÚNIOR, Jaldemiro Rodrigues. *Precedentes vinculantes e irretroatividade do direito no sistema processual brasileiro*: os precedentes dos tribunais superiores e sua eficácia temporal. Curitiba: Juruá, 2012.

——. O mito da insularidade do *common law* inglês. Disponível: <https://emporiododireito.com.br/leitura/abdpro-89-o-mito-da-insularidade-do-common-law-ingles>. Acesso: 1-jul-2019.

ATIENZA, Manuel. *Curso de argumentação jurídica.* Tradução Claudia Roesler. São Paulo: Alteridade, 2017.

ATO DE EMANCIPAÇÃO. Notícia disponível em: <https://www.dw.com/pt-br/1863-estados-unidos-abolem-a-escravid%C3%A3o/a-372001>. Acesso 17 maio 2020.

AUSTIN, John. *Lectures on jurisprudence.* New York, Henry Holt and Company, 1875.

ÁVILA, Humberto. *Constituição, liberdade e interpretação.* São Paulo: Malheiros, 2019.

——. *Teoria da indeterminação no direito*: entre a indeterminação aparente e a determinação latente. São Paulo: Malheiros/Juspodivm, 2022.

——. *Teoria da segurança jurídica.* 4. ed. São Paulo: Malheiros, 2016.

AZEVEDO, Marco Antonio Duarte de. *Súmula vinculante*: o precedente como fointe de direito. São Paulo: Centro de Estudos da Procuradoria Geral do Estado de São Paulo, 2009.

BACELAR, Guilherme Patrício de. *Precedentes vinculantes em recursos extraordinário e em especial repetitivos.* Rio de Janeiro: Lumen Juris, 2015.

BARBOSA, Ruy. *Oração aos moços.* São Paulo: Martin Claret, 2003.

BARBOZA, Estefânia Maria de Queiroz. *Precedentes judiciais e segurança jurídica*: fundamentos e possibilidade para a jurisdição constitucional brasileira. São Paulo: Saraiva, 2014.

BARKER, Robert S. *El precedente y su significado en el derecho constitucional de los Estados Unidos.* Lima: Grijley, 2014.

BARRETT, Amy Coney. *Precedent and Jurisprudential Disagreement*, 91 TEX. L. REV. 1711, 1712 (2013).

BARROSO, Luís Roberto. *Sem data venia*: um olhar sobre o Brasil e o mundo. Rio de Janeiro: História Real, 2020.

——. *Revolução tecnológica, crise da democraia e Constituição*: direito e políticas públicas num mundo em transformação. Belo Horizonte: Fórum, 2021.

BEAMISH *V.* BEAMISH. Disponível em: <http://www.uniset.ca/other/ths/11ER735.html>. Acesso 19 maio 2020.

BECKER, Rodrigo Frantz (coord.). *Suprema Corte dos Estados Unidos*: casos históricos. São Paulo: Almedina, 2022.

BEDRAN, Rodrigo Marcos. *A vinculação dos precedentes no novo Código de Processo Civil brasileiro.* Rio de Janeiro: Lumen Juris, 2018.

BELLOCCHI, Márcio. Precedentes *vinculantes e a aplicação do direito brasileiro na convenção de arbitragem.* São Paulo: Revista dos Tribunais, 2017.

BENTHAM. Tratado de los sofismas políticos. Tradducion de Francisco Ayala, Córdoba: Editorial Rosário, 1944.

BERMAN, Harold J. O fundamento histórico do direito americano. In: *Aspectos do direito americano.* Harold J. Berman (Org.). Trad. Janine Yvonne Ramos Péres e Arlette Pastor Centurion. Rio de Janeiro: Companhia Editora Forense, 1963. Título original: Talks on anerican law.

BETIOLI, Antonio Bento. *Introdução ao Direito.* 15ª ed. São Paulo: Saraiva Educação, 2018.

BEZERRA, Heitor Eduardo cabral. *Constitucionalismo contemporâneo, democratização da função jurisdicional e precedentes vinculantes*: um estudo sobre a relação e a compatibilidade entre suas premissas, ideias e institutos. Rio de Janeiro: Lumen Juris, 2020.

BEZERRA NETO, Bianor Arruda. *Mas, afinal, qual é o conceito de precedente no Brasil?* Disponível em <https://www.conjur.com.br/2018-jul-27/bianor-arruda-afinal-qual-conceito-precedente-brasil>. Acesso 27 jul. 2018.

BITTAR, Eduardo C. B. *Introdução ao estudo do direito*: humanismo, democracia e justiça. 2. ed. São Paulo: Saraiva Educação, 2019.

BIZZARIA, Juliana Carolina Frutuoso. *Ação rescisória e precedentes.* São Paulo: Revista dos Tribunais, 2021.

BLACKSTONE, William. *Commentaries on the Laws of England in Four Books.* The Online Library of Liberty. Disponível em: http://files.libertyfund.org/files/2140/Blackstone_1387-01_EBk_v6.0.pdf; Acesso: 3-jan-2020.

BOBBIO, Norberto. *Teoria do ordenamento jurídico.* 10. ed. Tradução Maria Celeste Cordeiro Leite dos Santos. Brasília: Editora Universidade de Brasília, 1999.

BONAT, Debora; PEIXOTO, Fabiano Hartmann. *Racionalidade no direito*: inteligência artificil e precedentes. Curitiba [PR]: Alteridade, 2020.

BRADFORD, C. Steven Anticipatory. *Following Dead Precedent:* The Supreme Court's Ill-Advised Rejection of Anticipatory Overruling, 59 Fordham L. Rev. 39.

BRASIL. Lei n. 11.464. Disponível em: <http://www.planalto.gov.br/ccivil_03/_Ato2007-2010/2007/Lei/L11464.htm>. Acesso 17 maio 2020.

——. Lei n. 9.096. Disponível em: <http://www.planalto.gov.br/ccivil_03/leis/l9096.htm>. Acesso 17 maio 2020.

——. Supremo Tribunal Federal. Plenário. *Ação Direta de Inconstitucionalidade 3..510.* Disponível em: <http://redir.stf.jus.br/paginadorpub/paginador.jsp?docTP=AC&docID=611723>. Acesso em: 19 maio 2014.

BUENO, Cassio Scarpinella. *Manual de Direito Processual Civil.* 3. ed. São Paulo: Saraiva, 2017.

BUSTAMANTE, Thomas da Rosa. *Teoria do precedente judicial*: a justificação e a aplicação de regras jurisprudenciais. São Paulo: Noeses, 2012.

BUZAID, Alfredo. *Da ação direta de declaração de inconstitucionalidade no direito brasileiro.* São Paulo: Saraiva, 1958.

CABRAL, Antonio do Passo. A técnica do julgamento alerta na mudança da jurisprudência consolidada. *Revista de Processo*, São Paulo, *v.* 38, n. 221, jul-2013.

CADIET, Loïc. *Perspectivas sobre o sistema da justiça civil francesa*: seis lições brasileiras. Trad. Daniel Mitidiero, Bibiana Gava Toscano de Oliveira, Luciana Robles de Almeida e Rodrigo Lomando. São Paulo: Revista dos Tribunais, 2017.

CAENEGEM, R. C. van. *Juízes, legisladores e professores*: capítulos de história jurídica europeia: palestras Goodhart 1984-1985. Trad. Luís Carlos Borges. Rio de Janeiro: Elsevier, 2010.

——. *Uma introdução histórica ao direito privado.* Trad. Carlos Eduardo Machado. São Paulo: Martins Fontes, 1995.

CALAMANDREI, Piero. *La casacion civil:* bosquejo general del instituto. Buenos Aires: Editorial Bibliográfica Argentina, 1945.

——. *Studi Sul Processo Civile*: volume terzo. Padova: Casa Editrice Dott Antonio Milanigia. 1934.

CÂMARA, Alexandre Freitas. *Levando os padrões decisórios a sério*: formação e aplicação de precedentes e enunciados de súmula. São Paulo: Atlas, 2018.

——. *O novo Processo civil brasileiro.* 4. ed. São Paulo: Atlas, 2018.

CÂMARA, Bernardo Ribeiro; MANSUR, Igor de Oliveira. Precedentes vinculantes no CPC/2015 como instrumento de efetivação de um processo estrutural. In: *Processo Civil contemporâneo*: homenagem aos 80 anos do professor Humberto Theodoro Júnior. Paulo Henrique dos Santos Lucon; Juliana Cordeiro de Faria; Edgard Audomar Marx Neto; Ester Camila Gomes Norato Rezende (Orgs). Rio de Janeiro: Forense, 2018. p. 703-722.

CAMARGO, Luiz Henrique Volpe. A força dos precedentes no moderno processo civil brasileiro. In: WAMBIER, Teresa Arruda Alvim (coord.). *Direito jurisprudencial.* São Paulo: Revista dos Tribunais, 2012. p. 553-673.

CAMBI, Eduardo; OLIVEIRA, Lucas Paulo Orlando de. *O direito a favor da esperança: o uso de precedentes judiciais para a efetivação da dignidade da pessoa humana.* Belo Horizonte: D'Plácido, 2017.

CAMILOTTI, José Renato. *Precedentes judiciais em matéria tributária no STF*: pragmática da aplicação das súmulas vinculantes e os critérios de verificação para aplicação e distinção. São Paulo: Noeses, 2018.

CAMPOS, Fernando Teófilo. *Precedentes judiciais*: técnicas de dinâmica e prática. Curitiba: Appris, 2019.

CANARIS, Claus-Wilhelm. *Pensamento sistemático e conceito de sistema na ciência do direito.* 5. ed. Lisboa: Fundação Calouste Gulbenkian, 2012.

CANÇADO, Márcia. *Manual da semântica*: noções básicas e exercícios. São Paulo: Contexto, 2020.

CANOTILHO, J. J. Gomes. *Direito constitucional.* 4. ed. Coimbra: Almedina, 2000.

CAPPELLETTI, Mauro. *Juízes legisladores.* Trad. Carlos Alberto Alvaro de Oliveira. Porto Alegre: Sérgio Antonio Fabris Editor, 1999.

——. *O controle judicial de constitucionalidade das leis no direito comparado.* 2. ed. Reimpressão. Trad. Aroldo Plínio Gonçalves. Revisão de José Carlos Barbosa Moreira. Porto Alegre: Sergio Antonio Fabris Editor, 1999.

——. Repudiando Montesquieu? A Expansão e a Legitimidade da "Justiça Constitucional". *Revista da Faculdade de Direito da UFRGS*, v. 20, Porto Alegre, outubro de 2001.

CARBONI, Fernando Machado. *Incidente de resolução de demandas repetitivas*: o primeiro caso julgado no Brasil. São Paulo: Tirant Lo Blanch, 2020.

CARDOZO, Benjamin B. *A natureza do processo judicial:* palestras proferidas na Universidade de Yale. Tradução Silvana Vieira; revisão técnica e da tradução Álvaro de Vita. São Paulo: Martins Fontes, 2007.

CARNELUTTI, Francesco. *Sistema de direito processual civil.* Trad. Hiltomar Martins de Oliveira. São Paulo: Classic Book, 2000. v. 2.

CARVALHO, Gustavo Marinho de. *Precedentes administrativos no direito brasileiro.* São Paulo: Contracorrente, 2015.

CARVALHO, Thúlio Mesquita Teles de. *Precedentes judiciais vinculantes e conceitos jurídicos indeterminados.* Fortaleza: Edição do Autor, 2018.

CATHARINA, Alexandre de Castro. *Movimentos sociais e a construção dos precedentes judiciais.* Curitiba: Juruá, 2015.

CARNEIRO JÚNIOR, Amilcar Araújo. *A contribuição dos precedentes judiciais para a efetividade dos direitos fundamentais.* Brasília: Gazeta Jurídica, 2012.

CAVALCANTI, Marcos de Araújo. *Incidente de resolução de demandas repetitivas* (IRDR). São Paulo: RT, 2016. p. 336/338

CAVALCANTI, Themistocles Brandão. *Do controle da constitucionalidade.* Rio de Janeiro: Forense, 1966.

CERQUEIRA, Vinícius Nascimento. *Fundamentos da decisão no novo CPC*: o contraditório forte e os precedentes. São Paulo: Paco, 2014.

CIMARDI, Cláudia Aparecida. *A jurisprudência uniforme e os precedentes no novo Código de Processo Civil brasileiro.* São Paulo: Revista dos Tribunais, 2015.

CINTRA, Matheus. *A nulidade da decisão judicial cível proferida com base em precedentes não vinculantes.* Belo Horizonte, MG: Casa do Direito, 2020.

COCHRAN III, Augusto Bonner. *Lochner X Nova Iorque*: o caso dos padeiros que trabalhavam demais. Curitiba: Juruá, 2021.

CÓDIGO DE PROCESSO PENAL. Disponível em: <http://www.planalto.gov.br/ccivil_03/decreto-lei/del3689.htm>. Acesso 15 set. 2019.

CONSELHO NACIONAL DE JUSTIÇA. Disponível em: <https://atos.cnj.jus.br/atos/detalhar/4740>. Acesso 01 dez. 2022.

CONSTANTINESCO, Leontin-Jean. *Tratado de direito comparado:* introdução ao direito comparado. Rio de Janeiro: Renovar, 1998.

CONSTITUIÇÃO DA REPÚBLICA FEDERATIVA DO BRASIL. Disponível em: <http://www.planalto.gov.br/ccivil_03/constituicao/constituicao.htm>. Acesso 11 maio 2020.

COSTA, Sílvio Nazareno. *Súmulas vinculantes e reforma do judiciário.* Rio de Janeiro: Forense, 2002.

CRAMER, Ronaldo. *Precedentes judiciais*: teoria e dinâmica. Rio de Janeiro: Forense, 2016.

CROMPTON, Samuel Willard. *McCulloch v. Maryland*: implies powers of the federal government. New York: Chelsea House, 2007.

CROSS, Rupert; HARRIS, J. W. *El precedente en el Derecho inglés.* Marcial Pons: Madrid, 2012.

CUEVA, Ricardo Villas Bôas; SOUTO, João Carlos (coord.). Bill of Rights norte-americano – 230 anos (2020). Salvador: Juspodivm, 2021.

CUNHA, Gabriel Sardenberg. *Precedentes obrigatórios e jurisprudência vinculante.* Rio de Janeiro: Marcial Pons, 2021.

CUNHA, Guilherme Antunes da. *Das razões de decidir aos padrões decisórios*: a sincronia entre a fundamentação das decisões e os padrões decisórios vinculantes. Londrina, PR: Thoth, 2021.

CYRINEU, Rodrigo Terra. *Precedentes eleitorais: segurança jurídica e processo eleitoral.* São Paulo: Almedina, 2020.

DALLEFI, Nayara Maria Silvério da Costa. *Da segurança jurídica da súmula vinculante no Brasil*: contribuições/influências do sistema da Common Law e Civil Law. 2. ed. Leme/SP: CL EDIJUR, 2019.

DAL MONTE, Douglas Anderson. *Reclamação no CPC/2015*: hipóteses de cabimento, procedimento e tutela provisória. Florianópolis: Empório do Direito, 2016.

DAVID, René. *O direito inglês.* Trad. Eduardo Brandão. São Paulo: Martins Fontes, 2006.

——. *Os grandes sistemas do direito contemporâneo.* 4. ed. Trad. Hermínio A. Carvalho. São Paulo: Martins Fontes, 2002.

DAVIS, Robert Martin. A Re-examination of the doctrine of MacPherson *v.* Buick and its application and extension in the State of New York. Disponível em: <https://core.ac.uk/download/pdf/144222572.pdf>. Acesso 27 jan. 2021.

DAWSON, John P. As funções do juiz. *In Aspectos do direito americano.* Harold J. Berman (org.). Trad. Janine Yvone Ramos Péres e Arlete Pastor Centurion. Rio de Janeiro: Forense, 1963. Nome no original: *Talks on American Law.* p. 22-30.

DESCARTES, René. *Discurso do método.* Tradução Ciro Mioranza. São Paulo: Lafonte, 2017.

DIAS, Ronaldo Brêtas de Carvalho. *Fundamentos e inovações do Código de Processo Civil.* Belo Horizonte, São Paulo: D'Plácido, 2020.

DICKERSON *v.* UNITED STATES. disponível em: <https://supreme.justia.com/cases/federal/us/530/428/>. Acesso 19 maio 2020.

DIDIER JR., Fredie. *Sobre a teoria geral do processo, essa desconhecida.* Salvador: Juspodivm, 2012.

——; CABRAL, Antonio do Passo; CUNHA, Leonardo Carneiro da. *Por uma nova teoria dos procedimentos especiais*: dos procedimentos às técnicas. Salvador: Juspodivm, 2019.

——; BRAGA, Paula Sarno; OLIVEIRA, Rafael Alexandria. *Curso de direito processual civil:* teoria da prova, direito probatório, ações probatórias, decisão, precedente, coisa julgada e antecipação dos efeitos da tutela. 10. ed. 2. tir. Salvador: Juspodivm, 2015. v. 2.

DIMITRIUS, Jo-Ellan. *Decifrar pessoas*: como entender a prever o comportamento humano. Jo-Ellan Dimitrius, Wendy Patrick Mazzarella. Trad. Sonia Augusto e Cláudia Amorin. 2. ed. Rio de Janeiro: Elsevier, 2009.

DIMOULIS, Dimitri. *Manual de introdução ao estudo do direito.* 8. ed. São Paulo: Revista dos Tribunais, 2019.

DONIZETTI, Elpídio. *Curso Didático de Direito Processual Civil.* 22. ed. São Paulo: Atlas, 2019.

DUARTE, Fernando Mello. *Introdução ao estudos dos precedentes.* Curitiba: Juruá, 2022.

DUFOUR, Thomas J. THE PROPER APPLICATION OF JUDICIAL DECISIONS OVERRULING ESTABLISHED TORT DOCTRINES., 65 B.U.L. Rev. 315.

DUTRA, Victor Barbosa. *Precedentes vinculantes*: contraditório e técnicas repetitivas. Belo Horizonte: D'Plácido, 2018.

DUXBURY, Neil. *The nature and authority of precedent.* New York: Cambridge University Press, 2008.

DWORKIN, Ronald. *Levando os direitos a sério.* Trad. Nelson Boeira. São Paulo: Martins Fontes, 2002.

——. *O Império do Direito.* São Paulo: Martins Fontes, 1999.

EÇA, Vitor Salino de Moura; CUNHA, Natália Xavier. Sistema de precedentes vinculantes: conceitos e características. In *Precedentes no processo do trabalho*: teoria geral e aspectos controvertidos. PRITSCH, Cesar Zucatti; JUNQUEIRA, Fernanda Antunes Marques; HIGA, Flávio da Costa; MARANHÃO, Ney (coords). São Paulo: Revista dos Tribunais, 2020. p. 73-89.

ECO, Umberto. Interpretação e superinterpretação. São Paulo: Martins Fontes, 2016.

EHLKE, Andréa. *Precedentes*: constitucionalidade, ação rescisória por afronta de precedentes vinculantes, vinculação do juízo arbitral aos precedentes, modulação dos precedentes. Rio de Janeiro: Lumen Juris, 2021.

EISENBERG, Melvin Aron. *The nature of the common law.* Cambridge: Harvard University, 1991.

ELENA KAGAN. Disponível em: <https://supremecourthistory.org/history-of-the-court/the-current-court/justice-elena-kagan/>. Acesso 11 maio 2020.

ELY, John Hart. *Democracia e desconfiança:* uma teoria do controle judicial de constitucionalidade. Trad. Juliana Lemos. São Paulo: WMF Martins Fontes, 2010.

ELSTER, Jon. *Ulysses and the Sirens.* Studies in Rationality and Irrationality. Cambridge: Cambridge University Press, 1984.

EMENDA CONSTITUCIONAL N. 62. Disponível em: <http://www.planalto.gov.br/ccivil_03/constituicao/Emendas/Emc/emc62.htm>. Acesso 17 maio 2020.

—— N. 94. Disponível em: <http://www.planalto.gov.br/ccivil_03/constituicao/Emendas/Emc/emc94.htm>. Acesso 17 maio 2020.

ESCOLA *V.* COCA COLA BOTTLING CO. *JUSTIA US* LAW. Disponível em: <http://law.justia.com/cases/california/cal2d/24/453.html>. Acesso em: 19 ABRIL 2020.

ESKRIDGE JR., William N. *Overruling Statutory Precedents*, 76 Geo. L.J. 1361.

EXPOSIÇÃO DE MOTIVOS AO CPC. Disponível em: <https://edisciplinas.usp.br/pluginfile.php/941842/mod_resource/content/1/Exposicao%20de%20Motivos%20CPC%202015.pdf>. Acesso 24 agosto de 2019.

FAGUNDES, Cristiane Druve Tavares. *Modelo brasileiro de precedentes*: a relevância da fundamentação no contexto precedentalista. Londrina, PR: Thoth, 2021.

FALCÓN y TELLA, María José. *Lições de teoria geral do direito.* Trad. Claudia de Miranda Avena, Ernani de Paula Contipelli. São Paulo: Revista dos Tribunais, 2001.

FARNSWORTH, E. Allan. *An introduction to the legal system of The United.* Fourth Edition. Oxford: University Press, 2010.

FEIO, Thiago Alves. *Precedentes vinculantes*: ativismo judicial e (in)segurança jurídica. Rio de Janeiro: Lumen Juris, 2018.

FELIX FRANKFURTER. Disponível em: <https://www.britannica.com/biography/Felix-Frankfurter>. Acesso 23 maio 2020.

FERNANDES, Luís Eduardo Simardi. *Embargos de declaração*: efeitos infringentes, prequestionamento e outros aspectos polêmicos. 5. ed. São Paulo: Revista dos Tribunais, 2020.

FERRAZ, Taís Schilling. *O precedente na jurisdição constitucional:* construção e eficácia no julgamento da questão com repercussão geral. São Paulo: Saraiva, 2017.

FERRAZ JR., Tercio Sampaio. *Introdução ao estudo do direito*: técnica, decisão, dominação. 11. ed. São Paulo: Atlas, 2019.

FERREIRA, Ana Conceição Barbuda Sanches Guimarães. *Direito animal em xeque*: precedentes judiciais e reações legislativas. Curitiba: Juruá, 2018.

FILARDI, Hugo. *Precedentes obrigatórios inconstitucionais*: análise crítica do sistema de precedentes judiciais proposto pelo Código de Processo Civil. Rio de Janeiro: Lumen Juris, 2018.

FINE, Toni M. *Introdução ao sistema jurídico anglo-americano.* Trad. Eduardo Saldanha. São Paulo. WMF Martins Fontes, 2011.

FIORAVANTI, Marcos Serra Netto. *A arbitragem e os precedentes judiciais*: observância, respeito ou vinculação? Rio de Janeiro: Lumen Juris, 2018.

FREITAS, Pedro. *Tutela jurisdicional mediante precedente judicial.* São Paulo: Tirant lo Blanch, 2021.

FRIEDMAN, Barry. *The Wages of Stealth Overruling* (With Particular Attention to Miranda v. Arizona), 99 Geo. L.J. 1. Vide ainda: RE, Richard M. NARROWING PRECEDENT IN THE SUPREME COURT, 114 Colum. L. Rev. 1861.

FUGA, Bruno Augusto Sampaio (org.). *Precedentes judiciais no processo civil*: estudos avançados em suas diversas perspectivas. Londrina, PR: Thoth, 2021.

——. *Superação de precedentes*: da necessária via processual e o uso da reclamação para superar e interpretar precedentes. Londrina: Thoth, 2020.

GADAMER, Hans-Georg. *Verdade e método I:* traços fundamentais de uma hermenêutica filosófica. Trad. Flávio Paulo Meurer. Nova revisão da tradução por Enio Paulo Gianchini. 15. ed. 1ª reimpressão. Petrópolis: Vozes; Bragança Paulista: Editora Universitária São Francisco, 2016.

GAIO JÚNIOR, Antônio Pereira; MELLO, Cleyson de Moraes. *Código de Processo Civil comentado*: Lei nº 13.105/2015 aualizada pela Lei nº 14.195/2021. 3. ed. Rio de Janeiro: Freitas Bastos, 2022.

GAJARDONI, Fernando da Fonseca; DELLORE, Luiz; ROQUE, André Vasconcelos; OLIVEIRA JÚNIOR, Zulmar Duarte de. *Comentários ao Código de Processo Civil.* 4. Rio de Janeiro: Forense, 2021.

——; ——; ——; ——. *Execução e recursos:* comentários ao CPC de 2015. 2. ed. rev. e atual. Rio de Janeiro: Forense; São Paulo: Método, 2018.

——; ——; ——; ——. *Processo de conhecimento e cumprimento de sentença:* comentários ao CPC de 2015. 2. ed. rev. e atual. Rio de Janeiro: Forense; São Paulo: Método, 2018. p. 548 e seguintes).

GALIO, Morgana Henicka. *Overruling*: a superação do precedente no direito brasileiro. Florianópolis: Empório do Direito, 2016.

GARAPON, Antoine; PAPAPOULOS, Ioannis. *Julgar nos Estados Unidos e na França*: cultura jurídica francesa e *Common Law* em uma perpesctiva comparada. Trad. Regina Vasconcelos Rio de Janeiro: Lumen Juris, 2008.

GARNER, Bryan A. *Black's law dictionary*. Tenth edition. Estados Unidos: Thomson Reuters, 2014.

GEISTFELD, Mark. Escola *v.* Coca Cola Bottling Co.: Strict Products Liability Unbound. In: RABIN, Robert L.; SUGARMAN, Stephen D. (Eds.). *Torts stories*. New York: Foundation Press, 2003.

GERHARDT, Michael J. *The Irrepressibility of Precedent*, 86 N.C. L. REV. 1279, 1283 (2008).

——. *The power of Precedent*. New York: Oxford University Press, 2008.

——. *The Role of Precedent in Constitutional Decisionmaking and Theory*, 60 Geo. Wash. L. Rev. 68.

GILISSEN, John. *Introdução histórica ao direito*. Tradução: A. M. Botelho Hespanha e L. M. Macaísta Malheiros. 3. ed. Lisboa: Fundação Calouste Gulbenkian, 2001.

GOODWIN, Doris Kearns. *Lincoln*. 5. ed. Trad. Waldéa Barcellos. Rio de Janeiro: Record, 2013.

GORSUCH, Neil M. *A Republic if you can keep it*. New York: Crown Forum, 2019.

GOTTARDI, Gustavo. *Os precedentes judiciais e a impossibilidade de superação*. Campo Grande: Contemplar, 2018.

GRAU, Eros Roberto. *Direito posto e direito pressuposto*. 9. ed. São Paulo: Malheiros, 2104.

——. *Ensaio e discurso sobre a interpretação*: aplicação do direito. 4. ed. São Paulo: Malheiros, 2006.

GREENE, Joshua. *Tribos morais*: a tragédia da moralidade do senso comum. Trad. Alessandra Bonrruquer. Rio de Janeiro: Record, 2018.

GRIMM, Dieter. *Constitutional adjudication and democracy*. Israel Law Review, vol. 33, 1999.

GUASTINI, Riccardo. *Das fontes às normas*. Trad. Edson Bibi. São Paulo: Quartier Latin, 2005.

GUIMARÃES, Larissa. Controle difuso de constitucionalidade e o respeito aos precedentes do STF. In: *A força dos precedentes*: estudos dos cursos de mestrado e doutorado em Direito Processual Civil da UFPR. 2. ed. Luiz Guilherme Marinoni (Org.). Salvador: Juspodivm, 2012. p. 317-350.

HÄBERLE, Peter. *Hermenêutica constitucional:* a sociedade aberta dos intérpretes da constituição; contribuição para a interpretação pluralista e "procedimental" da constituição. Trad. Gilmar Ferreira Mendes. Porto Alegre: Fabris, 2002.

HADDAD, Emmanuel Gustavo. *Precedentes judiciais*: sistematização e aplicação. Rio de Janeiro: Lumen Juris, 2018.

HAMILTON, Alexander; MADISON, James; JAY, John. *O federalista:* pensamento político. Traduzido por Ricardo Rodrigues Gama. 2. ed. Campinas: Russell, 2005.

HANSFORD, Thomas G.; SPRIGGS II, James F. *The politics of precedent on the U. S. Supreme Court*. New Jersey: Princeton University Press, 2006.

HARARI, Yuval Noah. *Notas sobre a pandemia*: e breves reflexões para o mundo pós-coronavírus. Tradução: Odorico Leal. São Paulo: Companhia das Letras, 2020.

HARDY-VALLÉ, Benoit. *Que é um conceito?* Trad. Marcos Bagno. São Paulo: Parábola, 2013.

HART, H. L. A. *O conceito de direito*. São Paulo: Martins Fontes. 2012.

——. *O conceito de Direito*. 2. ed. Lisboa: Calouste Gulbenkian, 1994.

HEGENBERG, Leonidas. *Definições*: termos teóricos e significados. São Paulo: Cultrix, 1974.

HEIDEGGER, Martin. *Ser e tempo*. Edição em alemão e português. Tradução e organização, nota prévia, anexos e notas Fausto Castilho. Campinas: Editora da Unicamp. Petrópolis: Editora Vozes, 2012.

HENRIQUES FILHO, Ruy Alves. *Identificação dos precedentes judiciais*: criacionismo judicial, precedentes em espécie, força vinculante, dificuldades em sua aplicação e revisão. Londrina, PR: Thoth, 2021.

HESPANHA, António Manuel. *Cultura jurídica europeia:* síntese de um milênio. Florianópolis: Fundação Boiteaux, 2005.

HESSE, Konrad. *A força normativa da Constituição:* (die normative kraft der verfassung). Trad. Gilmar Ferreira Mendes. Porto Alegre: Fabris, 1991.

HITCHCOCK, Susan Tyler. *Roe v. Wade*: protecting a woman's right to choose. New York: Chelsea House, 2007.

HOHFELD, Wesley N. *Fundamental legal concepts as applied in judicial reasoning and other legal essays*. New Ha-ven: Yale University Press, 1923. Disponível em: <http://pgil.pk/wp-content/uploads/2014/11/Fundamental-Legal-Conceptions-as-Applied-in-Judicial-Reasoning-by-wesely-hohfeld-Yale.pdf>.

HOMERO. *Odisseia*. Trad. Carlos Alberto Nunes. 25. ed. Rio de Janeiro: Nova Fronteira, 2015.

HOUAISS, Antônio; VILLAR, Mauro de Salles. *Dicionário Houaiss da língua portuguesa*. Rio de Janeiro: Objetiva, 2001.

INSTITUTAS do Imperador Justiniano. Tradução e notas de Edson Bini. Bauru, SP: EDIPRO, 2001.

IRONS, Peter. *El coraje de sus convincciones*: dieciseis norteamericanos que lucharon pela llegar a la Corte Suprema. Buenos Aires: Abeledo-Perrot. 1994.

ISRAEL, Jerrold H. *The "Art" of Overruling*, 1963 SUP. CT. REV. 211, 214 n.15.

JACQUES, Paulino. *Curso de introdução ao estudo do direito*. 6. ed. São Paulo: Malheiros, 2014.

JENKINS, John A. *The Partisan*: The Life of William Rehnquist 250 (2012).

JOBIM, Marcio Félix. *Confiança e contradição*: a proibição do comportamento contraditório no direito privado. Porto Alegre: Livraria do Advogado, 2015.

——. *Medidas estruturantes*: da Suprema Corte estadunidense ao Supremo Tribunal Federal. Porto Alegre: Livraria do Advogado, 2013.

——. *Medidas estruturantes na jurisdição constitucional*: da Suprema Corte estadunidense ao Supremo Tribunal Federal. 2. ed. Porto Alegre: Livraria do Advogado, 2021.

——. *Teoria, história e processo*. Porto Alegre: Livraria do Advogado, 2016.

——; OLIVEIRA JÚNIOR, Zulmar Duarte de. Ultrapassando o precedente: *anticipatory overruling*. In: *Revista de Processo* – Repro. Ano 43. n. 285. Novembro de 2018. São Paulo: Revista dos Tribunais, 2018. p. 341-360.

JOHN MARSHALL HARLAN. Disponível em: <https://repository.law.umich.edu/cgi/viewcontent.cgi?article=2478&context=mlr>. Acesso 23 maio 2020.

JOHNSON, Gerald W. *A Suprema Côrte dos Estados Unidos*. Trad. Luiz Fernandes. Rio de Janeiro: Record, 1964

JUSTIA US Law. Disponível em: <http://law.justia.com/cases/california/cal2d/24/453.html>. Acesso em: 19 maio 2014.

KANT, Immanuel. *Fundamentação da metafísica dos costumes*. Tradução por Paulo Quintela. Lisboa: Edições 70, 2007.

KELSEN, Hans. *Teoria geral das normas*. Tradução e revisão de José Florentino Duarte. Porto Alegre: Sergio Antonio Fabris Editor, 1986.

——. *Teoria pura do direito*. Trad. João Baptista Machado. 6. ed. São Paulo: Martins Fontes, 1998.

KIRCHER, Luís Felipe Schneider. *Uma teoria dos precedentes vinculantes no Processo Penal*. Salvador: Juspodivm, 2018.

KREBS, Hélio Ricardo Diniz. *Sistema de precedentes e direitos fundamentais*. São Paulo: Revista dos Tribunais, 2015.

LANDER, William M.; POSNER, Richard A. Legal Precedent: *A Theoretical and Empirical Analysis*. Journal of Law and Economics, v. 19, n. 2, 1976.

LANES, Julio Cesar Goulart. *Fato e direito no processo civil cooperativo*. São Paulo: Revista dos Tribunais, 2014.

LARENZ, Karl. *Metodologia da ciência do direito*. 6. ed. Trad. José Lamego. Lisboa: Fundação Calouste Gulbenkian, 2012.

LAVOYER, Luciana Castilho. STJ e os precedentes: sua cultura e identidade. Brasília: Trampolin, 2020.

LAWSON, Gary. *The Constitutional Case Against Precedent*, 17 Harv. J.L. & Pub. Pol'y 23, 28 (1994).

LEAL, Victor Nunes. Técnica Legislativa. In: *Estudos de direito público*. Rio de Janeiro: Forense, 1960.

LEE, Thomas R. *Stare Decisis in Historical Perspective:* From the Founding Era to the Rehnquist Court, 52 Vand. L. Rev. 647.

LEI de Introdução às Normas do Direito Brasileiro. Disponível em: <http://www.planalto.gov.br/ccivil_03/decreto-lei/del4657compilado.htm>. Acesso 25 agosto de 2019.

LEITE, Rodrigo de Queiroz. *A superação e a distinção dos precedentes judiciais no Direito Processual brasileiro*. Disponível em: <http://www.conteudojuridico.com.br/artigo,a-superacao-e-a-distincao-dos-precedentes-judiciais-no-direito-processual-brasileiro,57880.html> Acesso em: 4 de fevereiro de 2019.

LEROY, Michael H. *Death of a Precedent*: Should justices rethink their consensus norms?, 43 Hofstra L. Rev. 377.

——. *Overruling Precedent:* "A Derelict In the Stream of the Law", 66 SMU L. Rev. 711.

LESSA, Guilherme Thofehrn. *Precedentes judiciais e raciocínio jurídico*: aplicação, analogia e distinção. São Paulo: Thomson Reuters Brasil, 2022.

LIMA, Henriqueta Fernanda Chaves Alencar Ferreira. *Da judicialização da vida aos precedentes judiciais obrigatórios*: uma análise do impacto na efetividade dos direitos da personalidade no Brasil. Rio de Janeiro: Processo, 2022.

LIMA, Hermes. *Introdução à ciência do direito*. 26. Rio de Janeiro: Feitas Bastos, 1980.

LIMA, Manoel Pedro Ribas de. *Precedentes versus ponderação*: contradição interna do Código de Processo Civil. Curitiba: Juruá, 2018.

LIMA, Paulo Bernardo Lindoso. *Decodificando o precedente judicial a partir de Niklas Luhmann*. São Paulo: Tirant Lo Blach, 2021.

LIMA, Tiago Asfor Rocha. *Precedentes judiciais no Brasil*. São Paulo: Saraiva, 2013.

LIMA JÚNIOR, Cláudio Ricardo. *Precedentes judiciais no processo civil brasileiro*: aproximação entre *civil law* e *common law* e aplicabilidade do *stare decisis*. Rio de Janeiro: Lumen Juris, 2015.

LOPES, José Reinaldo de Lima (org.). *O Supremo Tribunal de Justiça do Império*. São Paulo: Saraiva, 2010.

LOPES FILHO, Juraci Mourão. O novo Código de Processo Civil e a sistematização em rede dos precedentes judiciais. In: *Precedentes*. Fredie Didier Jr., Leonardo Carneiro da Cunha; Jaldemiro Rodrigues de Ataíde Jr.; Lucas Buril de Macêdo (coords.). Salvador: Juspodivm, 2015. p. 147-174.

——. *Os precedentes judiciais:* no constitucionalismo brasileiro contemporâneo. 2. ed. rev. e atual. Salvador, Juspodivm, 2016.

LOSANO, Mario G. *Os grandes sistemas jurídicos*. Trad. Marcela Varejão. São Paulo: Martins Fontes, 2007.

——. *Sistema e estrutura no direito*: das origens à escola histórica. Trad. Carlo Alberto Dastoli. São Paulo: WMF Martins Fontes, 2008. Vol. I.

LOUIS BRANDEIS. Disponível em: <https://www.britannica.com/biography/Louis-Brandeis>. Acesso 23 maio 2020.

LUCCA, Rodrigo Ramina de. *O dever de motivação das decisões judiciais*: Estado de Direito, segurança jurídica e teoria dos precedentes. 2. ed. Salvador: Juspodivm, 2016.

LUNELLI, Guilherme. *Direito sumular e fundamentação decisória no CPC/2015*. Belo Horizonte: Fórum, 2016.

LUVIZOTTO, Juliana Cristina. *Precedentes administrativos & vinculação a atividade administrativa*. Curitiba: Juruá, 2016.

MACCORMICK, Neil. *Retórica e o Estado de Direito*. Uma teoria da argumentação jurídica. Trad. Conrado Hübner Mendes e Marcos Paulo Veríssimo. Rio de Janeiro: Elsevier, 2008.

MACEDO, Lucas Buril de. *Precedentes judiciais e o direito processual civil*. 2. ed. Salvador: Juspodivm, 2017.

MACEDO, Walmirio de. *O livro da semântica*: estudo dos signos linguísticos. Rio de Janeiro: Lexikon, 2021.

MACHADO, Antônio Cláudio da Costa. *Processo de conhecimento* – Procedimento comum: interpretação artigo por artigo, parágrafo por parágrafo do livro I da parte especial (arts. 318 a 512). São Paulo: Malheiros, 2018.

MACHADO, Hugo de Brito. *Introdução ao estudo do direito*. 2. ed. São Paulo: Atlas, 2004.

MANCUSO, Rodolfo de Camargo. *Divergência jurisprudencial e súmula vinculante*. 5. ed. São Paulo: Revista dos Tribunais, 2013.

——. *Sistema brasileiro de precedentes*: natureza, eficácia e operacionalidade. 2. ed. São Paulo: Revista dos Tribunais, 2016.

MARIANI, Rômulo Gress. *Precedentes na arbitragem*. Belo Horizonte: Fórum, 2018.

MARINONI, Luiz Guilherme. *A ética dos precedentes*. 4. ed. São Paulo: Revista dos Tribunais, 2019.

—— (Org.). *A força dos precedentes*: estudos dos cursos de mestrado e doutorado em Direito Processual Civil da UFPR. Salvador: Juspodivm, 2012. p. 9-12.

——. *O STJ enquanto corte de precedentes*: recompreensão do sistema processual da corte suprema. São Paulo: Revista dos Tribunais, 2013.

——. *Precedentes obrigatórios*. 4. ed. São Paulo: Revista dos Tribunais, 2016.

——. *Precedentes obrigatórios*. 5. ed. São Paulo: Revista dos Tribunais, 2017.

——. *Processo constitucional e democracia*. São Paulo: Thomsom Reuters Brasil, 2021.

——. *Técnica processual e tutela dos direitos*. 2. ed. São Paulo: Revista dos Tribunais, 2008.

——; ARENHART, Sérgio Cruz; MITIDIERO; Daniel. *Novo curso de processo civil*: teoria do processo civil. São Paulo: Revista dos Tribunais, 2015. v. 1.

——; MITIDIERO, Daniel. *Recurso extraordinário e recurso especial*: do jus litigatoris ao jus constitucionis. São Paulo: Revista dos Tribunais, 2019.

MARTINS-COSTA, Judith. *A boa-fé no direito privado:* critérios para sua aplicação. 2. ed. São Paulo: Saraiva, 2018.

MARTINEZ, André Almeida Rodrigues. *A súmula vinculante como instrumento de pacificação social*. Campinas, SP: Millenium, 2010.

MATIAS, Arthur José Jacon. *Precedentes*: fundamentos, elementos e aplicação. Leme (SP): JH Mizuno, 2019.

MAXIMILIANO, Carlos. *Comentários à constituição brasileira*. 3. ed. Porto Alegre: Livraria Globo, 1929.

——. *Direito intertemporal*. São Paulo: Freitas Bastos, 1946.

MAZIERO, Luís Guilherme Soares. *Precedentes judiciais obrigatórios*: à luz da teoria pura do direito. Curitiba: Juruá, 2019.

MCNEESE, Tim. *Brown v. Board of Education*: integrating america's schools. New York: Chelsea House, 2007.

——. *Dred Scott v. Sandford*: the pursuit of freedom. New York: Chelsea House, 2007.

——. *Plessy v. Ferguson*: separate but equal. New York: Chelsea House, 2007.

——. *Regents of the university of California v. Bakke*: american education and affirmative action. New York: Chelsea House, 2007.

MELO, Gabriela Fonseca de. *Precedente judicial*: formação e aplicação. Curitiba: Juruá, 2022. p. 52.

MELLO, Celso Antônio Bandeira de. *O conteúdo jurídico do princípio da igualdade*. 3. ed. São Paulo: Malheiros, 2014.

MELLO, Patrícia Perrone Campos. *Precedentes*: o desenvolvimento judicial do Direito no constitucionalismo contemporâneo. Rio de Janeiro: Renovar, 2008.

MENDES, Bruno Cavalcanti Angelin. *Julgamento de casos repetitivos*: critérios de seleção dos casos paradigmáticos e formação de precedentes. Salvador: Juspodivm, 2021.

——. *Precedentes judiciais vinculantes*: a eficácia dos motivos determinantes da decisão na cultura jurídica: Curitiba: Juruá, 2014.

MENDES, Ítalo Fioravanti Sabo (org.). *O direito em precedentes judiciais*. Rio de Janeiro: Lumen Juris, 2018.

MENEZES CORDEIRO, Antônio Manuel da Rocha e. *Da boa-fé no direito civil*. 4ª reimpressão. Coimbra: Almedina, 2011.

METER, Larry A. Van. *Miranda v. Arizona*: the rights of the accused. New York: Chelsea House, 2007.

——. *United States v. Nixon*: the question of executive privilege. New York: Chelsea House, 2007.

MINGATI, Vinícius Secanfen. *Reclamação (neo)constitucional*: precedentes, segurança jurídica e os juizados especiais. Brasília: Gazeta Jurídica, 2013.

MIRANDA *V*. ARIZONA. Disponível em: <https://supreme.justia.com/cases/federal/us/384/436/>. Acesso 19 maio 2020.

MIRANDA, Victor Vasconcelos. *Precedentes judiciais*: construção e alicação da ratio decidendi. São Paulo: Revista dos Tribunais, 2022.

MITIDIERO, Daniel (coord.). *Accountability e transparência da justiça civil*: uma análise comparada. São Paulo: Revista dos Tribunais, 2019.

——. *Cortes superiores e cortes supremas*: do controle à interpretação, da jurisprudência ao precedente. 3. ed. São Paulo: Revista dos Tribunais, 2017.

——. Fundamentação e precedente: dois discursos a partir da decisão judicial. In: *A força dos precedentes*: estudos dos cursos de mestrado e doutorado em Direito Processual Civil da UFPR. 2. ed. MARINONI, Luiz Guilherme (Org.). Salvador: Juspodivm, 2012.

——. *Precedentes:* da persuasão à vinculação. São Paulo: Revista dos Tribunais, 2016.

——. *Precedentes*: da persuasão à vinculação. 2. ed. São Paulo: Revista dos Tribunais, 2017.

——. *Precedentes*: da persuasão à vinculação. 3. ed. São Paulo: Revista dos Tribunais, 2018.

——. *Precedentes*: da persuasão à vinculação. 4. ed. São Paulo: Revista dos Tribunais, 2021.

——. *Processo civil*. São Paulo: Thomson Reuters Brasil, 2021.

——. *Ratio decidendi*: quando uma questão é idêntica, semelhante ou distinta? São Paulo: Thomson Reuters Brasil, 2023.

——. *Reclamação nas cortes supremas*: entre a autoridade da decisão e a eficácia do precedente. São Paulo: Revista dos Tribunais, 2020.

——. *Superação para frente e modulação de efeitos*: precedente e controle de constitucionalidade no direito brasileiro. São Paulo: Revista dos Tribunais, 2021.

MONNERAT, Fábio Victor da Fonte. *Súmulas e precedentes qualificados*: técnicas de formação e aplicação. São Paulo: Saraiva Jur, 2019.

MONTESQUIEU. *Do espírito das leis*. São Paulo: Martin Clarete, 2004.

MOREIRA, Rômulo de Andrade. *Uma crítica à teoria geral do processo*. Porto Alegre: Lex Magister, 2013.

MOTTA, Otávio Verdi. *Justificação da decisão judicial*: a elaboração da motivação e a formação de precedente. São Paulo, Revista dos Tribunais, 2015.

MOUNTJOY, Shane. *Engel v. Vitale*: school prayer and the establishment clause. New York: Chelsea House, 2007.

——. *Marbury v. Madison*: establishing Supreme Court power. New York: Chelsea House, 2007.

MOURA, Heronides Maurílio de Melo. *Significação e contexto*: uma introdução a questões de semântica e pragmática. Florianópolis: Editora Insular, 2013.

MÜLLER, Friedrich. *Teoria estruturante do direito*. 3. ed. rev. e atual. São Paulo. Revista dos Tribunais, 2012.

MUNDIM, Luís Gustavo Reis. *Precedentes*: da vinculação à democratização. Belo Horizonte: D'Plácido, 2018.

NADAL, João Eduardo de. *Reclamação constitucional*: garantia, observância e superação dos precedentes judiciais. Belo Horizonte: Casa do Direito, 2020.

NADER, Paulo. *Introdução ao estudo do direito*. 41. ed. Rio de Janeiro: Forense, 2019.

NASCHENWENG, Marcelo Elias. *Hermenêutica do precedente*: o cuidado da coerência e da integridade. Belo Horizonte: Dialética, 2020.

NEVES, Daniel Amorim Assumpção. Contraditório efetivo. In: *Processo civil contemporâneo*: homenagem aos 80 anos do professor Humberto Theodoro Júnior. Paulo Henrique dos Santos Lucon; Juliana Cordeiro de Faria; Edgard Audomar Marx Neto; Ester Camila Gomes Norato Rezende (Orgs.). Rio de Janeiro: Forense, 2018. p. 33-49.

NEVES, Marcelo. *Princípios e regras constitucionais como diferença paradoxal do sistema jurídico*. São Paulo: Martins Fontes, 2014.

NOGUEIRA, André Murilo Parente. *Precedentes judiciais na contemporaneidade*: eficácia vinculante à luz da teoria tridimensional do direito. Curitiba: Juruá, 2018.

NOGUEIRA, Gustavo Santana. *Stare Decisis et Non Quieta Movere*: a Vinculação aos Precedentes no Direito Comparado e Brasileiro. Rio de Janeiro: Quartier Latin, 2011.

NUNES, Dierle José Coelho. *Processo jurisdicional democrático*: uma análise crítica das reformas processuais. Curitiba: Juruá, 2008.

——; MENDES, Aluísio; JAYME, Fernando Gonzaga (orgs.). *A nova aplicação da jurisprudência e precedentes no CPC/2015*: estudos em homenagem à professora Teresa Arruda Alvim, São Paulo: Revista dos Tribunais, 2017.

NUNES, Jorge Amaury Maia. *Segurança jurídica e súmula vinculante*. São Paulo: Saraiva, 2010.

O'BRIEN, David M. Precedents and Courts. In: SARLET, Ingo W.; JOBIM, Marco Félix. *Precedentes*. Florianópolis, SC: Tirant lo Blanch, 2018.

OLIVEIRA, José do Carmo Veiga de. *A força do efeito vinculante no novo CPC*: mercado, economia, globalização, sistema judiciário, direitos fundamentais e as inconstitucionalidades do novo CPC. 2. ed. Belo Horizonte: D'Plácido, 2017.

OLIVEIRA, Paulo Mendes de. *Coisa julgada e precedente*: limites temporais e as relações jurídicas de trato continuado. São Paulo: Revista dos Tribunais, 2015.

OLIVEIRA, Rafael Carvalho Rezende. *Precedentes no direito administrativo*. Rio de Janeiro: Forense, 2018.

OLIVEIRA, Weber Luiz de. *Precedentes judiciais na administração pública*: limites e possibilidades de aplicação. 2. ed. Salvador: Juspodivm, 2019.

OLIVEIRA, Weber Luiz de. *Precedentes judiciais na administração pública*: limites e possibilidades de aplicação. Salvador: Juspodivm, 2017.

OLIVEIRA JÚNIOR, Délio Mota de. Teoria brasileira dos precedentes judiciais e o argumento novo, não considerado na formação da tese jurídica. In: *Processo Civil contemporâneo*: homenagem aos 80 anos do professor Humberto Theodoro Júnior. Paulo Henrique dos Santos Lucon; Juliana Cordeiro de Faria; Edgard Audomar Marx Neto; Ester Camila Gomes Norato Rezende (Orgs.). Rio de Janeiro: Forense, 2018. p. 730-745.

OLIVEIRA JÚNIOR, Zulmar Duarte de. *Decisões Dúcteis*: Novos Padrões Decisórios da LINDB. Disponível: <http://genjuridico.com.br/2019/04/10/decisoes-ducteis-novos-padroes-decisorios-da-lindb/>; Acesso: 3-jan-2020.

——. *Precedentes no novo CPC*: *fast food* brasileiro. Disponível em: <https://www.jota.info/opiniao-e-analise/colunas/novo-cpc/precedentes-no-novo-cpc-fast-food-brasileiro-02112015>. Acesso: 28-abr-2019.

OPINION. Disponível em: <http://www.courts.state.ny.us/reporter/archives/macpherson_buick.htm>. Acesso 27 jan. 2021.

——. Disponível em: <https://www.law.cornell.edu/supct/html/92-1239.ZS.html>. Acesso 20 jan 2021.

——. Disponível em: <https://supreme.justia.com/cases/federal/us/476/79/>. Acesso 20 jan. 2021.

OST, François. *O tempo do direito*. Tradução Maria Fernanda Oliveira. Lisboa: Instituto Piaget, 1999.

PA. V. CASEY. Disponível em: <https://supreme.justia.com/cases/federal/us/505/833/>. Acesso 19 maio 2020.

PANUTTO, Peter. *Precedentes judiciais vinculantes*: o sistema jurídico-processual brasileiro antes e depois do Código de Processo Civil de 2015 (Lei nº 13.105, de 16 de março de 2015). São Paulo: Empório do Direito, 2017.

PASQUALOTTO, Victória. *Processo civil comparado*: do direito comparado à comparação no processo civil. São Paulo: RT, 2023.

PAULA, Tatiana. *Superação do precedente judicial*: uma análise à luz do contraditório. Rio de Janeiro: Lumen Juris, 2019.

PAULO NETO, Carlos Romero Lauria. *A decisão constitucional vinculante*. Rio de Janeiro: Forense; São Paulo: MÉTODO, 2011.

PEIXOTO, Ravi. *Superação do precedente e segurança jurídica*. Salvador: Editora Juspodivm, 2015.

——. *Superação do precedente e segurança jurídica*. 4. ed. Salvador: Editora Juspodivim. 2019.

——. *Superação do precedente e modulação de efeitos*. 5. ed. Salvador: Juspodivm, 2022.

——. *A superação de precedentes (overruling) no Código de Processo Civil de 2015*. Disponível: <http://www.mpsp.mp.br/portal/page/portal/documentacao_e_divulgacao/doc_biblioteca/bibli_servicos_produtos/bibli_boletim/bibli_bol_2006/RProComp_n.3.07.PDF> Acesso: 3-jan-2020.

PEREIRA, Bernardo Augusto da Costa. *Os precedentes judiciais e a razoável duração do processo*: uma análise da teoria do direito como integridade de Ronald Dworkin. Rio de Janeiro: Lumen Juris, 2017.

PEREIRA, Fabrício de Souza Lopes. *Resolução de demandas repetitivas*, ações coletivas e precedentes judiciais. Curitiba: Juruá, 2017.

PEREIRA, Paulo Pessoa. *Legitimidade dos precedentes*: universalidade das decisões do STJ. São Paulo: Revista dos Tribunais, 2014.

PEREIRA, Rafael Caselli. *A influência dos fatos na formação de precedentes*: a incontrovérsia e os fatos que independem de prova como hipótese de superação da súmula 07 – STJ. Londrina, PR: Thoth, 2022.

PERELMAN, Chaïm. *Lógica jurídica*: nova retórica. Tradução Vergínia K. Pupi. 2. ed. São Paulo: Martins Fontes, 2004.

——; OLBRECHTS-TYTECA, Lucie. *Tratado da argumentação:* a nova retórica. Trad. Maria Ermantina de Almeida Prado Galvão. São Paulo: Editora WMF Martins Fontes, 2014.

PINHEIRO, Victor Marcel. *Decisões vinculantes do STF: a cultura dos precedentes.* São Paulo: Almedina, 2021.

PORTELA, João Filho de Almeida. *O precedente obrigatório e o dilema entre garantias constitucionais e a estandartização do direito.* Salvador: Juspodivm, 2018.

PORTES, Maira. Instrumentos para revogação de precedentes no sistema de *common law*. In: *A força dos precedentes*: estudos dos cursos de mestrado e doutorado em Direito Processual Civil da UFPR. 2. ed. Luiz Guilherme Marinoni (Org.). Salvador: Juspodivm, 2012. p. 183-208.

PORTO, José Roberto Meelo. *Eficácia normativa das teses jurídicas fixadas nos precedentes judiciais.* Belo Horizonte: Casa do Direito, 2023.

PORTO, Sérgio Gilberto. *Common law, civil law* e precedente judicial. In: MARINONI, Luiz Guilherme (Coord.). *Estudos de Direito Processual Civil.* São Paulo: Revista dos Tribunais, 2005. p. 764.

POWE JR, L.A. *Intragenerational Constitutional Overruling*, 89 Notre Dame L. Rev. 2093. DOUGLAS, William O. *Stare Decisis*, 49 Colum. L. Rev. 735, 736 (1949).

PRENTZAS, G. S. *Gideon v. Wainwright*: the right to free legal counsel. New York: Chelsea House, 2007.

PRITSCH, Cesar Zucatti; JUNQUEIRA, Fernanda Antunes Marques; MARANHÃO, Ney. O sistema de precedentes no Código de Processo Civil de 2015: a superação do positivismo para a garantia de estabilidade e isonomia nas decisões judiciais. In: *Precedentes no processo do trabalho*: teoria geral e aspectos controvertidos. PRITSCH, Cesar Zucatti; JUNQUEIRA, Fernanda Antunes Marques; HIGA, Flávio da Costa; MARANHÃO, Ney (coords). São Paulo: Revista dos Tribunais, 2020. p. 35-72.

——. Antecedentes históricos: precedentes no *common law* – evoluções separadas a partir dos mesmos ingrediantes. In: *Precedentes no processo do trabalho*: teoria geral e aspectos controvertidos. PRITSCH, Cesar Zucatti; JUNQUEIRA, Fernanda Antunes Marques; HIGA, Flávio da Costa; MARANHÃO, Ney (coords.). São Paulo: Revista dos Tribunais, 2020. p. 91-110.

——. Como identificar a *ratio decidendi* e aplicar ou distinguir um precedente? *Precedentes no processo do trabalho*: teoria geral e aspectos controvertidos. PRITSCH, Cesar Zucatti; JUNQUEIRA, Fernanda Antunes Marques; HIGA, Flávio da Costa; MARANHÃO, Ney (coords.). São Paulo: Revista dos Tribunais, 2020. p. 111-154.

——; JUNQUEIRA, Fernanda Antunes Marques; HIGA, Flávio da Costa; MARANHÃO, Ney. *Precedentes no processo do trabalho*: teoria geral e aspectos controvertidos. São Paulo: Revista dos Tribunais, 2020.

PUGLIESE, William Soares. *Instituições de direito processual civil e precedentes como fonte do direito. Londrina.* Londrina: Thoth, 2022.

——. *Precedentes e a civil law brasileira*: interpretação e aplicação do novo Código de Processo Civil. São Paulo: Revista dos Tribunais, 2016.

RADBRUCH, Gustav. *O espírito do direito inglês e a jurisprudência anglo-americana.* Trad. Elisete Antoniuk. Rio de Janeiro: Lumen Juris, 2010.

RAMIRES, Maurício. *Crítica à aplicação de precedentes no direito brasileiro.* Porto Alegre: Livraria do Advogado, 2010.

REALE, Miguel. *Lições preliminares de direito.* 9. ed. São Paulo: Saraiva, 1981.

REGLA, Josep Aguiló. *Teoria geral das fontes do direito.* Trad. Manuel Poirior Braz. Lisboa: Escolar Editora, 2014. Recomenda-se a leitura integral do livro.

REIS, Maurício Martins; JOBIM, Marco Félix. *O direito de permanecer em silencia*: Miranda v. Arizona. In Revista eletrônica de direito Processual. Volume XI. p. 309-322.

RESENDE, Cauã Baptista Pereira de. *Precedentes judiciais e a efetividade dos direitos fundamentais.* São Paulo: LTr, 2016.

RIBEIRO II, Ricardo Chamon. *O distinguishing no modelo de precedentes normativos formalmente vinculantes.* Curitiba: Juruá, 2021.

ROCHA, Felippe Borring. *Princípio da jurisdição equivalente*: em busca do equilíbrio entre colegialidade e o julgamento monocrático do mérito dos recursos nos tribunais brasileiros. Salvador: Juspodivm, 2019.

RODOVALHO, Thiago. *Abuso de direito e direito subjetivos.* São Paulo: Revista dos Tribunais, 2011.

RODRIGUES, Roberto Aragão Ribeiro. *Precedente formado em casos repetitivos*: eficácia, *issue preclusion* e as teses jurídicas prejudiciais. Curitiba: Juruá, 2017.

ROSAS, Roberto. *Direito sumular*. 14. ed. São Paulo: Malheiros, 2012.

ROENSCH, Greg. *Furman v. Georgia*: cruel and unusual punishment. New York: Chelsea House, 2007.

ROMÃO, Pablo Freire; PINTO, Eduardo Régis Girão de Castro. *Precedente judicial no novo Código de Processo Civil*: tensão entre segurança e dinâmica do direito. Curitiba: Juruá, 2015.

ROSITO, Francisco. *Teoria dos precedentes judiciais*: racionalidade da tutela jurisdicional. Curitiba: Juruá, 2012.

ROSSI, Júlio César. *Precedentes à brasileira*: a jurisprudência vinculante no CPC e no novo CPC. São Paulo: Atlas, 2015.

SÁ, Renato Montans. *Manual de direito processual civil*. 4. ed. São Paulo: Saraiva Educação, 2019.

SALES, Teresa Helena. *O amicus curiae e a consolidação de precedentes na vigência do Código de Processo Civil de 2015*. Rio de Janeiro: Lumen Juris, 2018.

SANDEL, Michael J. *A tirania do mérito: o que aconteceu com o bem comum?* Trad. Bhuvi libanio. Rio de Janeiro: Civilização Brasileira, 2020.

SANTOS, Welber Queiroz dos. *Ação rescisória por violação a precedente*. São Paulo: Revista dos Tribunais, 2021.

SARLET, Ingo Wolfgang; JOBIM, Marco Félix (orgs.). *Precedentes judiciais*: diálogos transnacionais. São Paulo: Tirant lo Blanch, 2018.

SCHAUER, Frederick. Precedente. In: DIDIER JR., Fredie (org.). *Coleção grandes temas do novo CPC:* precedentes. Salvador: Juspodivm, 2015.

——. *Pensando como um advogado*. Trad. Rafael Gomiero Pitta. Londrina, PR: Thoth, 2021.

——. *Thinking like a lawyer*: a new introduction to legal reasoning. Cambridge, Massachusetts; London, England. Harvard University Press, 2012.

SCHMIDEL, Alan Wagner. *Natureza constitucional do precedente judicial e sua vinculação aos princípios jurídicos que formam a Democracia*. São Paulo: Dialética, 2022. e-book.

SEDLER, Robert A. *The Michigan Supreme Court, Stare Decisis, and Overruling the Overrulings*, 55 Wayne L. Rev. 1911.

SEPÚLVEDA JÚNIOR, Sérgio Bento de. *Precedentes e segurança jurídica no novo Código de Processo Civil brasileiro*. 2. ed. São Paulo: Tirant lo Blanch, 2020.

SEIXAS, Bernardo Silva de. *O sistema de decisões vinculantes no Brasil*: elementos para uma interpretação precedencial. Rio de Janeiro: Lumen Juris, 2023.

SHANNON, Bradley Scott. *Overruled by implication*, 33 Seattle U. L. Rev. 151.

SILVA, Almiro do Couto e. O princípio da segurança jurídica (proteção à confiança) no direito público brasileiro e o direito da administração pública de anular seus próprios atos administrativos: o prazo decadencial do art. 54 da lei do processo administrativo da União (Lei nº 9.784/99). *Revista de Direito Administrativo*, vol. 237, jul.-set. 2004.

SILVA, Ana Lourdes Coutinho. *Motivação das decisões judiciais*. São Paulo: Atlas, 2012.

SILVA, Vinícius de Melo; CAMARGO, Daniel Marques. *As técnicas de aplicação dos precedentes judiciais. Precedentes judiciais no processo civil*: estudos avançados em suas diversas perspectivas. FUGA, Bruno Augusto Sampaio (org.). Londrina, PR: Thoth, 2021.

SKORKOWSKI, Denis. *Segurança jurídica e modelo de precedentes*: motivação judicial para uso do "distinghishing" e do "overruling". São Paulo: LiberArs, 2020.

SLAPPER, Gary; KELLY, David. *O sistema jurídico inglês*. Tradução Marcílio Moreira de Castro. Rio de janeiro: Forense, 2011.

SOARES, Carlos Henrique. *Lições de direito processual civil*. Belo Horizonte, São Paulo: D'Plácido, 2022.

SOUZA, Leonardo Fernandes de; CASTILHO, Rodrigo Brunieri. *Incidente de resolução de demandas repeti-tivas IRDR*: de sua vinculação para eficácia das decisões judiciais. Curitiba: Juruá, 2021.

SOUZA, Marcelo Alves Dias de. *Do precedente judicial à súmula vinculante*. Curitiba: Juruá, 2006.

STARGER, Colin. The dialectic os stare decisis doctrine. In: *Precedent in the United States Supreme Court*. Christopher J. Peters (Editor). Baltimore: Springer, 2013.

STIPSKY, Paulo Ricardo. *Precedentes judiciais e litigância de má-fé*: a nova dimensão da responsabilidade das partes na lide de acordo com o modelo constitucional de processo. São Paulo: Dialética, 2021.

STRECK, Lenio. Jurisprudência dos conceitos. In: *Dicionário de hermenêutica*: quarenta temas fundamentais da teoria do direito à luz da crítica hermenêutica do direito. Belo Horizonte (MG): Letramento: Casa do Direito, 2017. p. 103-108.

——. Jurisprudência dos interesses. In: *Dicionário de hermenêutica*: quarenta temas fundamentais da teoria do direito à luz da crítica hermenêutica do direito. Belo Horizonte (MG): Letramento: Casa do Direito, 2017. p. 109-114.

——. Jurisprudência dos valores. In: *Dicionário de hermenêutica*: quarenta temas fundamentais da teoria do direito à luz da crítica hermenêutica do direito. Belo Horizonte (MG): Letramento: Casa do Direito, 2017. p. 115-118.

——. *Precedentes judiciais e hermenêutica*: o sentido da vinculação no CPC/2015. Salvador: Juspodivm, 2018.

——; ABBOUD, Georges. O NCPC e os precedentes – afinal, do que estamos falando?. In: *Precedentes*. Fredie Didier Jr; Leonardo Carneiro da Cunha; Jaldemiro Rodrigues Ataide Jr; Lucas Buril de Macêdo (coords.)Salvador: Juspodivm, 2015. p. 175-182.

SUNSTEIN, Cass R. *One case at a time:* judicial minimalism on the Supreme Court. Harvard University Press, 2001.

SVIKHART, Riley T. *Dead Precedents,* 93 Notre Dame L. Rev. Online 1.

TARUFFO, Michele. *Il vertice ambiguo.* Saggi sulla Cassazione. Bologna: Il Mulino, 1991.

——. Aspectos fundamentais do processo civil de *civil law* e de *common law*. In: *Processo civil comparado*: ensaios. Trad. Daniel Mitidiero. São Paulo: Marcial Pons, 2013. p. 34.

——. Precedente e jurisprudência. In *Precedentes no processo do trabalho*: teoria geral e aspectos controvertidos. PRITSCH, Cesar Zucatti; JUNQUEIRA, Fernanda Antunes Marques; HIGA, Flávio da Costa; MARANHÃO, Ney (coords.). São Paulo: Revista dos Tribunais, 2020.

——. Precedente e jurisprudência. *Revista de Processo*. vol. 199. p. 146. São Paulo: RT, set. 2011

——; MITIDIERO, Daniel. *A justiça civil* – da Itália ao Brasil, dos setecentos a hoje. São Paulo: Revista dos Tribunais, 2018.

TAVARES, André Ramos. Verbete: Súmula vinculante. In: *Dicionário brasileiro de direito constitucional*. Dimitri Dimoulis (coord. geral). São Paulo: Saraiva, 2007.

TAVARES, Caroline. *Ratio decidendi e o sistema de precedentes no novo CPC*. Rio de Janeiro: Lumen Juris, 2019.

TEIXEIRA, Sálvio de Figueiredo. *A criação e realização do direito na decisão judicial*. Rio de Janeiro: Forense, 2003.

TEIXEIRA, Yuri Guerzet. *Precedentes judiciais*: entre normas e decisões. Curitiba: Juruá, 2015.

TEMER, Sofia. *Incidente de resolução de demandas repetitivas*. Salvador: Juspodivm, 2016.

TERCEIRO NETO, João Otávio. *Interpretação dos atos processuais*. Coordenação Leonardo Carneiro da Cunha. Rio de Janeiro: Forense, 2019.

THAMAY, Rennan; GARCIA JUNIOR, Vanderlei; FROTA JR., Clóvis Smith. *Precedentes judiciais*. São Paulo: Saraiva Educação, 2021.

TIBURCIO, Antonio Augusto. *Interpretação das decisões judiciais*: particularidades, critérios e fundamentos. Salvador: Juspodivm, 2018.

TOMAZ, Mateus Rocha. *Fundamentação, precedentes e Constituição*: panoramas e críticas sobre o Código de Processo Civil de 2015. Rio de Janeiro: Lumen Juris, 2018.

TOMELIN, Georghio. *O Estado jurislador*. Belo Horizonte: Fórum, 2018.

TOOBIN, Jeffrey. *Os nove:* por dentro do mundo secreto da suprema corte. São Paulo: Saraiva, 2018.

TOCQUEVILLE, Alexis de. *A democracia na américa*. Tradução de Julia da Rosa Simões. São Paulo: Edipro, 2019.

TRIBE, Laurence H. *American constitucional law*. 3. ed. New York: Foundation Press, 2000. vol. 1.

TUCCI, José Rogério Cruz e. *Comentários ao Código de Processo Civil*: artigos 485 ao 538. São Paulo: Revista dos Tribunais, 2016.

——. *Direito processual civil*: entre comparação e harmonização. Salvador: Juspodivm, 2021.

——. Direito processual civil inglês. In: TUCCI, José Rogério Cruz e (Coord.). *Direito Processual Civil europeu contemporâneo*. São Paulo: Lex, 2010. p. 217.

——. *Precedente como fonte do direito*. São Paulo: Revista dos Tribunais, 2004.

——. *Precedente judicial como fonte do direito*. 2. ed. Rio de Janeiro: GZ, 2021.

UCHÔA, Sheila Monteiro. *Juízo de adequação aos precedentes*: vinculação e possibilidade de recusa. Rio de Janeiro: Lumen Juris, 2020.

UZELAC, Alan. Supreme couts in the 21st century:should organization follow tha function? In SARLET, Ingo W.; JOBIM, Marco Félix. *Precedentes*. Florianópolis, SC: Tirant lo Blanc, 2018.

VALE, Luís Manoel Borges do. *Precedentes vinculantes no processo civil brasileiro e a razoável duração do processo*. Rio de Janeiro: LMJ Mundo Jurídico, 2019.

——; OLIVEIRA, Rafael Carvalho Rezende (coords). *Por uma teoria dos precedentes administrativos*. Salvador: Juspodivm, 2022.

VENOSA, Sílvio de Salvo. *Introdução ao estudo do direito*: primeiras linhas. São Paulo: Atlas, 2004.

VIANA, Aurélio; NUNES, Dierle. *Precedentes*: a mutação no ônus argumentativo. Rio de Janeiro: Forense, 2018.

VIEIRA, Andréia Costa. *Civil law e common law*: os dois grandes sistemas legais comparados. Porto Alegre: Sergio Antonio Fabris, 2007.

VIGÊNCIA CPC/2015. <https://www.conjur.com.br/2016-mar-02/cpc-entrara-vigor-dia-18-marco-define-stj>. Acesso 22 maio 2020.

VILANOVA, Lourival. *As estruturas lógicas e o sistema de direito positivo.* 4. ed. São Paulo: Noeses, 2010.

VITORELLI, Edilson. A prática do sistema de precedentes judiciais obrigatórios: entre fantasmas e potenciais. In: *Processo civil contemporâneo*: homenagem aos 80 anos do professor Humberto Theodoro Júnior. Paulo Henrique dos Santos Lucon; Juliana Cordeiro de Faria; Edgard Audomar Marx Neto; Ester Camila Gomes Norato Rezende (Orgs.). Rio de Janeiro: Forense, 2018. p. 747-766.

WALDRON, Jeremy. *A dignidade da legislação.* Trad. Luís Carlos Borges. São Paulo: Martins Fontes, 2013.

——. *Stare decisis and the rule of law:* a layered approach. Michigan Law Review, vol. 111, 2012.

WAMBIER, Teresa Arruda Alvim (coord.). *Direito jurisprudencial.* São Paulo: Revista dos Tribunais, 2012.

WEBER, Max. *Ciência e política*: duas vocações. Trad. Leonicas Hegenberg e Octany Silveira da Mota. 4. ed. São Paulo: Cultrix, 1998.

WELSCH, Gisele Mazzoni. *Legitimação democrática do Poder Judiciário no novo CPC.* São Paulo: Revista dos Tribunais, 2016.

——. *Precedentes judiciais e unidade do direito: análise comparada Brasil-Alemanha.* Londrina, PR: Thoth, 2021.

WILLIAM H. REHNQUIST. Disponível em: <https://www.supremecourthistory.org/timeline_rehnquist.html>. Acesso 11 maio 2020.

WILLOUGHBY, Westel Woodbury. *The Constitutional Law of the United States*, New York, 1910, v. 1.

WITTGENSTEIN, Ludwig. *Investigações filosóficas*. Trad. Marcos G. Montagnoli. 9. ed. Petrópolis: Vozes; Bragança Paulista: Editora Universitária São Francisco, 2014.

——. *Tractatus logico-philosophicus.* Tradução, apresentação e ensaio introdutório por Luiz Henrique Lopes dos Santos. 3. ed. 4. reimp. São Paulo: EDUSP, 2020.

WOLKART, Erik Navarro. *Precedente judicial no processo civil brasileiro*: mecanismos de objetivação do processo. Salvador: Juspodivm, 2013.

——. Súmula vinculante: necessidade e implicações práticas de sua adoção (o processo civil em movimento). In: WAMBIER, Teresa Arruda Alvim (coord.). *Direito jurisprudencial.* São Paulo: Revista dos Tribunais, 2012.

WOODWARD, Bob; SCOTT, Armstrong. *Por detrás da suprema corte.* São Paulo: Saraiva, 1085.

XAVIER, Carlos Eduardo Rangel. *Reclamação constitucional e precedentes judiciais*: contributo a um olhar sobre o novo Código de Processo civil de acordo com a Lei 13.256/2016. São Paulo: Revista dos Tribunais, 2016.

ZANETI JR., Hermes. *O valor vinculante dos precedentes*: teoria dos precedentes normativos formalmente vinculantes. 3. ed. Salvador: Juspodivm, 2017.

ZIPPELIUS, Reinhold. *Teoria do método jurídico.* Trad. António Franco e António Francisco de Sousa. São Paulo: Saraiva, 2016.

Anexo I – Recomendação nº 134, de 09/09/2022, do CNJ

O PRESIDENTE DO CONSELHO NACIONAL DE JUSTIÇA (CNJ), no uso de suas atribuições legais e regimentais,

CONSIDERANDO o disposto nos arts. 926 e 927 da Lei nº 13.105/2015 – Código de Processo Civil (CPC/2015);

CONSIDERANDO o disposto nos arts. 896-B e 896-C da Consolidação das Leis do Trabalho (CLT), com a redação que lhes foi dada pela Lei nº 13.015/2014;

CONSIDERANDO a relevância dos precedentes judiciais para a promoção da segurança jurídica, da estabilidade e do ambiente de negócios no Brasil;

CONSIDERANDO as sugestões e proposições formuladas pelo Grupo de Trabalho, instituído pela Portaria CNJ nº 240/2020, destinado à elaboração de estudos e de propostas voltadas ao fortalecimento dos precedentes no sistema jurídico;

CONSIDERANDO a deliberação do Plenário do CNJ no Ato Normativo nº 0005217-82.2022.2.00.0000, na 63ª Sessão Extraordinária, realizada em 6 de setembro de 2022;

RESOLVE:

Art. 1º O sistema de precedentes representa uma nova concepção de jurisdição, em que o Poder Judiciário procura não apenas resolver de modo atomizado e repressivamente os conflitos já instaurados, mas se preocupa em fornecer, de modo mais estruturado e geral, respostas às controvérsias atuais, latentes e potenciais, de modo a propiciar a efetiva segurança jurídica.

Art. 2º Recomenda-se aos tribunais que, nos termos do art. 926 do CPC/2015, com regularidade, zelem pela uniformização das questões de direito controversas que estejam sob julgamento, utilizando-se, com a devida prioridade, dos instrumentos processuais cabíveis.

Art. 3º Recomenda-se aos tribunais, mediante os seus respectivos órgãos, administrativos ou judiciais, e aos magistrados que realizem um trabalho permanente de identificação das questões de direito controversas, que sejam comuns, em uma quantidade razoável de processos, ou de repercussão geral, para que possam ser objeto de uniformização.

Art. 4º Recomenda-se aos magistrados que contribuam com o bom funcionamento do sistema de precedentes legalmente estabelecido, zelando pela uniformização das soluções dadas às questões controversas e observando e fazendo observar as teses fixadas pelos tribunais superiores e, na falta de precedentes e jurisprudência por parte destes, pelos respectivos tribunais regionais ou estaduais.

Art. 5º Recomenda-se que a uniformização da jurisprudência seja realizada, preferencialmente, mediante a formulação de precedentes vinculativos (qualificados), previstos no art. 927 do CPC/2015.

Art. 6º A sistemática de solução de questões comuns e casos repetitivos, estabelecida pelo CPC/2015, deve ser utilizada com regularidade e representa uma técnica de gestão, processamento e julgamento dos processos, com a metodologia de decisão concentrada sobre questões essenciais de direito e a eventual suspensão de processos que versem sobre a controvérsia que está sendo decidida de modo concentrado.

Art. 7º Os meios de resolução concentrada de questões comuns de direito são importantes para o acesso à justiça, para a segurança jurídica, para a garantia da isonomia, para o equilíbrio entre as partes e para o cumprimento do direito material.

Art. 8º Os precedentes devem ser respeitados, a fim de concretizar o princípio da isonomia e da segurança jurídica, bem como de proporcionar a racionalização do exercício da magistratura.

Art. 9º Recomenda-se que a observância dos precedentes dos tribunais superiores ocorra quando houver, subsequentemente, casos idênticos, ou análogos, que devem ser decididos à luz da mesma razão determinante.

Art. 10. Recomenda-se que haja menção expressa, na decisão, sobre as razões que levam à necessidade de afastamento ou ao acolhimento dos precedentes trazidos pelas partes (art. 489, § 1º, V e VI, do CPC/2015).

Art. 11. Recomenda-se aos membros de um órgão colegiado que, ao redigir decisões que possam servir como precedente obrigatório ou persuasivo, indiquem tese que espelhe a orientação a ser seguida.

Art. 12. Recomenda-se que os acórdãos proferidos no julgamento do incidente de assunção de competência, de resolução de demandas repetitivas e no julgamento de recursos extraordinário e especial repetitivos contenham:

I – indicação de todos os fundamentos suscitados, favoráveis e contrários à tese jurídica discutida;

II – delimitação dos dispositivos normativos relevantes relacionados à questão jurídica;

III – identificação das circunstâncias fáticas subjacentes à controvérsia, em torno da questão jurídica;

IV – enunciação da tese jurídica firmada pelo órgão julgador em destaque, evitando a utilização de sinônimos de expressões técnicas ou em desuso.

Art. 13. Recomenda-se que as teses:

I – sejam redigidas de forma clara, simples e objetiva;

II – não contenham enunciados que envolvam mais de uma tese jurídica;

III – indiquem brevemente e com precisão as circunstâncias fáticas as quais diz respeito.

Parágrafo único. Recomenda-se que os tribunais desenvolvam na PDPJ ferramentas de busca eficientes para localização do(s) acórdão(s) de que resultou a tese.

Art. 14. Poderá o juiz ou tribunal, excepcionalmente, identificada distinção material relevante e indiscutível, afastar precedente de natureza obrigatória ou somente persuasiva, mediante técnica conhecida como distinção ou *distinguishing*.

§ 1º Recomenda-se que, ao realizar a distinção (*distinguishing*), o juiz explicite, de maneira clara e precisa, a situação material relevante e diversa capaz de afastar a tese jurídica (ratiodecidendi) do precedente tido por inaplicável.

§ 2º A distinção (*distinguishing*) não deve ser considerada instrumento hábil para afastar a aplicação da legislação vigente, bem como estabelecer tese jurídica (*ratiodecidendi*) heterodoxa e em descompasso com a jurisprudência consolidada sobre o assunto.

§ 3º Recomenda-se que o *distinguishing* não seja confundido e não seja utilizado como simples mecanismo de recusa à aplicação de tese consolidada.

§ 4º Recomenda-se considerar imprópria a utilização do *distinguishing* como via indireta de superação de precedentes (*overruling*).

§ 5º A indevida utilização do *distinguishing* constitui vício de fundamentação (art. 489, § 1º, VI, do CPC/2015), o que pode ensejar a cassação da decisão.

Art. 15. A intimação das partes, nos processos que dependam da resolução da questão comum de direito, encontra-se prevista expressamente apenas para os recursos repetitivos, nos termos do art. 1.037, § 8º, do CPC/2015, mas recomenda-se considerar que a sua aplicação é fundamental e deve ocorrer também na sistemática do Incidente de Resolução de Demandas Repetitivas, não apenas para efetivar a suspensão em concreto, mas principalmente para que os interessados possam tomar, de fato, conhecimento do incidente, postular eventual distinção e possibilitar a interposição do pertinente recurso diante do não reconhecimento da diferenciação.

Art. 16. A precisão na definição da questão jurídica ou das questões jurídicas a serem apreciadas, quando da afetação, é de grande importância e deve ser destacada a partir de:

I – uma indagação geral e comum, presente em uma quantidade significativa de processos, podendo ser utilizada a técnica da especificação de questões;

II – uma questão de direito e não de fato;

III – controvérsia atual e relevante entre órgãos julgadores, pois, do contrário, não haverá interesse (necessidade-utilidade) para a instauração do incidente.

Art. 17. Recomenda-se que, no âmbito interno dos tribunais, a competência para a fixação do precedente qualificado seja do órgão responsável pela uniformização da jurisprudência na matéria, sendo altamente recomendável, sempre que possível, a especialização.

Art. 18. Versando o incidente sobre arguição de inconstitucionalidade ou sobre tema afeto a mais de um órgão especializado, a competência será do Pleno ou do Órgão Especial, em observância à reserva constitucionalmente prevista no art. 97 ou por decorrência lógica da limitação material, respectivamente.

Art. 19. Recomenda-se que o objeto da tese do precedente qualificado seja a questão jurídica controversa.

§ 1º Recomenda-se que a aplicação da tese jurídica fixada ao caso concreto seja feita pelo juízo natural dos processos pendentes.

§ 2º A observância dessa sistemática é fundamental para que não haja a confluência de número excessivo de questões fáticas e de processos para o órgão competente para a uniformização da jurisprudência, inviabilizando-se a pretendida economia processual e a duração razoável dos processos.

Art. 20. Recomenda-se que a comunicação e o acesso às informações pertinentes aos precedentes sejam materializados mediante o registro nos bancos ou cadastros de precedentes dos tribunais e no Banco Nacional de Precedentes, nos termos da Resolução CNJ nº 444/2022, e também de todas as demais formas possíveis, como divulgação no site dos tribunais, nas redes sociais, nos meios de comunicação de massa e outros que possam ser utilizados, de modo módico e eficiente.

Art. 21. Recomenda-se que desdobramentos com potencial de repetição possam ser suscitados e julgados mediante o Incidente de Assunção de Competência, julgados em colegiados de uniformização e eventuais recursos indicados como relevantes.

Art. 22. Recomenda-se que seja adotado o procedimento do recurso especial ou extraordinário representativo da controvérsia (CPC/2015, art. 1.036, § 1º) em situações que indiquem distinção ou superação de precedentes. Com isso, haverá a admissão de 2 (dois) ou mais processos e o sobrestamento dos demais feitos com mesma questão jurídica possivelmente distinta ou superada.

Art. 23. Recomenda-se aos tribunais a prioridade da análise de casos repetitivos em que se discuta a distinção em relação a precedentes relevantes e a avaliação da possibilidade de instauração de incidente de resolução de demandas repetitivas.

Art. 24. Recomenda-se aos tribunais que avaliem o uso do incidente de resolução de demandas repetitivas para pacificação de temas de direito local com jurisprudência uniforme.

Art. 25. A suspensão dos processos pendentes é elemento extremamente importante dentro da lógica do funcionamento e dos resultados pretendidos, sob o prisma do sistema dos julgamentos de questões comuns ou repetitivas, especialmente no que diz respeito à economia processual e, consequentemente, da própria duração razoável dos processos.

§ 1º A concepção global e a regra geral não devem ser inflexíveis, a ponto de tornar-se inadequado o mecanismo processual, ou os seus efeitos, para determinadas situações.

§ 2º A suspensão poderá, a juízo do tribunal, em caráter excepcional, não ocorrer ou ser limitada.

Art. 26. Não obstante a previsão contida no art. 982, caput e inciso I, do CPC/2015, a questão da suspensão, no âmbito do tribunal, poderá ser decidida monocrática ou coletivamente, de modo respectivo, pelo relator ou pelo colegiado do órgão competente.

Art. 27. A formação do precedente dentro de prazo razoável é fundamental para a consecução dos objetivos do sistema processual.

Parágrafo único. Recomenda-se que, diante da ausência de limitação expressa e da fórmula relativamente aberta, a exigir apenas a devida decisão fundamentada, inexista restrição quanto à possibilidade de uma ou mais prorrogações, desde que este lapso temporal não acabe representando afronta ao acesso à justiça e à duração razoável dos processos.

Art. 28. Para que o sistema de precedentes funcione a contento, deve ser eficiente, sendo fundamental, para tanto, que os tribunais de segundo grau e as cortes superiores possam julgar rapidamente as questões centrais comuns controversas e que tenham propiciado ou estejam ainda fomentando controvérsias repetitivas.

Parágrafo único. Recomenda-se que a possibilidade de rápido encaminhamento dessas questões, inclusive a partir dos juízos de primeiro grau, para os tribunais regionais e estaduais, com recurso direto para os tribunais superiores, seja considerada parte da essência ou da concepção pura deste sistema.

Art. 29. A comunicação dos órgãos jurisdicionais em relação à suspensão dos processos assume importância capital, na medida em que as partes dos processos suspensos devem ser intimadas da respectiva decisão.

Parágrafo único. A determinação descrita no *caput* se encontra expressamente prevista para a sistemática dos recursos repetitivos, nos §§ 8º a 13 do art. 1.037 do CPC/2015, mas recomenda-se que seja aplicada também nos demais incidentes e procedimentos de uniformização.

Art. 30. A intimação mencionada no item anterior serve exatamente para que as partes possam, eventualmente, de modo similar ao previsto no § 9º do art. 1.038 do CPC/2015, demonstrar a distinção entre a questão a ser decidida no processo e aquela que está sendo objeto de uniformização, requerendo, nesse caso, o prosseguimento do seu processo.

Art. 31. Recomenda-se que seja considerada plenamente aplicável também a previsão contida no § 13 do art. 1.038 do CPC/2015, no sentido de que, contra a decisão proferida, para resolver o requerimento de suspensão, caberá, conforme o caso:

I – agravo de instrumento, se o processo estiver em primeiro grau;

II – agravo interno, se a decisão for do relator.

Art. 32. No sistema de processos paralelos adotado no Brasil, trabalha-se, por um lado, dentro de uma lógica de precedente, com o respectivo efeito vinculativo, e, por outro, com a possibilidade de participação e influência por parte dos interessados, bem como ainda com a intervenção necessária do Ministério Público.

Parágrafo único. A oportunidade de manifestação das partes e interessados, especialmente considerados os titulares de direitos que possam ser afetados pelo efeito vinculativo do precedente, deve ser considerado ponto fundamental para a legitimação do procedimento modelo estabelecido no ordenamento brasileiro.

Art. 33. Recomenda-se que o precedente produzido no IRDR ou no IAC seja aplicado com efeito vinculativo no âmbito do respectivo tribunal, em sentido horizontal e vertical.

§ 1º Se não houver a interposição ou julgamento de recurso especial ou extraordinário, bem como a superação indireta da tese a partir de jurisprudência firmada por tribunal superior, recomenda-se que a observância da tese esteja limitada aos órgãos judiciais na área do respectivo tribunal de justiça ou tribunal regional, inclusive aos concernentes juizados especiais.

§ 2º A tese fixada poderá, naturalmente, ter efeito persuasivo em relação aos juízos situados fora da área de jurisdição do tribunal que tenha julgado o incidente.

Art. 34. Recomenda-se aos tribunais que se atenham, no juízo de admissibilidade do Incidente de Resolução de Demandas Repetitivas, somente aos requisitos legalmente estabelecidos no art. 976 do CPC/2015, levando em consideração a análise da conveniência quanto à quantidade de processos e ao risco à isonomia.

Art. 35. Recomenda-se aos tribunais de segundo grau e às cortes superiores que julguem rapidamente as questões centrais comuns controversas e que tenham propiciado ou estejam ainda fomentando controvérsias repetitivas.

§ 1º A possibilidade de rápido encaminhamento dessas questões, inclusive a partir dos juízos de primeiro grau, para os tribunais regionais e estaduais, com recurso direto para os tribunais superiores, faz parte da essência ou da concepção pura deste sistema.

§ 2º Essa formulação encontra-se em sintonia com essa nova concepção de jurisdição, menos burocrática e mais efetiva, em que o instrumentalismo é ampliado e aprofundado.

Art. 36. Para que haja a admissibilidade e julgamento do Incidente de Resolução de Demandas Repetitivas, a multiplicidade e risco à isonomia precisam ser atuais, nos termos do art. 976 do CPC/2015, com a pendência de causas em primeiro grau ou no próprio tribunal, quando suscitado o incidente, não podendo ser provocado o incidente como sucedâneo recursal.

Art. 37. Recomenda-se aos tribunais que criem, no âmbito dos Juizados Especiais, órgãos uniformizadores da respectiva jurisprudência, para que possam, nos termos do art. 98 da CRFB/1988, apreciar os Incidentes de Resolução de Demandas Repetitivas suscitados a partir de processos da sua competência.

§ 1º Recomenda-se que seja considerado incabível o incidente de resolução de demandas repetitivas quando o respectivo tribunal regional ou estadual, no âmbito de sua respectiva competência, já tiver afetado IRDR para definição de tese sobre questão de direito material ou processual repetitiva, a partir de processos da sua competência.

§ 2º Recomenda-se que, em caso de superveniência de tese firmada pelos tribunais estaduais, regionais ou superiores, a tese constituída no sistema dos juizados especiais seja tida por ineficaz diante do entendimento estabelecido pelos tribunais, em caso de incompatibilidade entre os posicionamentos adotados, para que haja a prevalência e incidência das teses estabelecidas pelos tribunais.

Art. 38. A inexistência de previsão expressa no CPC/2015 quanto à possibilidade de solução consensual no âmbito do Incidente de Resolução de Demandas Repetitivas não impede a sua utilização, por estar em harmonia com o próprio instituto e com normas fundamentais do Estatuto Processual.

Art. 39. A aplicação do precedente envolve operação cognitiva e deve ser sempre devidamente fundamentada. Parágrafo único. Recomenda-se que o efeito vinculativo estabelecido se encontre limitado às questões e fundamentos que tenham sido suscitados e analisados no precedente.

Art. 40. Recomenda-se que, para se efetuar uma interpretação sistemática e teleológica coerente da previsão insculpida no art. 1.041 do CPC/2015, a possibilidade de manutenção do acórdão pelo tribunal a quo mencionada pelo dispositivo somente seja tida por autorizada quando houver:

I – o reconhecimento da distinção entre o caso concreto e a tese firmada pelo tribunal superior; ou

II – a superação da tese, em razão da formulação ou acolhimento de fundamentos jurídicos não enfrentados pelo tribunal superior quando do julgamento da questão de direito.

Art. 41. Recomenda-se que não haja enquadramento e, portanto, efeito vinculativo, se o tribunal que julgar a questão, no precedente firmado, não houver enfrentado e se pronunciado sobre fundamento existente no caso concreto futuro.

Parágrafo único. O magistrado poderá se afastar da tese fixada se adotar fundamento não analisado no precedente, que, na hipótese, terá somente o efeito persuasivo.

Art. 42. Sendo hipótese de distinção ou de superação, haverá, naturalmente, a necessidade de ser exposta a devida fundamentação no sentido da inaplicabilidade da tese ao caso concreto em julgamento ou da formulação de novos fundamentos que denotem que a tese não deverá mais ser aplicada, em razão de modificações ocorridas, como, por exemplo, a decorrente de alteração legislativa.

Art. 43. Não obstante a literalidade dos arts. 985, *caput* (IRDR) e 1.040, *caput* (repetitivos) do CPC/2015, no que diz respeito à eficácia do acórdão enquanto precedente, recomenda-se aos tribunais, em razão de uma interpretação lógica e sistemática, que deem efeito suspensivo aos recursos interpostos dessas decisões, para que não se corra grave risco de ofensa a isonomia.

Art. 44. Recomenda-se que os embargos de declaração em que se pede a manifestação do tribunal sobre modulação sejam recebidos com efeito suspensivo.

Art. 45. A superação da tese jurídica firmada no precedente pode acontecer de ofício, pelo próprio tribunal que fixou a tese, ou a requerimento dos legitimados para suscitar o incidente, isto é, pelas partes, pelo Ministério Público ou pela Defensoria Pública.

Art. 46. Recomenda-se que na própria decisão que altera orientação jurisprudencial pacificada anterior ou adotada em precedente vinculante haja manifestação expressa sobre a modulação dos efeitos da nova orientação, sob pena de que a decisão possa ser tida por omissa, e considerada, portanto, embargável de declaração.

Art. 47. Recomenda-se que o tribunal leve em consideração preferencialmente o momento da conduta da parte e a orientação jurisprudencial firme existente à época, para fixar parâmetros da eficácia temporal do novo precedente.

Art. 48. Recomenda-se que os tribunais analisem a pertinência da realização de audiências públicas e/ou de oitiva de amicicuriae para fixação de modulação, quando necessária, da tese fixada.

Art. 49. Recomenda-se que os precedentes, assim como as disposições contidas no presente ato, sejam aplicados por todos os tribunais e órgão judiciais, independentemente do ramo e da matéria.

Parágrafo único. A Comissão de Gestão Estratégica, Estatística e Orçamento zelará pelo fortalecimento da cultura de precedentes no sistema jurídico, realizando monitoramento por meio de indicadores e estatísticas, bem como fomentando a troca de experiências entre os tribunais, além de, eventualmente, propor o aprimoramento da presente normativa.

Art. 50. Esta Recomendação entra em vigor na data de sua publicação.

Ministro LUIZ FUX